线上资源获取方法

本书配套了线上资源,包括导读视频、延伸阅读、调研讨论、视频讲解、文献阅读、参考文献等。请读者按照如下步骤获取各章节线上资源:

第一步,关注"博雅学与练"微信服务号。
第二步,扫描二维码标签,即可获取线上资源。

一书一码,相关资源仅供一人使用。

如在使用过程中遇到技术问题,请发邮件至 em@pup.cn。

21世纪经济与管理规划教材·工商管理系列

组织行为学

（第4版）

严 进 编著

ORGANIZATIONAL BEHAVIOR

北京大学出版社
PEKING UNIVERSITY PRESS

图书在版编目(CIP)数据

组织行为学/严进编著.—4版.—北京:北京大学出版社,2023.6
21世纪经济与管理规划教材.工商管理系列
ISBN 978-7-301-34267-1

Ⅰ.①组… Ⅱ.①严… Ⅲ.①组织行为学—高等教育—教材 Ⅳ.①C936

中国国家版本馆CIP数据核字(2023)第143423号

书　　　名	组织行为学（第4版） ZUZHI XINGWEIXUE（DI-SI BAN）
著作责任者	严　进　编著
责 任 编 辑	刘冬寒　任京雪
标 准 书 号	ISBN 978-7-301-34267-1
出 版 发 行	北京大学出版社
地　　　址	北京市海淀区成府路205号　100871
网　　　址	http://www.pup.cn
微信公众号	北京大学经管书苑（pupembook）
电 子 邮 箱	编辑部 em@pup.cn　总编室 zpup@pup.cn
电　　　话	邮购部010-62752015　发行部010-62750672　编辑部010-62752926
印 刷 者	北京鑫海金澳胶印有限公司
经 销 者	新华书店
	787毫米×1092毫米　16开本　19.75印张　422千字 2010年1月第1版　2012年8月第2版　2020年6月第3版 2023年6月第4版　2025年2月第3次印刷
定　　　价	72.00元

未经许可，不得以任何方式复制或抄袭本书之部分或全部内容。
版权所有，侵权必究
举报电话: 010-62752024　电子邮箱: fd@pup.cn
图书如有印装质量问题，请与出版部联系，电话: 010-62756370

PREFACE >>> 第4版前言

习近平总书记在党的二十大报告中明确指出："教育是国之大计、党之大计。培养什么人、怎样培养人、为谁培养人是教育的根本问题。育人的根本在于立德。全面贯彻党的教育方针，落实立德树人根本任务，培养德智体美劳全面发展的社会主义建设者和接班人。"组织行为学是工商管理硕士（MBA）的核心课程，也是工商管理专业本科生的核心课程。这门课程对学生认识学科、构建价值观、进行职业规划等都会产生重要影响，因此，课程的教学设计、教材编写都要落实立德树人的根本任务，贯彻专业培养与课程思政相融合的原则。

本教材的编写强调在各个模块中融入课程思政要素，充分挖掘组织行为学原理对于思政教育的解读，培养塑造学生的社会主义价值观。编者针对各章节提炼了"学习目标""素养目标"，同时设计了四条课程思政主线引领统筹教材内容，实现润物细无声的学生价值观培养。

主线一：强调课程思政的理论驱动，鼓励在科学理论、方法论基础上融入思政元素。

本教材重点突出理论驱动的课程思政建设。组织行为学这一学科与课程思政有紧密的关联，学科关注"组织中的人"，人的思想认识、工作态度、价值观念本身就属于该学科的内容主题，课程会讲述员工相关认知、行为要素背后的关联规律。因此，本教材旨在通过组织行为学原理解读、课程思政教学思路引导，增强学生对于课程思政的理解和认同，进而内化成为职业价值观，外化成为对自身行为的约束，实现立德树人的培养目标。

组织行为学课程面对不同学生层次，理论驱动重点也有所不同。对于本科生而言，他们的理论学习能力强，但相对缺乏对组织管理工作的认识。组织行为学的理论学习能帮助他们认识思政工作对于组织效能的重要性，预习管理者的角色要求、切换组织管理中看待问题的角度，认同员工思政工作的重要性、必要性、合理性。对于MBA学生而言，他们组织实践经验丰富，多数承担着领导团队的责任，但对于理论掌握相对欠缺。掌握组织行为学理论知识能够帮助他们从理论层面认识管理工作背后的规律，在科学理论指导下开展实践工作，更好、更有力地推动员工思政工作，引导员工营造健康的组织氛围，帮助员工塑造积极的职业态度和职业价值观。

主线二：坚定中国管理研究的理论自信、案例自信，强化组织实践是检验理论正确性的

唯一标准。

党的二十大报告指出："必须坚持问题导向。问题是时代的声音，回答并指导解决问题是理论的根本任务。今天我们所面临问题的复杂程度、解决问题的艰巨程度明显加大，给理论创新提出了全新要求。"工商管理是一个问题情境性很强的学科，要求突出中国情境特色，强化组织行为学理论在中国组织情境中的适用性，引导学生建立基于中国管理实践的理论自信、案例自信，强化组织实践是检验理论的唯一标准。

中国理论是本教材落实课程思政的第一个抓手。组织行为学起源于西方，由于东西方文化的差异，西方理论在解释中国组织管理问题时具有局限性，不能准确地解释、预测本土现象，因此必须要有理论创新。要建立中国理论自信，就必须凝练总结中国学者在不同学科领域取得的研究成果，尤其是能解释中国现象的理论研究，立足实践构建中国情境中的组织行为学理论体系。本教材加强了这方面的工作。比如，第5章介绍了负面臆想与冲突回避理论；第10章介绍了《科学》杂志中关于中国地域上的"小麦与水稻文化"等。

中国案例是本教材落实课程思政的第二个抓手。中国有很多独特的组织现象，也有大量的历史经验总结。这些案例存在于历史资料、档案资料、企业实践中，并且随着时代的更迭不断发展演化。作为一门实证科学，情境条件、组织现象对于理论的完善尤其重要，因为组织实践是检验理论正确性的唯一标准。本教材体现出案例来源的多元化，特别是对于中国组织管理实践案例的体现，包括古代案例、中国共产党组织工作中的案例、企业近期实践中的案例等。比如，第2章介绍古代科举制度对人才的选拔；第8章介绍海尔、华为等中国现代企业的案例；第9章引入三湾改编提升人民军队组织效率的案例。另外，在第4章、第9章还引入了日本企业案例，作为非欧美国家的全球企业案例代表。

主线三：将价值塑造、知识传授、能力培养融为一体，引导学生树立积极的职业价值观。

社会科学与自然科学的最大区别在于社会价值，社会科学本身是根植于人类社会现象的，必然带有对社会价值的判断。作为扎根于组织现象的学科，以人为本是组织行为学作为实证科学分支的基础。在日常的组织情境中，传统经济学中所描述的"理性人"行为是无法实现的。作为具有主观能动性的个体，每个人的行为规律都会受到情绪、价值观念、知识基础等多方面个体、群体因素的影响，本教材旨在引导学生认识自身规律、组织局部的局限性，塑造学生的职业价值观与大局观，使其领悟"守正创新、行稳致远"的价值观引领作用。

本教材课程思政设计的一条途径是将价值塑造、知识传授、能力培养三者融为一体，帮助学生通过理论学习、能力实践训练，以及对组织现象的亲身探索，检验理论预测的准确性，进而调整自身行为方案，树立积极正确的职业价值观。

另一条途径是东西部交流共建。中国幅员辽阔，东西部地区在文化与发展上存在较大的差异。音视频技术和线上教学的发展，给跨地区交流带来了便利。从 2019 年开始，编者推动浙江大学、石河子大学、塔里木大学、海南大学的远程直播课堂建设。本教材邀请石河子大学石冠峰教授编写了"老黄牛与百灵鸟""一封悄悄话"案例，塔里木大学晁伟鹏教授编写了"民汉合宿助推民族团结"案例，这些案例让学生认识到中国地区文化的丰富多样性，有利于学生拓展视野，树立建设祖国的远大理想。

主线四：建设以人为本的管理理念，以提高员工获得感、安全感、幸福感为管理的价值准则。

党的二十大报告指出："我们坚持把实现人民对美好生活的向往作为现代化建设的出发点和落脚点，着力维护和促进社会公平正义，着力促进全体人民共同富裕，坚决防止两极分化。"企业组织是工商管理学科最关注的组织类型。企业通常以追逐利润为导向，尽管该导向推动了组织效率的提升，但过分追求利润也常常使得企业被大众诟病。中华民族伟大复兴的实现不仅要求企业追求组织效率，还要求企业看到需要承担的社会责任，看到随着社会生活水平的提高，美好生活已成为员工的核心追求。单纯用效率衡量组织管理、工商管理学科的价值是存在缺陷的。企业积极承担社会责任，助力实现国家富强、民族振兴的伟大目标，同时提高员工的获得感、安全感、幸福感，满足员工的美好生活需要，将会是未来衡量工商管理学科价值的重要标准。

随着社会发展水平的提升，员工会更加重视对主观幸福感的追求，管理者对员工行为规律的理解也会更深入。组织行为学文献中对于新生代员工、代际差异的研究普遍支持这个总体发展规律。因此，本教材在介绍理论和编写案例时也体现了这个发展趋势，引导学生关注社会发展阶段与员工追求之间的关系。比如，第 4 章关于员工激励的案例讨论中，本教材关注中国改革开放以来，由于社会基本矛盾调整而带来的员工代际激励差异，引入阿里巴巴等互联网企业员工的代际差异案例；通过解读历史发展趋势，引导 MBA 学生认识到持续激发员工工作动力的激励措施是能够满足员工美好生活需要的。

现阶段，本科生以"00 后"为主，MBA 学生多数是"80 后""90 后"。要取得良好的教学效果，就必须采用学生愿意接受的教学方式，选取贴近学生生活的组织案例。本教材根据本科生与 MBA 学生两个层次，不仅有针对性地编写贴近学生生活的互联网案例、新生代员工案例，也介绍了有历史跨度的中国经典事例。

2019 年 11 月，教育部在北京市昌平区举办了"组织行为学"马克思主义理论研究和建设工程（简称"马工程"）教材会议。会议期间，中国人民大学孙健敏教授、清华大学张德教授等都不约而同地倡导：组织行为学是扎根于组织现象的学科，只有走到企业中去，直接面对组织现象，才会有更加贴近现实、更有价值的理论发现。马工程教材接轨经典理论，以辩证唯物主义、历史唯物主义的观点贯穿全书，结合并梳理了中国理论观点，但限于篇幅，没有提供更多的理论案例。会议期间，教育部领导、各界专家提出中国各地企业实践丰富多彩、各有特色，要结合地方实践，丰富教学内容，落地理论思考。为了响应这一号召，在本教材中，编者注重选取突出中国情境的案例，既有近期互联网企业案例、近代中国组织案例、中国历史案例等，也有中国新疆地区案例、国际企业案例，期望通过文字案例及数字化补充材料，多角度、全方位地呈现案例场景，把理论概念与本科生、MBA学生能够接触到的实践、现象联系起来，让案例在组织情境中扎根。

教材的编著是站在巨人的肩膀上回顾理论历史，积累案例现象，挖掘理论规律。2009年，《组织行为学》第一版在北京三里河北街三号院内成稿，到今天的第4版已将近十五年。这些年来，浙江大学的各种课程建设项目、科研项目、教学研讨会、课程组研讨工作对本教材改版有巨大的推进和帮助。

本教材得到了浙江省普通本科高校"十四五"首批新工科、新医科、新农科、新文科重点教材建设项目，浙江大学校级研究生教材建设项目，浙江大学优势本科专业系列教材培育项目的支持。本教材配套的慕课视频拍摄得到了全国工商管理专业学位研究生在线示范课程建设项目，浙江省高校"十三五"新形态教材建设项目，浙江大学研究生院、本科生院的慕课建设项目，浙江大学研究生院课程思政教学项目的支持。近年来，由编者主讲的"组织行为学"课程荣获国家级线上一流本科课程、浙江省省级线上一流课程、省级线下一流课程、浙江省优秀研究生课程、浙江省高等学校"课程思政"示范课程、浙江大学校级研究生"课程思政"示范课程等荣誉项目。国家自然科学基金项目（71572175、72072157）的支持对编者深入挖掘组织行为理论、探讨理论本质起到很大作用。总之，历年的课程建设项目、课程荣誉奖励和科研项目对本教材的规划、研究方向无疑起到了关键的支持和指引作用，在此表示感谢。

浙江大学与中国西部高校开展"慕课西行"活动对于丰富教材内容、促进读者互动、提升案例多样性起到了很好的推进作用。从2019年开始，编者与石河子大学石冠峰教授、塔里木大学晁伟鹏教授和胡宝华副教授、海南大学傅安国教授，以及所在教学班级的同学们进行了远程课程直播互动。石冠峰教授、晁伟鹏教授为本教材编写了新疆地区案例，电子科技大学陈璐教授对西部地区案例提供了建议。自本教材配套慕课上线、"慕课西行"活动开展以来，智慧树平台王智强、孙大兵等工作人员对"慕课西行"活动给予了很大支持。

在全国MBA教育指导委员会的指导下，每年在浙江大学、上海交通大学、电子科技大学等地举办的"组织行为学"教学科研研讨会，以及马工程教材会议上，编者都受到同行的赐教，这对编写本教材有很大启发。主编主讲"领导力与组织行为"课程时，MBA同学提供了企业现场案例的第一手资料，充实了本教材的案例。

本教材的出版是课程组集体努力的成果。近年来，浙江大学"组织行为学"课程组每个学期都会进行有重点的教学研讨，分别围绕马工程教材、课程思政、线上线下互动、案例设计等主题展开研讨。这些活动对于本教材的思路更新有很大帮助。在教材改版的过程中，多位课程组老师、同学参与了教材章节的更新，主要分工如下：第2章、第10章由吴茂英修订，第5章由胡琼晶、车亚丽同学修订，第6章由吴苏青修订，第8章由周帆修订，第1章、第3章、第4章、第7章、第9章由严进修订。彭艺璇同学对第3章提供了修订建议，并对其他章节案例进行了采编修订。西奥电梯朱诗华经理（浙江大学2018级MBA学生）对部分案例进行了点评回应。参编人员完成各自部分以后，编者对所有章节进行了统一修订完善，完成整体初稿。在视频资料制作中，陈含郁同学参与了大量的慕课拍摄制作工作。杭州银行信息技术部王斌辉经理（浙江大学2019级MBA学生）对书稿进行了第一轮校读，高芳女士进行了第二轮校读，从读者角度提出反馈修订意见，并校对了慕课视频内容与字幕。本书的顺利出版与以上各位的共同努力是分不开的。

在本书出版过程中，北京大学出版社的林君秀、徐冰、刘冬寒三位老师给予了我极大的支持与鼓励。在此感谢所有同人的帮助，各位读者如有更多建议，请不吝赐教，并发邮件至 yanjin@zju.edu.cn。

严进

2023年6月1日

PREFACE >>> 序　言

在经济全球化、企业变革创新、企业绿色转型与发展的新形势下,管理学研究与应用面临着不确定性、风险和模糊性越来越高的管理情境,组织行为学也日益成为具有重要影响力的学科。组织行为学不但是工商管理类专业的重要理论基础,而且是商务领域的关键知识基础。与组织行为学密切相关的人力资源管理和企业管理等实践领域日益活跃,市场营销、运营管理、战略管理、国际管理、国际商务、电子商务和创业管理等相关学科领域,以及行为金融学、行为会计学、行为经济学、行为环境学等新兴学科,都把组织行为学作为各自的理论基础和行为策略指导,融入学科的新方向和新方法,为变革管理、商务开拓、国际管理和创业创新管理提供理论框架和思路方法。因此,组织行为学日益成为管理学、经济学等学科的基础,也是工商管理类专业本科生、MBA学生课程体系中的核心课程。

严进博士所编著的《组织行为学》(第4版)在第3版的基础上,结合中国管理的新挑战和新实践,系统论述和讲解了组织行为学的基本概念、理论原理、应用途径和最新进展。全书具有以下四个显著的新特点:

(1)在组织行为学科学理论基础上融入课程思政。

《组织行为学》(第4版)关注"组织中的人",人的思想认识、工作态度、价值观念是该教材重点关注的主题领域。该教材旨在通过对组织行为学科学理论的解读,增强学生对于课程思政的理解和认同,使之内化成为学生的职业价值观,并自觉外化为对自身行为的约束,实现立德树人的人才培养目标。该教材在编排中,设计了四条课程思政主线引领统筹教材内容,通过讲述员工认知、行为规律、领导行为和价值观对于员工成长的重要性,实现润物细无声的职业价值观培养。

(2)广泛采编中国理论、中国案例,深入浅出地解释理论。

《组织行为学》(第4版)进一步加强了对于中国理论、中国案例的关注,注重案例来源的多样性,强化了教材本身"扎根中国、放眼全球"的特点。该教材从历史资料、企业实践等多个来源采编案例,并且针对性地选取了互联网企业案例、民族特色案例、国际企业案例,以增强案例的代表性。该教材加强了对中国研究者在组织行为领域取得的研究成果、解释中国现象的理论研究的介绍,立足实践问题构建解释中国问题的理论体系。总之,该教材结合日常工作素材，论述组织行为学的重要理论与应用方法，深入浅出地解读组织行为学相关研究成果，从而使那些对组织行为学实证研究不太熟悉的学生得以拓宽视野并加深对该学科的理解。

（3）强调以满足员工对美好生活的需要为管理学科的价值准则。

组织行为学是关注人的学科，随着社会经济生活水平的提高，美好生活成为员工的核心追求。单纯用效率衡量工商管理学科的价值是存在缺陷的，在如今的时代背景下，员工更加重视工作幸福感和个性化的需求。该教材在理论介绍与案例采编中体现了这个重要趋势，引导学生关注社会发展阶段与员工工作动机、职业规划之间的关系。通过采编中国新生代员工实践案例，讨论改革开放40多年来的管理思路调整。通过对学科社会价值的讨论，让学生认识到这门学科的价值准则，认识到未来激发工作动力的可持续激励措施必然是满足员工的美好生活需要。

（4）精简纸质教材内容篇幅，增加多元化数字资源。

为了让教材更便于携带，《组织行为学》（第4版）进一步精简纸质教材篇幅，增强数字资源（延伸阅读、视频讲解等）的支持。针对组织行为学教学普遍32个学时的课程设置，该教材整合并精简文字材料，从个体、团队、组织三个层面安排设计相关的教学内容，强调教学的有效性与启发性。同时，在北京大学出版社、智慧树网的支持下，增加了移动互联网数字化材料内容，除了视频资源与文本资源，该教材还提供辅助性的教学资料，包括教学课件、教学大纲等。同时，在智慧树网，主编将会定期进行课堂直播，与全国各地读者进行交流互动，进一步提升教材的交互性。

使用《组织行为学》（第4版）开展教学，教师可以通过知识讲解、案例剖析、引导学生研讨、管理实践参访、专题报告交流、转型计划书的撰写等多个教学环节，使学生从个体、团队、组织三个层面充分理解组织行为学的关键知识点、重要原理、常用方法和中国组织管理问题解决策略或研究方案，并且系统掌握有关职业发展、组织动态能力和核心竞争力的理论框架与提升策略。严进博士所编著的《组织行为学》（第4版），旨在实现上述教学目标、满足多元化的教学需求，是国内市场同类教材中的新亮点。我在此特别推荐，希望以此进一步推动我国组织行为学教学与应用的发展，显著提升创新人才培养的质量。

王重鸣

浙江大学管理学院

CONTENTS >>> 目录

第1章 工作场景中的行为
- 1.1 观察组织情境中的行为 ... 003
- 1.2 组织行为学的学科范式 ... 009
- 1.3 组织行为学的历史发展 ... 017

第2章 辨别个体差异
- 2.1 人口统计变量 ... 027
- 2.2 人格 ... 031
- 2.3 价值观 ... 037
- 2.4 能力理论 ... 040
- 2.5 人职匹配 ... 050

第3章 组织中的知觉与决策
- 3.1 组织中的知觉判断 ... 061
- 3.2 行为决策的理论模型 ... 070
- 3.3 行为决策的研究与现象 ... 073

第4章 动机产生与持续激励
- 4.1 激励的基本概念 ... 093
- 4.2 外源动机视角的激励理论 ... 094
- 4.3 内源需求视角的激励理论 ... 103
- 4.4 社会认知过程视角的理论 ... 112
- 4.5 强化过程视角的激励理论 ... 118
- 4.6 激励理论的综合模型 ... 121

第5章 沟通与人际行为
- 5.1 管理者的沟通与协调 ... 129

5.2　沟通过程 133
　　5.3　有效沟通的要点：换位思考 145
　　5.4　角色外的沟通：员工建言 154

第6章　群体和团队管理

　　6.1　群体和团队 161
　　6.2　团队发展的过程模型 170
　　6.3　群体角色、规范与动力 172

第7章　冲突与协商

　　7.1　认识冲突 193
　　7.2　冲突解决的策略 198
　　7.3　冲突发展的五阶段模型 202
　　7.4　协商与谈判 206
　　7.5　中国人谈判的文化特征 213

第8章　领导行为

　　8.1　领导概述 220
　　8.2　经典的领导理论 221
　　8.3　领导的现代理论进展 228
　　8.4　东方文化背景下的领导理论 236

第9章　组织结构与变革

　　9.1　无处不在的组织 249
　　9.2　组织结构 253
　　9.3　组织结构的影响因素 260
　　9.4　组织变革 266

第10章　组织文化

　　10.1　组织文化 278
　　10.2　组织文化的理论 285
　　10.3　企业核心价值观建设 289
　　10.4　组织文化与组织社会化 295

第1章
工作场景中的行为

▶▶学习目标

- ▶ 掌握工作场景中的行为概念
- ▶ 了解组织行为学的学科范围
- ▶ 熟悉组织行为的学科发展史
- ▶ 基本掌握组织行为研究方法

▶▶素养目标

- ▶ 启发学生认识组织行为的实证科学哲学逻辑
- ▶ 鼓励学生根据观察数据求证假设的唯物精神
- ▶ 扎根中国组织现象批判性思考组织行为研究
- ▶ 引导学生从历史发展角度分析组织行为学科
- ▶ 培养学生挑战发展已有研究结论的科学精神

"组织行为学"是一门实证社会科学。本章讨论组织行为学作为一门实证社会科学的研究对象、科学性质、实证逻辑等特性，介绍这门科学的起源、发展历史、理论基础等科学背景。本章首先从中国现代组织现象谈起，结合实例讨论工作行为的特性、科学规律与个人经验的区别，以及组织行为的科学哲学逻辑和研究方法。然后通过对这门科学发展的重要事件讨论，鼓励学生用批判性思维辨析结论的组织情境性与历史局限性，从发展的角度认识扎根中国组织场景开发与应用理论的重要性。

请扫描首页二维码观看本章导读视频"组织行为学的思想方法""泰罗和科学管理思想"。

▶ 开篇案例　桐庐人的快递公司

浙江省杭州市桐庐县钟山乡是名副其实的快递之乡，你所知道的大部分快递品牌的创始人都来自这里。截至2019年，桐庐籍民营企业家创办和管理的快递企业已达2 500余家。除了源自广东的顺丰快递，桐庐人创办的上市快递公司占到4席，从事快递行业的人数以万计。

1993年，来自桐庐县钟山乡夏塘村的年轻人聂腾飞在杭州一家印染厂打工时发现了一门好差事——"代人出差"，他随即和工友詹际盛做起了这门生意。当时需要往来于上海和杭州的外贸公司遇到一个难题：报关单必须次日抵达港口，而EMS需要三天。于是，聂腾飞每日凌晨坐火车从杭州去上海，詹际盛在火车站接货后送往市区各地。跑一单100元，除去来回车票30元，能净赚70元。聂腾飞与詹际盛的"生意"成为快递业务的雏形。后来，他们在上海成立"盛彤"公司，由聂腾飞任总经理，之后改名为"申通快递"。

仅仅一年，申通快递就赚了近2万元，聂腾飞也成了那个年代少有的万元户。申通快递成立一年后，聂腾飞安排妻子陈小英的哥哥陈德军接替詹际盛在上海的业务。詹际盛离开申通快递后创办了天天快递。1998年，聂腾飞因车祸去世，弟弟聂腾云离开申通快递，成立了韵达快递。申通快递由陈小英兄妹接手。2000年，陈德军的初中同学张小娟，劝做木材生意亏损的丈夫喻渭蛟创办快递公司，即之后的圆通快递。2002年，申通快递老员工、同样是桐庐县钟山乡人的赖梅松成立了中通快递。2012年，申通快递收购了天天快递，由陈小英的第二任丈夫奚春阳任董事长。自1993年开始，经过多年的艰苦创业，"三通一达"成为桐庐人书写的快递创业传奇。

并不是每一个创业者都那么顺利。吴传龙和聂腾飞、聂腾云两兄弟同是桐庐县钟山乡夏塘村人，曾经与陈德军一同创业，而后又加入中通快递担任常务副总裁，负责整个广东地区的业务。2012年，吴传龙收购快捷快递，创业初期他也是信心满满，但2018年快捷快递便告破产。辗转几家快递公司，积蓄能量后自己创业，这种情况在桐庐县并不少见，只是成功者少之又少。

快递业务在桐庐县的打工人和创业者中迅速蔓延。这关系乍看有些复杂，但其实也非常简单，说白了就是"三通一达"连同天天快递之间有着千丝万缕的联系。他们的创始人、资深员工要么是亲戚朋友，要么是同乡同学。韵达快递的一位资深管理者说："可能一开始申通、圆通、中通的老板互相并不直接认识，但是桐庐人在上海的圈子并不大，生意上的消息也传得很快，先吃螃蟹的人确实产生了影响和带动作用。"

钟山乡的人基本互相认识，你只要想做，我就让你来。村里宾馆老板荣叔前几年也动了做快递的念头，他与一位快递老板是旧相识，联系上后，他去了趟深圳。"人家平时都有保镖跟着，很气派，但他还是会陪着我、给我介绍，我要做，他就把一个快递点让给我做。"荣叔得意一笑，"但我实地去看了后就不想干了。"荣叔说，太苦了，雇人、记账、送件，每个环节都要操心。而且，干这行要趁早，现在已经赚不到什么钱了。整个快递行业已与从前大不相同，资本和竞争完全改变了这个过去单纯以劳动力立身的传统行业。

资料来源：众创思维.三通一达都出自这个小县城，创始人还是一家人？[EB/OL].（2017-06-08）[2023-02-20]. https://www.sohu.com/a/147173235_450537.

思考题：

① 哪些宏观因素推动了中国快递公司的创办与成长？
② 同年代起步的申通快递、顺丰快递在创业初期有哪些相似之处？
③ 哪些因素促使桐庐人扎堆创办、经营快递公司？
④ 密切的社会联系对"三通一达"创业者的经营选择有什么影响？

1.1 观察组织情境中的行为

1.1.1 工作场景中的行为现象

人们会感慨三十年来快递行业在国内的飞速发展。这个行业伴随着大多数读者的成长而蓬勃发展。阅读本章开篇案例的时候，可能大家会感到惊讶和好奇：为什么一个地处浙江山区的乡镇孕育了这么多快递行业的创业公司，几乎主导了中国快递行业的发展？

针对这个问题，人们会有不同的解释，但值得思考的是工作场景中的行为规律。什么是行为？工作场景中的行为受到哪些因素的影响？人们并不是生活在真空中，社会、组织、群体的因素会影响人们的工作行为。管理者在"管人"的过程中，要考虑的核心问题就是工作场景中的行为规律。

组织行为学从行为科学的角度出发，关注工作场景中的行为规律，这与微观经济学有很大的差异。微观经济学是一门通过理性推断来预测市场中人们行为的学科。在微观经济学中，对于人们行为的解释基于两个基本假设：① 资源是稀缺的。由于资源的稀缺性，只有将市场中的资源进行优化配置，效率才会提高。② 人是理性的。由于人是理性的，人们的行为要结合偏好信息和无差异曲线去分析，这样才能得到最优的均衡解。但是在现实的生活中，这种理性条件难以满足，因此微观经济学对人们行为的预测存在很多缺陷。组织行为学弥补了微观经济学对行为规律解释的不足。组织行为学关注管理中人性的方面，但其关注的核心仍然是人的行为因素。

概念

行为（Behavior）：人们在工作过程中外显的运动、动作、活动或反应。

简言之，组织行为学不是要关注所有的管理活动，而是关注工作场景中的行为问题，关注工作行为的影响因素，以及行为产生的机制、机理。工作场景中的行为有以下特点：

延伸阅读：华生与行为主义

工作行为是外显的、可以观察的。组织行为学与心理学有着千丝万缕的联系，心理学研究的是人们心理活动的规律，组织行为学研究的则是人们在组织工作中产生的心理活动。虽然行为的具体情境和心理学研究的不一样，但是基本规律和研究方法有很多类似之处。心理学的发展经历了几个不同的阶段，以前的心理学研究方法以"内省"为主，主要通过研究者对自身心理活动的反思，或者被试对心理活动的反思展开研究，比如赫尔曼·艾宾浩斯（Hermann Ebbinghaus）的遗忘曲线研究。但是当行为主义出现后，代表人物约翰·华生（John Watson）提出"内省"的心理活动是不可以被观察的，只有"外显"的行为才可以被观察。"内省"的心理活动不可能成为科学研究的对象，不可能在同种环境条件下被重复操作和验证；而行为是外显的，可以通过多种手段进行观察和测量，并且在类似环境和同类型条件下可被重复诱发。这也是行为主义在20世纪中叶短短几年时间内成为主流研究思想的主要原因。

在本章的开篇案例中，我们可以观察到的是桐庐人创办快递公司的行为。行为包含具体的时间、地点、场景、环境等因素。包括顺丰、"三通一达"等快递公司都有具体的经营行为，既包括组织层面的业务模式、办公场所、经营时间、组织结构、组织方式等，又包括个人层面的人员组成、工作状态、业务行为、互动方式、合作模式等。工作场景中的行为包含业务、组织、过程、结果等多个维度的信息，行为的含义必须要放在具体组织情境中才能得到有效解读。

工作行为是以目标为导向的。组织行为学中研究的行为特指在工作场所中的行为，这是一种"有意识"的行为。在赫伯特·A. 西蒙（Herbert A. Simon）的经典著作《管理行为》（*Administrative Behavior*）一书中，行为指的是一种有目标导向的活动，也就是行为的主体有意识或者无意识地希望发生某种结果。这些目标可能是行为主体之外的任何一个事物，比如人们在工作中所追求的金钱、住房、职位、名誉等；也可能是人们自己预期的结果，比如追求受到他人的认可、尊重等；还有可能是自身对成就的界定和追求。

工作场景与普通的社会场景有着根本区别。在任何组织中，绩效系统与薪酬系统对工作行为起到了重要的目标导向作用。绩效系统和薪酬系统覆盖了组织行为问题场景中的主要变化，限定并规范了工作者有意识的行为的目标导向。组织通过设定其他的场景因素，比如组织结构、组织文化、群体规范等，从潜意识上影响工作者的目标行为。

目标导向也使得坚持与投入成为工作行为的重要特征。目标行为都是有时间过程的，无论目标是来自自我设定，还是来自外部设置。比如，创办快递公司这个目标，"三通一达"的创业者经过了多年的努力才迎来公司成立这一刻。在这期间，快递业务从无到有，从原始的"跑马圈地"到激烈的同业竞争，快递行业、快递公司都发生了极大的变革。创业者对快递公司的业务目标有着极大的坚持与投入，快递公司的业务员对于自己每天的工作目标也有着坚持与投入。对目标的认同是影响行为可持续性的重要因素，开篇案例中提到，"荣叔"看到快递业务的发展状况以后，心态发生了很大的变化，对目标的认同感就不一样了，也知道自己无法在快递行业坚持下去。

社会、组织与群体的影响是工作行为的重要背景因素。工作行为是在具体的社会、组织情境中发生的。组织行为的研究对象是人们在具体组织情境中的行为，组织情境与群体行为是工作行为不可缺少的因素。在分析工作行为的时候必须考虑社会因素、群体因素对工作行为的巨大影响。

工作行为的选择首先会受到社会背景因素的影响，快递公司的经营决策也是如此。"三通一达"与顺丰都起步于20世纪90年代，尽管当时创业者之间没有相互商量或交流过，但是他们都选择了相似的业务模式和发展路径。这些快递公司的组织模式、业务开拓方式也有些类似。这是因为中国的社会发展需要快递业务，市场存在极大的需求，快递公司才得以快速发展。同样因为快递业务有着共同的业务特征，所以快递公司也产生了类似的组织结构、业务模式、绩效薪酬模式。

人们的工作行为会受到周围人群的影响，特别是受到与自身有着类似特征的人群的影响。"三通一达"的创业者们有着非常紧密的关系，他们的创业决策、业务模式、管理行为也有着很多相似之处。人们的行为是会相互影响的，特别是在"桐庐人"这个身份标签下，身份认同对于人们之间的相互影响有着很大的调节作用。在开篇案例中，这些"先吃螃蟹的人"对于后来者的创业、工作选择起到带头引领的作用，同在上海打工的桐庐人也会自发地模仿学习老乡的成功经历。在这种学习效应的带动下，数以万计的人从桐庐这个浙江西部山区的小县城走出去，在全国从事快递行业，创办了超过2 500家的快递创业公司，也就不足为奇了。

1.1.2 发掘行为现象背后的规律

组织行为学关注千变万化的工作行为背后的共同规律。尽管工作行为千差万别，组织情境也很少有完全相同的，但是人们的工作行为背后存在共同的规律。组织行为学的目标是用准确的语言去描述组织情境中的行为规律，并以此预测其他类似组织情境中的工作行为。

开篇案例说明，由于人们的创业决策会相互影响，因此快递公司会扎堆产生，创业者之间的关系也会出人意料得密切。从众（Conformity）行为可以有效地描述这种现象背后的规律。从众行为是指在群体情境下，人们会感受到群体的压力，个人会因为群体共同的态度而改变自己的态度，放弃自己原先的意见，而表现出和大多数人一致的行为。从众行为对人们的行为选择有着很大的影响。所罗门·E. 阿希（Solomon E. Asch）曾经在群体情境中开展一项判断线条长短的实验，结果表明，尽管是一些极为简单的判断，群体中其他成员的判断仍会给个人判断带来极大的压力。

视频讲解：从众行为与羊群效应

20世纪50年代，从众行为的相关理论把这些社会心理学的理论规律延伸到组织情境中，但还需要进行理论概念、情境条件的细化。组织行为学在分析总结行为规律的时候，首先需要思考不同现象背后的共同规律，其次需要思考在解释具体组织情境中的工作行为时，原本带有普遍性的理论规律是不是需要加上边界条件，以便更加有效地贴合组织情境。下面来看一个同样可以用从众行为解释的案例。

案例

富士康员工跳楼事件

2010年，富士康科技集团连续发生的跳楼事件引起了国内外的广泛关注和讨论。相隔几日，各种媒体上就会出现关于富士康员工跳楼的报道。引发广大关注的背后，更多的是疑问，是80后、90后身心软弱、不堪重负？还是在富士康工作压力巨大，导致员工精神衰弱崩溃？到最后也没有得到一个确定的答案。

像前人那样死去

资料显示，2010年富士康发生12起员工跳楼事件和1起割腕事件：

2010年1月23日，19岁的员工马向前在富士康华南培训处的宿舍楼梯口被发现死亡。

2010年3月11日，富士康龙华园区一名20多岁的李姓男工坠亡。

2010年3月17日，富士康龙华园区一名田姓女工从宿舍楼跳下摔伤。

2010年3月29日，富士康龙华园区一名从湘潭大学毕业的23岁湖南籍男工坠亡。

2010年4月6日，富士康观澜工厂一名未满19岁的江西籍饶姓女工坠楼。

2010年4月7日，富士康观澜工厂一名18岁云南籍宁姓女工坠亡。

2010年5月6日，富士康龙华总部招待所一名年仅24岁、入职时间一年的男工坠亡。

2010年5月11日，一名租住深圳宝安区龙华街道的富士康女工坠亡。

2010年5月14日，富士康龙华园区一名21岁安徽籍梁姓员工坠亡。

2010年5月21日，富士康一名21岁男工坠亡。

2010年5月25日，富士康观澜园区华南培训中心一名员工坠亡。

2010年5月26日，富士康龙华厂区大润发商场前一名男工坠亡。

2010年5月27日，富士康一名员工割腕自杀，但经抢救后脱离生命危险。

舆论谴责泛滥

虽然大家对引发以上事件的原因猜测不一，但死者家属、媒体等绝大多数人纷纷将矛头直指富士康，在全社会舆论一番狂轰滥炸式的指责之下，"精神血汗工厂"的称号被牢牢扣在富士康头上。媒体讨论，富士康是待遇优厚的公司，吸引了很多人才的进入；但在精神层面，富士康是"血汗工厂"。

富士康创始人郭台铭也受到舆论的强烈指责。为此，他曾经屡次公开向死者家属道歉。很多评论也倾向于将富士康员工离职率居高不下的原因归为缺乏归属感、凝聚力，管理制度不够人性化，员工工作强度高、压力大。

资料来源：史书百谈. 11年前，富士康十三连跳震惊世界，"血汗工厂"内部发生何事？[EB/OL]. (2021-06-12) [2023-02-20]. https://view.inews.qq.com/k/20210612A0161W00?web_channel=wap&openApp=false&f=newdc.

思考题：

① 富士康员工的13起跳楼事件有什么规律可循？
② 舆论的关注会提高还是会降低员工自杀的可能性？讨论原因。
③ 查找相关资料，从员工个体层面上讨论自杀行为产生的原因。
④ 从企业管理层、政府角度讨论如何防止此类事件再次发生。

关于富士康员工跳楼事件，在2010年前后充斥各类媒体对导致其接连发生原因的解读，其中涉及企业管理模式、员工心态等多个维度。但同时，我们可以从中找出一些共同之处。第一，跳楼的员工年龄为18—25岁；第二，在第二次跳楼事件发生之后，媒体报道的新闻热度增加，并引起全社会的关注；第三，跳楼事件集中发生在1—5月，且日期间隔很近，5月最频繁。

社会学家戴维·菲利普斯（Dave Phillips）对此进行了研究，并把这种现象命名为"维特效应"（Werther Effect）。1774年，德国作家歌德在莱比锡书展上推出小说《少年维特之烦恼》（*Die Leiden des jungen Werther*）。在小说中，主人公维特最终自杀身亡。这本书马上成为当时的热门畅销书，不仅使歌德名声大振，而且在欧洲卷起了一股模仿维特自杀的风潮。菲利普斯用"维特效应"来定义跟风的自杀现象。他发现在报道轰动性的自杀事件后的几周内，特别是在报道覆盖的地区，自杀率会大幅度上升。菲利普斯对美国1947—1968年的自杀事件进行了统计，结果支持了他的推论。他发现某次自杀事件报道后的两个月内，自杀人数增加了58人。因此，他得出结论：一些内心痛苦的人看到别人自杀身亡的消息之后会模仿他们，自杀事件报道促使了更多人模仿自杀。

"维特效应"是从众行为在自杀情境中的具体表现。从众是人们的一种本能反应，进化论的观点认为，在原始社会，从众行为能够有效帮助人们躲避可能的危险，人们也由此形成从众的行为模式。在社会生活中，人们会效仿他人的行为来处理自己不能确定的事。当人们处于不确定的组织情境时，与自己类似的人的处理方式就会成为自身行为选择的重要依据。

富士康员工跳楼事件在2010年4月达到了媒体报道的高峰。根据从众心理推断，媒体报道使得自杀行为成为面临同样心理问题的员工的效仿对象，结果是随后有同样心理问题的人也选择自杀。新闻热度下降后，该事件也就淡出了大众视野。有同样心理问题的人也就失去了效仿对象，5月之后，随着政府和企业的积极干预，自杀人数没有持续增多。

1.1.3 抽象归纳组织情境中的行为规律

人们容易模仿与自己类似的其他人的行为，身份（Identity）认同在人们的从众行为中起到了重要的影响作用。人们对某些人的身份认同度越高，就越容易受到这些人的影响，进而模仿他们的行为；反之亦然。在"桐庐人的快递公司""富士康员工跳楼事件"这两个案例中，我们都可以看到从众行为相关理论对现象的解释作用；同时，身份认同度对人们的行为选择也可以起到调节作用。

在"桐庐人的快递公司"案例中，创业决策面临高度不确定的市场环境，创业者会感受到创业所带来的压力、市场环境所带来的风险，而模仿与自己类似的人的选择似乎可以规避市场风险。同样是从桐庐县到上海打拼，"桐庐人""钟山人"这样的"老乡"身份给决策者带来了很高的身份认同度，因此面临同样的决策情境时，他们也就更容易模仿身份类似的人的决策选择。

在"富士康员工跳楼事件"案例中，相同的年龄阶段、工作场所、工作内容、宿舍环境等都会提高员工之间的身份认同度。由于类似的员工也面临同样的工作压力、职业问题，都存在这样或那样的心理问题，因而虽然他们处理这些问题的方法取决于很多因素，但其中一个就是与他们类似的工友做出的行为选择。

根据这两个案例的现象描述，结合从众行为原理对于个体行为模仿的解释，可以用图1-1所示模型描述人们在面对组织情境时是如何做出行为选择的：他人的行为选择是自变量（X），它会影响人们自身的行为选择，即因变量（Y）。这种影响关系受到人们对他人的身份认同度的影响，即调节变量（M）。当调节变量（M）高的时候，也就是人们对他人的身份认同度高的时候，此时自变量（X）与因变量（Y）的关系会更加显著；当调节变量（M）低的时候，也就是人们对他人的身份认同度低的时候，此时自变量（X）与因变量（Y）的关系就会被弱化。

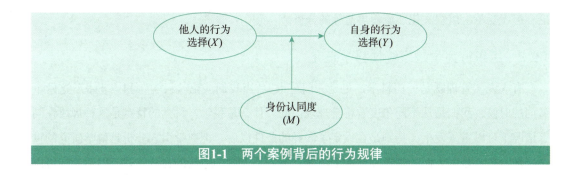

图1-1 两个案例背后的行为规律

1.2 组织行为学的学科范式

1.2.1 组织行为学的基本概念

在介绍了两个案例后,我们来看看组织行为学的定义。这门学科具有以下特点:① 学科目标在于总结变量相互关系的规律,增长科学知识;② 针对组织情境中的工作行为进行系统研究;③ 主要关注个体、群体、组织等不同层面变量对员工工作行为的影响;④ 总结规律是为了指导管理实践,提高组织效能。

> **概念**
>
> 组织行为学(Organizational Behavior)是一门研究组织中工作行为的学科,它分析个体、群体、组织等不同层面的因素对人们工作行为的影响规律,并以此为基础,指导组织中的管理工作,提高组织效率与效能。

组织行为学属于社会科学门类。它符合社会科学研究的一般特征:总结社会现象背后的一般原理,并由此解释、预测社会现象。组织行为学理论并不是针对某个特定现象的,而是可以解释某类现象的共同规律,这些规律可以被运用于各种不同的情境。组织行为学的研究结论符合社会科学研究的一般规律,每一个结论的得出都有相应的现象与数据的支持,并且经过多次验证。与物理学等自然科学的理论规律一样,只要相应的应用条件得到满足,这种规律就可以在不同时间重复发生。

组织行为学研究的是组织中的工作行为,观测与分析的对象在组织的现场管理活动中。与自然科学研究不同,组织行为学观测的对象并不是被隔离的,而是切切实实地发生在组织生活中,组织情境是这门学科必须考虑的限制条件。

从观测层面出发,组织行为学研究可以分为以下几类:个体层面的分析,比如有关个性、激励、行为、态度、满意度等的分析;群体层面的分析,比如有关群体规范与压力、群体决策、冲突与权力、领导行为、人际关系等的分析;组织层面的分析,比如有关组织理论、组织变革、组织文化、流程再造等的分析。

1.2.2 组织行为学是系统性科学研究

有人说"管理既是一门科学，更是一门艺术"。当我们谈论"科学"和"艺术"这两个名词的时候，我们是从不同角度看待管理规律的。什么是科学？科学的特点是这种规律在同等情况下可以重复发生，特别是在设定了同样的条件以后。把数学引入分析是科学研究的重要特征。艺术是以人们的想象和体验为出发点的，是人们创造性的充分体现，但不一定可以重复发生。

➡ 概念

经验（Experience）：个人根据自身认识对规律的总结，基于自身体验形成的规律性解释。

系统性研究（Systematic Research）：通过系统的观测和分析得出的概念界定，描述各个变量间关系的推断，并且对这些推断进行稳定性、可靠性检验的过程。

组织行为学之所以是一门科学，是因为其结论都是通过系统的观测和分析得出的。经验是以个人的体验为基础的，任何人只要做一点有用的事，就总会有一点报酬，这种报酬就是经验。每个人都是行为的研究者，在不断地行动过程中，人们经历着不断试错的过程，人们的经历会对他们以后的行为产生很大的影响。经验是人们对行为过程和结果的习得总和。管理者的经验是宝贵的，但它并不是管理科学的依据。首先，经验的缺陷在于它可能是一种错误的认识，在其他的问题场景中可能并不适用；其次，经验如果没有上升到理论高度，没有形成普遍性结论，是很难在不同人之间转移、复制、积累的。

一个可以进行科学论证的假设推断，主要有两种基本的形式：①用陈述句的方式，可以更清晰地界定某个概念的本质、内容、维度等，也就是这个结论可以更加清楚地描述现象背后的本质变量；②用陈述句的方式，可以更清晰地界定几个变量之间的联系，也就是更加清晰地描述现象背后的本质理论联系。因为管理者对自身体验、认识的描述，并没有形成可以进行真伪检验的假设，所以并不是科学。

组织行为学采用科学研究的范式，通过系统性研究发现组织现象背后的科学规律。那么，什么是系统性研究呢？系统性研究的逻辑基础在于，管理现象的内部联系不是随机的，而是由某种深层的本质原因引起的。图 1-1 就是用第二种形式界定变量之间的本质联系，预测变量的相互影响关系，形成对于现象背后规律的假设推断。

形成科学假设并不意味着可以得出结论。假设只有经过检验，才能判断能否得到实证研究数据的支持。英国哲学家卡尔·波普尔（Karl Popper）提出的"可证伪性"是检验一个理论是否是科学的重要标准（奥卡沙，2013）。可证伪性指该理论能够作出可以用实证数据进行检验的特定假设。如果这些假设经检验后发现是错误的，这一理论就被证伪了。波普尔认为，任何科学理论都是某种猜想或假设，其中必然潜藏着错误，即使它能够暂时逃脱实证数据的检验，但终有一天会暴露出来，从而被实践证伪。科学就是在这样一个不断提出假设、发现错误（被证伪）、修正假设的循环往复的过程中向前发展的。

1.2.3　组织行为学的研究方法

组织行为学的理论都是在对组织中的工作行为观察和数据分析的基础上，通过理论推断形成研究假设，然后经过实证检验而形成的。为了保证研究结论稳定可靠，且可以用于解释、预测在一定组织情境中的工作行为规律，组织行为学有一套规范的研究方法。

下面，我们将结合简短的案例，介绍有关组织行为学的研究方法，方便读者认识组织行为学理论是如何建立和验证的。

快餐店老板的用人经验

几周前，我遇到了一位中学同学，他在浙江省的某个县城创办了一家连锁式的中式快餐店，这几年业务稳步发展。我们交流了对员工招聘与管理的一些认识。他说了这样一段话：

"中式快餐与西式快餐并不一样，由于老百姓对自家柴米油盐的价格比较了解，中式快餐店不可能有类似'肯德基''麦当劳'那样的利润空间，很多西式快餐店的经营是要有高利润空间支撑的，因此不可能把他们的管理思路拿过来就用，而是要做很多改进。

比如，对于快餐店员工队伍，基本上可以分为前台服务人员和后台支持人员进行管理。以招聘为例，在招聘选择前台服务人员时，我倾向于选择30岁左右、已经结婚的女性，而不是20岁左右、没有结婚的女性。我们以前希望招聘20岁左右的女性，认为她们无牵无挂，形象更好，能够更好地投入工作中。但是我们的经验证明，这些人并不合适。

首先，她们的工作态度过不了关。20岁左右的女性刚刚进入社会，对工作的竞争压力不了解，觉得我们的工作太辛苦，也不在乎你给多少奖金，有些女员工干了三天就打退堂鼓。但是，30岁左右的女性一般都结婚了，那就不一样了。这些人有压力，希望挣钱，也会更努力工作。其实，快餐服务工作的技术含量不高，不需要工作人员有很高的文化水平，只需要他们勤快、态度认真、善于和人打交道。其次，年轻的姑娘容易流动。20岁左右的员工找工作很容易，她们做快餐工作只是暂时的，如果有更合适的工作，她们就会马上跳槽，这会给管理带来很多麻烦；再加上如果她们认为这份工作只是暂时的，她们就不会用心去做。所以，年龄是我们招聘前台服务人员的重要考虑因素，我们重点招聘30岁左右的已婚女性。

对于厨房和后台管理岗位，我们会聘用一些年纪大的、相对更稳定的员工。厨师是餐厅经营中的关键成员，厨师如果跳槽，就有可能加入竞争对手的队伍，成为心腹之患。所以我们想了很多办法，其中一个办法就是把做菜的工序程式化。我们的产品是相对标准化的，历经多个流程。客户看到的厨房只是厨房的前端，而前端厨房里面的原料都是半成品。每个厨师只熟悉其中的一道工序，对于其他工序则是不了解的。一方面，因为他们的工作技能只适用于我们公司，这样就可以保证厨师队伍的稳定性。另一方面，厨师的工作也是相对标准化的，招聘和培训也相对容易，一旦人员发生变动也不至于找不到替代的人；而且，他们不直接和客户打交道，稳定和专业是最关键的，形象则是次要的。"

资料来源：笔者访谈。

快餐店老板通过自身经历总结了有关员工招聘与管理的经验，并且描述了相应的规律。对于中式快餐业前台服务人员的年龄与绩效之间的关系，快餐店老板认为30岁左右的女员工要优于20岁左右的女员工。这是一种个人经验的总结，也许是经过了对本公司50名服务员的观察，特别是经历了一些典型事件，比如"有些女员工干了三天就打退堂鼓"，管理者才形成了这样的判断。我们可以用图1-2表示管理者所总结的前台服务人员工作绩效模型。

图1-2　前台服务人员的工作绩效模型

1.2.3.1　组织行为学研究的基本术语

图1-1和图1-2都简要描述了现象背后的规律。在"桐庐人的快递公司"和"富士康员工跳楼事件"两个案例中，我们推断得出的共同规律是同一人群中其他人的行为会影响员工自己的行为选择，而身份认同度会影响两者之间的关系强度。在"快餐店老板的用人经验"案例中，管理者的基本观点是，在中式快餐店的管理模式中，服务人员的工作绩效受到年龄的影响，而且这种影响主要是经由工作态度来产生的。这种态度包括责任心、投入度等。

这些描述中最为基本的要素是变量（Variable）。变量是指针对某个被考查对象的某种一般特征的描述，这种特征可以在数量、强度等方面发生变化。在个体层面，变量可以是一个人的人口统计特征、态度、能力、个性等；在群体层面，变量可以是团队冲突、凝聚力、团队产出等；在组织层面，变量可以是组织文化、组织层级、组织结构类型等。变量是组织行为学研究的基本要素，也是假设、理论模型的基本元素。在一个完整的模型中，有以下几个要素：

（1）自变量（Independent Variable）。自变量是引起其他变量变化的原因变量。在"快餐店老板的用人经验"案例中，我们可以认为年龄是自变量，它的变化引起后面一系列其他变量的变化。通常，自变量是社会情境、组织背景中的外生变量，比如文化特征、薪酬体系、组织结构等因素，也可以是一些个人稳定的特质因素，比如能力、个性、主动性、动机等。自变量是在理论模型中推动系统产生变化的因素，是员工行为产生的输入端。

（2）因变量（Dependent Variable）。因变量是受到自变量影响而发生变化的反应变量，是管理者或者研究者希望去预测和解释的变量。通常研究的因变量包括绩效、满意度、人员流动（Turnover）、组织承诺等。在"快餐店老板的用人经验"案例中，服务人员的工作绩效是因变量，也是管理者希望去努力提高的；在"桐庐人的快递公司"案例中，创业决策、加入快递公司、公司绩效是因变量；在"富士康员工跳楼事件"案例中，自杀模仿是因变量。因变量是理论模型的最终行为产出，是员工行为的外部表现。

（3）中介变量（Mediate Variable）。中介变量是可以影响自变量和因变量之间关系的变量，自变量需要通过中介变量才能影响因变量。中介变量是对理论变化关系的机制解释。

在"快餐店老板的用人经验"案例中，工作态度就是一个中介变量。因为不同年龄阶段的人对工作的态度不同，而工作态度又会影响工作绩效，所以工作态度是一个至关重要的中介变量。一个20岁左右的女员工，她只要有认真负责的态度和吃苦耐劳的精神，就能把前台服务工作完成得很出色。年龄是要通过工作态度来影响工作绩效的，缺少了工作态度的中介作用，年龄的影响作用就不会那么明显。

（4）调节变量（Moderate Variable）。调节变量是限制自变量和因变量关系的情境条件变量。在"快餐店老板的用人经验"案例中，我们把这种关系适用的情境限制在中式快餐店服务人员队伍，这可能会包含这样一些工作情境变量，如工作结构、劳动时间、福利待遇、规章制度等。在"桐庐人的快递公司""富士康员工跳楼事件"案例中，对他人的身份认同度是调节变量。当对他人的身份认同度高的时候，他人行为对自己行为选择的影响较为明显；当对他人的身份认同度低的时候，他人行为对自己行为的影响就没有那么显著。调节变量会影响自变量、因变量之间的关系强度、作用方向，所以又被称权变因素（Contingency Factors）。

（5）理论（Theory）。理论是隐藏在诸多现象背后的规律，它描述的是一套系统的、相互关联的概念或假设，可以解释和预测同一类型情境中的现象。通常在组织行为学研究中，模型一词也可代表理论，当存在多个变量之间的相互关系的时候，我们通常用模型来表示。理论、模型、假设三个概念在组织行为学的研究中并没有严格的使用界限。对于图1-1、图1-2描述的关系，我们可以称之为理论模型，对于具体变量之间的关系我们也可以称之为假设。通常，假设是理论模型可操作化检验的具体描述。

（6）假设（Hypothesis）。对于两个或两个以上变量之间关系的试探性解释被称为假设。我们在图 1-2 中看到了这些变量之间的关系，但是这种关系并没有得到数据的验证，而是管理者本人的猜想，我们并不知道这种关系是不是在所有的中式快餐店中都适用。如果把这种关系用科学手段和数据进行分析，假设就会得到验证，这种关系就可能成为结论，我们就可以知道具体的运用情境。

1.2.3.2　研究的信度与效度

当明白了研究的基本要素以后，我们需要思考这样一个问题：研究结论是建立在对大量现场的考查分析上总结得到的规律，同时它可以解释、预测今后可能发生的相关现象。那么，如何保证研究结论的可靠性和稳定性呢？这涉及组织行为学研究中的两个基本概念，即信度（Reliability）与效度（Validity）。

（1）信度。信度代表了研究结果的稳定性和一致性，它在很大程度上取决于变量观测的稳定性。针对图 1-2 的变量，我们会观测到：年龄具有很高的信度，因为它的观测不会有任何不稳定因素；工作态度和工作绩效的信度则会受到观测者或者研究者本身主观因素和观测手段的影响。就像用一把标准的尺子去测量一个物体的长度，在不同时间、不同场合得到的结果不会有太大变化。但是，如果这把尺子本身是没有准确标度的，或者材料很容易热胀冷缩，那么每次得到的结果就会不一样，测量结果的信度就很低。

由于大多数行为发生在现实情境中，一般通过观测、主观评价进行测量，因而不同人、不同时间的评价结果不会完全一致，行为测量的信度也就不可能完全一致，会有一定波动。

（2）效度。效度是研究结果的有效性，代表了这种理论关系在多大程度上可以真正解释和预测现象。信度是效度的必要条件，但不是效度的充分条件。就像用一个磅秤去"测量"身高，由于身高和体重之间存在显著的正相关关系，可以用体重换算成身高。虽然测量结果相当稳定，不同时间、不同地点也基本不会有变化，但是这个测量得出的数字并不反映身高特征，所以测量效度很低。

如果我们验证图 1-1、图 1-2 所表示的理论模型，只有对模型中的变量做出有效测量，才能够验证理论关系。在测量中，大量行为研究采用问卷、量表的形式获取数据，问卷或量表内容能否正确地反映目标行为，这将直接影响测量效度。同时，由于这些行为的测量具有不稳定性，避免测量中可能的偏差也是组织行为研究中保证效度的重要前提因素。

1.2.3.3　组织行为学的数据搜集方法

组织行为学的研究对象是组织中现场发生的行为，但是在大多数情况下，研究者没有办法严格控制这些行为的影响因素。尽管在物理学、化学等自然科学的研究中，研究者可以通过技术手段控制其他变量，但这在社会科学中是无法实现的。为此，组织行为学的研究者总会在控制程度、精确性和结论的泛化性等方面进行一些权衡。

在对具体观点和理论进行验证的时候，使用的具体方法也是综合权衡以上指标的结果。我们在这里介绍三种常用的研究设计方法。

（1）**案例研究（Case Study）**。研究者通过访谈等方式观察搜集到的事例、行为和过程，系统证明研究者观点的有效性。案例研究的数据主要是定性描述，通常是用语言文字对工作行为进行描述。

在"快餐店老板的用人经验"案例中，我们可以认为管理者本身就是一个研究者，他为什么得出案例中的结论呢？因为他观察了很多事例，比如几名员工（A、B、C）都是30岁左右的已婚女性，她们的工作态度都很好且十分勤劳，因此主管对她们的绩效评价都很好；而有一次招聘了一名20岁左右的未婚女性（D），她干了三天就觉得服务员的工作太辛苦了。管理者由此得出结论。

我们通过这个例子看到案例研究的基本过程，研究者研究的是在真实的组织环境里的一种现象，他通过描述观察现象之间特征的相关性规律，得出结论。但同时，这种方法带来了很多疑问，比如在"快餐店老板的用人经验"案例中，我们可能有以下疑问：

◇ 是不是有些20岁左右的员工同样会表现得很好？这个规律适用于所有人吗？

◇ 工作态度的变化是不是由其他一些因素引起，而不是年龄本身？研究者只看到年龄和工作态度之间的联系，并没有办法证明这种因果关系。

◇ 研究者本人的观察是不是有偏差？可能研究者受到自身主观和客观因素的限制，看不到有些现象的本质。

这些问题会削弱案例研究的信度和效度。在进行案例研究的时候，要有标准化的程序去控制这些可能的偏差。案例研究设计，对偏差控制的要求最高，殷（2017）在他的著作《案例研究：设计与方法》中详细地论述了案例研究需要考虑的问题。

（2）**问卷研究（Survey）**。问卷是一种最常用的社会科学研究方法，研究者通过询问调研对象获取研究所涉及的变量信息。

以"快餐店老板的用人经验"为例，研究者可以根据调研对象（员工、主管）分别设计一份问卷，问卷涉及调研对象的年龄、工作态度、工作绩效等方面的问题，然后让足够数量的员工和主管填写相应的问卷，汇总数据后，选用合适的统计方法测算这几个变量之间的关系。

问卷研究是常用的实证研究方法，它与随机抽样、统计分析密不可分。随机抽样使样本具有代表性，问卷是进行变量测量和资料搜集的工具，统计分析则是得出结论的必要基础。所抽取的所有的组织行为学的问卷研究结论都是在统计分析的基础上得出的，没有现代统计学的发展，就没有管理学和组织行为学学科体系的建立。

但是，问卷研究同样引发很多疑问，比如：

◇ 填写问卷的人是否看懂了问卷的题目?
◇ 他们有没有按照自己的真实想法填写问卷?是否为了迎合要求扭曲了答案?
◇ 问卷的题目能否代表研究者想了解的内容?
◇ 这些人的回答能否代表其他人或整个行业?
◇ 是否存在其他因素更大地影响这些问卷的结果?

由于以上问题的存在,问卷研究结论的效度常常受到质疑。当前组织行为学研究中,单纯使用同一数据来源的问卷研究已经无法说服大众,因此经常要和其他方法结合使用。

(3) 实验研究(Experiment)。实验是组织行为学研究中最为严格的研究方法,它的研究思路与物理学实验有些类似,也就是在控制其他所有相关变量的情况下,考查自变量和因变量之间的关系。实验研究的基本目的就是考查一种因素或环境对另一种因素或环境可能产生的影响,或者说它检验的是彼此间的因果关系。

实验研究的基本范式是这样的:假如现在我们对两组被试进行测试。首先,我们对某个感兴趣的特征进行了预测试,比方在"快餐店老板的用人经验"案例中,我们测试年龄以外的能力、个性等相关个人特征,如果它们是类似的,我们就将这两组被试视为等同的两个小组。然后,我们只对其中一组的某个特征加以处理或施加影响,接着对两组进行再测试。如果接受处理的小组发生变化而另一组未发生变化,并且除受干扰部分其余特征都相同,那么我们就能得出这样的结论:上述变化是由外部处理引起的。但是,这在组织行为学研究中很难实现。比如在"快餐店老板的用人经验"案例中,我们很难操作被试的年龄,而只能进行事后观察;同样,对于工作态度,我们也很难操作,而只能进行事后观察。这样就无法得出实验研究中严格的因果关系。然而,由于组织行为学是对组织中的现场行为进行研究的科学,过于严格控制实验条件会使得研究结论不能被推广到现实的组织情境中。

对于实验研究,通常会引发以下几个疑问:
◇ 实验条件和任务是不是可以代表真实的管理任务特征?
◇ 实验操作是不是可以代表想要操作的变量?
◇ 实验中得到的结论在多大程度上可以应用于现实组织情境?

任何一种具体的研究方法,都会存在相应的缺陷,如果希望验证图1-1、图1-2中的理论框架,得出有效的结论,就必须将多种方法结合起来使用。如果研究者在使用不同方法对同一理论框架进行验证后都得出了相同的结论,那么理论模型的可靠性和有效性就能得到强化。

我们再回到"快餐店老板的用人经验"案例中,思考以下问题:
◇ 如果要验证图1-2中的理论框架,那么我们使用什么样的研究方法比较合适?需要考虑哪些有关研究的信度与效度问题?

◇ 对于厨师的流动性问题，如何设立自变量、因变量和理论模型？如何实施检验？
◇ 经验和系统性研究的差别是什么？具体表现在哪些方面？

1.3 组织行为学的历史发展

组织行为学是怎样发展起来的呢？这门学科的发展经历了哪些主要阶段？哪些关键性的人物和研究成果推动了这门学科的发展？由于组织行为学本身以组织中的人为研究对象，研究者的出发点和背景是各式各样的。在本节，我们介绍几个在组织行为学的发展中至关重要的人物和研究成果，所参考的资料来自雷恩和贝德安（2022）所著的《管理思想史》（第7版）一书，该书对管理学科发展的早期代表人物及历史事件进行了系统的论述。

1.3.1 泰罗的科学管理

弗雷德里克·温斯洛·泰罗（Frederick Winslow Taylor，1856—1915）是公认的科学管理（Scientific Management）理论创始者。在泰罗开始他的系统研究以前，管理学始终被认为是存在于管理者头脑中的经验，没有人将管理学看作一门可以系统地研究的科学，直到泰罗率先把系统的研究方法引入管理学领域。尽管泰罗的理论方法曾被工人和资本家质疑，但泰罗制、科学管理方法对工厂效率的提高和对美国社会的深远影响是不可替代的。

1.3.1.1 泰罗的生平

这位管理学界和实践界的泰斗有两件事与他终身相伴，一是他为之操劳一生的美国钢铁业，二是渗透在他骨髓里的清教徒精神。泰罗出生于一个清教徒家庭，他的父母希望他长大后能够继承父亲的衣钵成为一名律师，但是他在哈佛大学学习了一段时间以后，转而到费城的一家水厂当学徒。1878年，泰罗成为费城米德维尔（Midvale）钢铁厂的一名工人，这个工厂是当时美国的几家大钢铁公司之一，这个时期正是美国钢铁业的顶峰时期。泰罗在这家工厂从一名普通的车间工人相继升为机工、机工班长、车间工长、负责全厂修理和维修的总技师，最后升为总工程师。从工人到总工程师，泰罗一共只用了6年的时间，这对于一个年轻人来说，简直是火箭一样的速度。

由于泰罗从基层开始干起，因而他对工人们的想法十分了解。泰罗认为，由于管理制度和管理方法存在问题，工人们的工作效率通常只有正常工作效率的三分之一。作为一名清教徒，泰罗认为人们天生就应该勤奋和努力工作，而偷懒和效率低下是一种道德败坏。于是在他获得对工厂的管理权力以后，便开始在工厂进行一系列的改革。

1.3.1.2 泰罗的管理改革

导致工厂产量不高的原因之一是工人的"磨洋工"，它可分为两类："无意的磨洋工"和"有意的磨洋工"。"无意的磨洋工"是由"人的天性和脾气"导致的，而"有意的磨洋工"

则是由"工人同别人的关系所引起的更为复杂的再次思考和推理"导致的。工人们为什么"磨洋工呢"？泰罗认为，首先是不完善的管理制度迫使工人维护自己利益，其次是工人们提高工作效率会使得更多人失业。另外，工人们单凭个人的工作经验，遵循着传统的工作方法，其工作效率自然不高，而这正是管理部门需要去改进的。管理就是要设计好工作方法，并提出适当的激励办法，以减少工人"磨洋工"的现象。这正是科学管理所要做的事情。那么，泰罗的科学管理主要包括哪些措施呢？泰罗曾在一次演讲中说道："管理的目的是要在确保雇主能够获得最大利益的同时保证每一位雇员能够获得最大的利益。"科学管理的基本措施包括成本核算、工时分析、职能工长制等，且这些措施与管理的实质和基本哲理是不矛盾的。管理的基本哲理以共同利益为基础，有以下四个原则：

◇ 由管理者把过去工人们自己通过长期实践积累的大量传统知识、技能和诀窍集中起来；

◇ 科学地挑选工人；

◇ 将科学和工人的教育培训结合起来；

◇ 管理部门和工人之间进行亲密无间的友好合作。

泰罗认为，无论是这些原则还是泰罗在工厂中实行的具体措施，都不是科学管理本身。我们可以将科学管理简单地概括为：它是科学，而不是单凭经验方法做事；它提倡合作，而不是不知；它追求最大的产出，而不是受限的产出；它鼓励激发每个人发挥其最大效能和获得最多的财富。

视频讲解：工时分析

在实施科学管理的过程中，首先要在具体组织或者工人当中进行一场心理革命。科学管理要求组织中的所有人（工长、监工、企业所有人、董事会成员等）都要进行一场心理革命。这是泰罗科学管理的第一步。在科学管理下，各方要把注意力从以往最关注的利益分配转移到生产效率的提高，也就是把各方的注意力从"如何分蛋糕"转移到"如何把蛋糕做大"，而"一旦这个蛋糕做到足够大，大家就没有必要为一点小利益而争论不休"。当各方尤其是劳资双方不再互相敌视，而是肩并肩地朝一个方向努力时，他们共同努力所创造的价值都将得到极大提高。这是科学管理最重要的基础。

延伸阅读：工时分析与计件工资制

科学管理的具体手段表现在泰罗采用系统方法搜集、分析工作数据，然后对操作方法、管理手段进行的一系列革新上。目的是通过工时分析、计件工资制、成本会计制等一系列改革，消除"无意的磨洋工"和"有意的磨洋工"。

1.3.1.3 泰罗对管理学科的贡献

首先，泰罗把对人的管理看作一门科学，而不是个人经验。科学的特征是可以通过数学方法进行定量研究，同时把总结归纳得到的规律应用于不同场景。科学管理的基本思想是定量分析、归纳规律。管理始终被认为是科学与艺术的结合，如果仅仅是个人经验，那么规律在不同管理者、不同管理场景之间的转移和应用是非常困难的。泰罗把管理看作一门科学，实现了管理知识在管理者和学术界的传播，使之成为一门系统科学；同时，泰罗也使得管理学成为一门像物理、化学一样可以证伪的学科。

其次，泰罗在归纳管理规律的时候，采用了系统的、定量的方法，并得出了指导管理活动的科学原理。通过定量的分析得到潜在的管理规律，这与组织行为学的研究思路是一致的。组织行为学的发展与现代统计学是分不开的，组织行为学是一门实证性的学科，所有的假设和结论都需要在研究中被实际数据证明。由于受随机因素和干扰变量的影响，社会科学研究的结论表现出相应的波动规律，引入统计学分析是社会科学检验结论可靠性的必要手段，泰罗所做的早期研究创立了用定量方法去寻找规律的典范。

最后，泰罗在研究中始终考虑工作情境中工人的行为因素，把组织背景、工作任务、人员特征等相关因素结合起来考虑，这也是组织行为学研究的重要特征。工人的绩效不仅受到工作行为的影响，还会受到其他多方面因素的影响。组织的产业特征、任务特征也是重要的考虑因素，这些"任务情境"是很重要的。

总之，泰罗开创了一个管理学的新时代，他把分析与归纳的科学方法引入管理领域，并把他的思想凝结在《科学管理原理》（The Principles of Scientific Management）一书中。

1.3.2 霍桑实验与人际关系学派

在组织行为学的发展历史上，霍桑实验（Hawthorne Experiment）是最能引起研究者深思和争议的研究。在对霍桑实验进行研究的众多中学者中，最有名的是哈佛大学心理学教授乔治·埃尔顿·梅奥（George Elton Mayo），但其他研究者也做出了程度不一的贡献。

霍桑实验的场所研究对象——霍桑工厂是一个制造电话交换机的工厂，也是当时美国电报电话公司（AT&T）的供应商，这项实验的初衷并不是为了提出一个新理论。

一开始，研究者们试图回答一个非常简单的问题：车间的照明强度会对工人的生产能力产生什么影响？从 1924 年 11 月至 1927 年 4 月，研究者们进行了一系列的实验。1924 年冬季，研究人员在霍桑工厂的冲床车间、绕圈车间和继电器车间观察照明强度与产量的关系，结果发现"产量与照明强度没有直接的关系"。

当时的实验假设是"提高照明强度有助于减少工人疲劳，进而提高工人的生产效率和产量"。可是经过两年多的实验，研究人员发现照明强度的改变对工人生产效率并无影响。具体结果是：当实验组照明强度提高时，实验组和控制组都增产；当实验组照明强度降低时，两组依然都增产；直至照明强度降至如月光一般、实在看不清时，实验组的产量才急剧下降。

研究人员对此结果感到茫然,失去了信心。查尔斯·欧内斯特·斯诺(Charles Ernest Snow),实验的参与者之一,同时又是麻省理工学院的教师,也得出这样的结论:对研究问题而言,照明强度并不是所要寻求的答案……最重要的可能是"人类个体的心理状态"。按照这个结论,这个失败的实验需要终止。但是,工厂和其他研究人员都建议继续实验。于是,下一步开展了霍桑实验中最有影响力的三个实验。

继电器车间实验。在这个实验中,共有五名继电器装配女工、一名电路设计师和一名实验观察员参与,研究人员对工作时间、工作周期、休息时间等做了一系列调整,随着这些变化的产生,产量有升有降,但是总体的变化是他们的工作效率比原来都有了很大的提高。于是,研究人员拜访了麻省理工学院的公众健康教授克莱尔·E. 特纳(Clair E. Turner)。通过分析,他把能够引起产量变化的因素归为以下几个方面:① 小团体的组成;② 监工的类型;③ 收入的增加;④ 对实验的新奇感;⑤ 公司管理层和研究人员给予的关注。1929年一份中期报告总结了早期实验的结果:装配工的产量增加了35%—50%;疲劳的减少不是产量增加的影响因素;实验组实施的新工资制是产量增加的一个相当重要的影响因素;工人们愿意在一个有"包容的监工的环境"和"愉快的工作环境"下工作。

访谈实验。在照明实验中,研究人员在工厂中开始了访谈计划。此计划的最初想法是只要工人就一些工作情况给出一些"是"或"不是"的回答,但这种规定好的访谈计划在进行过程中效果并不好。工人乐于就工作以外的事情进行交谈,他所认为重要的事情并不是公司或研究人员认为意义重大的那些事。研究人员了解到这一点后,及时把访谈计划改为事先不规定内容;每次访谈的平均时间从30分钟延长到1—1.5小时;在访谈过程中,研究人员多听少说,详细记录工人的不满和意见。访谈计划持续了两年多,工厂的产量大幅提高,研究人员对此很不解。

为此,研究人员求助哈佛大学的心理学教授梅奥。梅奥于1928年花了两天时间参观了霍桑工厂,然后在1929年又用了四天时间开展现场调研,并于1930年开始系统、深入地研究。最终,梅奥对此的解释是"实验组的精神状态发生巨大改变",他的说法是"霍桑工厂给实验组带来的最重大的操作变化与其在实验中表现出的变化只是一种偶然联系,工厂对实验组的真正影响在于改造了整个工作情境"。

绕线圈实验。霍桑实验中有关群体的研究是在绕线圈室中进行的。研究人员在这个实验中选择14名男工人在单独的房间里从事绕线圈、焊接和检验工作,并对他们实行特殊的计件工资制。研究人员原来设想,实行这套奖励办法会使工人更加努力工作,以便得到更多的报酬。但观察结果发现,工人们的产量只保持在中等水平上,每个工人的日平均产量都差不多,而且工人们并不如实报告产量。深入调查后发现,这个实验组为了维护群体利益,自发地形成了一些规范。他们约定,谁也不能干得太多,突出自己;谁也不能干得太少,影响全组的产量；谁也不准向管理层告密。如果有人违反这些规定，轻则被挖苦谩骂，重则遭受拳打脚踢。研究人员描述了这样一些简单的规则：

◇ 你不应该干太多活，否则你是一个"生产冒尖者"；

◇ 你不应该干太少活，否则你是一个"生产落后者"；

◇ 你不应该向监工报告，说任何有损同伴的话，否则你是一个"告密者"；

◇ 你不应与同伴们保持距离或一本正经，而应该和大家打成一片。

进一步调查发现，工人们之所以维持中等水平的产量，是因为他们担心若产量增加，管理层就会改变现行奖励办法，或者裁减人员，使部分工人失业，或者会使干得少的同伴受到惩罚。这一实验表明，为了维护群体内部的团结，工人们可以拒绝物质利益的引诱。由此，研究人员提出"非正式组织"的概念，认为在正式的组织中存在自发形成的非正式组织，这种组织有自己特殊的行为规则，对成员的行为起着调节和控制作用，同时会加强内部的协作关系。

"霍桑效应"（Hawthorne Effect）这个专用名词在管理学文献中是一个经典的概念。随着美国大萧条时代的到来，霍桑工厂的实验也逐步被放弃。梅奥不断对前面所做的理论解释予以完善，他在 1933 年出版了《工业文明的人类问题》（*The Human Problems of an Industrial Civilization*）一书，成为人际关系学派的开创者。正如雷恩和贝德安（2022）所评价的，"梅奥是思想领域的探险者……霍桑实验的数据不是他的，结果也不是他的；但是对实验结果意义的解释以及从中引发的新问题和假设是他的。"

霍桑实验的前期强调管理者关怀对工人工作效率的促进作用，后期关注组织和群体因素对工人工作效率的影响。这些观点形成了人际关系学派的基本观点：① 员工并不是单纯追求金钱，他们还有社会、群体、心理方面的需求，如追求人与人之间的友谊、安全感、归属感和受人尊敬等。梅奥的解释突破了"经济人"的假设，认为员工应该是"社会人"。② 非正式组织是霍桑实验中提出的重要概念。员工在共同工作中基于共同的社会联系，形成了非正式组织。非正式组织会形成规范和默契，也会产生自然的领导者。非正式组织在相当大程度上影响着员工行为，管理者必须关注非正式组织、群体规范在管理中的作用。管理者应该把组织看作"正式组织"和"非正式组织"的有机结合，注重正式组织要求的效率和非正式组织要求的情感平衡。③ 员工的工作积极性在很大程度上取决于他的满意度，也就是"士气"（Morale）。满意度越高，工作积极性越高，生产效率也就越高。管理者不但要考虑员工的物质需求，还应考虑其精神需求，维护良好的人际关系，营造轻松的工作氛围，培养员工的归属感、自尊感和成就感。

一直以来，霍桑实验是管理学研究史中非常受关注的经典研究，尽管其研究方法论受到质疑，但霍桑实验对于管理学科发展的重要意义是不可否认的。

首先，自霍桑实验开始，管理实践者和研究者都认识到组织中"人的因素"是影响组织效能和工作绩效的最重要因素，把管理最重要的研究对象定义为人的工作行为。

其次，霍桑实验显示出组织中群体因素的影响。在后期的绕线圈实验中，研究者不仅看到了人作为社会系统的一个部分（即群体因素）在工厂管理中的作用，还看到了组织规范和群体互动对员工绩效行为的强烈影响。群体研究由此成为组织行为学研究中非常重要的部分。

最后，人际关系学派的构建使得研究者对工作中的人性假设有了更多思考。除了以往的"经济人"假设，研究者还看到了人们的行为不仅受到理性因素的制约，还受到社会需求以及外部环境的影响。"社会人"的假设由此得出，工作绩效除了受到工作方法、工作条件、工作待遇等因素的影响，员工士气也是很重要的影响因素，而员工士气又受到组织中人际关系、工作氛围、组织制度、领导行为等多方面因素的影响。所以，组织行为学研究的很多问题都是在霍桑实验以后发展起来的。

霍桑实验是一个有重要意义的组织行为研究，哈佛商学院为了纪念它对管理学的贡献，专门建设了介绍网页展示了整个研究过程。请参见网址 http://www.library.hbs.edu/hc/hawthorne/。

1.3.3 学科的理论基础与研究层次

组织行为学是一门由研究问题界定的学科，研究者在对这些问题进行界定的时候，借用了很多其他学科的理论、概念和方法，主要有心理学、社会心理学、社会学、人类学、政治学等。

（1）心理学。心理学是研究人类心理活动规律的一门学科。自行为主义得到发展以后，对于心理学的研究大多关注行为层面，关注可以观察的行为领域的规律。在组织行为学理论中，关于个人特征（包括能力、个性、知觉、激励等）的理论基础大多来自心理学研究；同时，关于学习、决策等个人行动过程的理论基础也来自心理学研究。在心理学的各个分支中，工业与组织心理学同组织行为学的关系非常密切，这两门学科中的大多数理论概念是相似的，只是关注面有一些区别。

（2）社会心理学。社会心理学是心理学的一个分支，前者更加关注社会群体的心理问题。关于态度测量、社会认知、群体互动等概念的分析来自社会心理学研究。当代组织行为学的发展很大程度地依赖于社会心理学，而社会心理学在组织情境中的应用也是组织行为学的重要内容。

（3）社会学。社会学是一门研究社会现象、社会活动的学科。社会学对测度方法、量表构建有着深入的研究，组织行为学中对变量的测度受到社会学研究的深刻影响。同时，社会学更关注社会现象，作为一个生活在组织中的人，更多地受到群体、组织、社会背景因素的影响。对于群体中的相互关系因素的研究，组织行为学更多地受到社会学基础的影响。

（4）人类学。人类学是研究人类躯体、起源、发展和文化的学科。文化人类学是人类学的重要分支，它在民族文化、价值观的研究与组织层面的问题有很多联系，组织文化、组织结构等方面的概念受到人类学研究的影响。

（5）政治学。政治学是研究人类政治活动的学科。马基雅维利的《君主论》是历史上最早论述领导行为的著作之一。政治学更加关注群体行为，关注组织中的权力、领导、冲突管理等方面的内容。这些方面的内容与组织行为学有着非常密切的关系。

组织行为学是一门由研究对象、研究问题而产生的学科，根据研究问题内容的不同，组织行为学基本上可分为三个研究层次：

（1）个体层面。这个部分关注个体在组织中的工作行为，包括个性、激励、行为、态度、满意度、学习、决策等相关的问题领域。

（2）群体层面。这个部分关注人际行为、个体与组织中的影响关系行为，包括群体规范与压力、群体决策、冲突与权力、领导行为、人际关系等相关领域。

（3）组织层面。这个部分更多与宏观层面的活动相关联，关注组织作为一个整体开展活动所表现出的相关行为，包括组织理论、组织变革、组织文化、流程再造等组织层面的活动以及在这些活动中表现出的共同行为规律。

本章名词

行为（Behavior） 从众（Conformity）

自变量（Independent Variable） 组织行为学（Organizational Behavior）

调节变量（Moderate Variable） 因变量（Dependent Variable）

理论（Theory） 案例研究（Case Study）

问卷研究（Survey） 实验研究（Experiment）

科学管理（Scientific Management） 霍桑实验（Hawthorne Experiment）

本章小结

① 组织行为学关注工作场景中的行为，注重用科学逻辑、科学方法去分析和解释管理现象背后的规律。

② 组织行为学研究的基本范式是采用概念、变量描述组织现象背后的规律，用理论模型刻画变量之间的影响关系，形成理论假设，然后用实证数据检验假设。

③ 作为科学管理理论的创始人，泰罗把科学思想引入了管理领域。

④ 梅奥根据霍桑实验结论提出了"社会人"假设，认为员工的士气、人际关系是影响员工工作效率的主要因素。

⑤ 组织行为学有多个基础学科来源，研究对象可分为个体、群体、组织三个不同层面。

案例分析

杭州武林银泰的促销活动

延伸阅读：杭州武林银泰的促销活动

2016年9月23日，几千人聚集在杭州武林银泰门口，把商场围得水泄不通。这是什么情况？原来，银泰Adidas品牌的鞋子全场打折，人们蜂拥而至。最终，警察为了大家的生命安全考虑，决定让商家取消打折活动，疏散人群。

完整案例内容请扫描左方二维码阅读。

思考题：

视频讲解：武林银泰的促销活动

① 回顾图1-1的理论模型，思考如何用该模型解释该案例中的现象。
② 对于"桐庐人的快递公司""富士康员工跳楼事件""杭州武林银泰的促销活动"三个案例，图1-1的理论模型分别应该做哪些修正，才能更好地适用于相应案例？
③ 这三个案例分别发生在不同情境中，而情境因素会影响自变量、因变量之间的关系。请提炼这三个情境的特征，并用理论概念加以描述。

调研与讨论

人们的行为容易受到从众心理的影响。5个人以上的群体就足以影响周围人群的从众行为。以小组为单位做一个现场练习：在一个不影响公共安全的地方，组织5个同学围成一个圈，共同仰望天空中的某个点，保持半个小时，不要回答周围人的问题。请其他小组成员保持一定距离，观察并记录周围过路人的行为反应，包含有多少人路过、多少人停顿、多少人停下脚步凝望、停留时间多久。小组成员讨论人们反应的规律，重点讨论下面思考题：
① 用变量关系表示理论模型。
② 讨论如何测量测量模型中的变量。
③ 讨论变量的变化水平以及如何量化。
④ 讨论变量变化的前后时间顺序，以及这对因果关系的影响。

文献阅读

参考文献

科举考试在中国存续了上千年，特别是明清时期，通过科举考试进入官场便是一个标准入仕途径。随着时代的发展，到了清朝末期，清政府废除了科举考试，科举制度才在中国历史上画上了句号。

资料来源：当年明月，2021. 明朝那些事儿［M］. 北京：北京联合出版公司.

思考题：
① 科举考试可以区分考生哪些方面的差异？
② 不同层次的科举考试的考查方式和内容有什么区别？
③ 官员的岗位要求与科举考试有什么联系？
④ 清朝末期为什么要废除科举考试？

视频讲解：科举制度与官员选拔

2.1 人口统计变量

科举考试是中国古代选拔官员的制度。通过层层的考试选拔，加上最终的面试，封建王朝的统治者甄别考生是否适合进入下一轮选拔，乃至担任国家的官员。科举考试希望甄别的是考生之间的差异，考查考生撰写八股文的能力。考生之间的个体差异是官员选拔所关注的核心问题。

自古以来，人们都认识到，个体间是有差异的。这些差异构成了管理者在面对"管人"问题时最基本的要素。管理者在管人、用人时，首先面对的是个体之间的差异性。本章将从人口统计变量、能力、人格等方面讨论个体差异，以及如何针对岗位要求去辨别、评估个体差异，根据评估结果选拔上岗人员。

与人口统计变量有关的一个重要概念是履历数据。履历数据来自应聘者的简历、申请表、经历调查表等，能够给招聘者提供大量信息（如教育程度、工作经验、一般或特殊技术等）。研究表明，通过对履历数据的科学分析，能够有效地预测应聘者的工作产出、培训成绩、工作适应性、工作满意度等传统和非传统的指标。互联网的普及更突显出这种方法低成本、高效率的特点。

➡ 概念

履历数据（Biographic Data）分析：通过分析简历、档案、履历、问卷等，搜集应聘者经历的行为事件信息，对信息进行量化编码并评分，以此结果为依据筛选应聘者的测评方法。

通常，履历数据要素包括教育经历、工作经历、个人兴趣、家庭情况、个人健康情况、态度事件、价值观事件等。履历数据分析的原理是"用个体过去的行为预测其将来的行为"（Owens 和 Schoenfeldt，1979）。研究者根据个体过去的行为或成就，如学习成绩、学生社团经历等，预测其将来的行为或表现，如工作绩效、职业成功、培训绩效、工作满意度等。

履历数据分析最早产生于美国，已有很长的一段历史。美国佐治亚大学（Georgia University）以威廉·A. 欧文斯（William A. Owens）为代表的一批研究者，最早在这个领域开展了系统性的研究。欧文斯采用 1962 年与刘易斯·E. 果尔布赖特（Lewis E. Albright）和格伦农（Glennon）共同编制的生活历史事件量表（Catalog of Life History Items），对履历数据的结构维度进行分析，问卷包含基本资料、兴趣态度、健康情况、人际关系、金钱观、童年经历、个人属性、家庭、休闲生活、求学经历、自我印象、价值观与工作经历 13 个大类、638 个题项的生活历史事件。后来，欧文斯从上述题库中抽取 118 个题项编成问卷，用来预测大学生学业成就、生活适应、职业生涯成功，结果发现预测效度相当高。

很多组织机构，比如大型公司、军队、学校等都用该方法对人才进行初步筛选，预测其未来的绩效水平。一个大型组织在招募新人时筛选近 5 万份简历是很常见的事情。简历筛选环节的淘汰率是各环节中最高的。随着互联网的广泛应用，简历筛选的规模越来越大。履历数据的系统性分析，可以保证简历筛选的准确性、可靠性和稳定性。20 世纪 90 年代以后，我国也开始把这种方法应用到人才选拔中。为了使该方法具有较高的信度、效度，还需要对数据进行量化编码，选择合适的预测指标进行量化分析，开发有效的履历分析工具（严进等，2010）。

每个人生下来就与他人有差异，最简单的履历信息在一个人的简历上就可以看到，如身高、体重、性别等，但是，哪些个体差异会和工作表现有联系呢？研究数据表明，员工的年龄、性别、婚姻状况及工作年限等都会影响员工生产率、缺勤率、流动率和工作满意度等，其中性别与年龄是管理者针对"管人"问题最为基本的考虑因素（Ng 和 Feldman，2008；Roth 等，2012）。

2.1.1 性别差异

当今社会，人们对"性别与工作"相关议题非常敏感，因为这涉及就业歧视和晋升公平性等问题。随着近几年就业竞争日益激烈，用人单位占据主动地位，性别歧视似乎已成为职场中的潜规则，主要表现为企业拒绝录用女性人才，在后期晋升、休假等职业待遇上女性员工也会遭遇差别对待。

研究证据表明，男性与女性之间并不存在显著影响工作绩效的差异。比如，男性与女性在问题解决能力、分析能力、竞争驱动力、动机、社会交往能力及学习能力等方面都未表现出明显差异（Jorm等，2004）。尽管不少心理学研究发现女性更倾向于服从权威，而男性更具有进取心，自我要求也更高。

但对于缺勤率的研究却有不同的结论。研究表明，相比于男性，女性缺勤率普遍更高（Bekker等，2009）。对这一发现比较合理的解释是，这方面的研究大部分是在北美环境中进行的。在北美文化中，女性过去一直担负着家庭的责任。当孩子生病或家里需要留人等待修理下水管道时，基本上都是由女性请假来处理这些事务的。然而，从20世纪70年代起，女性的角色发生了变化，越来越多的男性开始和女性一起承担照顾孩子和做家务的责任。所以以往的研究结论在当代就不太适用了。在员工流动率问题上，研究结果并不一致。一些研究发现女性有较高的流动率，而另一些研究结果恰恰相反，目前所获得的信息尚不足以得出一个确定的结论。

然而，性别是管理者始终应该考虑的基本差异。在某些职业中，比如护士、财务、出纳、幼儿园教师等，女性占到绝大多数；而在另外一些职业中，比如消防队员、刑警、金融行业从业者等，男性占到绝大多数。强调男女平等、反对性别歧视，并不意味着要无视性别差异对工作行为的影响。

案例

高考更有利于女生？

进入21世纪以来，我国女大学生人数持续攀升。2020年高等教育在校生中，普通本专科女生为1 674.2万人，占比约为51%；女研究生人数为159.9万人，占全部研究生的比重达到50.9%。根据2021年发布的《中国妇女发展纲要（2011—2020年）》，中国在校女硕士人数已经连续11年超过男硕士，且占比逐年升高。"高校中女多男少，归根到底是因为选拔人才标准的'尺'坏了。"中国教育科学研究院研究员储朝晖指出，女生更容易在考试中胜出，这与考试评价体系强调标准答案密切相关。他解释，学生在考试中的作答正确率跟其独立性成反比，跟服从性成正比。一个人的独立性越弱，作答正确率越高；反之，一个人独立性越强，作答正确率越低。"相对来说，女性比男生更愿意服从。外在表现就是，女生更听话，男生更调皮。这就是导致女生分数更高、男生分数更低的系统性误差。"

不只是考试成绩有差异，课后实践也显现出男女思维的差异。南开大学数学系本科生丁小恒在校创业，他发现周围创业的男生数量是女生的3倍，而且创业团队中由女性主导的团队并不多，全部是女生的创业团队更少。

女生在高考中胜出，并没有什么值得"大惊小怪"的。美国高校在十几年前也曾出现女多男少的"阴盛阳衰"局面。前些年，国内外教育界不断发出"男生危机"的声音，认为男孩在学业、体质、心理及社会适应力等方面均落后于女生。于是，"拯救男孩"的口号在世界范围内应运而生。

资料来源：温才妃. "女多男少"源于"尺"坏了［EB/OL］.（2014-07-24）［2022-07-28］.https://news.sciencenet.cn/sbhtmlnews/2014/7/289867.shtm；采薇. 论中国教育领域的"男孩危机"［EB/OL］.（2022-02-26）［2022-07-28］. https://new.qq.com/omn/20220226/20220226A08TI300.html。

思考题：
① 观察一下周围的同学，统计"学霸"的男女生比例。
② 分析课程的考核方式是否会影响男女生的成绩表现。
③ 讨论岗位绩效与课程成绩的考核有哪些异同。

2.1.2　年龄差异

年龄也是管理者需要考虑的重要差异。每个人的成长和发展都要经历一个循序渐进的过程。可以看到，很多工作或职位在进行招聘时都对年龄提出了一定的要求。比如，我国《宪法》规定，有选举权和被选举权的年满四十五周岁的中华人民共和国公民可以被选为中华人民共和国主席、副主席；大多数企业在招聘管理人员的时候也会有年龄限制，比如35岁就是目前招聘中默认的一道"坎"，大多数的岗位招聘都要求在35岁以内。

对于年龄与工作绩效的关系，普遍的看法是随着年龄的增长，工作绩效会不断下降。但相关研究的结果并非如此。一项研究揭示，年龄与工作绩效之间并没有线性相关关系，而且对几乎所有类型（专业或非专业）的工作，这一结论均是可靠的（Ng 和 Feldman，2008）。因此，我们可以推断，绝大多数工作（即使是那些重体力劳动的工作），所要求的员工技能不会随年龄增长而急剧退化。人们的技能可能会出现一定程度的退化，但可以由工作经验进行弥补。

员工年龄越大，越不愿意离开现有的工作岗位。这是有关年龄与流动率的关系研究得到的最明显的结论。这很容易理解，一方面，员工年龄越大，可选择的其他工作机会就越少；另一方面，年龄越大，任职时间越长，涨薪越快，员工的各项福利待遇也越好。

年龄与缺勤率之间也存在相关关系。缺勤分为可避免缺勤和不可避免缺勤两种情况。一般年龄大的员工在可避免缺勤方面的缺勤率低于年轻员工。但是，他们在不可避免缺勤方面的缺勤率相对较高，这可能是因为年龄增大致使身体健康状况不良，或者在患病及受伤之后需要恢复的时间更长。

与年龄有着直接关系的因素包括工龄、司龄。对于大多数员工，工龄与年龄有着直接的线性关系，司龄与年龄也呈现明显的线性相关。所以，在年龄与工作行为的研究中，必要时也可用工龄、司龄代替年龄。

2.1.3 婚姻状况

关于婚姻状况对员工绩效的影响，目前相对稳定的结论是，相较于未婚员工，已婚员工的缺勤率与离职率更低。

一方面，婚姻意味着要承担家庭带来的责任，特别是当一个家庭有了孩子以后，稳定的工作收入对于家庭责任的承担非常重要。已婚员工会表现出对工作更高的承诺、更强的责任感。另一方面，已婚员工本身更具有稳定性倾向。已婚员工年龄普遍比未婚员工大，受到年龄变量的影响，他们的稳定性更高。

另外，更具稳定性倾向的员工也更倾向于建立家庭，而家庭会给员工带来工作以外的社会的联系。相关研究会关注工作—家庭冲突、工作—家庭促进的研究领域，工作角色与家庭角色会相互影响，普遍的结论是"有家庭的员工的稳定性会更高"。

2.1.4 生源地与籍贯

生源地与籍贯不仅是员工出生、长大的地方，通常还是员工的家庭或家族长期生活的地方，员工会在生源地与籍贯的生活环境中形成稳定的生活习惯、文化认同等。这些都会影响员工的思维习惯、文化价值、身份认同、社会联系等。已有的研究证明，来自具有相似文化背景地区的员工的稳定性更高，社区嵌入性更好（Allen 和 Shanock，2013）。一方面是由于相似的文化背景代表着价值观的趋同，相对于价值观相差较大的地区的员工，这类员工在工作中与他人产生的冲突更少，化解冲突也相对更顺畅；另一方面，相似的文化背景会为员工带来更强的群体归属感与社会认同感，以及共同的利益与习惯。

生源地与籍贯之所以会影响员工的工作稳定性，其中一个重要原因是社区嵌入性差异的存在。来自本土生源地的员工意味着他与本土社区有着更高的嵌入性。本土员工与企业所在的社区除了有工作组织这个单一的社会联系，还会有其他社会网络的联系。这些联系使得员工能够更好地适应工作之余的生活，也更容易形成对所在城市的身份认同。

2.2 人格

多年以来，学界对于人格并没有达成一致的定义。心理学对于人格的定义是：个人在对他人、对自己、对环境的互动适应过程中表现出来的区别于他人的行为特征。人格决定了人们如何影响他人、如何理解与看待自我，以及由此而表现出来的稳定特征。

基于特质理论、心理分析和人本主义的基本假设，可以认为外显的人格是个体存在的、可以观察的、持续的行为模式。行为模式的差异是由人们行为的无意识因素引起的，也有可能是个人潜能的表现。在本书中，我们从基本的稳定特征角度对人格进行界定。

▶ 概念

> 人格（Personality）：人的一组相对稳定的行为特征，这些特征决定个体在各种情况下惯有的行为特征。

2.2.1 人格的影响因素

一个人的人格究竟是来自遗传还是来自成长环境？也就是说，人格是在个体出生时就已形成，还是在个体与成长环境相互作用的过程中产生的？显然，这个问题并没有确定的答案。人格是二者共同影响的产物，遗传、成长环境都会影响人格的形成。同时，人们的行为特征还会受到组织情境的影响。

2.2.1.1 遗传

基因会影响个体人格的形成，比如身材、相貌、性别、性格等特征在很大程度上会受到父母的影响。持遗传观点的人认为，个体的人格特质完全可以由染色体上的基因排列解释。

一些针对儿童进行的研究极大地支持了遗传观点。研究表明，一些人格特质（如害羞、畏惧、不安）在很大程度上是由内在的基因特点决定的。这说明，基因不仅能影响人们的身材和相貌，还能决定人们的人格特质。

但这并不意味着人格特质完全由基因决定。人格不会从出生时就固定下来，更不会在成长的过程不发生任何改变。人格特质还会受环境、情境等因素的影响。在过去二十多年中，对于同卵双胞胎的研究表明，基因可以影响人们的人格特质，但只占很少的解释成分。一份美国心理学会的研究报告认为，"过去二十多年关于双生子与领养儿童的研究得出结论：对于人类的每一个特征和行为，包括人格、智力、行为障碍，都可以找到遗传的影响……基因可以解释人格特质的多样性，那些基因以一种复杂的交互作用影响人格，但那些影响微不足道，基因只能解释1%—2%的变异"（鲁森斯，2009）。

2.2.1.2 成长环境

个体的成长环境包括成长的文化背景，早年的生活条件，家庭、朋友和社会群体的规范，生活经历，等等。总之，人们所处的环境对于人格的塑造起着十分重要的作用。

文化所建构的规范、态度和价值观在人类繁衍中一代代流传下来，保持着较高的稳定性。例如，相比于那些在重视他人关系、鼓励合作、强调家庭的文化中成长起来的人，北美人具有更明显的开放、进取等人格特质。

遗传和成长环境到底哪个才是人格特质的首要决定因素？在对各种观点进行细致考查的基础上，我们认为二者均十分重要。尽管遗传提供了前提条件，但个体的潜能还取决于如何调整自己以适应环境。我们普遍认为，社会化过程（Socialization Process）会对人们人格的形成产生很大的影响。社会化过程始于婴儿与母亲之间的最初接触。婴儿期以后，家庭其他成员会对婴儿产生进一步的影响。之后是社会群体，包括同伴、同学、组织群体等，个体受到所接触的群体的影响，并逐渐适应、学习周围人的行为方式。社会化使每个人的行为和人格特质趋于稳定。

2.2.1.3　组织情境

除遗传和成长环境外，组织情境也对人格有一定的影响作用。一般来说，人格是稳定的、持久的，但在不同的情境下会有所改变。在不同情境要求下，一个人的人格表现出不同的方面（即"多重人格"），因此我们应该以动态、发展的眼光看待个体的人格。

销售实战演习

华为市场部的新员工有3个月的实习期，其间的考试多如牛毛，其中一项就是销售实战演习——新员工到街上推销、叫卖。为了提升实战的效果，新员工被要求在销售过程中不表明自己是华为的员工。但是，由于深圳市禁止无证小商贩摆摊售卖，为此，进行销售实战演习的华为员工中曾有多人被当作无证小商贩，被深圳市的市容管理人员抓住。

华为市场部有这样一句话：天下没有沟通不了的客户，没有打不进去的市场。在开拓市场时，华为不是选择有丰富经验的员工，而是选择一些刚从学校毕业、没有任何社会经验（尤其是市场开拓经验）的新员工，目的是训练新员工拜访陌生人、开辟新路的勇气和能力。华为的这种策略使大批新员工在实践中得到了锻炼，一批批新员工在磨炼中成长为经验丰富的老员工。这样，华为员工的整体能力越来越强，综合素质越来越高。

资料来源：程东升，刘丽丽，2003.华为真相［M］.北京：当代中国出版社．

思考题：

① 华为的销售实战学习提升了新员工哪些方面的素质？
② 这样的训练对新员工的人格有什么影响？
③ 市场部新员工的人格会不会影响销售情境以外的行为？

经历了这样的情境以后，员工人格将会发生一些改变。类似地，参加过保险公司销售员晨会的人都会被现场强烈的情绪感染。很显然，这段不寻常的经历会成为员工重要的人生历练，员工会变得更加外向、坚韧、具有冒险精神。这些特征在销售情境中表现得最为明显，也会影响到员工在其他情境中的表现。

组织情境对于员工人格的塑造是员工社会化过程的表现,组织文化也是一种社会化的过程塑造。在本书有关组织文化的章节中,我们会继续介绍有关社会化的理论模型。

2.2.2 常用的人格模型

人格模型常被研究者用来描述员工稳定的行为特征。他们描述的角度不一样,采用的人格模型也不一样。多数模型倾向于用一个主要的特征描述行为,当然还有模型采用不同的形容词、维度来描述行为特征。本书将介绍几个常用的人格模型。人格会对管理者的行事风格产生重要影响,请扫描二维码阅读案例资料,比较两位企业领导人的风格差异。

2.2.2.1 大五模型

延伸阅读:公牛集团CEO阮立平的人格分析

视频讲解:张朝阳VS.阮立平

大五模型(Five Factor Model)是由保罗·迈科瑞(Paul McCrae)和罗伯特·R.科斯塔(Robert R. Costa)在20世纪90年代提出的专门针对工作中的人格特质而建立的人格测量模型。

传统的大五模型是依据词汇学假设建立起来的,具体做法包括:①系统搜集英语词典中人格特质的形容词;②对形容词进行分类、简化;③通过被试对形容词描述人格特质程度的评定和因素分析技术,得到有限的人格维度。在研究者对于人格的描述归纳中,研究者发现大约有18 000个词语可以用于描述人格特质。对这些词语进行同义词归纳后,发现还有171个不同的人格特质维度。由于过多的维度不利于在工作中对员工人格进行刻画,为此迈科瑞和科斯塔继续对这些词语的含义进行归类,最终提炼出五个核心的人格特质,形成了大五模型。

(1)外向性(Extraversion)。该维度描述的是个体对人际互动的舒适感。高外向性的人是合群的、对人友好的、健谈的、自信的、善于社交的;低外向性的人是封闭内向的、胆小害羞的、安静少语的、孤僻的。

(2)宜人性(Agreeableness)。该维度描述的是个体相容于他人的倾向性。高宜人性的人是乐于合作的、热情的、信赖他人的、关心他人的、脾气好的;低宜人性的人是冷淡的、敌对的、不受欢迎的。

(3)责任心(Conscientiousness)。该维度是对个体责任心的测量。强责任心的个体是可依靠的、努力的、自律的、负责的、有条不紊的、持之以恒的;弱责任心的个体很容易精力分散、缺乏计划性、自律性差、不能坚持。

(4)情绪稳定性(Neuroticism)。该维度描述的是个体的抗压性。高情绪稳定性的个体是平和的、自信的、不忧郁的;低情绪稳定性的个体是紧张的、焦虑的、缺乏安全感的、喜怒无常的。

（5）开放性（Openness）。该维度描述的是个体对新奇事物的接受程度、感兴趣程度。高开放性的个体富有创造性、好奇心、艺术敏感性、灵活性、想象力；低开放性的个体更保守，对熟悉的事物感到舒适和满足，不愿意接受改变。

对五个维度的实证研究发现，一些人格维度与工作绩效之间有着重要关系。Hurtz 和 Donovan（2001）对以下五类人员进行了调查：专业人员（包括工程师、建筑师、会计师和律师）、警察、管理者、推销员、（半）熟练工。工作绩效用三个指标来界定：绩效评估、培训效果（在培训项目中获得的成绩）和人事资料（如薪资水平）。

研究表明，责任心是五个维度中唯一一个在几乎所有的工作场景中都可以有效预测工作绩效的因素。责任心得分更高的个体，拥有更高的工作相关的知识和绩效水平。实证结果显示，责任心与工作绩效之间的相关系数可以达到 0.3 左右，前者可以解释后者大约 10% 的变异量。Barrick 等（2003）在一项元分析研究中得出结论："可靠的、有毅力的、目标明确的、有条不紊的员工，在任何工作中都是高绩效者；反过来看，那些不负责任的、自控力弱的人，在任何工作中都是低绩效者。"

对于其他维度，预测力取决于绩效标准和职业场景两项因素。外向性可以预测管理和销售职位的工作绩效，因为这些职务需要较多的社会交往活动。同样，开放性在预测培训成绩上效果较好，这也是合乎逻辑的。

实践练习：HEXACO人格测试

2.2.2.2 霍兰德职业人格模型

在考虑人格与工作绩效之间的关系时，还有一个变量不能忽略，即岗位要求，实践中应注意人格特质和岗位要求的协调一致。美国职业心理学家约翰·霍兰德（John Holland）的人格—职业匹配理论（Personality-job Fit Theory）为此提供了很好的解释。霍兰德认为，人们的职业选择应该和他们的人格相匹配。在这个观点的基础上，他提出了一系列理论观点：

（1）在现实工作中，可以将员工人格分为六种类型：实际型、研究型、艺术型、社会型、企业型与传统型。每一特定人格的人，对相应职业类型的工作感兴趣。

（2）人们的职业类型也可分为六种类型，即实际型、研究型、艺术型、社会型、企业型与传统型。

（3）人们寻求能充分施展其能力且价值观相一致的职业环境，因为能充分施展其能力、与价值观匹配的职业是让人快乐的。

（4）个人工作行为取决于个体人格和所处环境特征之间的相互作用。

在上述理论假设的基础上，霍兰德开发了职业偏好量表，覆盖了约 160 种职业。不同职业人格类型的人需要不同的环境或职业，例如"实际型"的人需要实际型的环境或职业，因为只有这种环境或职业才能给予他所需要的机会与奖励，这种情况称为一致性匹配

（Congruence）。若人格类型与环境或职业不匹配，就意味着环境或职业无法提供个人所追求的机会与奖励。霍兰德在其著作《职业决策》（Making Vocational Choices）一书中描述了六种人格类型的相应职业。

人格类型与职业的关系也并非完全是一一对应的。霍兰德在研究中发现，尽管大多数人的人格类型可以大体划分为某一类型，但个体有着广泛的适应能力，若其人格类型在某种程度上相近于另外两种人格类型，他们也能适应所对应的另外两种职业类型的工作。也就是说，某些人格类型之间存在较多的相关性，同时每一类型又有极为相斥的职业类型。任何两种职业类型之间的直线距离越近，就越具有相容性。霍兰德的六边形模型简明地描述了六种职业类型之间的关系，如图2-1所示。

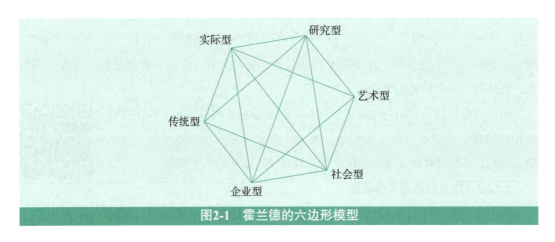

图2-1　霍兰德的六边形模型

根据霍兰德的人格类型理论，在职业决策中最理想的是个体能够找到与其人格类型重合的职业环境，这样容易实现人格的内在满足，并最大程度地发挥自己的才能。因此在职业选拔与职业指导中，首先要采用一定的测验手段与方法来确定人格类型，然后寻找与之相匹配的职业类型。

2.2.2.3　黑暗人格理论

延伸阅读：影子写手眼中的特朗普

黑暗三联征（Dark Triad，DT）理论关注人格的黑暗面，以及人格特质中三个关联的黑暗特征：马基雅维利主义（Machiavellianism）、自恋（Narcissism）和精神病态（Psychopathy）。

马基雅维利主义以《君主论》作者的名字命名，揭示个体对待权力使用态度的差异，以及对待权力功利目的的特征差异。这个人格概念原本由理查德·克里斯蒂（Richard Christie）在1970年提出，后期的实证研究由此开发出2个测量工具（Mach IV和Mach V）。马基雅维利主义者（Machiavellians）的心理行为一般表现为冷酷无情、擅长操纵、精于算计、实用主义、注重结果和忽视道德规范；也表现为擅长弄权，寻求自身利益最大化，可能采取激进、冒险的行动，不遵守既定程序或道德准则，甚至滥用权力。研究证实，马基雅维利主义与反生产行为密切相关（O'Boyle 等，2012）。在工作中，马基雅维利主义者可以在短期内获得收益，却可能由于不受人待见而失去长远利益，表现出与收入、职业成功等因素的负相关，但对于部分工作指标，比如销售业绩，会表现出正相关关系（秦峰和许芳，2013）。

自恋一词源于希腊神话故事，精神分析学派较早关注到这一现象，并将其界定为一种临床人格障碍。自 20 世纪 70 年代开始，研究者认为自恋是普通人具有的人格特质。自恋一般表现为以自我为中心、爱慕虚荣、自我吹嘘、傲慢无礼、强支配性、高优越感等。在众人瞩目的领导者中，自恋是现代组织行为学研究十分关注的人格特质。研究发现，自恋型领导者会夸大事实，对自身技能和能力过于自信，做决策时更喜欢冒险；他们只关心自己，缺乏同理心，不体恤下属，因而下属的士气低迷，离职率较高；他们所领导公司的业务波动性更大（廖建桥等，2016）。自恋并不是一个纯"黑暗"的人格特质。研究表明，自恋者由于注重自我形象、追求权力、自信果敢而具有更强的领袖魅力，能够带领组织创新；自恋者的工作动机强，敬业度、生活满意度相对较高。

延伸阅读：领导人格与组织命运

延伸阅读：MBTI 人格测试

延伸阅读：A 型人格测试

精神病态最初被定义为一种反社会的人格障碍，在临床领域受到了广泛重视，早期研究对象主要是精神病人。自 20 世纪 80 年代开始，研究者们认识到正常人也有病态心理和病态行为，精神病态更是一种人格特质。精神病态的人具有行事冲动、缺乏罪恶感和愧疚感、缺乏责任感、缺乏共情、缺乏焦虑等行为特征。证据表明，精神病态与攻击性、违规行为存在相关性。

作为独立的人格特质，马基雅维利主义、自恋和精神病态具有各自特征和结构，但是，三者的行为特征也具有共性，如自以为是、冷酷无情、表里不一、有攻击性，这些共同特征反映了人格特质的阴暗面。研究者对于这三种黑暗人格特质的概念关系、行为预测等进行了大量研究，证明三者在普通工作人群中是存在低度至中度相关性，但又并非完全等价的黑暗人格特质。马基雅维利主义、自恋和精神病态在西方文化中都是反社会型人格特质，并且与经典的大五人格重合度很低，因此把三者共同定义为黑暗三联征。

罗伯特·霍根（Robert Hogan）较早关注到人格的黑暗面对于组织行为的影响，并著有《领导人格与组织命运》（*Personality and the Fate of Organizations*）一书，详细探讨了组织中黑暗人格对管理行为产生的影响。

2.3 价值观

价值观代表了人们最基本的信念，即"从个人或社会的角度来看，某种行为模式或存在状态比与之相反的行为模式或存在状态更可取"（Rokeach，1973）。价值观是人们基于思维感官作出的认知、理解、判断或抉择，是认知事物、辨别是非的一种思维或取向。换言之，价值观反映了人们对于正确和错误、好与坏、可取和不可取、重要和不重要的看法和观念。

概念

> 价值观（Values）：一个人对周围的客观事物（包括人、事、物）的意义以及重要性的总体评价和看法。

价值观包含内容和强度两种属性，其中内容属性是指某种行为模式或存在状态是重要的，而强度属性则说明它的重要程度。每个人的价值观都具有层级性，我们可以根据强度属性来对个体的价值观进行排序，从而了解他的价值系统（Value System）。例如，匈牙利诗人裴多菲在《自由与爱情》的诗中写道："生命诚可贵，爱情价更高，若为自由故，两者皆可抛"，从中便可以看出他的价值观排序。价值观也具有主观性的特点，不同人的价值观和价值观排序存在很大的差异，并影响个体的选择。比如，面对同样一份工作，有的人看重工作的意义与成就，有的人则更关注工作的权力与地位，这就反映了价值观的差异。

价值观从根本上影响着一个人的知觉、态度、动机和行为，反映了个体行动的基本逻辑。因此，为了更好地认识组织中个体的动机和行为，我们需要深入了解价值观的相关理论，以及在中国文化情境下人们的价值观如何体现。

2.3.1 罗克奇的价值观调查

Rokeach（1973）认为，各种价值观是按一定的逻辑意义联结在一起的，具有一定的结构层次。据此，他将价值观分成终极价值观（Terminal Values）和工具性价值观（Instrumental Values）。终极价值观是指一种期望存在的终极状态，是个体一生所追求的、希望实现的目标。而工具性价值观则是指个体所偏好的具体行为方式，或者为达到理想化的终极目标或状态的行为方式和手段。罗克奇价值观调查表（Rokeach Value Survey，RVS）包含了18项终极价值观和18项工具性价值观，如表2-1所示。该调查表要求被试根据各项价值观对自身的重要性进行排序，从而了解不同价值观在不同人心中的相对位置或相对重要程度。

表2-1 终极价值观与工具性价值观

终极价值观	工具性价值观
舒适的生活（富足的生活）	雄心勃勃（辛勤工作、奋发向上）
振奋的生活（刺激的、积极的生活）	心胸开阔（开放）
成就感（持续的贡献）	能干（有能力、有效率）
和平的世界（没有冲突和战争）	欢乐（轻松愉快）

（续表）

终极价值观	工具性价值观
美丽的世界（艺术和自然的美）	清洁（卫生、整洁）
平等（兄弟情谊、机会均等）	勇敢（坚持自己的信仰）
家庭安全（照顾自己所爱的人）	宽容（谅解他人）
自由（独立、自主的选择）	助人为乐（为他人的福利工作）
幸福（满足）	正直（真挚、诚实）
内在和谐（没有内心冲突）	富于想象（大胆、有创造性）
成熟的爱（性和精神上的亲密）	独立（自力更生、自给自足）
国家的安全（免遭攻击）	智慧（有知识、善思考）
快乐（快乐的、休闲的生活）	符合逻辑（理性的）
救世（救世的、永恒的生活）	博爱（温情的、温柔的）
自尊（自重）	顺从（有责任感、尊重的）
社会承认（尊重、赞赏）	礼貌（有礼的、性情好）
真挚的友谊（亲密关系）	负责（可靠的）
睿智（对生活有成熟的理解）	自我控制（自律的、约束的）

金盛华和李雪（2005）基于罗克奇的价值观二分法，结合中国的情境，研究了我国大学生的职业价值观，并将职业价值观分类为目的性价值观和手段性价值观。

2.3.2 中国人的工作价值观

工作是一个人安身立命的根基，选择一份喜爱的工作、追求成功的职业生涯是人们孜孜以求的人生目标。人们对工作有哪些偏好和价值判断？人们认为怎么样才算达到了职业成功呢？这些问题都关乎人们的工作价值观（Work Values），即个体对于工作相关的行为与事件的价值判断，是一种直接影响行为的内在思想体系（霍娜和李超平，2009）。

视频讲解：中国人的价值观研究

价值观是文化的产物，中国人的价值观受到中国传统文化的深远影响。中国传统文化是以儒家思想为主、儒释道互融共生的文化体系，它包含了大量的社会规范和价值主张，潜移默化地影响着中国人的价值判断。由于中国的文化情境不同于西方，因而中国人的价值观会呈现出一定的独特性。

工作价值观是个多维概念，研究者们对工作价值观的结构进行了广泛探讨。唐纳德·舒伯（Donald Super）提出了工作价值观的结构理论，在20世纪70年代编制了工作价值观测量量表（Work Values Inventory）。他将工作价值观分成三大类：①内在价值，指与工作本身相关的一些因素，如利他性、创造性、独立性、工作成就、管理权力等；②外在价值，指与工作本身无关的因素，如工作环境、同事关系、领导关系等；③外在报酬，包括工作的安全稳定、声望地位、经济报酬和生活方式。舒伯提出的工作价值观测量量表及其后来的修订版本得到了较广泛的应用。

参照舒伯的方法，周文霞和孙健敏（2010）研究了中国人心目中职业成功的标准。他们通过深度访谈和焦点小组访谈法，了解人们对"职业成功是否重要""怎样才算达到了职业成功"的看法。通过对访谈内容的归纳和提炼，研究者发现，中国人的工作价值观有三种衡量方式：①根据内在满足程度来衡量。人们关注这份工作是否能够发挥自己的才能，是否能获得别人的认可，是否能从工作中获得自由和快乐。②根据外在报酬来衡量。人们认为，如果能从工作中实现财务自由、取得丰厚的物质报酬、获得稳定安全感，或是获得更多的权力、更高的地位，或是能为他人、公司和社会做出贡献，就是达到了职业成功。③根据工作家庭和人际关系的和谐平衡程度来衡量。人们把身心健康、家庭和睦、工作—家庭平衡、拥有很好的人际关系等作为职业成功的标准。与舒伯的分类相比，中国人的价值观特别强调和谐平衡，强调个人与家庭、组织、社会的和谐共处。另外，周文霞和孙健敏（2010）也发现，中国人的工作价值观并不是单一、固定的价值标准，而是复合的、发展的、变化的。

八零后、九零后员工的工作价值观是近几年组织与管理领域重视的问题。侯烜方等（2014）对于新生代员工的工作价值观进行了研究，得到了三个主要结论：①研究者提出了由功利导向、内在偏好、人际和谐、创新导向和长期发展五因子组成的新生代工作价值观量表。②中国的新生代员工看重工作带来的物质回报，追求内在需求偏好的满足和匹配，漠视权威和强调平等及融洽的组织氛围，敢于挑战传统和推动组织创新，谋求良好的职业发展并期待广阔的发展空间。这与老一辈的员工强调集体利益、弱化个人得失的观念有很大差异。③中国新生代员工既重视关系导向，也重视关系的和谐与长期性。这与西方工作价值观中所关注的社会关系、组织归属维度有很大不同，中国新生代员工更注重职业上的长期发展认知和信念。

2.4 能力理论

在本章开篇案例中，三个级别的考试——院试、乡试、会试，都需要考生撰写八股文，重点考查考生分析运用"四书五经"的典故、撰写固定格式文章的能力。八股文从"四书五经"中取题，要求考生必须使用古人的行文风格，绝对不允许自由发挥，而句子的长短、字词的繁简、声调的高低等也要相对成文，字数也有限制。据此，我们可以看到科举考试旨在考查考生的文字能力。

➡ 概念

能力（Ability）：反映了个体在某一工作中完成各种任务的可能性，可用于对个体"能够做什么"的评估。

每个人都有自己的强项和弱项，在能力方面存在差异，这是不言而喻的。从管理的角度来看，只有了解不同员工的能力差异，并根据能力差异选拔合适的员工从事合适的工作，才能实现更高的组织绩效。

根据内容不同，能力可分为不同类型。科举考试侧重于语言文字能力的考查，据此选拔出来的官员未必能适应现代社会的要求，因为能力要求的内容不一样。科举考试在中国实施了一千多年，一直是选拔官员的重要手段。为什么清朝在1905年主动废除科举制度？因为统治者也认识到科举考试考查的能力内容与现代社会的要求不一致。

根据能力内容的不同，我们从智力、情绪智力、实践智力和体质能力四个方面介绍常用的能力理论。

2.4.1 智力

智力是指人们从事心理活动的能力，包括对所有心理活动能力的总体评估，包含人们认识、理解客观事物，并运用知识、经验等解决问题的能力，比如记忆、观察、想象、思考、判断、抽象等。

➡ 概念

智力（Intelligence）：普通心理能力，即从事脑力活动所需要的总体心理能力，也是智商（Intelligence Quotient，IQ）所测量的内容。

智力涵盖的范围极为广泛。1904年，在智力理论发展的早期，英国心理学家查尔斯·斯皮尔曼（Charles Spearman）提出了智力结构二因素理论，包括G因素（General Factor，一般因素）和S因素（Specific Factor，特殊因素）。智力是指普通心理能力，也就是斯皮尔曼所说的G因素，体现在人们运用心理活动能力来解决问题的所有过程。在后期的智力测验的开发中，大多数的智力测验秉承了斯皮尔曼的思想，采用了多个方面测验加总、平均计分的测量方式。

智力量表

1904年，法国教育部委派教育专家及医学家组成一个委员会，专门负责研究公办学校的低能儿童的班级管理问题。艾尔弗雷德·比奈（Alfred Binet）是委员之一，他主张采用心理测验方法去鉴别智力缺陷的儿童。次年，他与助手西蒙共同研究出"比奈—西蒙智力量表"。1908年，他们修订并补充了量表，从原来的30个项目增加到59个项目，按照年龄从3岁到13岁进行分组。

比奈介绍了智力年龄的概念，所谓的智力年龄是指智力达到的心理年龄。例如，一个儿童的智力年龄为10岁，代表他的智力与10岁儿童的平均智力是相同的。因此，将一个人的智力年龄与生理年龄相比，便可以看出其智力高低。

1922年，比奈—西蒙智力量表传入我国；1982年由吴天敏先生修订，共51个项目，主要适合测量小学生和初中生的智力。

资料来源：郑日昌，2013. 心理测量与测验（第2版）[M]. 北京：中国人民大学出版社.

在现代的智力测验中，应用比较广泛的方式有两种：

（1）韦克斯勒智力量表。美国医生大卫·韦克斯勒（David Wechsler）致力于智力测验的开发，他希望开发一个不受语言能力限制的智力量表。1916年，他编制了韦氏成人智力量表（Wechsler Adult Intelligence Scale，WAIS），随后又编制了韦氏儿童智力量表（WISC）、适用于4—6.5岁儿童的韦氏幼儿智力量表（Wechsler Preschool and Primary Scale of Intelligence，WPPSI）。韦氏儿童智力量表于20世纪80年代中后期引进我国，经过修订出版了中文版，应用较广。

（2）瑞文标准推理测验（Raven's Standard Progressive Matrices）。多数智力测验的缺陷在于被试对语言的掌握程度会干扰智力测验的结果。这在多语言的国家中体现得尤为明显，以英语为母语的人群的智力测验结果好于以其他语言为母语的人群。英国心理学家约翰·C. 瑞文（John C. Raven）在1938年开发了用图形推理来评估人们的观察、推理判断能力的测验。瑞文标准推理测验不依赖于语言文字，纯粹通过图形推理进行测验，可以有效地排除跨文化因素的干扰。

IQ有两种不同的计算方法：

（1）比率智商。这是比奈最初强调的计算方法，他把普通人的平均IQ定义为100，然后把一个人的智力年龄（Mental Age，MA）与生理年龄（Chronological Age，CA）相除后再乘以100，就得到一个人的智商。用公式表示为：

$$IQ=(MA/CA)\times 100$$

如果某人MA与CA相等，那么他的IQ为100，表示其智力中等。这种方法得出的IQ是一个比率值，正常人IQ的波动范围为85—115。

（2）离差智商。这种方法采用统计学中的平均数（Mean，M）与标准差（Standard Deviation，SD）的概念，计算被试偏离平均值多少个标准差。韦克斯勒首先采用离差智商的方法，他把智力定义为平均数为100、标准差为15的正态分布。所以，离差智商的计算公式为：

$$IQ=15 \times （测验分数-M）/SD + 100$$

两个年龄不同的成年人，一个人的智力测验分数高于同龄组分数的平均值，另一个人的测验分数低于同龄组的平均值，那么我们就可以得出这样的结论：前者的 IQ 比后者高，并可以用正态分布估计他们在人群中的位置。目前大多数智力测验都用离差智商来表示一个人的智力水平。

在智力测验中常用的维度有算术能力、语言理解能力、知觉速度、归纳推理能力、演绎推理能力、空间知觉及记忆。针对每一个具体的智力测验，测验的子量表和维度都不一样。在这些测验分数的基础上，转换累加后得出的分数总和就是 IQ。

斯皮尔曼认为所有的心理活动都可以用 G 因素进行预测，用 IQ 就可以有效区分智力差异。人们发现 IQ 极高（130分以上）和 IQ 极低（70分以下）的人均为少数，IQ 中等或接近中等（80—120分）的人占全部人口的约80%。智力超过常态者，我们称之为智力超常；智力低于常态者，我们称之为智力低下。

高智商并不是所有工作的任职条件。事实上，在很多工作中，员工行为受到许多限制，员工很少有机会表现出智商的差异，此时，可以说高智商与工作绩效是无关的。智商是多个能力子项分数的总和，加总使得每一个专门性的能力子项的作用都很不明显，这也使得根据智商很难预测不同职业的绩效。每一个维度都会对智力进行不同的描述，通常这些子维度与特定的工作有一定的相关性，如表 2-2 所示。

表2-2 智力的不同维度

维度	描述	工作范例
算术能力	快速而准确地进行运算的能力	会计：在一系列项目中计算营业税
语言理解能力	理解读到和听到的内容，以及词汇之间关系的能力	工厂管理者：推行企业政策
知觉速度	迅速而准确地辨认视觉上异同的能力	火灾调查员：鉴别纵火责任的证据和线索
归纳推理能力	推断一个问题的逻辑后果，并解决这一问题的能力	市场调查员：对未来一段时间内某一产品的市场需求量进行预测
演绎推理能力	运用逻辑评估一项争论的价值的能力	主管：在员工提供的两份不同建议中做出选择
空间知觉	当物体的空间发生变化时，想象出物体形状的能力	室内装饰师：对办公室进行重新装饰
记忆力	回忆过去经历的能力	销售人员：回忆客户的姓名

在有关智商的研究中，人们倾向于观察一些极端的个例，如下面案例中的马云、俞敏洪都是企业家中的极端例子。对于创业，我们知道绝大部分企业会以失败告终，只有小部分企业能在激烈的竞争环境中存活下来。但是，人们看到的正好是处于金字塔顶端的那部分人，而往往忽视占比更大的失败者。智商并不能够有效地预测所有的工作绩效，创业活动的成功与否还受到个人其他特征的影响。

案例

名人的高考

阿里巴巴创始人马云

中国最大电子商务网站阿里巴巴的创始人马云，也曾是高考复读生。1984 年经历两次高考失败的马云终于考入杭州师范大学外语系，他的高考分数达到专科线，离本科线差 5 分，但该年度本科专业没招满，马云幸运地成为一名本科生。大学期间，马云的英语成绩相当好。1988 年大学毕业后，他当了 5 年的英语教师。教师生涯中，马云仍然有成为一名企业家的冲动。后来，他在杭州成立海博翻译社，也做过医药代表，推销的对象上至大医院、下至赤脚医生。现在，阿里巴巴已经成功在美国上市，成为中国最有代表性的互联网公司之一。

新东方创始人俞敏洪

俞敏洪参加了 1978 年的高考，他的目标是考入江苏省常熟师专[①]。当时常熟师专外语录取分数线是 38 分，他的英语只考了 33 分，其他的几门科目也考得不好。高考失利后，俞敏洪就在家里开手扶拖拉机，插秧、割稻，这样干了两三个月。大队中学的英语老师回家待产，英语课没有人上。校长找到俞敏洪代课，但他既没有当老师的想法，也不敢去给学生上课。这时，母亲认为他是当老师的料，于是拼命鼓励儿子去。就这样，年仅 16 岁的俞敏洪成了代课老师。代课时，俞敏洪把业余时间都用在自学上，准备再参加一次高考。复习了大概八个月后，1979 年的高考开始了。俞敏洪报了名。这一年的高考，他的总分过了录取分数线，但英语只考了 55 分，而常熟师专的录取分数线是 60 分，俞敏洪再度落榜。他并未放弃，继续备战。1980 年的高考开始了，英语考试时间是两个小时，俞敏洪仅仅用了 40 分钟就答完了题目。分数出来以后，俞敏洪英语考了 95 分。五门课总分是 500 分，俞敏洪考了 387 分。当年 8 月底，俞敏洪拿到了北京大学的录取通知书。

携程网创始人梁建章

少年时期的梁建章是一名不折不扣的天才。1969 年，梁建章出生于上海，在大多数人都不知道电脑为何物时，他已经开始用电脑解答数学题，甚至编程序写诗。1983 年，刚过 13 岁的他就拿到了全国第一届电脑程序设计大赛金奖，成为名噪一时的"电脑小诗人"。15 岁时，他完成初中学业，直接考入复旦大学第一届少年班，随后前往美国佐治亚理工学院深造，

---

① 后并入常熟理工学院。

并在20岁时拿到了硕士学位。毕业后，他入职硅谷顶尖科技公司甲骨文（Oracle），一路升职至中国区咨询总监。

资料来源：猎云网．那些曾经高考失利的企业家们［EB/OL］．（2021-06-13）［2022-07-28］．https://baijiahao.baidu.com/s?id=1702430260270456856&wfr=spider&for=pc；创业最前线．被携程"耽误"的梁建章［EB/OL］．（2019-03-19）［2022-10-09］．https://baijiahao.baidu.com/s?id=1627629131580701337&wfr=spider&for=pc。

思考题：
① 高考选拔看中考生的哪些能力？
② 为什么有的人高考失利，创业却很成功？
③ 什么样的人可以成为创业者？

无论什么水平的工作，语言理解、算术、空间和知觉方面的测验分数都是工作熟练度的有效预测指标。因此，可以测量具体维度的智力测验对预测工作绩效是十分重要的。在大量的公务员考试内容中，我们也看到了许多有关智力测验的内容。智力测验依然是目前人员测评、选拔中广泛使用的手段，对于大部分的文职岗位，智力对员工工作绩效的预测效力依然是稳定的。

在进行智力测验时，得到的结果符合统计规律，也就是针对大部分样本，智力测验是有预测效力的，但是在针对单个个体特别是针对一些异常数据的时候，比如处于总体两端（统计上是指在三个标准差以外的）的个体样本，很难用统计规律预测个体行为。

2.4.2　情绪智力

与情绪智力对应的情商（Emotional Quotient，EQ）概念，是鲁文·巴昂（Reuven Bar-On）于1988年在他的博士论文中首创的。他认为情商是一系列有助于个体应对日常生活需要的社会能力和情绪能力，它比智商更能预测一个人的成功。现在一般用情商来表示情绪智力的高低。由巴昂编制的《巴昂情商量表》（Bar-On Emotional Quotient Inventory）也是世界上第一个被开发出来的情绪智力量表。

视频讲解：意志力预测职业成功

2.4.2.1　沙乐文和梅约的理论

1990年，美国心理学家彼得·沙乐文（Peter Salovey）和约翰·梅约（John Mayer）首次正式使用情绪智力这一概念描述对成功至关重要的情绪特征。他们把情绪智力看作是个体准确、有效地加工情绪信息的能力集合，概括出情绪智力所包括的四级能力，它们在发展与成熟过程中有一定的次序和级别之分。一级能力最基本和最先发展，四级能力比较成熟而且要到后期才能发展。这四级能力的具体内容为：

（1）情绪辨认和表达能力。即从自己的生理状态、情感体验和思想中辨认与表达情绪的能力，以及从他人行为、艺术活动、语言中辨认与表达情绪的能力。

（2）情绪对思维的促进能力。具体包括：情绪对思维的引导能力；情绪影响信息方向的能力；与情绪有关的情绪体验（如味觉和色觉等），对与情绪有关的判断和记忆过程发挥作用的能力；心境起伏影响思考的能力；情绪状态影响问题解决的能力。

（3）对情绪的理解、分析能力。具体包括：认识情绪本身与语言表达之间关系的能力，例如区别"爱"与"喜欢"的关系；理解情绪所传送的意义的能力；理解复杂心情的能力；认识情绪转换可能性的能力。

（4）调控情绪的能力。具体包括：根据所获得的信息，判断并成功地进入或离开某种情绪的能力；觉察与自己和他人有关的情绪的能力；调节与别人的情绪之间关系的能力。

2.4.2.2 戈尔曼的理论

1998年，丹尼尔·戈尔曼（Daniel Goleman）在《哈佛商业评论》上发表了"情绪智力（Emotional Intelligence）"一文，系统地论述了情绪智力的内涵、生理机制、对成功的影响及情绪智力的培养等问题，初步形成了情绪智力的理论体系和基本观点。戈尔曼将情绪智力界定为五个方面：① 认识自己情绪的能力；② 妥善管理自己情绪的能力；③ 自我激励的能力；④ 理解他人情绪的能力；⑤ 人际关系的管理能力。他认为情绪智力对个体成就的作用比智力的作用更大，而且可以通过训练得到明显的提高。

戈尔曼指出，"情绪潜能是一种中介能力，它决定了我们怎样才能充分且完美地发挥我们所拥有的各种能力，包括我们的天赋智力"。此外，戈尔曼还在1998年的《情商实务》（*Working with Emotional Intelligence*）一书中对情绪能力（Emotional Competence）与情绪智力加以区分。他认为"情绪能力是以情绪智力为基础的一种习得的能力，它能使得人们在工作上取得出色的成绩"。

2.4.2.3 巴昂的理论

1997年，巴昂通过多年的研究和实践提出了自己对情绪智力的定义。他认为，情绪智力是影响人们应对环境和压力的一系列情绪的、人格的和人际能力的总和，是决定一个人在生活中能否取得成功的重要因素，直接影响人的整个心理健康。巴昂认为，那些能力强的、成功的和情绪健康的个体是情绪智力高的人。情绪智力随着人的成长而逐渐发展和变化，且能通过训练和矫正措施及治疗干预得到改善和提高。情绪智力也与其他一些能成功应对环境所需的重要因素相联系，比如基本的人格特质和认知能力。

巴昂也提出了自己的情绪智力模型，由五大成分组成：① 个体内部成分；② 人际成分；③ 适应性成分；④ 压力管理成分；⑤ 一般心境成分。五大成分可进一步分解为15种子成分，而它们都是相关的能力。

个体内部成分包含五种相关的能力：① 情绪自我觉察；② 自信；③ 自我尊重；④ 自我实现；⑤ 独立性。人际成分包含三种相关的能力：① 共情（Empathy）；② 社会责任感；③ 人际关系。适应性成分包含三种相关的能力：① 现实检验；② 问题解决；③ 灵活性。压力管理成分包括两种相关的能力：① 压力承受；② 冲动控制。一般心境成分包括两种相关的能力：① 幸福感；② 乐观主义。

巴昂认为上述 15 种子成分是个人应对生活的能力和个人情绪稳定的决定因素，因而是情绪智力最有效、最稳定的成分。已有的研究也表明，情绪智力是影响个体取得成功的重要因素。

2.4.3 实践智力

实践智力这一概念是由美国耶鲁大学心理学家罗伯特·斯滕伯格（Robert Sternberg）提出的。他把智力分为三种：分析智力、创造智力和实践智力。他认为，传统主流智力指的是分析智力。智力测验要想有效预测工作的绩效，就应当重视创造智力和实践智力，也就是我们平时所说的动手能力。

> **概念**
>
> 实践智力（Practical Intelligence）：个体解决现实问题的心理能力，表现为个体针对具体情境的目标导向解决方案的创建能力、个体针对现实问题变化的动态调整能力和基于个体内隐知识的判断能力。

实际工作中存在的问题与测验题目有着不同的特征，实践问题（也称"现实问题"）具有以下三个特点：

（1）问题定义模糊。实际工作中的问题往往是隐蔽的，需要通过探索才得以显现出来；同时，现实问题的边界是模糊的，需要工作者自己搜集信息找出这些已知条件。

（2）存在多种解决方案。现实问题的解决方案是多样的，多种解决方案之间的评价标准也是模糊的，一切都需要根据具体的情境和时机进行决策。

（3）人们会主动改变问题情境。现实问题是紧扣日常生活的，人们通过不断的行动，创造并改变问题情境，解决新出现的问题。

斯滕伯格把实践智力定义为"行为导向的知识，它是在没有他人直接帮助的情况下获得的，也是个体为了达成/实现有价值的目标而掌握的"。在斯滕伯格的测试中，情境判断（Situational Judgment）是最常用的测验实践智力的手段。具体来说，实践智力具有以下四个特征：

（1）实践智力更多的是程序性知识，是不能用元素的组合来描述的。现代认知心理学把知识分为两种：描述性知识与程序性知识。与现代人工智能的观点类似，知识分为数据库与查找提取数据的规则。描述性知识对应的是数据库，程序性知识对应的是查找提取数据的规则。

（2）实践智力具有实用性，带有非常明显的目标取向。实践智力通过问题解决的过程来体现。因此，目标是实践智力的重要特征，不断为自己设置新的目标，是解决问题的关键。

（3）实践智力包含不断尝试与探究的过程。解决问题的情境与过程也是影响实践智力的重要因素，不断进行调整的动态能力是实践智力的重要组成部分。

（4）实践智力无法言传、无法外化，只能靠自己去获得，而不能在别人的直接帮助下获得。课堂式的教学与背诵是不能传递这些知识的，只能靠自己在解决问题的过程中不断探索，才能积累这些知识。

视频讲解：案例教学法

实践智力理论是传统智力理论的重要补充。它不仅拓宽了智力构思的范围，帮助人们加深了对智力的认识，而且比起传统的认知能力测试，它能够更加有效地预测工作情境中的绩效。许多商学院、法学院和医学院采用案例教学的方法，培养学生在问题情境中做出决策，这一教学方式已经得到大家认可，培养学生在不同情境下处理问题的实践智力也是教学目标之一（Wagner 和 Sternberg，1987）。

2.4.4 体质能力

延伸阅读：案例教学法

在脑力要求比较高的复杂工作中，智力起着重要的作用；对于那些技能要求较少而规范程度较高的工作而言，体质能力对于职业成功很重要。现实生活中，随着竞争的加剧，大多数白领工作对于体质能力也有很高的要求，特别是坚持、忍耐、持续投入精力的能力。

 概念

体质能力（Physical Ability）：从事体力活动所需的能力。由于一些工作对耐力、手指灵活性、腿部力量以及其他相关能力有特定要求，因而需要在工作中确定员工的体质能力水平。

研究者对上百种不同工作要求进行了调查，最后确定体质能力包括以下九项基本能力，如表2-3所示。

表2-3 基本的体质能力

因素	基本能力	描述
力量因素	动态力量	在一段时间里重复和持续运用肌肉力量的能力
	躯干力量	运用躯干肌肉（尤其是腹部肌肉）以达到一定肌肉强度的能力
	静态力量	产生阻止外部物体力量的能力
	爆发力	在一项或一系列爆发活动中产生最大能量的能力
灵活性	广度灵活性	尽可能远地转动躯干和背部肌肉的能力
	动态灵活性	进行快速、重复的关节活动的能力
其他因素	躯干协调性	协调躯干不同部分同时活动的能力
	平衡性	受到外力威胁时，依然保持躯干平衡的能力
	耐力	当需要延长努力时间时，保持最高持续性的能力

个体在每项能力中都存在不同程度的差异，而且这些能力之间的相关性极低。不难理解，一个人在某项能力中得分高并不意味着在另一项能力中得分也高。如果管理者能确定某项工作对九项基本能力的要求程度，并保证从事此项工作的员工具备相应的能力，那么员工的工作效率肯定会提高。

在现代组织生活中，大量需要脑力劳动的岗位对体力的要求表现在长时间、高强度地专注某项工作本身，这意味着员工需要以高标准集中注意力。

案例

医生的体力要求

2019年的高分纪录片《中国医生》真实地展现了中国医生有多累、有多难。

"天天都这样作息不规律，工作量大，我就担心我会突然死掉。"这是河南省人民医院主任医师、国家高级卒中中心主任朱良付感叹的一句话。他是河南省人民医院脑卒中救治的绿色通道小组组长。脑卒中是一种急性脑血管疾病，发病急、致残和致死率高，对医院的抢救速度提出了很高的要求。很多大型医院为此设立了绿色通道，医生要做到24小时全天候待命。不管刮风还是下雨，医生接到急诊电话后就要立马赶到医院。在医院为病患做手术做到凌晨，是家常便饭。因此，医生长期都处在高度紧张的、两点一线的生活中。

南京鼓楼医院心胸外科主任王东进也是如此。凭借手术成功高达99%的精湛医术，王东进医生被誉为"心脏上的拆弹专家"。有时候一台手术需要王东进在手术台上直挺挺地站上17个小时。在比拼医术之前，首先拼的是体力。他也因此落下一身的职业病，颈椎不行、腰也不行、腿静脉曲张。而在高强度的手术工作之外，周末他还要参加学术会议、下乡讲座和义诊，把自己的经验推广到基层，惠及老百姓，一年365天，几乎无休。

资料来源：齐鲁晚报网.中国医生有多累，有多难？看完后刷新你的认知［EB/OL］.（2020-08-27）［2022-07-28］. https://baijiahao.baidu.com/s？id=1676145843532872839&wfr=spider&for=pc.

思考题：
① 医生这一职业有哪些体力要求？
② 现有对于体力的定义、内容的界定忽略了实际体力要求的哪些方面？
③ 如何看待未被界定的体力要求？

2.5 人职匹配

在本章开篇案例中，科举制度在中国实施了一千多年以后，于1905年被主动废除。其中一个重要原因是科举制度选拔出来的人才的专长在于引经据典地撰写八股文，这与近代社会对官员的岗位要求不匹配，使得通过科举考试选拔出来的人才无法胜任官员职位。所以，在制定人才甄别标准的时候，要注意个体特征与岗位要求的匹配。我们再来看看其他的例子。

案例

名企选才

字节跳动：理性、逻辑、修养、企图心、自我控制力

理性。必须理性，时刻记住企业的目标是什么，不能被情绪或琐事带偏。

逻辑。实事求是地看待、解决问题，而不是一厢情愿、自我强化、自我感动、过度自信。

修养。着眼于大局，着眼于长处，值得跟随。

企图心。企图心是一个人充分施展自己才能、发挥强大的自我驱动力和追求成功的最大动力。

自我控制力。优秀的自我控制力，帮助我们强化目标导向。

京东：价值观第一

京东集团人事管理的八项规定中的第一项，就是能力价值观体系。"我们通过能力、业绩和价值观体系量化衡量标准，将所有员工分为五类：金子、钢、铁、废铁和铁锈。能力很强，但是价值观不过关的，是铁锈，这是我们要坚决去除的。"

除了能力要和职位匹配，员工还需要具备以下几个特征：做的比说的多；从基层做起；有国内企业工作经验；诚实。

美团：打造学习型组织

美团创始人王兴曾在公司内部提到，美团需要的人才并不一定要有丰富的经验，但是一定要做到三点：一是认同美团的价值观，二是要有很强的学习能力、适应快速变化的市场，三是个人必须努力。

百度：实用主义者

百度比较讲究实用主义，和传统的大公司、大外企不一样，百度对学历和专业的包容性很强，只要能力足够，均可以被破格录用。除了拥有扎实的程序设计基础和相关的项目经验，百度更看重员工踏实的工作态度、解决问题的思路和能力以及团队协作和沟通能力。

资料来源：网易教育论坛. 揭秘：世界500强选人潜规则［EB/OL］.（2012-05-29）[2022-07-28].https：//3g.163.com/edu/article/82MHLS2900294IJJ.html；嗨优测验. 字节跳动／网易／京东……一大波互联网公司选人标准来袭［EB/OL］.（2021-10-11）[2022-07-28]. https://zhuanlan.zhihu.com/p/420232994。

思考题：

① 案例中的企业分别看重人才的哪些能力与人格特质？
② 这些企业的人才选拔标准为什么不同？
③ 你适合去哪家企业工作？为什么？

我们来想一想，这些企业为什么要制定这样的标准来选拔人才。原因是个体在能力方面存在差异，不同工作也有不同的岗位要求。在选拔人才的时候，人才测验的基本假设是当个人的人格特质与职业性质相匹配的时候，员工会取得良好的绩效，获得职业成功。其中变量之间的相互关系如图2-2所示。

图2-2 人职匹配与职业成功的关系

2.5.1 人职匹配理论

人职匹配理论是关于个人的人格特质与职业性质匹配的理论。其基本思想是：个体差异是普遍存在的，每一个个体都有自己的人格特质，而每一种职业由于工作性质、环境、条件、作业方式的不同，对工作者的能力、知识、技能、人格等有不同的要求。在进行职业决策（如选拔、安置、职业指导）时，要根据一个人的人格特质，选择与之相对应的职业种类，即进行人职匹配。如果匹配程度高，个人的特征就会与职业环境协调一致，获得职业成功的可能性就会大大增加；反之，获得职业成功的可能性就很小。因此，对于组织和个体来说，进行恰当的人职匹配具有非常重要的意义。进行人职匹配的前提之一是必须充分了解和掌握个体的人格特质，而人才测验是了解人格特质的有效方法。所以，人职匹配理论是现代人才测验的理论基础。

2.5.2 最大性测验与典型性测验

如何能够做到人职匹配呢？我们来看一看能力测验和人格测验的区别与联系。在进行能力测验的时候，分数高就意味着能力强，针对专门的工作任务，能力强的人完成的可能性要比能力弱的人更大，前者付出更小的努力就有可能更好、更容易地完成任务。我们把这一类测验称为最大性测验。

➡ 概念

> 最大性测验（Try Best Test）：在规定时间的测验中，让被试尽其所能地完成测验的内容，然后根据分数高低确定选拔标准，此类测验称为最大性测验。

最大性测验有以下三个特点：

第一，最大性测验的题目是有准确答案的，被试的测验结果可以归为答题正确或答题错误，我们可以针对被试的作答情况进行计分。如果是标准化的题目，计分就相对比较容易。如果是开放式的题目，那么一般要求有结构化的评分标准，同时还要对评分者进行标准化评分操作培训。

第二，最大性测验一般会有时间限制。与公务员考试类似，最大性测验会有严格的时间控制。最好的最大性测验结果是我们能够把被试的分数进行完全区分。如果满分是 100 分，那么良好的最大性测验可以得到一个近似正态分布的结果，即 50 分左右的被试人数最多，而很少有人处于两侧（靠近 100 分和 0 分）的区域。一个良好的最大性测验是让绝大多数人（比如 98% 的被试）在规定时间内不能完成所有题目，这样才能做到良好的区分。

第三，人们可以进行类似题项的训练，以期在测验中获得更好的成绩。比如托福（TOEFL）本身是美国大学考查外国学生是否具备在美国学习的英语能力的测验，但是国内很多考试培训机构围绕题项内容对其被试进行有针对性的培训，这时就有可能使得被试的分数比反映其实际能力的得分更高，从而使得测验效果不佳。

高考就是典型的最大性测验。高考通过测验智力来选拔人才，筛选标准是根据总分设置大学录取分数线。除此之外，研究生入学考试、公务员考试中采用的选拔测验都是这样的。

概念

典型性测验（Type Test）：在测验中，让被试尽可能表达自己的真实意向，然后根据结果区分被试类型，此类测验称为典型性测验。

在人格测验中，我们不能说外向的人比内向的人更好。卡尔·荣格（Carl Jung）的人格类型理论一直强调人格类型没有好坏之分。霍兰德的职业类型测试也强调，职业类型只是一种类别的划分，不能说艺术型的人比企业型的人更强。我们只是对人格类型做了一个划分，这并不是用来测量能力水平的高低，测验答案并无对错之分，测试的目的是测量应聘者的人格是否符合公司的价值观，从而选取适合本公司的应聘者进入下一个环节。这也是一种典型性匹配的选拔方法。在前面的"名企选才"案例中，各个企业要选拔的也是与本企业行业特点和本企业战略相匹配的人才。所以在典型性测验中，对类型的划分才是关键，人格测验都是典型性测验。

典型性测验有以下三个特点：

第一，测验本身并不一定有时间限制，我们希望得到有关被试的全部典型性信息，被试应尽量完成所有的题目。在典型性测验中限定时间更多的是为了让被试没有时间去反复推敲，从而做出更加真实的反应。

第二，迫选题是典型性测验常用的手段。由于我们只希望进行类型的划分，测验本身的着重点在于评估被试的典型反应。类似MBTI的测验，人格测验会把迫选题作为非常重要的获取数据的手段。

第三，被试可以伪装自己的反应来迎合施测者的需要。典型性测验只是对类型进行划分，而在很多情况下也可以成为选拔的标准，所以被试很有可能会猜测施测者的意图，然后伪装性地做出反应。这也是在典型性测验中很难避免的。

2.5.3 匹配策略

人职匹配策略通常是以基础的能力要求为优先，然后再匹配岗位对应的人格特质。人职匹配意味着岗位要求与岗位候选人的人格特质一致。在实际人事选拔中，很少会有各方面特征完全一致的候选人。所以，选拔常常会混合使用各种匹配策略，首先是能力标准达到一定要求，然后是类型的匹配。如果你被录取为一名文字处理人员，而你的打字能力达不到基本要求，那么无论你的态度多么积极或动机水平多么高，最终的工作绩效还是很低。

但同时，最大性匹配也并不意味着能力水平越高越好。当员工的能力水平远远超过工作要求，造成能力与工作要求不匹配时，这又是另一种情形，在研究中被称为资质过剩（Overqualification），又称"大材小用"。此时，工作绩效虽然可能不会存在问题，但可能会使组织缺乏效率，员工满意度降低。

高材生入职街道办事处

2020 年 9 月，一份杭州市余杭区招聘公示名单火遍全网。这份名单上的人清一色来自清华大学、北京大学，学历不是硕士就是博士。

其中最亮眼的是八个街道办事处：运河街道办事处录取的是北大新闻传播学硕士；乔司街道办事处录取的是北大软件工程硕士；临平街道办事处录取的是北大中国哲学硕士；东湖街道办事处录取的是北大法律硕士；南苑街道办事处录取的是北大地球物理学博士；仓前街道办事处录取的是清华材料科学与工程硕士；中泰街道办事处录取的是北大法律硕士；五常街道办事处录取的是北大生物学博士。不少网友质疑：清华、北大的毕业生去街道工作，会不会大材小用了？

资料来源：中国青年网.街道办招 8 人，全是清华北大的硕士博士！［EB/OL］.（2020-08-23）［2022-09-20］. https://baijiahao.baidu.com/s？id=1675780282016969164&wfr=spider&for=pc.

思考题：

① 资质过剩的员工会给组织带来哪些积极影响和消极影响？
② 高材生入职街道办事处这种现象为什么很常见？什么因素造成了这种现象？
③ 组织应该采取什么措施来应对资质过剩的消极影响？

研究发现，资质过剩是一种特殊的人职不匹配现象，研究结论主要是关于资质过剩对个体和组织的消极影响，很少有显示积极影响的证据。首先，当员工能力水平远远超过工作要求时，员工的工作满意度会随之降低，尤其当员工渴望施展自己的能力时，会希望得到更加具有挑战性的工作，他们会因工作的局限性而产生消极情绪（如感到灰心丧气、无聊、愤怒），导致对工作的满意度下降。其次，资质过剩的员工对企业的归属感较弱、离职意愿较强。员工认为自己的能力可以匹配更好的工作环境、更高的薪酬或更高的职位。此时，他们会更加关心与重视更好的外部工作机会，遇到合适的机会，其离职的可能性会比其他员工更高。最后，资质过剩的员工的组织认同感也更低，导致组织在完成目标的过程中整体协调性减弱。总之，资质过剩会显著降低员工的工作满意度、归属感和组织认同感，加剧离职倾向和反生产行为，因而聘用高资质员工存在很高风险。

杨伟文和李超平（2021）对资质过剩的效应进行了元分析，他们认为集体主义文化对资质过剩的效应会有调节效应，在高集体主义情境中，资质过剩感对消极情绪的负向影响较弱，且能对积极的自我概念产生正向影响，比如资质过剩的员工会有更强的自尊感和自我效能感。管理层可以考虑通过一定的管理措施，如加强组织文化培育，增强员工集体意识等，提升员工对集体利益的重视程度；或在员工有需要的时候，为员工提供来自集体的有效支持，增强员工对集体的认同感与忠诚感，进而减少资质过剩感对个体态度和行为的负面影响。

本章名词

人格（Personality）　　　　　　　　典型性测验（Type Test）
黑暗三联征（Dark Triad）　　　　　　履历数据（Biographic Data）
终极价值观（Terminal Values）　　　　大五模型（Five-factor Model）
工作价值观（Work Values）　　　　　　工具性价值观（Instrumental Values）
能力（Ability）　　　　　　　　　　　智力（Intelligence）
情绪智力（Emotional Intelligence）　　实践智力（Practical Intelligence）
体质能力（Physical Ability）　　　　　人职匹配（Person-occupation Fit）
最大性测验（Try Best Test）　　　　　资质过剩（Overqualification）

本章小结

① 员工之间的个体差异包括三个基本方面：人口统计变量、人格特质和能力特征。

② 履历数据包含人口统计变量信息，基本的预测思想是根据个体以往的行为预测其未来的工作行为。履历数据是工作行为的有效预测变量。

③ 人格特质受到遗传、成长环境、组织情境三方面因素的影响，根据不同理论角度，研究者提出了多个人格理论，包括大五模型、大七因素模型、黑暗三联征等。

④ 价值观代表了个体最基本的信念，具有一定的结构层次。当代中国人的价值观、工作价值观以及社会主义核心价值观反映了中国文化情境下人们的价值追求。

⑤ 能力是根据任务界定的，智力测验是最常用的能力评估手段。情绪智力、实践智力、体质能力等理论从不同任务要求范畴界定了各自的能力理论。

⑥ 岗位要求与个体人格特质的匹配是组织选拔人员上岗的基本思路。

视频案例

麦当劳团队的个体差异

《大创业家》（*The Founder*）是2017年在美国上映的电影，讲述了奶昔搅拌机推销员雷·克洛克（Ray Kroc）创业的过程，请查找视频资源观看。这部电影描述了下面几个鲜明的角色。

① 克洛克：野心勃勃的创业者，工作非常勤奋，不怕碰壁，坚持不懈，但为了成功也会不择手段。他从麦当劳的营业模式中看到了无限商机，千方百计地成为加盟商，把麦当劳推向全美，最终控制了这个品牌。

② 哈里·索恩本（Harry Sonneborn）：性格冷淡，精于计算的财务负责人。他提出了把麦当劳变成房地产公司的主意，麦当劳掌握土地所有权，把土地租给想要加盟麦当劳的人，靠地产赚钱。

③ 麦当劳兄弟（Brother McDonald）：迪克和麦克一起创造出了革命性的快餐制作流水线，他们非常能吃苦，为所得的一切成就付出了辛勤的汗水，但同时又保守与故步自封。

思考题：

① 从个体差异角度比较克洛克与麦当劳兄弟。
② 哪些差异决定了克洛克与麦当劳兄弟的商业成就？从能力、人格的角度进行分析。
③ 比较克洛克与索恩本的人格差异。
④ 克洛克与性格截然不同的索恩本形成了一个组合，分析他们是如何进行合作的。

调研与讨论

识人的故事

（1）请每个小组成员讲述一个"识人"的故事，请着重说明以下几点：
① 根据对方的哪些特点预测他以后的工作行为？
② 这些特点的预测效果怎么样？
③ 你觉得以后还可以如何改进你根据这些特点拟订的预测方案？
④ 如何把你的预测经验传授给他人？
⑤ 详细描述这个故事的起因、经过、发展、结果。

（2）请小组成员共同投票选出三个最有借鉴意义的故事，并向大家说明。

（3）总结归纳这三个故事，借鉴其他故事和课堂知识，设计一套"识人"方案。

请用不多于15张幻灯片、10分钟时间来陈述你的方案，并回答大家提出的问题。

实践练习

内隐联想测验

内隐联想测验（Implicit Association Test，IAT）是基于内隐态度理论发展起来的一种测量方法，由Greenwald等（1998）提出。内隐态度是指那些无法被察觉但影响人们行为的态度；与之相对的是外显态度——人们能够意识到的、可以通过自我反省表现出来的态度。中国科学院心理研究所的蔡华俭研究员开发了"云端心理测验"。

① 登录网址 http：//www.cpsylab.com/（登录时间：2022 年 4 月 30 日），选择内隐测验、外显测验与能力测验中的各一个测验。每个测验要求的时间不等，请严格按照要求完成，单个测验中间不要间断。

② 完成测验后，请记下你的测验结果，与你自己的印象对比。你觉得这个测验方式可靠吗？能力、态度、人格测试有什么不一样？谈谈联系与区别。

文献阅读

参考文献

I

第 3 章
组织中的知觉与决策

▶▶ 学习目标

- ➢ 认识管理者的知觉特点
- ➢ 了解基本决策理论模型
- ➢ 掌握行为决策的相关理论
- ➢ 运用行为决策分析判断偏差

▶▶ 素养目标

- ➢ 学习掌握本章理论，认识管理者的主观能动性与局限性
- ➢ 掌握情境对决策的关键影响，提升管理工作的情境意识
- ➢ 提升学生对管理者根植于组织情境的决策局限性的认识
- ➢ 认识管理决策的社会价值属性，树立扎根本土的价值观
- ➢ 学习决策的路径依赖性，树立实干兴邦的行为决策准则

本章从行为角度讨论管理决策问题。诺贝尔经济学奖获得者西蒙认为，"管理就是决策"，由此可见决策研究在管理学科中的重要性。至今为止，已经有三位行为决策研究者在不同年代获得了诺贝尔经济学奖。本章从管理者的知觉入手，讨论决策行为。知觉是行为决策的基础，和普通人一样，管理者知觉也存在各种决策偏差。行为决策从研究决策偏差的规律开始，讨论有限理性、参照点、决策框架、助推等行为决策观点，帮助管理者理性思考个人决策的偏差。

请扫描首页二维码观看本章导读视频"管理决策：系统1与系统2""展望理论与框架效应""叙事生动性的说服力"。

开篇案例　马云的"疯傻"决策

大学毕业后,马云被分配到杭州电子工业学院(现杭州电子科技大学)当老师。1991年,不甘寂寞的马云利用业余时间,和朋友成立了海博翻译社。第一个月,翻译社收入700元,但仅房租一项便要支出2 000元。30岁的时候,马云入选"杭州十大杰出青年教师",校长许诺将来让他当外办主任。但这时的马云又做了件"傻"事:他放弃了在大学的美好前程,辞职了!

1995年4月,马云联合朋友凑了2万元,创建"海博网络",网站取名"中国黄页"。公司成立之前,马云找了24个朋友咨询,其中23人说不可行,只有一人说可以试试。但马云不听"逆耳忠言",坚决地行动了。对他的这个举动,朋友们大呼"傻到家了"!

1997年,马云接受了国家对外贸易经济合作部(现隶属于商务部)的邀请,带着自己的团队来到北京,先后为对外贸易经济合作部建立了一系列国家级站点。1999年年初,马云回到杭州,投入50万元创建阿里巴巴,从此他的人生进入了新的历程。马云给阿里巴巴的定位是:"面向中小企业,做数以万计的中小企业的解救者。"对于这个决定,许多朋友认为是"疯子的想法"。根据著名的"二八定律",20%的大客户可以为企业带来80%的盈利,而马云选择了为80%的中小企业服务。

1999年年底的一天,马云被安排与曾是日本首富的孙正义见面。面对一屋子人,马云用6分钟时间陈述了阿里巴巴的目标和理念,孙正义走过来说"我已决定投资你的公司",并决定亲自与马云谈判。孙正义每年会收到700多家公司的投资申请,只选择其中的70家公司进行投资,而孙正义只会与其中一家最有潜力的公司亲自谈判。这次,孙正义选择了马云。谈判的结果是,孙正义决定投资3 500万美元给阿里巴巴。

在2007年阿里巴巴上市以后,马云继续实施其一系列与众不同的决策。在2009年9月10日阿里巴巴成立十周年之际,马云宣布成立阿里云,并收购中国万网,决定自主研发大规模分布式计算操作系统"飞天"。不久,因为代码不成熟、漏洞很多,阿里云遭遇危机。2010年,一位老员工离开阿里云时惆怅地说:"做云计算的感觉就像合围抱一棵大树,谁都知道最终每人的手会连在一起,但谁也不知道那一刻会发生在何时。"面对内部质疑,马云说了一句傻话:"我每年给阿里云投10个亿,投个十年,做不出来再说。"

资料来源:邦邦惠民通.中国民族企业家发家史第一篇:马云[EB/OL].(2018-12-26)[2023-01-30]. https://baijiahao.baidu.com/s?id=1620902784016174365&wfr=spider&for=pc。

思考题:

① 马云是如何做出创办阿里巴巴的决策的?

② 马云的决策（包括创办翻译社、辞职、服务中小企业、投资阿里云等）有哪些共同特点？
③ 马云一开始创办阿里巴巴的时候，他会想到取得今天的成功吗？
④ 为什么同样一件事情，有人认为可能成功，有人认为不可能成功？

3.1 组织中的知觉判断

3.1.1 知觉的概念

在本章开篇案例中，创建"海博网络"的时候，为什么在马云问了 24 个朋友，其中 23 个朋友说不可行，只有一个人认为可以试一试的情况下，马云却坚定地看好这个公司呢？在一个经营决策面前，我们很难看到所有的管理者都持一致的意见，通常的情况是大家各执己见。尽管现实世界是客观存在的，但是由于每个人的出发点、观点不一样，因而知觉到的内容也就各不相同。管理者面临相同问题，也会有不同知觉。

▶ **概念**

> 知觉（Perception）：个体为了对自己所在的环境赋予意义而解释感觉和印象的过程，也是个体选择、组织和解释感觉到刺激的过程。

管理者面对的组织情境，客观而言是一致的，但是不同管理者却会做出不同的选择。知觉有以下三方面的特点。

知觉具有选择性。管理者的知觉和管理现实之间并不一定完全一致，在同一时间内，有许多事物同时作用于人的感官，人不可能对所有事物都做出反应，而只能对其中的某些事物有清晰的知觉，从而忽略了在这个组织情境中的绝大部分其他信息。简言之，管理者对同一情境中的信息是有选择地感知的。

知觉是主观的理解和解释。管理者只有对感知到的信息进行有效组织，才能够形成知觉印象。通过感官接收的信息，需要被有效地加以组织才能被认知，必须借助人们头脑中在过去经验基础上形成的认知框架，也就是在原有的知识基础上形成知觉印象。就如面对股市的 K 线图，一个投资分析师在看到一个图形的时候可能会识别出股票买卖的信号。这些散乱的图形信息在没有这方面专业知识的决策者眼中也许没有什么价值，而只有依赖投资分析师头脑中原有的知识，才能对这些信息进行有效组织、形成判断。

知觉是行为的基础。管理者的行为是以经过解释的知觉印象为基础的，而不是以原有的客观事实本身为基础的。尽管知觉有选择性，人们通过自己的解释形成知觉判断，且人们的行为以知觉为基础的，这也就是为什么同样一件事情，人们对它的判断、意见、态度会不一样，甚至会出现完全相反的情况。

辛普森案的对立观点

1994 年，前橄榄球明星 O. J. 辛普森（O. J. Simpson）杀妻案成为当时美国最为轰动的事件。案件其实并不复杂，辛普森被指控杀死了前妻妮可及其男友高曼，但审理一波三折。由于警方的几个重大失误导致有力证据失效，辛普森以无罪获释，被判定为对两人死亡仅负有民事责任。该案件也成为美国历史上"疑罪从无"的最大案件。

1995 年 10 月 3 日美国西部时间上午 10 点，当辛普森案裁决即将宣布时，整个美国陷入"静止"。时任总统克林顿推掉了军机国务，时任国务卿贝克推迟了演讲，华尔街股市交易放缓，长途电话线路寂静无声。数千名警察全副武装，遍布洛杉矶市街头巷尾。美国有线电视新闻网（CNN）统计表明，大约有 1.4 亿美国人收看或收听了"世纪审判"的最后裁决。

据判决前的一项问卷调查，74% 的白人认为被告有罪，77% 的黑人则认为被告无罪。在一起刑事案件上出现如此对立的立场，克林顿对此也表示了忧虑，针对该案件向全国发表讲话。判决结果出来以后，检察官克拉克对 CNN 记者说："尽管自由主义者不想承认这一点，但一个以黑人为主的陪审团不可能在此类案件中做出公正判决。"此话引起了舆论的轩然大波。

资料来源：百度百科.辛普森杀妻案.［2023-01-30］. https://baike.baidu.com/item/ 辛普森杀妻案?fromModule=lemma_search-box 。

思考题：

① 辛普森案本身并不复杂，为什么白人、黑人会有如此对立的观点？
② 简要讨论客观事实与知觉判断之间的联系。
③ 哪些因素影响了白人、黑人对辛普森罪名是否成立的判断？

3.1.2 知觉的影响因素

对于同样一件事情，为什么会有不同的知觉结果呢？其实，很多因素会影响知觉，甚至有的因素会导致知觉错误。研究者综合归纳了这些因素，并将其分为知觉者因素、知觉对象因素和组织情境因素（见图 3-1）。

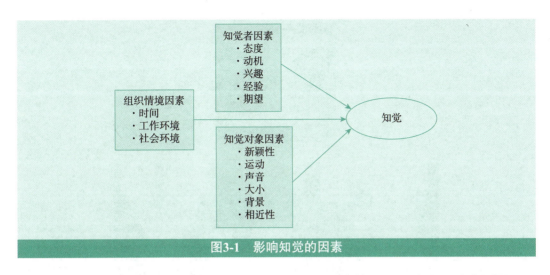

图3-1 影响知觉的因素

资料来源：[美]罗宾斯，2005.组织行为学[M].孙健敏，李原，译.北京：中国人民大学出版社。

3.1.2.1 知觉者因素

当人们看到一个事件并试图对它形成印象的时候，个体本身所具有的多方面因素会影响知觉结果。根据相关研究，最显著的知觉者因素有态度、动机、兴趣、经验和期望等；另外，知觉者所处的立场、角度等因素也会影响人们的判断。

《韩非子》里有"智子疑邻"的故事，"宋有富人，天雨墙坏。其子曰：'不筑，必将有盗。'其邻人之父亦云。暮而果大亡其财，其家甚智其子，而疑邻人之父。"故事中，富人的儿子和隔壁老头都提了修墙意见，但因为富人的立场差异，产生了"智子疑邻"的判断。

3.1.2.2 知觉对象因素

知觉对象的特点也能影响人们的知觉判断，具体包括新颖性、运动、声音、大小、背景、相近性等。在人们对图片的知觉中，前面提到的形状特征会很大程度地影响人们的判断。

比如，在阅读本书时，你看到的内容取决于你如何将图形、文字从背景中分离出来。比如，在阅读这个句子时，你看到的内容是白色纸张上的黑色文字，而不是黑色背景下的一些形状怪异的白色补丁块，因为你认出了这些白色背景下的黑色形状，并把它们组织了起来。图3-2戏剧化了这一效果。上图第一眼看起来像个淡蓝色花瓶；但是，如果你把淡蓝色作为背景，你会看到两个人的侧面轮廓。下图是一组图形，初看时可能认为是在淡蓝色背景下的一些深蓝色模块；当你以深蓝色为背景进一步观察时，看到的是"FLY"这个淡蓝色单词。

图3-2 知觉对象的特点

人们容易把相互之间联系密切的物体或事件放在一起知觉，而不是孤立地分别知觉它们。由于时间和空间的相近性，那些原本不相关的物体或事件，往往会被人们联系在一起，构建形成有意义的解释。如果人们能够在这些独立、没有联系的知觉对象背后形成有故事性、猎奇性的整体事件，那么这些解释将使人们形成更加深刻的印象。

在一些社会事件中，事件本身能够赋予的解释意义将影响人们对一个事件的知觉。比如，在辛普森案中，案件本身并不复杂，但是辛普森的复杂身份引起了公众对案件的关注。辛普森本人是著名的橄榄球运动员，曾经创造多个纪录，后期又成功地转型为好莱坞影视明星，创办了影视公司。他本人是成长于美国贫穷社区的黑人，是依靠自身努力成为成功人士的代表。案件的受害人之一是他的第二任妻子（妮可），她是一个白人。在美国种族矛盾的社会大背景下，人们更容易对案件的背景赋予更多的社会意义，形成更加丰富的故事解释。所以，对辛普森案的判决结果，黑人与白人会形成不同的观点。作为中国读者，由于一直身处民族融合的社会背景中，我们很难认识到美国的种族矛盾和社会分裂，所以也很难理解这个简单的案件为什么会如此轰动。

3.1.2.3 组织情境因素

知觉对象所在的组织情境也会对知觉判断产生很大的影响，比如时间、工作环境、社会环境等。比如，毕业生在求职时，穿着正装去面试，周围人觉得挺正常；然而，参加野外聚会时穿着正装就会显得很突兀。这就是组织情境影响了知觉判断的例子。

组织情境会影响人们关注的要点，也会影响预期，甚至会直接干扰人们对事件发生的内容、行为等做出全面的认识。下面这个案例中前三洋董事长井植薫出国前到美国领事馆办签证的小插曲，就体现了由工作环境因素所引起的主观预期直接影响到他对情境的认识。井植薰当时所处的情境、对方的外表及肤色，都使得他对知觉对象产生一种强烈的预期，因而导致他没有关注签证官说的语言，即"视而不见，听而不闻"。

案例

井植薰听不懂日语的经历

我这个人只念过几年小学，虽然当学徒的时候也曾读过几年夜校，但对英语是一窍不通。像我这样的人出国，难免会遭受"三重痛苦"：不会说、不能读，外加听不懂。五官之中唯能不出偏差的，只有鼻子嗅得的味道不会错。初次去美国，我只得带上几位精通英语的同人去充当我的眼睛、耳朵和嘴巴。记得那年与我同行的是两位理学博士和现任三洋社长的竹本吉美。他们三人陪着我，就像带着一件活动行李，一切事务都得由他们去应付。临出发前，这三位"行李搬运工"对我说："恐怕有一个地方非得你自己去听、自己去说不可，那就是神户的美国领事馆。你要办签证，领事会问你一些话。但你不必害怕，等他的话有停顿，你就答上个 Yes，反正不要说 No 就行了。"听了他们的话，临去领事馆前，我足足念了好几十遍"Yes"，自己觉得这"Yes"讲得还十分地道。

到了领事馆，我自认为将要见到的人一定是个男人。谁知，接待我的偏偏是个金发碧眼的美女。这可让我感到心里有些发慌。大家都是男人，我厚着脸皮还敢糊弄一番；但面对这个漂亮的异国女性，我怎么开口才好呢？

这位女性一见到我，就叽里咕噜地说了起来。我只得傻愣愣地望着她，盼着她快点停下来，然后礼貌地插上一个"Yes"。但是，她好像根本不想停，一口气说个没完。好不容易，我等来了一个大喘气，便连忙勇敢地说了声"Yes"。谁知，她一听我说"Yes"，却扑哧一声地笑了起来。

"井植先生，到了这里，你好像连日本话也听不懂啦。"

啊，原来这位女性压根就没有同我讲英语，她说的是日语，听上去语音还很亲切。但我当时真是紧张过了头，只知寻找她讲话的停顿，却忘了去听她到底在讲什么。这个令人捧腹的笑话，后来倒让我总结出一条宝贵的经验："关上你的心扉，世界就会变成一片空白。"

资料来源：[日]井植薰，1996.我和三洋：成功源于探索[M].陈浩然，译.上海：上海人民出版社。

思考题：

① 井植薰在签证面谈时，他的心理预期是怎样的？
② 你对井植薰所说"关上你的心扉，世界就会变成一片空白"有什么感受？
③ 如何才能避免这种现象？

3.1.3 知觉偏差

知觉是人们拥有的知识经验对外部世界的反应，人们的主观因素会不自觉地影响对外部世界的解释。无论是实验室研究还是现场研究，二者都揭示出人们在复杂的社会环境中处理复杂问题的时候，会不自觉地采用常规程序。这些常规程序，也就是所谓的"经验法则"。

西蒙将这种能够提供捷径的非正式的"经验法则"定义为启发式。启发式可以帮助人们用很少的时间和努力达到令人满意的结果，甚至很接近最优选择的结果。但是同时，这种便捷的信息加工模式也带入了人们对复杂现象的简略理解，引入了知觉偏差。在这个章节中，我们介绍一些常见的知觉偏差。

▶ **概念**

> 启发式（Heuristics）：决策者根据自身知识、经验，取巧地加工处理决策问题的部分信息，形成决策方案并采取行动的决策方式。

3.1.3.1 选择性知觉

知觉具有选择性。人们不是不加区别地接收眼前的所有信息，而是受到动机、能力因素的影响，只集中于对其中某些信息的解释，而忽略其他方面。人们处在非常复杂的世界中，周围有太多的刺激，选择性知觉可以使个体用有限的资源去关注那些对自己重要的信息。

▶ **概念**

> 选择性知觉（Selective Perception）：当人们面临复杂情境时，并不是对知觉对象的每一个特征都有所知觉，而是根据自身知识、经验等，有选择地提取相关特征，形成判断。

延伸阅读：戴尔本和西蒙的选择性知觉调查

任何人、物、事件的突出特点都会增加人们对其知觉的可能性。选择性地对组织情境中的信息进行加工，形成自身的意义解释，这就是选择性知觉。德威特·C.戴尔本（Dewitt C. Dearborn）和西蒙的经典实验说明了在组织环境中，选择性知觉如何影响管理者对管理问题的认识。

3.1.3.2 晕轮效应

人们经常认为，聪明的人会努力工作，蠢笨的人则比较懒惰；学生在评价他们的老师时，常常依据老师的某个突出特征（比如热情）做出对其他特征的总体评价。比如，一名教师可能是安静的、认真的、知识丰富的、水平很高的，但如果他的教学风格不够热情，那么他其他的特征也不会得到很高的评价。对名人的评价也往往如此，下文中，对于著名学者培根的印象就是受到晕轮效应影响的典型例子。当管理者对一个人的某一突出特征建立了深刻的印象以后，对他其他方面的判断就会受到这个突出特征的影响。就像当管理者建立了对某个人的正面印象后，就倾向于认为该人的所有方面都是好的。类似地，当形成对某人的负面印象后，就倾向于认为该人的所有方面都是不好的。

➲ 概念

晕轮效应（Halo Effect）：当个体做出知觉判断时，会为被知觉对象的某一种突出特征所左右，从而形成一个总体印象。

在管理工作中，绩效考核是最容易产生晕轮效应的环节。晕轮效应是"以偏概全"的心理弊病。在绩效考核过程中，管理者容易把员工绩效中的某一方面，甚至与工作绩效无关的某一方面看得过重，用某个特性去推断其工作表现，造成"一好百好，一差百差"的考核结果。当被评员工与管理者特别要好或特别敌对时，这种有偏差的晕轮效应最容易发生。

案例

你所不了解的培根

培根是著名学者、散文家，"知识就是力量"这句名言就出自他的著作。在大部分人的印象中，学者应该是高尚的。但据史料记载，培根是一个品德有缺陷的人。

亚历山大·蒲柏（Alexander Pope）在他的哲理诗集《人论》（*Essay on Man*）中这样描述培根："你若爱才，那么就想一想，培根曾是多么才华照人吧，他是人类中最有智慧、最光辉、最卑鄙的一个。"《英国文学通史》中也曾记载："培根一方面是一个冷酷、吝啬和自私的政治家，另一方面是一个富于文学和科学知识、追求真理的学者。他学问深邃，但人品不佳；道德、文章两者不能兼得。因而，他有时被称为才高而德薄的散文家……"

培根18岁时，父亲去世，这时他已经从剑桥大学毕业，在伦敦学法律。他是次子，没有继承权，必须自己谋生，白手起家。他从小就生活在大官僚群里，耳濡目染，热衷功名利禄。在官场，他卑躬屈膝、阿谀奉承，甚至背叛朋友、忘恩负义。

培根后来成为贵族埃塞克斯伯爵（Earl of Essex）的朋友和顾问，埃塞克斯还成了培根慷慨的捐助人。但在审判女王宠臣埃塞克斯伯爵的叛国案时，被破格准许参与审判的培根大费周章地把他过去的恩主定了罪。在苏格兰的詹姆斯六世即位英格兰王（詹姆斯一世）后，培根对其曲意逢迎，历任检察长、掌玺大臣，并于1621年晋封子爵，一直做到大法官这个最高官阶，彼时他才57岁。而好景不长，三年后他被指控受贿，被法庭判处罚金4万英镑，逐出宫廷，监禁于伦敦塔内，终生不得任职。

大多数中国人熟悉的是《培根论说文集》这样的佳作,却不了解培根是这样一个人:一方面投机取巧、见风使舵,一心想做大官,另一方面热心学术和科学研究;既是趋炎附势的政客,又是真理的追求者。

资料来源:搜狐网.英国大学者,利用自己的智慧和口才,将帮过自己的密友送上断头台[EB/OL].(2022-10-20)[2023-01-31]. https://history.sohu.com/a/594019237_121161391.

思考题:

① 在阅读这篇资料之前,你对培根的印象是怎样的?
② 培根是一位伟大的学者,他的这个特性如何影响你对其人品的判断?
③ "知识就是力量"这句名言使你对培根的认识有什么影响?

3.1.3.3 投射效应

延伸阅读:投射的小故事

人们普遍假定别人会做出与自己类似的判断,容易把自己的观念推及周围人。比如,如果你希望自己的工作富有挑战性并能由自己掌控,就会假定别人也希望同样如此。或者,如果你是个诚实可信的人,你就会想当然地认为别人也同样是诚实可信的。

投射使人们倾向于按照自己的状态来知觉他人,而不是按照被观察人的真实情况进行知觉。当人们相互之间很类似时,人们很容易判断出对方希望做什么,为什么会采取某个行动。这也许并不是因为他们的知觉判断很准确,而是因为投射效应带来的准确判断。同时,投射也会把与知觉对象并不符合的特点强加于别人,造成知觉偏差。

➔ 概念

投射效应(Projection Effect):用自身的想法、经验、态度去推测他人面临问题的想法和态度,从而把自身特点加于别人行为之上的现象。

投射也会被用于观察知觉对象内心的深层动机,投射测验是典型的使用投射效应原理观察动机、兴趣的方法。以下案例说明了投射效应在人员测评中的使用。

案例

"我是……"测验

"我是……"测验是一个典型的投射测验。测验的过程是这样的:首先要求被测者在事先没有准备的情况下,在10分钟以内写出20个以"我是"开头的句子,用以描述自身的一些行为和特点。然后主试者用事先设计好的编码系统对这些句子中反映"个体—集体"导向的内容进行编码，对 20 个句子的统一编码进行计分，评估被测者在"个体—集体"导向特征上描述的语句有多少。

如果这 20 个句子中大部分描述与个体相关联的特征，那么被测者的个体倾向更强；如果大部分句子与周围其他人、群体特征相关，那么被测者的集体倾向更强。

思考题：
① 这个测验如何应用了投射效应？
② 设计一个投射测验来评估人们的价值观。

3.1.3.4 刻板印象

刻板印象是人们对某个特定群体的共同特征所持有的固定观点。刻板印象的存在形式通常是："来自 X 群体的人拥有 Y 属性。"例如，认为戴眼镜的人勤奋、害羞、不活跃；老年人不能学习新知识、比较固执；女员工不善于坚持自己的观点、不能当领导等。

刻板印象意味着由于认定了特定群体具有某个特征，因此根据某个人的身份，推断这个人的其他特征。刻板印象也可以指人们对某个事物或物体形成的一种概括、固定的看法，并把这种看法推而广之，认为这类事物或物体都具有该特征，而忽视具体情况的差异。

▶ 概念

> 刻板印象（Stereotype）：人们根据某个事物或物体的共同特征，形成对此类事物或物体的共同看法，不分具体情况、个体差异地推广到对其他具体事物、具体物体的判断中。

多数刻板印象是负面的，会使人产生知觉偏差。但刻板印象能够简化人们对复杂世界的判断过程。相对来说，使用刻板印象比较容易处理大量的外部刺激。研究表明，人们在判断他人特征时，倾向于尽量减少所需的知觉努力。把某个人归于一个群体，再假定这个群体的人有类似的特征和行为，据此认为这个人具有群体已知的特征，可以节省详细了解这个人所需的时间和精力。

显然，刻板印象的问题之一是泛化性太强，尽管事实上这些特征可能毫无真实性或完全不相关。这种泛化性仅仅意味着人们在对一个群体印象的基础上，对这个群体中的人形成了共同的不正确知觉。在组织中，我们也常常听到的一些言语反映了以性别、年龄、种族甚至体重为基础的刻板印象，如"女性不够果断""男性对照顾孩子不感兴趣""老年人学习能力差一些"等。

延伸阅读：职业中的刻板印象

这些刻板印象是人们对具有某个共同特征的人进行归类而得，也是人们简化处理外部信息的途径。

3.2 行为决策的理论模型

3.2.1 行为决策的特征

1978年的诺贝尔经济学奖获得者西蒙曾经说过："管理就是决策。"决策是与人类有目标的行为紧密联系在一起的，任何管理决策都包含着管理者对决策问题的认识、对不同方案的权衡、对行动方案的调整。目标始终是贯穿管理者行为决策的核心。管理者的行为决策都是在某个目标的牵引下，在一定的时间、问题情境的框架下，权衡多种可行方案以后做出的行为选择。

> **概念**
>
> 决策（Decision-making）：决策者为实现某一目标，在认识问题情境、形成行动方案的基础上，从若干可行方案中选择某个行动方案的过程。

西蒙认为决策行为有三个典型的特征：

（1）目标导向。决策是与目标紧密关联的，决策要有明确的目的。西蒙认为，人们任何有目标、有意识的行为都可以称为"决策"。在决定做一件事情的时候，管理者就已经排除了其他一些可能的行动方案。只要人们有目标地采取行为，他们就开始了决策选择的过程，形成了自己的行动方向。

（2）权衡比较。决策一般是对若干可行方案进行选择的结果。当管理者面临一个需要做出行动的情境时，一般来说，这个情境是存在多个可行方案的，而这些可行方案具有不同特点，各有得失、各有所长。既然存在各个方面的不同优缺点，权衡比较的过程是不可缺少的，管理者在特定情境下往往关注方案的某一个方面，而不是系统、全面地评估方方面面。西蒙提出的启发式是指决策者在忽略某些信息基础上的信息加工；而在方案形成以后，决策者也需要权衡比较、舍弃某些方案。

（3）路径依赖。决策贯穿于管理者的行动过程。在不断地选择行动的过程中，管理者的选择轨迹就形成了一条独特的路径；在每条独特路径上的决策者，所面临的问题情境、自身资源、行动方案等都不一样。所以，每个管理者的决策都会依赖于自身的决策路径。

事实上，没有决策者在一开始就能够预料到事件发生过程中的方方面面，而总是在行动的过程中不断遇到新的问题，不断产生新的可行方案，不断地进行选择和权衡、采取行动、解决问题，最后做出行为决策。

本章开篇案例中，马云创建阿里巴巴有着一系列的决策过程，不同时间点有着不同的目标。不论在哪个阶段，马云都在认识问题情境的基础上，做出权衡选择，进而采取行动。从创办海博翻译社开始，他就走上了创业的道路；从开办中国黄页开始，他就进入了互联网行业；与部委的项目合作，使他萌生了创建阿里巴巴的想法；阿里巴巴的成功，衍生出了淘宝的商业模式……一系列的决策过程前后都有联系，问题情境也是在行为选择中不断演化的。从马云的决策选择过程中，我们也可以看出路径依赖和决策者的主观性。马云的知觉判断角度和大部分人不一样，因此，每次行动选择和行动方向会导向不同的独特路径。

3.2.2 有限理性模型

西蒙正是在挑战微观经济学理性假设的基础上，提出了有限理性模型。在著作《管理行为》（*Administrative Behavior*）中，他对有限理性模型进行了系统阐述，这也成为他获得诺贝尔经济学奖的主要学术理论贡献。

延伸阅读：微观经济学的决策假设

回想一个亲自做过的、典型的决策过程。比如，每个大学生都填报过高考志愿。在决策过程中，首先我们不可能对所有的学校、专业都有所了解，这受限于决策者的认知能力。其次对于有些学校、有些专业，我们无法搜集到相关的信息，而对于有些可以搜集到的信息，我们也会受限于时间、精力或者信息搜集成本，从而放弃对其进行搜索和比较。

一旦确定了决策问题，个体便开始搜寻标准和备选方案，但列出的标准可能远远不够详尽彻底。决策者会确定一个有限的列表，其中包括一系列显而易见的选项。在大多数情况下，它们主要是一些熟悉的标准和经过验证的解决办法。一旦确定了这些有限的备选方案，决策者就开始考查。这种考查并不是综合全面的，也就是说，并非所有的备选方案都会被细致评估，只有当某一备选方案与当前有效选项之间差异相对较小时，决策者才会考虑进行细致评估。因此，决策者本身的信息处理过程就是不完全理性的，西蒙称之为"有限理性"。

➡ 概念

有限理性（Bounded Rationality）：决策者认知能力和信息加工能力是有限的，不可能掌握全部的信息并选出最佳选项，他们只能处理一些主要的信息，而忽略其他一些相关的信息。

如图 3-3 所示，在一个决策任务环境中存在很多备选方案，在进行决策比较时，决策者只是考查了他力所能及的信息处理范围内的方案，而对其他很多可行方案不予考查。同样，在他能够处理的这些信息范围内，也不是对所有方案都进行了考查，而是选择了几个他认为有可能解决这个问题的方案进行考查。

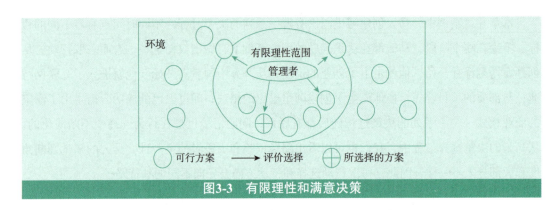

图3-3 有限理性和满意决策

因此，决策者并不是考虑所有可能的方案，而是考虑那些可用的方案，并选择第一个满足可接受标准的方案，这就是决策的满意标准。也就是说，决策者通常选择的是足够好的解决方案，而不会花费更多成本去追求最好的方案。

概念

满意标准（Satisfaction Criteria）：决策者在进行选择的时候并不是一直希望找到最优的解决方案，而是一旦找到能够满足需要的方案就不再进一步寻找。

西蒙认为，与人类生活环境的复杂性相比，人类的思维能力非常有限。因此，人类必须找到足够好的解决方法以及足够好的行动路线。实际上，人们做决策时，往往追求的是满意（能够满足需要的方案）而不是最优（效用最大化的方案）。

3.2.3 渐进型决策模型

延伸阅读：本田进入美国的决策过程

尽管满意决策贴近现实地描述了行为决策过程，但是管理者在大部分时候甚至来不及对多个有效行动方案进行比较。有研究者指出，很多经营决策是在来不及做任何分析的情况下做出的，也就是我们通常所说的"拍脑袋"决策。也有更多的决策是"摸着石头过河"，管理者也是在"走一步，看一步"，并不是事先对行动方案有明确的优劣比较，或者根本没有时间进行比较，而是在不断试错的过程中前进。总结起来，管理者面临的决策问题通常有以下特点：

视频讲解：本田进入美国的决策过程

（1）高不确定性。通常管理决策问题并不存在确定的选项，有时候甚至连问题的边界也不清晰，只是当前面对问题需要有所行动，但是具体的方案和结果却是不明晰的。

（2）信息不可预测。问题情境变化得很快，很有可能在做出决策的那一刻起，决策的依据已经有了变化，可能是问题的前提条件发生了变化，也可能是出现了新的制约条件，此时这个解决方案就不再适用了。

(3) 可确定的事实与信息非常有限。当前可以确定的事实与信息非常有限，管理者只是在当时条件下的一瞬间想到了这个解决方案，然后马上就采用了；而很多其他信息可能根本就没有进入决策者的认知范围，决策者也无法去考查这些信息。

(4) 时间非常紧迫。管理者进行考查的时间很有限，需要马上做出决策。时间的紧迫性使管理者不能仔细思考、充分比较，甚至在未能考查到问题的全貌时就必须采取行动。

针对这些不确定决策，Cohen 等（1972）认为，管理者的决策模式应当用"垃圾桶"模型（Garbage Can Model）来解释。与面临复杂的决策问题时，管理者行为就像一个"垃圾处理器"，各种信息和决策任务就像"垃圾"一样，源源不断地进入管理者的处理范围，而在十分有限的时间内，管理者需要及时处理好这些问题。管理者无法理性分析这些决策方案，只能依据自身的知识经验，直觉地做出反应，把这些"垃圾"打包处理，形成一个

延伸阅读：任何决策都没有后悔药

"垃圾桶"。这时候，新的问题源源不断地摆在管理者面前，管理者不断地打包处理，形成行动方案，而新的问题又接踵而至。这就是"垃圾桶"模型对管理者在时间紧迫的情况下进行决策的描述。管理者在处理这些紧急情境的时候，不断地通过行动产生"垃圾桶"，形成一条独特的决策路径。决策者通过自己的行动，采用试错策略探索外部环境，形成自己的发展路径，这就是渐进型决策模型所描述的管理决策过程。

毛泽东早在《实践论》中就提出，认识依赖于实践，从实践中发生，服务于实践，受实践检验，又在实践中深化和提高。这一论断指明了渐进型决策模型在实践情境中的适用性。本章开篇案例探讨的马云创建阿里巴巴的过程也是渐进型的。马云并没有在一开始创业的时候就创办阿里巴巴的 B2B 模式，而是在摸索了很多其他商业模式以后才认识到互联网金融、大数据、云计算等新业务的价值。

任何管理活动都是以实现一定目标为导向的。管理者个人行动有目标，组织决策也是有目标的。相比有限理性模型，渐进型决策模型强调实践行动是解决问题的主要办法。在有限理性模型中，尽管决策者的理性分析能力有限，但理性分析仍然是解决问题的主要途径。管理者在处理决策问题的时候，是用自己的分析主导性地界定决策的可行方案。决策结果也是由管理者的理性认识主导的。但在渐进型决策模型中，管理者的行动实践主导决策结果。管理者的不断行动、不断探索重新界定了决策问题，创造了管理决策的结果。

3.3 行为决策的研究与现象

3.3.1 行为决策的限制条件

从有限理性模型和渐进型决策模型中可以看到，人们在决策过程中并没有固定模式和统一精确的信息加工方式，而是依赖于自身所具有的知识、经验做出直觉反应。所

延伸阅读：精细加工可能性模型

以，人们决策的一个普遍特点是采用"取巧"的方式更省力地得到解决方案，用西蒙的话来说，这是一种"启发式"。这种方式极大地降低了决策者的信息加工负荷，但同时也导致了决策偏差。这些偏差的来源并不是决策任务或决策过程的错误，而是人类应对复杂且超载的信息的适应方式。

3.3.1.1 信息过度负荷

管理者的决策任务通常超出了人们信息加工的能力范围，尽管有时候这些任务在我们看起来是很简单的、称不上重大决策的事项。但是，管理决策的边界范围往往是模糊的，没有数学问题那样明确的可比条件。寄希望于管理问题有明确的结构化解答，无异于在多数组织情境中做了不符合现实的假定。我们来看下面的例子。

> **案例**
>
> 考核为什么会失败？
>
> 某公司在为生产线工人制定考核标准时，花了很多精力。人力资源部拟定了工作态度、工作量、工作质量、工作技能、出勤率、团队合作等20多项考核要素；针对要素，又细分为60多个子要素；对每个子要素还进行了具体的描述，以便统一标准；对于每个描述又赋予不同的权重。
>
> 在具体实施的过程中，主管们普遍认为这种考核方式标准明确、易于操作，每次与员工沟通也由于有具体的分数作为依据而变得简单、容易。但令人费解的是，考核非但没有对员工工作产生积极影响，反而令产量下滑、产品质量变差！更为严重的是，这种考核方式使得员工在考核分数上难以拉开差距，大家的结果都差不多，从而导致员工在分数上斤斤计较——你的87分是"良好"，我的86.5分为什么就是"一般"？久而久之，大家开始不关注考核了，"你考你的，我做我的；这方面不行，另一方面弥补"。
>
> 资料来源：张建国，2003. 绩效体系设计［M］. 北京：北京工业大学出版社。

思考题：

① 这种考核方式为什么不能得到良好的应用？是系统设计得不够全面吗？
② 为什么主管们感觉这是一个很好的考核方式，但实际效果却不好？
③ 如果你是系统的设计者，你应该如何改进这个考核系统？

乔治·米勒（George Miller）在20世纪50年代发表了一篇很有影响的论文"魔数7"，

在这篇论文中他提出了一个人们处理信息的普遍规律:一个人能够同时处理的信息加工模块数量在7个左右。一般来说有两个模块数量的误差,也就是5—9个。有可能有些人的信息处理能力强一些,可以同时处理十几个模块;有些人的信息处理能力弱一些,只能同时处理四五个模板。但是同时处理考核表中的60多个子要素很显然超出了决策者的信息加工水平。当一个决策者阅读了考核表中的60多个子要素以后,绝不可能在5分钟后完全复述这些项目。可见,过于复杂的表格妨碍了管理者评价绩效,造成了处理考核信息的困难。当管理者面临这样一个复杂的表格时,通常会采取以下任务策略:简化这个表格,提取一些他们认为关键的指标进行处理加工。这样,每一个管理者在实际使用表格的时候,所侧重的考核指标各不相同。当我们面临复杂的管理任务时,信息超载是没有办法避免的,但我们可以考虑如何更有效地利用"启发式"处理决策任务。

3.3.1.2 参照点影响效用判断

风险是管理决策必不可少的考虑因素。在早期关于风险决策的研究中,丹尼尔·伯努利(Daniel Bernoulli)采用心理物理学的方法,对不同风险条件下的决策效用进行理论推算,并用期望效用对风险决策进行描述解释。2002年的诺贝尔经济奖获得者卡尼曼(2012)拓展了西蒙有限理性的观点,并且著有《思考,快与慢》(*Thinking, Fast and Slow*)一书。他在研究决策选择行为时,认为伯努利的理论忽视了一个重要因素——决策情境中的参照点(Reference Point)。下面这个案例说明了参照点的作用。

风险决策的参照点

下面有两个决策情境,想一想,你会选择哪个选项?

情境一:抛一枚硬币,所得结果哪面朝上将决定你此次选择的收益。

A. 如果是正面,你会得到100元;如果是背面,你什么也得不到。

B. 无论是正面还是背面,你都会得到46元。

情境二:抛一枚硬币,所得结果哪面朝上将决定你此次选择的收益。

A. 如果是正面,你会得到100万元;如果是背面,你什么也得不到。

B. 无论是正面还是背面,你都会得到46万元。

思考题:

① 如果做两次调查,情境一、情境二中的选择比例会有什么差异?
② 哪些因素造成了人们在情境一和情境二中决策的差异?

在上述两个情境中，一般来说，在情境二中人们选择 B 的概率要大大高于情境一中选择 B 的概率。尽管这个例子可能还有其他的解释，但我们还是可以看到被调查者自身拥有的财富在这个决策中起到了很重要的作用。人们觉得 100 万元、46 万元会是一个与自身收入相差较大的数值，而 100 元、46 元是一个与自身收入比较接近的数值。在数值相对自身收入比较大的时候，人们更愿意选择保守的方案。此时，自身收入成了这两个情境决策的重要参照点，影响了人们的决策行为。

卡尼曼认为，伯努利理论一个重要的缺陷在于，期望效用理论忽视了人们决策的参照点的作用，也就是人们面临决策问题的起始点。沿袭西蒙对于人们决策的有限理性理论，卡尼曼认为人们的风险决策不会有绝对的效用判断，而要依赖于相对参照点的选择。参照点影响了人们对风险决策情境的知觉，进而影响了人们的效用判断。人们的有限理性表现在：不同参照点的选择会导致人们对决策选项完全不同的认识，从而形成完全不同的效用判断。

3.3.2　展望理论与延伸应用

3.3.2.1　展望理论

在上述案例的决策选项中，尽管可以说被调查者自身收入成为他们面临情境一、情境二的决策选择时重要的参照点，但也可以说这两个情境的效用本来就相差很大，因而这两个情境的决策本来就无法比较。参照点是否在这两种情境的决策差异中起到了关键作用非常值得质疑。

为了说明参照点对于决策效用的影响，阿莫斯·特沃斯基（Amos Tversky）和卡尼曼设计了一个新的情境，排除了决策选项的数值大小对于决策差异的解释。

起点对决策的影响

下面有两个决策情境，想一想，你会选择哪个选项？

情境三：不管你有多少钱，有人额外又给了你 1 000 元。现在请你从下列两个选项中做出选择：

A. 有 50% 的概率赢得 1 000 元。

B. 肯定会得到 500 元。

情境四：不管你有多少钱，有人额外又给了你 2 000 元。现在请你从下列两个选项中做出选择：

A. 有 50% 的概率输掉 1 000 元。

B. 肯定会输掉 500 元。

思考题：

① 如果做两次调查，情境三、情境四中的选择比例会有什么差异？
② 哪些因素造成了人们在情境三和情境四中决策的差异？

从这个案例中不难发现，如果就决策者将拥有财富的最终状态而言，情境三、情境四的选项没有什么差别。两个情境中，你都可以选择拥有 1 500 元，或者选择赌一把，可以拥有 1 000 元或 2 000 元。按照伯努利的期望效用理论，最终决策行为的期望效用应该是一致的，得出的结论应该是情境三、情境四有一样的行为选择结果。但实际上，如果你用这两个情境分别对约 200 人进行调查，那么可以得到这样完全不一样的结果：在情境三中，大多数被调查者选择 B；在情境四中，大多数被调查者选择 A。

这两个情境的选择不一致，无疑说明了伯努利的期望效用理论忽略的重要因素：决策选择的起点。在这个案例中，起点是决策选择的重要参照点。大多数人在做情境三、情境四的决策时，会忽略一开始得到的 1 000 元或 2 000 元，而决策的"赢或输"方向会引起被调查者对风险选项的不同态度。所以，期望效用理论在解释风险决策的时候，"参照点"是一个重要的被忽略的变量。特沃斯基和卡尼曼由此提出了展望理论（Prospect Theory），对风险情境中的决策选择进行描述。

展望理论解释了人们如何评估风险决策方案，以及决策的参照点如何在决策中发挥作用。如图 3-4 所示，特沃斯基和卡尼曼认为，人们对风险决策方案的效用评价并不是由方案客观价值决定的线性函数，而是呈 S 形曲线变化的。图中横坐标表示事物的客观价值，右边是正值（收益），左边是负值（损失）；纵坐标表示决策者对事物价值的评估，称为效用（Utility）。

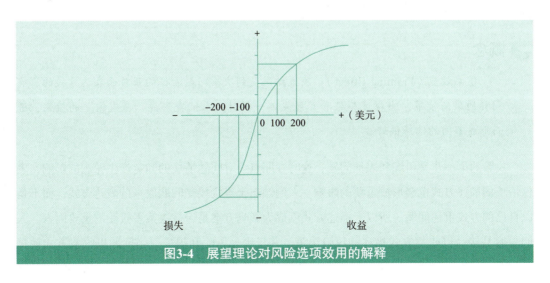

图3-4 展望理论对风险选项效用的解释

根据图 3-4，我们可以得出以下结论：

（1）参照点影响判断框架。参照点形成了人们决策判断的"适应水平"，并且让人们形成相对零点的判断。参照点形成了风险决策问题的起点：如果高于参照点，那么就是对于收益框架的知觉；如果低于参照点，那么就是对于损失框架的知觉。"赢或输"的框架判断会让人们对风险选项的选择很不一样。在收益框架下，人们倾向于获得确定的收益，回避不确定的选项；在损失框架下，人们倾向于回避确定的损失，冒险一搏，选择不确定的选项。

展望理论认为，问题描述上很小的变动就可以改变参照点的位置，从而改变人们有关损失和收益的想法，并最终影响决策。如果相对某一参照点，某项结果看来是一种收益，那么决策者会倾向于回避风险，选择比较保守的那个选项；如果相对另一参照点，某项结果看来是一种损失，那么决策者会倾向于承担风险，选择比较冒险的那个选项。

（2）效用函数呈曲线 S 形。从图 3-4 可知，收益和损失的效用函数都是曲线，表明客观事物带来的心理价值与客观状态并不是线性对应的。在离参照点（零点）比较近的地方，效用的变化非常快；而到了离参照点比较远的位置，效用的变化比较慢。也就是说，在效用评价上有这样一个特点：人们对"0"和"100"感觉差异很大，但是对"1 000"和"1 100"感觉差异就不是很大。

（3）损失厌恶现象普遍存在。人们对损失更加敏感，损失的效用函数曲线比收益的效用函数曲线更陡峭。也就是说，损失 100 元的负面感受比获得 100 元的正面感受更强烈一些。损失厌恶会使得谈判变得很复杂，双方都将自己的让步看作一种损失，而损失比对方让步带来的收益影响更大。对任何一方，损失都是很痛苦的。因此人们会将造成亏损的时间、资源等牢记在心。损失厌恶会有相应的"损失厌恶系数"，也就是面对 100 元的可能损失，需要多少收益才能弥补。有几个研究证明，损失厌恶系数通常为 1.5—2.5，也就是损失 100 元，要 150—250 元收益才有可能弥补。

➡ 概念

> 框架效应（Framing Effect）：决策结果受到决策问题表征的正负面表达方式的影响。同样的风险决策，当描述框架和参照点不一样时，人们会形成"赢或输"的框架，进而形成不同的选择偏好。

决策的第一步是组织和表征问题，这时参照点会对问题情境的知觉产生深远的影响，事件情境的描述方式也会形成重要的影响。人们倾向于直接接受问题原来的表达方式，而不是以自己的方式重述问题。所以，描述方式就成为影响方案是否被决策者接受的重要因素。人们更容易接受以收益方式描述的风险决策，并且厌恶风险和损失。当问题以收益方式被提出的时候，人们是厌恶风险的；但当问题以避免损失的方式被提出的时候，人们却愿意去冒险。

领导者非常善于从正面角度描述问题情境，形成正面的问题框架，给所在群体、下属带来激励。销售员善于从正面的角度描述产品方案，让顾客形成正面的产品印象，这些都是框架效应的应用结果。历史上，曾国藩在写战况奏报的时候，"屡战屡败"和"屡败屡战"的例子就是从不同的角度总结了近期战斗的进展，进而形成了不同的总体印象。

我们来看一看这种效应在现实生活中的体现，在下面的案例中，你会做怎样的选择呢？

案例

框架效应对决策选择的影响

情境五：假如你想买一个700元的HP喷墨打印机，商店告诉你，打印机的价格是700元，如果需要送货上门，还要再支付50元。你会选择让他们送货上门吗？

A. 送货　　　　　　　B. 不送货

情境六：如果你想买一个750元的HP喷墨打印机，而且他们负责送货上门，但是如果不需要送货上门，他们可以退给你50元。您会选择让他们送货上门吗？

A. 送货　　　　　　　B. 不送货

资料来源：奚恺元，2005. 别做正常的傻瓜 [M]. 北京：机械工业出版社。

人们在情境五下，普遍会选择自己搬运；而在情境六下，会选择让店家送货上门。如果我们仔细思考一下，这两种情况其实对于个人的支出以及店家的收入都是一样的，但是问题情境描述的出发点不一样，这时候容易引起决策者的知觉偏差，从而造成的决策结果也不一样。在上面案例中，第一个情境设定的价格参照点是700元，这50元的运费是要付出去的，是损失情境；而第二种情境设定的价格参照点是750元，这50元是包含在价格中的，如果能够免去，则是意外得到50元，是收益情境。这两个不同描述巧妙地调整了人们的参照点，尽管实际的价格成本对于商家是一样的，但对送货这项服务的"赢或输"的描述框架不一样。在购买决策的营销情境中，消费者很难注意到商家对于参照点的选择，却容易受到框架效应的影响，大多数人容易接受正面的描述框架。

3.3.2.2 展望理论的延伸应用

（1）禀赋效应。禀赋的问题在微观经济学的选择理论领域很早就有比较详细的研究，但主要集中于国家资源的讨论。理查德·塞勒（Richard Thaler）关注到个体决策中的禀赋效应，提出采用决策线索的调整推动决策者做出有利于社会福利的选择。因为对决策助推研究做出很大贡献，塞勒获得了2017年的诺贝尔经济学奖。

塞勒观察了他的同事 R 教授。R 教授是一名葡萄酒爱好者，喜欢收藏葡萄酒。但是 R 教授非常不愿意卖掉他的葡萄酒，在葡萄酒的拍卖市场上，无论葡萄酒的品质如何，R 教授都不会以超过 35 美元（1975 年的价格）买入一瓶葡萄酒，但是 R 教授从来不会以低于 100 美元的价格卖出他收藏的葡萄酒。R 教授是一名深信经典经济学的学者，但是按照经济学理性人的假设，当交易价格为 35—100 美元时，出售葡萄酒是有利可图的。但 R 教授既不会买也不会卖，明摆着盈利的交易他也不做，这是明显违背经济学理论的现象。

根据这些观察，塞勒提出禀赋效应的概念。市场中存在很多独特商品，收藏品就是一个典型的独特商品，它们的价值因人而异，而不存在一个平均的市场交易价格。人们是否拥有这项物品在很大程度上影响对其的估价：当人们拥有某项物品时，他对该物品的估价要比没有拥有的时候高很多。房地产市场也有同样的特点，每一套房产都是独特的，不是一个标准产品，相互之间并不可比。在二手房交易市场上，拥有这套房产的人与希望购买这套房产的人的估价会有很大的差值，因而造成独特商品市场的交易频率很低。

概念

禀赋效应（Endowment Effect）：对决策方案的评价会因决策者拥有的资源状况的变化而发生变化。拥有某项资产，会使得人们高估这项资产的价格。

有些研究比较了会计师事务所审计业务对于公司价值的评估，发现愿意支付（Willing to Pay）价格和愿意接受（Willing to Afford）价格，即"买价"和"卖价"之间存在很大的差值。对于同一个公司的估价，如果审计师代表的是收购方，那么他的估价会与他代表出售方时的情况非常不一样。

案例

审计师的偏差

飞鱼是一家直销公司，该公司从第三方获得定期购买的客户名单。在飞鱼的资产负债表上，客户名单作为无形资产出现，并分 10 年摊销，或至少以每年 10% 的比率分摊。本年度一开始，该项资产在飞鱼资产负债表上的总额达到了 4 000 万元，并且没有新客户名单出现。飞鱼把四年前亚洲市场的客户名单的账面剩余价值确认为 540 万元（资产负债表中 4 000 万元的一部分），这导致收益明显低于预计从这批客户身上获得的目标收益。

飞鱼正计划进行资产出售，红马公司计划收购飞鱼，将其并入现有业务版图。此时，涉及双方对客户名单这项资产的价格评估。

思考题：

① 如果你作为外部审计师，受飞鱼管理层聘请，你会如何对客户名单进行估值？
② 如果你作为外部审计师，受红马公司管理层聘请，你会如何对客户名单进行估值？

资产收购也是一个独特商品市场，待价而沽的公司资产并不是标准产品，在市场上没有标准价格，在没有其他参考信息的情况下，很容易产生估价分歧。一般而言，卖方更容易高估公司资产的价格，而买方更容易低估公司资产的价格，这种价格差异造成买卖双方的预期不一致，市场交易也就不容易发生。

由禀赋效应定义可知，它并不能用理性人假设进行解释，而展望理论可以对此做出有效解释。当人们未拥有这项资产的时候，买下这项资产是损失一笔资金、获得一项资产，效用曲线相对平缓。当人们拥有一项资产的时候，拥有资产的状态就成为现在交易的起点（也就是参照点），卖掉这项资产成为获得一笔资金、损失一项资产的交易，效用曲线相对陡峭，"损失厌恶"使得人们对这项资产估价更高。根据展望理论，由于交易双方的决策参照点不一样，双方对同一资产的估价并不一致，从而形成交易价格预期的差值。

（2）锚定效应。在任务情境中，事先设定参照点会对决策者的选择产生很大影响。这样的现象也被称为锚定。人们可以通过事先设定的情境，把参照点隐含在决策任务情境的描述中。由于大部分人不容易注意到参照点的差异，往往容易被这样的情境描述影响，也就是被锚定在参照点附近做出估价。

➡ 概念

锚定（Anchoring）：固着于作为参照点的初始信息的倾向。一旦设定了初始值，人们就不能充分调整随后的信息。参照点可以通过先前的历史问题呈现，或者隐含在一些情境信息中。

案例

贴膜的价格

情境七：如果你购买一辆价格15万元的新车，加上消费税、保险费等其他费用，总共大约为17万元。这时商家向你推荐价格0.3万元的贴膜，具有隔热、防紫外线的功能。你认为这个价格可以接受吗？

情境八：如果你有一辆开了5年的捷达汽车，你觉得它开起来非常顺手。有一次你到汽车修理店，商家向你推荐价格0.3万元的贴膜，具有隔热、防紫外线的功能。你认为这个价格可以接受吗？

思考题：

① 人们在以上哪种情境中对贴膜价格的接受程度会更高？
② 哪些因素影响了人们的选择？

在这个案例中，一般情况下，如果车辆的价格高，那么人们倾向于接受这个贴膜的价格；如果车辆的价格低，人们倾向于不接受这么高价格的贴膜。这时候车价成为一个非常重要的参照点，能够显著影响人们对贴膜价格的评估。从锚定效应的框架来说，车价本身也成为一个非常重要的锚定点。

"锚"有多种外部表现形式。它们可能非常简单，比如某位同事的一句评论或者晨报上的某个统计数据。它们也可能颇具隐蔽性，比如对某人肤色、口音或衣着的描述。在企业里，常见的"锚"就是过往事件或趋势。营销人员在预测下一年度的产品销售情况时，通常会先参考前几年的销量。这时，过往数据就成了"锚"，营销人员在这个基点上再根据其他因素做出适当的调整。这种方法虽然可能让决策者做出相当准确的估算，但弊端是对过往数据赋予了太大权重，而对其他因素重视不够。在瞬息万变的市场环境下，以历史数据、历史事件为参照可能会导致预测结果与实际情况相差万里，进而误导决策。

对于广告从业者、企业管理者、房地产代理商、律师等职业，说服技能是很重要的。他们十分善于利用人们的锚定偏差，一开始就采取极端的报价，试图锚定人们的倾向或态度。在谈判中，锚定也很重要。当谈判开始时，锚定也发生了。一旦某人给出一个数字，人们就很难忽略那个数字。

3.3.3　时间与决策过程

人们有目标的行为是一个计划与执行的过程，此时，时间因素在决策过程中起到了重要的作用。管理者要事先安排工作计划，估计组织完成工作任务所需的时间、成本；也要在计划执行的过程中不断调配资源，评估任务的可行性，调整工作计划，完成组织工作。按照西蒙有限理性的观点，人们无法事先估计或预期工作计划的方方面面，而且受时间因素的影响，管理者的计划选择会产生偏差。

案例

悉尼歌剧院的建设过程

悉尼歌剧院的正式建设始于1958年12月，整个建设过程分为三个阶段：第一阶段建成底座的基础部分，第二阶段建成歌剧院著名的顶部架构，第三阶段进行内部装修。

第一阶段：底座建设

第一阶段的建设始于1958年12月5日，当时负责实施的建筑公司是Civil & Civic。政府担心资金问题和公众反对，便匆匆推动工程实施。然而重大的结构问题仍然存在。在工程运行期间，项目遇到了各种意想不到的困难，包括恶劣的天气、在开工之前还没有准备好图纸、原合同的变动等。1962年8月31日，底座部分的建设终于完成。被迫提前动工引发了后来的重大问题：底座的圆柱不足以支撑顶部架构，不得不重新修建。

第二阶段：顶部架构

关于顶部架构的建设问题，实际上耗费了从1957年年中到1965年年末近350 000个小时；1957—1961年，施工团队试验了各种不同的顶部架构方案。一个重要的问题是，有一些方案在时间和建造成本上超出预期。1961年10月，建筑师Utzon打电话让Arup到他位于丹麦的工作室，讨论一个突破性的设计方案。Utzon改变了整个外壳的设计方案，他在同一个圆球上切割下不同的块，圆拱遵循同一半径圆球的子午线。这些圆拱被分为不同的部分，然后就像拼装积木一样被组合在一起。1962年3月，该方案获准通过。

建造歌剧院顶部的公司Hornibrooks，可能面临着建筑历史上最困难的预制件组装任务。同时，还有许多问题需要解决，例如每天下午5点的"爆炸"时间，因为支撑顶部的柱子达不到强度要求，不得不重新炸掉，用新的、更大的柱子取代。

第三阶段：内部装修

内部装修始于1963年2月，Utzon把整个办公室搬到悉尼。然而，1965年澳大利亚政府重组，新政府宣布整个工程划归公共事务部管辖。这也最终导致Utzon的辞职。到目前为止，工程的建设费用仍然只有2 290万美元，还不到总造价的四分之一。然而，Utzon却和澳大利亚政府在设计费用上发生分歧。总之，种种原因使得这位建筑师愤而于1966年离开澳大利亚，从此再没有踏上澳大利亚的土地，连自己的经典之作都无法亲眼看见其完工。1966年Utzon辞职的时候，第二阶段的建设还没有完成。他离去之后，新的建筑师接替了他的工作。

建设方在1957年预计悉尼歌剧院的造价是700万美元，预计的完工日期是1963年1月26日。实际上，悉尼歌剧院最终于1973年正式完工，总造价约为1.02亿美元。其中，第一阶段耗资约550万美元，第二阶段耗资约1 250万美元，第三阶段耗资约5 650万美元，舞台设备、灯光等耗资约900万美元，其他耗资约1 650万美元。

资料来源：中国设计之窗. 人类最年轻的文化遗产：悉尼歌剧院[EB/OL].[2023-07-17].http://www.333cn.com/architecture/hyzx/120078.html。

思考题：
① 悉尼歌剧院的造价、完工日期都大大超出管理层原本的计划。这是为什么？
② 为什么在投入原本计划的时间、资金以后，管理层不愿意放弃建设计划？
③ 建成的歌剧院耗费了远超当初计划的时间、资金。为什么管理层全然不顾计划，持续投入建设工作？
④ 在你观察到的工程项目中，是否有类似的现象。回顾一下整个过程。

卡尼曼曾经描述过他的亲身经历。他们一组科学家，计划给以色列教育部编写一本关于判断与决策的教材。当他们制订工作计划的时候，所有成员都估计了完成任务的总时间，即"一年半到两年"。随后，卡尼曼询问编写组组长希莫，其他学科的类似团队的完成率、完成时间怎么样。希莫犹豫了一下说："其他团队的完成率大约为40%，最快完成的团队大约用了7年时间，最多的用了10年。"卡尼曼的编写团队充分讨论以后，仍然乐观地认为，判断与决策的教材可以在2年内完成。实际上，这本书用了8年时间才完成（卡尼曼，2012）。卡尼曼从这件事情上领悟到所谓的"计划谬误"，即人们普遍会对自己从事的工作表现出过度乐观，认为自己的计划可以比其他人更加迅速地完成。这是由人们对未来预测的不完全造成的。

▶ 概念

> 计划谬误（Planning Fallacy）：人们通常对希望执行的计划过于乐观，在自我评价上往往高估自己，低估自己完成某项任务所需的时间。

悉尼歌剧院的建设方明显犯了"计划谬误"的错误。其实还有更多问题，在开始悉尼歌剧院的项目建设后，为了证明自己以往的选择是正确的，大多数人会选择继续对目前已开工的项目进行资金追加。即使过去的选择在现在看来已经不再正确，但是为了弥补损失，目前看来最好的方案是坚持原有方案。大多数人曾经陷入这种陷阱，理智上我们知道沉没成本与当前决策无关，但是它仍然会影响我们的决策，导致决策者做出不恰当的决策。

▶ 概念

> 沉没成本（Sunk Cost）：人们对一个工作方案的决策与评估会受到以往对这个方案的投入的影响。由于人们在原有方案上已经有了大量投入，因而很难放弃并会继续投入。

卡尼曼在回顾他们编写教材的例子时，曾经思考过，参加编写的人都是专业知识丰富的专家，他们会秉承科学精神制订编写计划；但在讨论的现场，没有人对过度乐观的计划提出异议。其中，一个重要原因可能是当时编写团队已经开过几次会议，工作也已有部分进展，编写小组也不愿意承认自己投入时间去做的工作会有40%的可能性是白费的。这就是沉没成本，现已无法挽回的历史投入，对下一步不理性的坚持起了很大的推动作用。

为什么人们无法摆脱沉没成本的影响呢？这常常是因为人们不愿意承认自己犯了错误，不管这个错误是有意识的还是无意识的。首先，从情感上来说，人们不愿意质疑自身的能力和判断。其次，在一个组织中，承认个人决策失误可能只是纯粹的个人问题，但是涉及组织的决策事务是一个非常公众化的事件，会招致同事或者上级的批评。特别是针对一些投资决策，如果给企业带来了损失，这就是一个显著的污点，同时有可能成为竞争对手攻击的弱点。有时候，企业文化也会强化沉没成本陷阱。如果对错误决策的处罚过于严厉，就会促使管理者把失败的项目无限期地拖延下去，幻想有一天这些项目还能转败为胜。

管理者应当认识到，项目的成败并不仅仅受到决策的影响，好的决策有时也可能带来失败的结果。很多好主意会以失败告终，可能是项目启动的时间、地点和机会不正确，在动态的经营环境中，一切都不可预知，失败是与成功相伴随的经营现象。

决策者经常面临的一个难题是，为了获得成功，究竟是应该放弃一个失败的行动，还是应该增加承诺或投入，以扭转现有的局势。研究表明，当决策过程包括一系列的多个时间点决策时，决策者就会有一种承诺升级的倾向。尽管是一个与原定目标不符的决策，但是当决策者亲自参与这个决策过程中时，他是很难放弃原有方案的。工程项目预算的不断增加就是一个典型的例子。

概念

> 承诺升级（Commitment Escalation）：在连续多次的决策中，决策者表现出对以前决策方案的不理性坚持，继续加大投入，希望获得更好的结果。

造成承诺升级的原因很多，沉没成本和禀赋效应是非常重要的理由。在建设悉尼歌剧院这样庞大的工程中，预算与实际支出之间的偏差渐渐增大。我们考查一下这个承诺升级的过程。在工程开始的时候，设计师和政府都对项目进行了预算控制，但是当工程进行到一半的时候，早期投入的资金已经使得决策者的决策情境发生了很大的变化，持续的投入变得更加合理。最终，完工日期比原来预计的完工日期拖后了10年，原本的预算只是实际造价的约7%。在这个工程预算决策的每一步，都会涉及沉没成本和禀赋效应的问题，而如果我们从整个发展的过程来看，承诺升级的现象是很明显的。

3.3.4 决策双系统模型

斯坦诺维奇和韦斯特提出了决策双系统模型，他们把人们头脑中的两个系统称为系统1和系统2（卡尼曼，2012）。系统1对应着启发式系统，依赖于总体印象进行判断；系统2是理性思维系统，依赖于系统信息、算法加工对决策选项的可能性进行判断。

系统 1 的运行是无意识且快速的，不需要主观努力，不怎么费脑力，它可以自发主动地完成决策选择。系统 2 的运作过程中需要个体集中注意力，约束自身行为，其启动需要费脑力的大脑活动，如复杂运算、逻辑推断、系统分析等。系统 2 的运行通常要求人们专注努力、思考分析，也需要耗费人们更多的资源和精力。尽管通常系统 2 做出的判断要比系统 1 更加准确，在大部分的情况下，人们会采用系统 1 进行决策。

卡尼曼和特沃斯基曾经设计了一个名为"琳达问题"的著名实验，检验了人们在决策时系统 1 和系统 2 之间的不一致。我们看一下这个实验。

延伸阅读：琳达问题

琳达问题的实验结果表明，即使是受过严格科学训练、理性思维能力很强的科学家，也容易在排序中出错。大部分人（约 85%）会把 f 选项排在 h 选项前面，这说明系统 1 是人们常用的思维模式。尽管这些科学家在系统 2 方面的能力很强，但是和普通人一样，在多数情境中，他们也采用系统 1 处理决策问题。也正因为如此，大多数情况下，生动形象地影响系统 1 的说服方式，要比逻辑严谨地影响系统 2 的说服方式更加奏效。

视频讲解：琳达问题

人们更容易受到生动形象的"脸谱式"总体印象的影响，系统 1 更容易影响人们的决策选择。管理者也会用启发式去说服、影响他们的下属、同事等。描绘生动形象的故事的系统 1，以及通过体验去影响人们的启发式，是常用的说服模式。

易利用性启发式和代表性启发式是讨论最多的两种启发式。很多人担心飞机失事，却不太担心驾车发生事故，因为人们对飞机失事的印象非常深刻。飞机一旦失事，新闻媒体就会不断地报道，现场的信息传递也很迅速，所以人们容易形成的总体印象是"飞机更危险"。但实际情况并非如此。在出行同样距离的情况下，美国旅行者发生汽车事故死亡的概率是飞机失事的 26 倍。对现场的细节报道，使得人们大大高估了飞机失事的可能性。这种偏差是信息的易利用性引起的。

➜ 概念

易利用性启发式（Availability Heuristics）：决策者往往会根据一些容易想起的典型事例做出判断和决策。

易利用性偏差让管理者在评估员工年度绩效时会更重视其最近的行为、可以回忆起来的典型事例，而不是综合考量其整个年度的绩效表现，从而导致不可靠甚至不公平的评估结果。易利用性偏差也会让管理者在评估绩效时，忽视员工的常规性工作对组织的贡献。

概念

代表性启发式（Representative Heuristics）：决策者根据当前刺激或事件与已有范畴或概念的相似程度进行判断和决策。

代表性启发式可能产生的偏差有两种类型：

（1）代表性启发式往往忽略样本大小。在分析事件特征或规律时，人们往往不能正确理解样本大小的意义，事实上，对总体进行统计的结果才是真正的结果。样本的数量越接近总体的数量，统计的结果就越可信；样本越小，与总体数量相差越大，统计的结果越不能反映真实情况。

（2）管理者只是凭借自己调研讨论过的部分案例，就得出全部样本的情况。在绩效评估中，管理者只是根据自己"亲眼所见"的内容对员工进行判断，这就是典型的代表性启发式。

案例

华尔街之狼的演说

影片《华尔街之狼》中男主角的人物原型乔丹·贝尔福特（Jordan Belfort）是一个真实人物，他从普通销售员成长为金融大鳄，之后沦为巨额诈骗犯，最后成为著名职业演说家。他跌宕起伏的人生有一个核心特点——杰出的演讲能力。连扮演他的莱昂纳多也对此赞不绝口："我认识贝尔福特多年，也去过他公司数次，但是什么都不能跟他的公开演讲相比。"

贝尔福特非常善于推销，专心于钻研如何说服他人，善于通过讲故事来引起别人的共鸣。他很小就开始推销。每当暴风雪过后，幼小的他就拿着铲子挨家挨户敲门询问对方是否需要铲雪服务，并收取20美元酬劳。从大学退学以后，他开始挨家挨户推销冷冻龙虾和牛排，很快就打破了公司的销售纪录，成为最优秀的推销员。

1989年，他注册成立斯特拉顿·奥克蒙特公司（Stratton Oakmont, Inc.），雇用了一些刚出校园、思想单纯的20岁左右的职场新人。为了激励这些新人，贝尔福特每天都会到公司发表两次、累计长达三个多小时、富有激情的演讲。在老板如此富有煽动性和蛊惑力的洗脑式训练下，公司业绩直线上升。财富源源不断地流入，最高时他们曾一手创造3分钟内入账1 250万美元的销售奇迹，30岁的贝尔福特也被《福布斯》杂志誉为"股市中的罗宾汉"。1997年，他的公司因诈骗客户遭全美证券交易商协会（现美国金融业监管局）除名，他本人也被联邦政府指控犯有诈骗罪而被送进监狱。在狱中，他经常向狱友聊起自己以往跌宕起伏的人生经历，狱友常常听他讲故事听得入迷，他便把自己在华尔街的经历写成了《华尔街之狼》一书。由于在狱中表现良好，服刑22个月后，贝尔福特被提前释放出狱，并摇身一变成了炙手可热的演讲培训师，美国的很多大公司都聘请他作为销售培训教练。

以贝尔福特的作品为蓝本，好莱坞拍摄了电影《华尔街之狼》。在电影中，贝尔福特还在影片结尾客串了一个角色,甚至还满怀幽默地调侃自己:"虽然我这辈子遇到过不少混蛋,但是跟贝尔福特比起来,那些人都是小巫见大巫而已。"

资料来源:百度百科. 乔丹·贝尔福特 [EB/OL]. [2023-07-10]. https://baike.baidu.com/item/乔丹·贝尔福特。

思考题:

① 观看电影《华尔街之狼》贝尔福特的演讲片段,总结他的演讲特点。
② 贝尔福特很会讲故事。分析"讲故事"如何起到说服他人的作用。

故事叙事是人们理解周围世界的一种方式。人们创造故事,将零散的事件联系起来,组织经历、编排顺序、形成观念并产生评估。通过叙事的加工方式,人们可以把一段段单独的经历联系在一起,形成因果关系推断,包括评价实现目标的行为和解释行动结果。通过故事创造,人们可以理解生活中发生的事情,自己是什么样的人,以及自己在社会中扮演什么角色等。

人们在听故事或者看小说的时候会进入叙事世界中,并且将叙事世界中的态度带到现实世界中。这种态度改变的机制就是"叙事传输"(Narrative Transportation)。Green 和 Brock(2000)首先使用叙事传输这个术语,并且通过"旅行者"的比喻来描述个体"被传输"的状态。"某个人(旅行者)被传输了,是指通过一定方式达到传输状态。这个旅行者离开真实世界一定距离后,原来世界的某些东西变得不可触及。当旅行者回到真实世界时,态度已经发生改变。"

很多人在看小说时会体验到这种"迷失在故事中"的感觉。在听小说、看电影的时候都有可能产生叙事传输。因此,被传输者可以是以任何形式呈现的叙事信息的接收者。Green 和 Brock(2000)在研究故事的说服效果时,界定了叙事传输的含义。他们认为叙事传输是一种独特的心理过程,是注意力、想象和情感的综合;进入叙事传输状态后,人们所有的注意力与资源都聚焦在叙述的故事上。

叙事传输状态类似于心流体验。心流体验是指人们完全聚焦在一个活动上,伴随着自我和周围环境意识的丧失;是"一种将大脑注意力毫不费力地集中起来的状态,这种状态可以使人忘却时间概念,忘掉自己,也忘掉自身的问题"(契克森米哈赖,2017)。心流体验最重要的一个特征是:能够使个体暂时脱离现实世界,逃进虚拟世界中,并且体验到愉悦感。当人们完全集中于对故事的理解时,会产生心流体验,或者是被传输到叙述的世界中,听故事时所产生的心流体验等同于叙事传输。

本章名词

知觉(Perception)　　　　　　　情境因素(Situational Factors)

晕轮效应（Halo Effect）　　　　　　刻板印象（Stereotype）

投射效应（Projection Effect）　　　　满意标准（Satisfaction Criteria）

有限理性（Bounded Rationality）　　承诺升级（Commitment Escalation）

沉没成本（Sunk Cost）　　　　　　　展望理论（Prospect Theory）

禀赋效应（Endowment Effect）　　　 易利用性启发式（Availability Heuristics）

框架效应（Framing Effect）　　　　　代表性启发式（Representative Heuristics）

参照点（Reference Point）　　　　　 叙事传输（Narrative Transportation）

锚定（Anchoring）　　　　　　　　　启发式（Heuristics）

本章小结

① 知觉是管理者解释问题情境的认识过程，管理者的行为以知觉为基础，而不是以现实为基础。

② 知觉者、知觉对象、组织情境三个方面的因素都会影响知觉。管理者的知觉会有各种偏差，常见的有选择性知觉、晕轮效应、投射效应、刻板印象等。

③ 决策是有目标的行为，具有权衡比较与路径依赖的特点，有限理性模型、渐进型决策模型分别描述了决策的不同角度。

④ 展望理论弥补了期望效用理论的不足，提出参照点的重要作用，禀赋效应、锚定效应等都是因参照点而产生的。

⑤ 时间是决策的重要影响因素，计划谬误、沉没成本、承诺升级等现象都是在计划执行过程中产生的行为偏差。

⑥ 决策启发式是通过印象、生动信息、容易提取的信息影响人们的选择，是区别于逻辑判断的信息加工路径。叙事说服通过叙事传输影响态度。

视频案例

在2021年阿里巴巴成立20周年年会上，放映了一部关于阿里巴巴创业历史的微电影《唐小菊穿越剧》。影片讲述了阿里小员工唐小菊得到神灯，穿越到二十年前实现发财梦的故事。影片再现了唐创业发展过程中的艰难场景，比如被拒绝、被狗咬、被保安驱赶、深夜回合租房吃泡面的中供业务员，连首页宝贝都放不满的淘宝，廉价的红草莓快餐，堆积如山的银行对账单，接近崩坏的服务器，几乎全体员工离职的阿里云……

请在视频网站观看视频，查找阅读唐小菊穿越回去的业务情境资料。设想一下，如果你是当时的阿里巴巴员工，面对这些情境会如何做出职业选择。

思考题：

① 面对这些情境，你的职业选择与唐小菊在微电影中的选择是否一致？
② 联系本章内容，讨论为什么阿里巴巴的创业者们做出了与众不同的选择？
③ 为什么这些创业者们二十多年来能够坚持他们当初的选择？

视频案例

请在视频网站观看丹·吉尔伯特（Dan Gilbert）的演讲《关于我们错误的期望值》，思考下面两个问题：
① 这些常见的决策偏差在你的生活中是如何体现的？举一两个小例子详细描述。
② 怎样才能避免这些决策偏差？

调研与讨论

《看不见的大猩猩》

克里斯托弗·查布里斯（Christopher Chabris）和丹尼尔·西蒙斯（Daniel Simons）在著作《看不见的大猩猩》（The Invisible Gorilla）中，论述了选择性知觉如何普遍存在于人们的日常生活中。他们拍摄了一段著名的视频，并且建立了相应的主题网站（http://www.theinvisiblegorilla.com/）。最经典的一段大猩猩视频已经有多个网站转载，请在视频网站观看这段视频，并配合书籍、网站上的说明认识理解"选择性知觉"现象。

思考题：

① 请向没有看过这段视频的朋友展示如何检验"选择性知觉"是否发生。
② 现实中的管理情境比视频中的情境要复杂很多。对比戴尔本和西蒙的研究，举例说明管理情境中的选择性知觉。
③ 思考作为一名管理者应该如何避免选择性知觉带来的决策错误。

文献阅读

参考文献

第4章
动机产生与持续激励

▶▶ 学习目标

- ➤ 理解工作动机的基本概念
- ➤ 思考激励多角度理论解释
- ➤ 归纳辨别内部/外部激励
- ➤ 认识持续激励产生的本质
- ➤ 多角度批判思考激励案例

▶▶ 素养目标

- ➤ 推动学生认识中国情境中的员工激励,走进复杂的现场进行学习
- ➤ 通过实际问题的理论分析,培养学生"扎根现象、学习理论"的思维
- ➤ 鼓励学生认识单角度的激励理论的进步与局限,提升辩证思考能力
- ➤ 启发学生从历史角度思考激励理论的发展,把握激励理论发展趋势
- ➤ 引导学生结合自身情况,思考持续激励的根源,树立职业规划意识

本章讨论企业中的员工激励问题。激励理论是本课程体系中的重点内容,也是理论开发相对充分的部分。本章内容从外部激励、内部激励的区分探讨员工激励过程,结合多种视角理论的介绍,引导读者思考单个理论的独特贡献和历史局限性。激励理论的开发与生产力发展水平、工业化进程、社会观念等宏观因素有重要联系。本章结尾设计了结合现实情境的思考题,鼓励读者结合中国改革开放40多年实践中的员工激励需求变化、企业激励方式变化,用发展的眼光批判性地学习、吸收激励理论。

请扫描首页二维码观看本章导读视频"外部激励与内部激励""绩效考核思维破坏激励""通过行为归因进行激励""自我决定提高长期激励""社会主要矛盾的激励思考"。

▶ 开篇案例　副教授转行做快递

视频讲解：副教授转行做菜鸟驿站

　　收付款，整理快件，核对清单……杭州翠苑小区里的这家菜鸟驿站，面积约30平方米，同千万家普通快递站点一样，人来人往，一切如常。笑容亲切的老板正在忙碌着，不时和来店里的居民们搭两句话。但你能想象吗？这位46岁的快递驿站老板江贤俊，曾是一名教了25年英语的大学副教授，近两年却转行做起了菜鸟驿站。他称自己上课时，绝大多数学生都在睡觉、玩手机。做快递虽忙碌，但能得到大家的尊重。

　　虽说营业时段是从早上8点到晚上10点，但江贤俊保持了作为一名教师的习惯，手机24小时开机。大清早或是大半夜，一个电话就能把他从被窝中"唤起"去取件。驿站的存在本身就是为了方便他人，这份工作远比想象中辛苦。从大学英语老师到菜鸟驿站老板，这个身份的跨度不免让周遭人有些不理解。明知道大学副教授的头衔比菜鸟驿站老板更体面，英语老师收入尚可，还有寒暑假，他为什么执意要选择这份苦累的工作呢？

　　"理不理解不重要，别人怎么想，那是别人的事情。"对此，江贤俊反倒不那么在乎。有着25年教龄的江贤俊说，当老师是为社会做贡献，我现在做快递也是为社会做贡献，这有什么区别呢？有人问他，现在做快递是不是比当教授赚得多？江贤俊说，钱不是最重要的，现在赚得少不代表将来赚得少，我教了25年的书了，没人理会我，我就是一粒沙子、一滴水。现在做快递，经常有人感谢我、采访我，你说我的价值在哪里？是不是我在这里做快递更能得到尊重？

　　以前，课堂上总会有学生睡觉、逃课或不认真听讲，讲课时也不是经常有互动，这些让他觉得很沮丧。"从教书、育人两个角度来讲，其实都不一定能够让我感受到自己是非常被需要的。"江贤俊觉得，他以往在学校输出的是英语知识，和目前在店里提供快递服务一样，都是在做销售。

　　不同的是，在这家小店里，每个到来的人都会发自内心地感谢他，哪怕是简单的一声"谢谢"。江贤俊喜欢上了这种被需要的感觉。他说，选择做快递与赚钱多少无关。日子虽然疲惫，他却乐在其中。

　　资料来源：环球网.放着大学副教授不当去做快递驿站小老板，他图啥？［EB/OL］.（2019-02-26）［2022-07-24］.https://baijiahao.baidu.com/s？id=1626492383697731995&wfr=spider&for=pc.

思考题：

① 曾是一名英语教师的江贤俊为什么要辞职开菜鸟驿站？
② 做菜鸟驿站老板与做教师有哪些不一样？请列出，并进行比较。

③ 哪些因素影响了江贤俊持续努力地投入工作？
④ 从校长的角度看，应该如何提高作为老师的江贤俊的工作努力水平？

4.1 激励的基本概念

在讨论激励理论之前，我们首先需要明白动机、激励的概念。在英文中，动机（Motive）指"引起员工动作"，激励指"引起员工动作的整体过程"，这两个词语有着共同的词根。动机、激励能给我们的工作学习带来什么样的影响？事实上，动机是一个与绩效紧密联系的概念。激发员工的工作动机，产生持续激励，就有更大的可能性让员工有更高的工作绩效。

动机是指个体愿意通过高效、持续的努力实现某个目标的意向。个人能力与需要的满足是激发动机的基础。组织可以设计适当的激励形式和工作环境，制定一定的行为规范和惩罚性措施，借助信息沟通，激发、引导、保持和规划组织成员的行为，使组织和成员能实现其目标。

➲ 概念

激励（Motivation）：个体通过高效、持续的努力实现工作目标的过程。

工作绩效是组织最为关心的因素。除了动机，能力与机会是影响工作绩效的两大重要因素。也就是说，工作绩效是能力、机会与动机的函数。具体来说，能力是员工实现目标的基础，机会是指组织资源与组织支持，而动机是指员工的主观努力程度（见图4-1）。

图4-1 影响工作绩效的因素

在这三个因素中，相比于能力、机会因素，动机是一个波动幅度更大的因素。能力取决于天赋与后天的训练。在短期内，比如几个月内，能力水平是相对固定的。机会取决于宏观形势与组织支持。对于任何一个管理者而言，其能够给予员工的组织资源都是有限的，短期内很难有大幅度的改变。但是，员工的动机水平却有可能因为管理措施、组织实践等在短期内发生很大波动。所以，管理措施很容易对工作绩效产生影响。

未被满足的需求使人们产生紧张情绪，紧张情绪继而转变为行为的动机，带来持续的努力行动。人们寻求合适的行为以满足之前未被满足的需求。一旦需求得到满足，紧张情绪便会消失。但同时，人们又会产生新的需求，或者产生新的、更高级的需求，如此循环往复。每次需求得到满足的结果会对追求的过程产生很大影响，如图4-2所示。

图4-2 需求、动机与行为之间的关系

正所谓"无欲则刚"，需求是动机的源泉。如果一个员工没有什么需求，那么对于管理者而言也就没有办法去把握、引导、激励员工的行为。管理者如果能够把握员工需求，就可以采取相应管理措施，进而影响员工行为。管理者既可以采取管理措施影响员工对外部目标的追求，形成外部激励；也可以分析辨别员工对自我的内部需求，形成内部激励。此外，在满足、反馈动机需求的过程中，员工会通过社会认知过程，形成对自身动机的新认识，进而影响激励水平；管理者也可以系统设计、影响行为结果，进而调整员工的动机水平。

4.2 外源动机视角的激励理论

从科学管理开始，管理者就倾向于使用明确的外源动机角度看待员工激励。在泰罗的观点中，"胡萝卜加大棒"是最好的激励政策，"工人们最想从雇主那里得到的无非是高工资"。外源动机视角的激励理论认为，人的天性是懒惰的、贪婪的，人天生不喜欢工作，倾向于用少量的工作投入去获得外部回报。泰罗的科学管理建立在外源动机视角的基础上，认为工人天生有"磨洋工"的倾向，因此，设置来自外部的"胡萝卜加大棒"的激励政策是管理者影响员工的唯一方法。基于外源动机视角，研究者开发了期望理论（Expectancy Theory）、目标设置理论（Goal Setting Theory）、公平理论（Equity Theory）等多个激励理论。

案例

微软的激励机制

微软的名字首次出现于1975年。1977年2月3日，比尔·盖茨（Bill Gates）和保罗·艾伦（Paul Allen）签署了一份非正式协议，盖茨占公司份额的64%，艾伦占36%，而此前两人的份额比为60∶40。1978年，盖茨的年薪是1.6万美元，这是公司中最低的工资，这种把自己塑造成"劳模"的方法后来为许多软件公司老板所采用。

微软初期的经营形式是合伙人制,到 1981 年 7 月 1 日,微软才正式注册成为一家公司。起初,只有少数人拥有公司股票:盖茨、艾伦分别占 53% 和 31%,史蒂夫·鲍尔默(Steve Ballmer)占 8% 左右,拉伯恩占 4%,西蒙伊和利特文约占不到 2%,此外还有几个小股东。由于股票只发给盖茨最亲密的伙伴,因此许多在公司干了多年的人对股票分配方式怀有不满。

为平息不满,1982 年,公司开始发放年度奖金,并给员工配股。但并非人人都能得到股票,按计划,要分得股票需等 1 年,然后在 4 年之内分 8 等份支付。当时,原始股每股只有 95 美分,一般新雇用的软件工程师可获得 2 500 股,老员工多些。有了股票后,公司取消了加班费,这反而引起许多员工抱怨。一名员工说,当时他分得的股票一直是家里人的笑料。不过,到 1992 年年初,这些原始股已上涨千倍以上,达到每股 1 500 美元。那些保留全部 2 500 股的软件工程师,相当于已拥有了近 400 万美元。

公司激励员工的方式基本成形,一部分是工资,一部分是公司股票认购权,一部分是奖金。公司通常不支付给员工高薪,也拒绝支付加班费。但是到 20 世纪 90 年代,各类补偿金数目可观,因为股价总在不停地往上蹿。补偿金具体为:高达基本工资 15% 的一年两度的奖金、股票认购权及购买股票时享受的折扣。一名雇员工作 18 个月后就可获得认购权中 25% 的股票,此后每 6 个月可获得 12.5% 的股票,10 年内的任何时间均可兑现全部认购权。每两年还配发新的认购权,雇员可以用不超过 10% 的工资以 85 折优惠价格购买公司股票。

微软还建立了晋级制度,在技术部门和一般管理部门建立了正规的升职途径。首先,每个专业里设立"技术级别",级别用数字表示,本科毕业的新员工为 9 级或 10 级,可晋升至 13、14、15 级。对于程序员来说,13 级已非常高了。级别既反映员工的表现和基本技能,也反映经验阅历。同时,级别与报酬直接挂钩,开发人员属于报酬最高的一类,从其他公司跳槽过来的资深开发人员可以协商确定工资额,其工资可以超过本级别的平均水平,因为他们是软件公司的"主角"。

资料来源:卢盛忠,2003.管理心理学实用案例集粹[M].杭州:浙江教育出版社。

思考题:

① 是什么促使微软的员工愿意放弃休息时间、努力工作?
② 微软的激励方式与行业特征有什么关系?
③ 为什么要给开发人员不同的待遇?
④ 盖茨为什么要领取公司中最低的工资而拥有最多的股份?
⑤ 股权激励方式与支付加班费有什么不同?

视频讲解:微软的激励机制

4.2.1 期望理论

期望理论,又称"效价—工具性—期望理论",由美国心理学家维克托·弗洛姆(Victor Vroom)于1964年提出,是影响最为深刻、广泛的激励理论之一。

期望理论认为,人是理性的,对生活与事业的发展有既定的信仰和基本预测。员工决定采取哪种行为与这种行为能给他带来什么结果以及该结果对他的重要程度相关,个体就是根据对某种结果实现的可能性和重要性的估计来决定是否采取某种行为。员工在工作中总是渴求满足一定的需要并设法实现一定的目标。这个目标在尚未实现时,表现为一种期望。这时目标可以产生激励效果,动机水平的高低取决于目标价值(效价)和目标可能性(期望)的乘积。用公式表示就是:

$$动机水平 = 效价 \times 期望$$

动机水平是指调动员工积极性、激发员工努力工作的程度。这个公式说明,如果员工把某个目标的价值看得很高,同时员工估计能实现目标的概率也很高,那么这个目标激发的动机水平就很高。

期望理论包含三个核心概念:效价、期望及工具性。效价是指个体对某种结果的效用价值的判断,是某种目标、结果对于满足个人需要的价值;期望是指个体实现某种结果的可能性;工具性是指实现个体终极目标的工具与路径。只有准确理解这三个概念,才能体会期望理论公式的含义。

▶ **概念**

> 效价(Valence):个体对某种结果的效用价值的判断,是某种目标、结果对于满足个人需要的价值。

效价存在于人们心理价值判断中,市场价格上万元的路易·威登(Louis Vuitton,LV)包在你眼里值多少?当你拥有一个LV包,你对它的价值期望是多少?一套阿玛尼(Armani)西装的价格通常上万元,它和几千元的杉杉西服相比,你觉得哪一个更值?这些都取决于每个人的效价判断,受到个人价值偏好的影响。同样,当你努力训练很久,顺利跑完一个马拉松,获得许多跑友的肯定时,你认为你所获得的马拉松证书的价值有多大?是不是值得你这么长时间的努力?这些都是效价判断,受到每个人的价值偏好、需要满足的影响。

▶ **概念**

> 期望(Expectancy):个体对实现目标结果可能性的心理估计。

期望理论中另外一个重要的概念是期望,它是人们根据过去经验判断自己实现某种目标的可能性的大小,即能够实现目标的概率。目标价值大小直接反映人们需要和动机的强弱,期望反映人们实现需要和动机的信心的强弱。买一张彩票，大家知道中奖的可能性很小，从概率上计算是几十万甚至上千万分之一，几乎不可能，也就是期望很小。

有趣的是，无论是"效价"还是"期望"，都是心理上的。为什么买彩票的人这么多？为什么玩老虎机的人那么多？因为他们认为自己可以实现目标。事实上，但凡一个理性的人，计算一下就可以看到，卖彩票的公司不可能设计一个亏钱的彩票品种。全世界没有一个赌场会因输钱而关门，一个会理性计算的人在游戏一开始就可以意识到规则本身肯定对自己是不利的，你在玩一个大概率会输的游戏；但是，每一个参加赌博的人都会认为自己比别人更幸运。也就是说，心理上对可能性的估计概率要比事实上高得多。

期望是一个心理估计，这是领导者能够把员工的干劲调动起来的原因。改变员工对工作任务的效价和期望的认识，他们就会变得动力十足，动机水平也就更高。了解如何改变人们对期望和效价的认识，这对于一个领导者而言是至关重要的。我们想一想，每一个保险推销员在开完晨会以后都会信心十足，为什么？这是因为晨会活动改变了他们的判断，包括对实现目标的效价和期望的认识。

概念

> 工具性（Instrumentality）：当个体通过实现一阶目标来达到二阶终极目标时，个体追求的一阶目标就是工具性，即工具与路径。

工具性的一个重要影响因素是实现目标的可能性大小，也就是期望。中彩票基本不可能，因此大多数人不买彩票。对于工作来说也是一样，如果不可能得到奖励，那么就没有必要努力去做。工具性的一个要义是"路径"，也就是要怎么做才可能达到目的。工作者要看到在每个阶段进步的可能性，先取得什么，后取得什么，最终才有可能成功，实现终极目标。根据期望理论，要有效地激励个人的工作动机，需要正确处理三种关系，如图 4-3 所示。

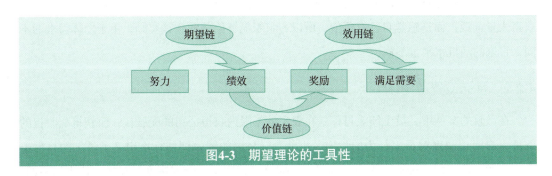

图4-3 期望理论的工具性

（1）期望链：努力与绩效的关系

期望链反映员工感到通过一定程度的努力可以实现某种工作绩效、工作目标的可能性。

员工总是希望通过一定的努力实现预期的目标，如果员工认为通过自己的努力实现预期目标的概率较高，就会有信心，就可能激发出很强的工作热情，也就是动机水平很高；但如果他认为再怎么努力都不可能实现目标，就会失去内在的动力，导致工作消极，动机水平就很低。

在本章开篇案例中，江贤俊追求的目标是他人的肯定，包括学生、客户、学校等多方面的肯定。他预期可以得到快递客户的肯定，却得不到学生、学校的肯定，所以他做快递工作的动机水平更高，而做英语老师的动机水平就很低。

（2）价值链：绩效与奖励的关系

价值链反映员工相信达到一定绩效水平后即可获得理想结果的可能性。员工总是希望取得高绩效后能够得到奖励，这种奖励既包括工资、奖金等物质奖励，也包括赞誉、工作成就感、同事的信赖、威望提升等精神奖励，还包括晋升等物质与精神兼而有之的奖励。如果他认为取得高绩效后能够得到合理的奖励，就可能产生工作热情；否则，就可能没有工作积极性。

微软的案例表明，公司的规章制度需要确保员工看到自身的绩效与公司给予的奖励之间有联系。公司的管理制度是为了提升员工对绩效与奖励之间关系的认识，包括晋升制度的设计也是为了让员工更好地看到长期的绩效带来的公司奖励，让员工更明确价值链的存在。

（3）效用链：奖励与满足需要的关系

效用链反映从工作中可以获得的结果或奖励对员工的重要性。员工希望获得的奖励能够满足自己某方面的需要，然而由于存在个体差异，他们需要的奖励内容和程度都可能不同。因而，对于不同的员工，同一种奖励方式对需要满足的程度并不同，能够带来的动机水平也不一样。

在微软的案例中，股权或者说股权所带来的金钱，是员工追求的主要目标，也是员工需求的核心所在。微软用股权来留住员工，也是考虑到员工的主要需求是希望能够争取更多的利益。但是，在本章开篇案例中，江贤俊追求的是学生、学校、顾客等外部群体的肯定。用他的话说，"钱不是最重要的，现在赚得少不代表将来赚得少"。他追求的目标并不是短期内获得大量金钱，而是感觉自己有价值。所以，组织能够给予的金钱奖励，由于个体需求的不同，带来的动机水平也不同。

4.2.2 目标设置理论

在微软的案例中，员工绩效目标是在规定的年限内获得公司的配股权，而获得配股权的条件来自管理制度对员工行为的肯定。也就是，公司的绩效评估标准定义了员工的目标追求。此时，员工的目标追求来自外源界定，即公司管理层、管理制度对员工行为的预期。在微软的案例中，管理者通过制度设计向员工传达了需求、目标和绩效要求。

基于这些外源性的想法，有研究者提出，来自管理者的目标设置是最有效的激励手段。

目标设置理论是美国马里兰大学的埃德温·A.洛克（Edwin A. Locke）和加里·P.莱瑟姆（Gary P. Latham）在20世纪60年代提出的。此后近七十年中，上千个研究针对目标设置与绩效的关系进行了验证，在近百种不同的实验中，超过4万人的样本支持了结论的稳定性。

目标设置理论认为设置目标是最有效的管理手段。洛克等认为，期望理论忽略了目标的来源，也忽略了目标设置在组织中的作用。与期望理论一致，他们同样认为行为的目的性、行为结果的效价是影响动机水平的重要因素。但目标设置理论强调目标对工作行为的促进作用。

具体的、高难度的目标会给员工带来最好的激励效果。目标难度与激励效果的关系是正向的、线性的，目标可以一直正面激发员工的努力与绩效。给员工设置具体的、高难度的目标比简单笼统地使用"尽你努力"的目标设置方法更加有效，会给员工带来更高的绩效。

目标影响员工绩效的机制体现在四个方面：① 目标有导向作用。目标可以把人们的注意力、努力方向集中到与目标关联的活动上，而不在与目标无关的活动上分散资源。② 目标可以激发人们的工作能量。实证研究表明，目标可以让人使出更大的力气，在简单、重复的任务中更努力。③ 目标可以让人们更加坚持，特别是困难的目标可以让人们在任务上坚持得更久。④ 目标可以激起人们的工作状态，促使人们搜索与任务相关联的知识、策略等要素，间接地促进工作绩效的提高。总之，目标设置理论认为，具体的、高难度的目标可以激发人们的工作热情，进而使得人们实现更高的工作绩效。

目标设置理论认为，以下变量有调节作用：① 目标承诺。员工对于目标的承诺是影响目标与绩效关系的重要调节变量，特别是当员工对目标承诺高的时候，目标难度与绩效的正向关系才会更加明显。在实证研究中，目标承诺的问卷测量有很高的信度与效度，并且可以有效地调节目标难度较高时目标与绩效的关系。② 绩效反馈。提供及时的绩效反馈，可以加强目标难度与绩效的正向联系。洛克和莱瑟姆认为，及时的绩效反馈可以提供目标进展信息，促进员工把努力方向聚集到目标进展上，进而加强目标难度与绩效之间的关系。③ 自我效能感（Self-efficacy）。自我效能感的概念由阿尔伯特·班杜拉（Albert Bandura）提出（Schunk和DiBenedetto，2021），它指员工对完成具体任务的信心。当员工对某个任务的自我效能感高的时候，他对这个目标的承诺就会提高。这是因为高自我效能感有助于个体长期坚持某项活动，尤其是当这项活动需要克服困难、消除阻碍时。高自我效能感的人坚持努力的时间比弱自我效能感的人更长。④ 任务复杂度。任务复杂度也会影响目标难度与绩效的关系。在目标设置理论研究初期，取样集中在体力劳动领域，比如伐木工人、纸浆生产线工人等，劳动复杂程度、创新程度相对都不高。在后期的研究中，他们发现任务复杂度可以调节目标难度与绩效之间的关系。这是因为员工在低难度的任务中，采取的工作策略基本一致，而高难度的任务使员工的工作策略发生变化，因而降低了目标难度与绩效之间关系的一致性。洛克总结了目标设置理论的主要研究结果，如图4-4所示。

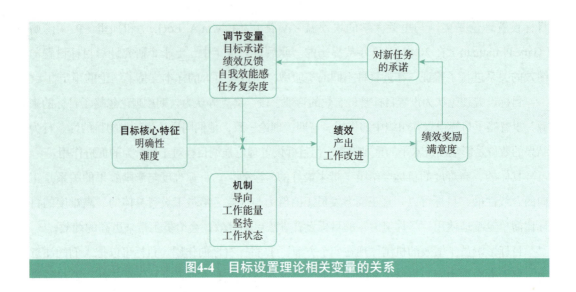

图4-4　目标设置理论相关变量的关系

资料来源：Locke E A，Latham G P，2002. Building a practically useful theory of goal setting and task motivation: A 35-year odyssey [J]. American Psychologist, 57（9）：705–717。

总之，目标设置理论认为，目标难度与绩效的关系是正向的、线性的，设置具体的、高难度的目标会促使员工产生更高的工作绩效。高难度的目标通过激发员工的工作努力而产生持续的激励，进而带来更高的工作绩效。目标难度与员工绩效的关系会在目标承诺、绩效反馈、自我效能感、任务复杂度的影响下发生改变。

4.2.3　公平理论

4.2.3.1　公平理论的提出

公平理论由美国心理学家约翰·亚当斯（John Adams）于1965年提出。公平理论认为，社会比较结果是影响人们动机水平的重要因素。分配公平感是公平理论的核心所在。所谓分配公平感，是指人们对组织中的资源奖酬的分配，尤其是涉及自身利益的分配是否公正合理的个人判断和感受。

公平理论认为，人是社会人，一个人的工作动机不仅受到绝对报酬的影响，还受到相对报酬的影响。每个人都会把自己所得的报酬与付出的劳动之间的比率与其他人进行比较，也会把自己现在的投入产出比率与过去的投入产出比率进行比较，并且根据比较结果决定今后的行为。如果个人比率（产出/投入）与他人比率相等，那么他就会认为公平、合理，从而心情舒畅，努力工作；如果个人比率低于他人比率，那么他就会感到不公平而降低工作积极性。个人历史的比较也会产生同样的心理。公平的社会比较过程可以用公式表示为：

$$\frac{O_p}{I_p} = \frac{O_r}{I_r}$$

其中，p 代表自己，r 代表参照对象，O 代表产出（Output，薪酬、机会、发展等），I 代表投入（Input，努力、能力、经验、技能等）。相互之间的社会比较结果有可能是大于、等于、小于，知觉到不公平结果会降低员工的动机水平。

在公平理论中，个人用来与自己进行对比的参照对象十分重要，可以划分为三个类型："他人""系统""自我"。"他人"既包括同一组织中从事类似工作的其他个体，也包括朋友、邻居和同行。人们根据在工作中听到的消息、在报纸杂志上看到的消息，将自己的投入产出比率与他人进行比较。"系统"指组织中的薪酬政策，以及这些制度的操作和管理等。组织在薪酬分配方面的所有规定，构成这一部分的主要内容。"自我"是指每个员工自己过去的投入产出比率，反映了员工个人过去的经历及交往活动，并受到员工过去的工作标准及家庭负担程度的影响。员工具体选择哪种参照对象，取决于员工能得到的有关参照对象的信息以及所感知的自己与参照对象的关系。

案例

银 牌 脸

铜牌得主的欢乐并不少见。许多时候，你或许能够感受到他们表现出的愉悦更甚于银牌获得者。比如，游泳运动员傅园慧夺得了里约奥运会女子 100 米仰泳铜牌，赛后她不改乐观本色，"洪荒之力"的快乐表达使她被更多人熟知。奥运会上，金牌得主赢得比赛，银牌得主成绩略低，铜牌得主表现再次。人们可能认为，他们的愉悦与他们的成绩应该对应，即金牌获得者是最开心的，其次是银牌得主，再次是铜牌得主。然而，事实并非如此。

研究者们分析过银牌和铜牌得主对比赛结果的满意度。根据对伦敦奥运会及残奥会银牌、铜牌得主的分析，铜牌得主的平均幸福指数明显高于银牌得主。银牌得主总是纠结于错失金牌，比较的对象是金牌得主。然而，铜牌得主精力集中在差点没有获得奖牌，他们总是在拿到奖牌和痛失奖牌之间做比较，而不是和金牌得主相比。正是因为社会比较，铜牌得主虽客观成绩逊色于银牌得主，但内心更满意、更快乐。

研究者聚焦 2012 年伦敦奥运会。具体来说，他们拍摄赛后立即宣布获奖者的过程以及颁奖仪式，并给志愿者观看，要求他们看了获奖者的面部表情后，给每个获奖者用 10 分制的幸福指数评分。结果发现，金牌得主的平均幸福指数为 6.65，银牌获得者为 5.92，铜牌获得者为 6.06。随后一天的颁奖仪式上，银牌得主的平均幸福指数为 4.3，而铜牌得主为 5.7。统计结果表明，无论是宣布比赛结果后，还是后来在颁奖仪式上，铜牌得主都明显比银牌得主开心。另外，研究者对获奖者的面部表情进行编码分析。结果发现，在比赛结束后现场抽取的 14 个金牌得主中，有 13 个表现出微笑；26 个铜牌得主中，有 18 个表现出微笑；然而，没有一个银牌得主在比赛后微笑。更有趣的是，银牌得主的面部表情表现为悲伤（43%）、蔑视（14%）、面无表情（29%）。这说明银牌得主几乎是满满负面情绪。只有在颁奖仪式和发表获奖感言时，银牌得主才有可能露出微笑。事实上，96.4%的运动员这个时候会不同程度地微笑。然而，仔细分析表明，比起金牌和铜牌得主，银牌得主的微笑并不真诚，即表现出"银牌脸"。

资料来源：睿妈看教育. 为什么我总是鼓励孩子拿铜牌就好了？铜牌选手vs银牌选手哪个更开心？[EB/OL].(2021-05-07)[2023-05-01]. https://www.163.com/dy/article/G9D67C99052682U2_pdya11y.html；微评阁. 有趣的反事实思维：铜牌比银牌更开心[EB/OL].(2021-05-21)[2023-05-01]. http://www.360doc.com/content/21/0521/15/67690421_978323370.shtml.

思考题：

① 尝试用社会比较解释"银牌脸"现象。
② 解释参照点选择在"银牌脸"现象中的作用。
③ 为什么银牌与铜牌得主会选择不同的参照点？

4.2.3.2 公平知觉的影响因素

员工知觉到的"公平与否"会对他们的动机水平产生很大影响。但是我们要想一想：什么是公平？公平本身具有很强的主观性，公平与否完全是由个人的社会比较过程决定的，个人的知觉过程起到了很大作用。

（1）公平与个人的主观判断有关。在公平的社会比较公式中，无论是自己的还是他人的产出和投入都带有主观性，而一般人总是对自己的投入估计过高，对别人的投入估计过低。

（2）公平与公平标准有关，受到群体所持有的共同观念的影响。前面的公平比较标准有采取贡献率的，也有采取平均率、需要率的。例如，有人认为助学金应改为奖学金才合理，有人认为平均分配才公平，也有人认为按经济困难程度分配才公平（见图4-5）。其中，o 表平均分配额，N 表示经济困难程度。

$$贡献率\quad \frac{O_p}{I_p} = \frac{O_r}{I_r}$$

$$平均率\quad o_p = o_r$$

$$需要率\quad \frac{O_p}{N_p} = \frac{O_r}{N_r}$$

图4-5 公平比较的三类标准

（3）公平与绩效的评定过程有关。主张按绩效为员工支付报酬，并且各员工之间应相对均衡。那么，如何评定绩效？是根据工作成果的数量和质量，还是根据工作中的努力程度和付出的劳动量？是按工作的复杂、困难程度，还是按员工的工作能力、技能、资历和学历？不同的评定方法会得到不同的结果。最好是按工作成果的数量和质量，用明确、客观、易于核实的标准来度量，但这在实际工作中往往难以做到，有时不得不采用其他方法。

（4）公平与评定者有关。绩效由谁来评定，是领导者评定还是群众评定，抑或是自我评定？不同的评定者会得出不同的结果。由于同一组织内的员工往往不是由同一个人评定，因此会出现松紧不一、回避矛盾、姑息迁就等现象。每个评定者站在自己的角度上，也会受到禀赋效应的影响，产生评定者偏差。

4.2.3.3 公平理论与组织公平研究

公平理论主要关注分配结果的社会比较，是针对分配结果的评估。近期对于组织公平（Organizational Justice）的研究认为，公平理论可以被进一步扩展到组织领域的其他公平维度上，主要包括程序公平、信息公平、人际公平。组织事件的结果，包括薪酬、薪酬增长、晋升等方面，可以总结为结果公平维度。实证研究的证据表明，结果公平、程序公平、信息公平、人际公平是组织公平概念领域四个独立的维度。

在各维度中，程序公平是讨论最多的方面。程序公平主要关注组织决策过程是否公正。在组织分配资源的过程中，分配结果在许多时刻不具有可比性，分配程序是否符合规范是员工十分关注的。元分析结果表明，程序公平同样可以预测员工的动机水平。

组织公平研究对于激励的解释与公平理论的观点基本一致：如果公平受到破坏，或者员工认为结果公平、程序公平受到破坏，就会对员工的动机水平造成非常负面的影响。不公平的感受会带来紧张不安的情绪，员工会发泄自己的情绪，或者改变自己的态度，进而降低工作的努力程度。这些行为的目的基本可以概括为员工会改变公平比较等式两端的不平衡，或者发泄自己内心不满的情绪。

4.3 内源需求视角的激励理论

在期望理论、目标设置理论、公平理论的探讨中，研究者都把激励重点放在外部条件上，包括管理者设置的奖励、惩罚、目标，也包括员工知觉到的外部标准、比较结果、他人收益等因素。这些因素都源自员工生存的组织环境，也是管理者可以通过管理手段、组织政策去加以影响的。目前组织普遍使用的绩效管理、关键绩效指标（Key Performance Indicators，KPI）都借用了这些因素。

从霍桑实验开始，研究者已经发现，人并不是单纯的"经济人"，外部激励并不是影响员工工作行为的核心因素。霍桑实验抽取了6名女工作为实验对象，当她们意识到自己是专家研究的对象时，就开始加倍努力工作。从目标认识、工作结果回报、公平知觉的角度都不能够解释女工们的行为。霍桑实验的结果认为，当员工意识到自己正在被观察时，她们会努力提升自身的工作绩效。彼得·F. 德鲁克（Peter F. Drucker）在 1954 年的《管理的实践》（*The Practice of Management*）一书中，认为设置高难度的目标并不是目标管理的全部，管理者要有充分的自主行事的"自我控制"权。2007 年索尼公司前常务董事天外伺郎（笔名，原名土井利忠）发表了一篇名为"绩效主义毁了索尼"的文章，深刻剖析了过度被强调的绩效评价是如何破坏员工源自内心的工作动机的。

案例

"绩效主义毁了索尼"的争议

日本索尼公司是一个有着辉煌历史的跨国巨头。20 世纪 80 年代，索尼的 Walkman（随身听）全球销量突破 2.5 亿台，90 年代的游戏机 PlayStation 系列全球销量突破 4.2 亿台。这两个系列的产品当年就如同今天苹果公司的 iPhone，堪称历史上最为成功的电子产品之一，它们单独开创了一个产品时代。然而，进入 21 世纪以后，索尼公司的利润急转直下，连年亏损。实际上，索尼公司内部矛盾在 1995 年出井伸之出任 CEO 的时候就已经有所显现，矛盾集中爆发于前常务董事天外伺郎发表"绩效主义毁了索尼"一文之后。

天外伺郎原名土井利忠，1964 年毕业于东京工业大学电子工学系，然后进入索尼工作，是创业团队成员。土井利忠在索尼有很多的职位，这里不一一列举。简单地说，他是一个工学博士，在索尼任职期间，他致力于研究开发领域，是一个技术大牛。

索尼由一群一门心思要制造有趣的产品的技术人员创办，公司 CEO 一直以来都是由理工背景的创业团队成员担任，出井伸之则是索尼第一位非创业团队出身、非技术背景的职业经理人。出井伸之，出身于名门望族，从早稻田高中直升早稻田大学，主修经济学，毕业后留校任政治经济系的教员。1960 年，出井伸之加入了当时还是个小公司的索尼株式会社，开始在国际部从事进口工作，然后长期被外派到欧洲工作，一直专注于开拓海外市场；41 岁回到日本总部，出任音响事业部部长；1990 年，进入索尼公司高层；1995 年出任 CEO 时，他前面有 14 位资历更老的前辈。他另外一个身份是索尼联合创始人井深大的女婿。在《死于技术》一书中，立石泰则详细回顾了 CEO 更迭对索尼的影响。

出井伸之上任时，因为索尼此前向美国的娱乐产业部门投资过多，现金流出现恶化。"新生"是出井伸之任 CEO 期间各种报道出现的高频词汇，他领导索尼把业务重点逐渐从电子类产品转移到游戏、娱乐市场开拓上。索尼出售了亏损的硬件业务，加快了脱离制造业务的步伐。正因如此，2004 年，出井伸之决定退出以 AIBO 和 QRIO 为代表的机器人业务，因为此项业务一直处于亏损中，短期内无法扭亏转盈。而且，在出井伸之看来，AIBO 只是一个玩具，没有发展的空间。

当时 AIBO 机器人业务由土井利忠领导，出井伸之做出退出决定以后，他非常不满。土井利忠发了一份公开的内部信，抄送给了 100 位索尼的技术高管，公开批评身为 CEO 的出井伸之。这在等级森严的日本企业中非常罕见。2006年3月，随着AIBO正式停产，土井利忠于同年6月辞职，并在数月后，公开召集了索尼公司的原同僚，给自己办了个"追悼会"，宣布原名"土井利忠"已经死亡，正式更名为"天外伺郎"。这个名字源自手冢治虫的漫画作品《奇子》中坚持正义的主人公。同年，天外伺郎写了"绩效主义毁了索尼"一文并在2007年发表于日本杂志《文艺春秋》，同年转载于中国报纸《参考消息》。这篇文章从发表至今，引起了企业界的广泛讨论。

资料来源：浙江大学2018级MBA虞佳波采编，严进整理；[日] 立石泰则, 2014. 死于技术：索尼衰亡启示. 王春燕, 译. 北京：中信出版社。

请扫描二维码阅读"绩效主义毁了索尼"一文，查阅出井伸之与土井利忠的岗位、职业背景，讨论以下问题：
① 出井伸之与土井利忠各自看问题角度的局限性有哪些？
② 土井利忠所说的"绩效主义"指哪些做法？
③ 绩效主义影响了索尼公司原本具有的哪些优秀特质？
④ 绩效主义为什么可以产生这样的影响？

延伸阅读：绩效主义毁了索尼

在天外伺郎的文章中，对依赖于绩效主义的外部动机和依靠自身动力激发的内部动机进行了明确的区分。公司管理实践中，对外部动机的过分强调，使得员工自发工作的内部动机急剧消失。索尼公司创始人井深大的口头禅"工作的报酬是工作"充分表现了员工内部动机的重要性。绩效主义将一切工作都量化为指标，并强调完成这些指标之后的薪酬回报，这种做法看似细化落实了管理工作，实则消解了员工的内部动机，使得工作成为员工获得薪酬回报的手段，让员工丧失了内心的工作激情。

在组织行为学的研究中，员工内源需求是探讨员工激励问题的一个重要角度。从早期人本主义的理论探讨开始，到霍桑实验对于管理场景的结合，以及自我决定理论对于动机内化的探讨都体现了内源需求视角。

"至人无己，神人无功，圣人无名。"庄子在《逍遥游》里面提到逍遥的人是无所求的，也就是不会被外部设置的管理条件影响。没有需求的人是不能被引导管理的，想要成功实施激励，就必须了解什么东西能够使一个人采取某种行为。内源需求视角的激励理论关注员工内在需求的分类、描述与刻画。

4.3.1 需求层次理论

提到员工需求，人们往往最容易想到的就是工资、奖金。以金钱激励来提高员工的干劲，是管理者最容易想到的管理措施。那么，是不是金钱激励能够解决员工的所有问题呢？答案显然是否定的。人本主义心理学家亚伯拉罕·马斯洛（Abraham Maslow）在 1943 年的《人类动机理论》（A Theory of Human Motivation）一文中提出了需求层次理论（Hierarchy of Needs Theory），对需求种类进行描述。通过对 1 000 多种需求的分析，马斯洛将人的需求归纳为五个层次，依次为生理需求、安全需求、社交需求、尊重需求和自我实现需求。

概念

生理需求（Physiological Needs）：一个人为了生存下去，对衣、食、住等基本生活条件的需求。

安全需求（Safety Needs）：个体对人身安全、就业保障、工作和生活环境安全、经济保障等的需求。

社交需求（Social Needs）：个体对爱情、友谊的需求，是一种希望被关爱的需求。

尊重需求（Self-esteem Needs）：个体对拥有稳固地位的需求，是一种希望得到他人认可、被他人尊重的需求。

自我实现需求（Self-realization Needs）：个体对实现自身潜能的追求，是一种希望成为自己所期望的人、完成自己力所能及的一切事情的需求。

这五个层次的需求被划归为两类：生理需求和安全需求被划归为低层次需求；社交需求、尊重需求和自我实现需求被划归为高层次需求。区分这两类需求的标准是需求得以满足的渠道：高层次需求通过内源性的自我评价得到满足，而低层次需求主要通过外源性的条件得到满足。

马斯洛认为需求的满足有一个逐层发展的过程，低层次需求是人们希望首先得到满足的，当这些低层次的需求得到满足以后，人们就会转向高层次的社交需求、尊重需求和自我实现需求。每个层次的需求必须得到实质性满足后，才会激活下个层次的需求。一旦某个层次的需求得到满足后，它就不再具有激励作用。换句话说，当一种需求得到满足后，下一个层次的需求就会成为主导需求，个体的需求是逐层上升的。根据需求层次理论，如果你想激励某人，就必须了解这个人目前处于哪个需求层次，重点满足这一层次或者这个层次之上的需求。

马斯洛也认为只有高层次的需求才能持续地激发人们的工作积极性，低层次的需求是很容易得到满足的，高层次的需求永远不会得到最终满足，将持续地激励人们不断地工作。

马斯洛的需求层次理论对高低层次的需求来源进行了分类归纳，外源需求是低层次的，而内源需求是高层次的。在"绩效主义毁了索尼"一文中，天外伺郎的观点是：过度强调绩效考核、外部奖励，会使得员工本身的挑战精神、工作激情消失，也就是自身对内源需求的追求消失。

4.3.2 双因素激励理论

双因素激励理论也称保健—激励理论，是美国心理学家弗雷德里克·赫茨伯格（Frederick Herzberg）在20世纪50年代提出的。赫茨伯格认为，个体对待工作的态度会决定工作的成败，工作满意度是影响员工动机水平的重要因素。

传统观点认为，满意的反面就是不满意。但是，赫茨伯格对9个企业中的203名工程师和会计师进行调查后，得出与传统观点不同的结论。他发现使受访人员不满意的因素大多与他们的工作环境相关，而使他们感到满意的因素通常与工作本身相关。根据调查结果，赫茨伯格提出："满意"的反面是"没有满意"，而"不满意"的反面是"没有不满意"。

保健因素指趋向与不满意相联系的因素。保健因素得到满足不能使员工感到满意，但是如果保健因素没有得到满足，员工就会感到不满意。保健因素通常与工作的外部条件相关，包括公司政策和行政管理、监督、与主管的关系、工作条件、薪金等。

> **概念**
>
> 保健因素（Hygiene Factor）：趋向与不满意相联系的因素，保健因素得到满足不能使员工感到满意，但是如果保健因素没有得到满足，员工就会感到不满意。

激励因素则是趋向与满意相联系的因素，激励因素得不到满足不会导致员工不满意，但是如果激励因素得到满足，就能使员工感到满意。激励因素通常与工作本身相关，包括工作成就感、认可、工作本身、责任、晋升、成长等。

> **概念**
>
> 激励因素（Motivation Factor）：趋向与满意相联系的因素，激励因素得不到满足不会导致员工不满意，但是如果激励因素得到满足，员工就会感到满意。

根据赫茨伯格的观点，导致员工满意的因素与导致员工不满意的因素是相互独立的，而且差异很大。因此，如果管理者仅仅试图消除工作中的不满意因素，那么往往只能使得工作场所变得更加和谐，却未必能对员工产生推动力。安抚员工和激励员工必须通过不同的手段来实现。为了激励员工，管理者应该强调与工作有关的因素以及由此产生的直接结果，例如工作成就感、认可、工作本身等，这些内在回报才能真正地激发员工的工作激情，如图4-6所示。

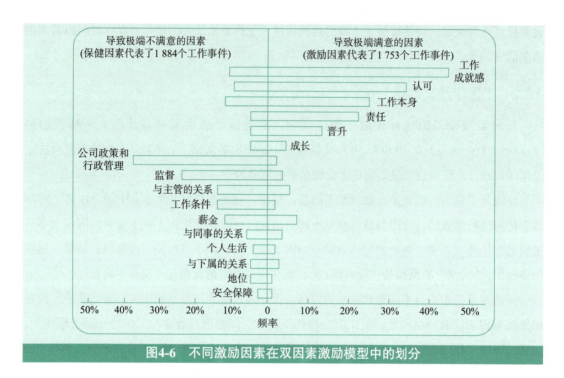

图4-6　不同激励因素在双因素激励模型中的划分

从图4-6中可以看到，很难说哪一类因素绝对地属于激励因素或者保健因素。比如薪金，如果把它看作满足生活需求的经济来源，那么它就可以被视为一种保健因素；但是如果把它看作对工作成就的认可、个人劳动价值的象征，那么就可以认为它是一种激励因素。因素类别的划分并不是绝对的，管理者如何引导员工看待公司的管理制度很重要，也就是上章所讲的如何引导员工的知觉。

至今，双因素激励理论依然有着相当大的影响。赫茨伯格1966年发表在《哈佛商业评论》上的文章依然是该杂志影响力最大的文章之一。比较需求层次理论与双因素激励理论可以发现，激励因素和高层次需求有着紧密联系，许多激励因素与尊重需求和自我实现需求相关联；而保健因素与低层次需求的共同成分更多。马斯洛的需求层次理论是针对人们普遍的社会需求展开分析的，而双因素激励理论是针对管理场景而提出的，讨论的需求要素也更加贴近组织现实。

4.3.3　成就动机理论

成就动机理论是美国心理学家大卫·C. 麦克利兰（David C. McClelland）在20世纪50年代初提出的。成就动机理论认为管理者的需求与一般人的需求有些不一样。需求层次理论与双因素激励理论探讨哪些高层次需求和要素可以持续激发员工的工作动力，而麦克利兰认为同样是源自个体内部的高层次需求，但不同管理者之间仍然存在很大的差异。通过归纳，麦克利兰把人们的高层次需求分为三个方面：成就需求（Needs for Achievement）、权力需求

（Needs for Power）与合群需求（Needs for Affiliation）。

4.3.3.1 成就需求

具有高成就需求的人追求的是个人成就感，而不是成功之后得到的荣耀与奖赏。他们总是渴望把事情做得比以前更完美、更有效。具有高成就需求的人往往喜欢能够发挥独立解决问题能力的工作环境，希望得到他人对他们工作情况的不断反馈。同时，他们倾向于承担中等程度的风险，当他们估计成功的机会中等时干得最出色。他们对成功有一种强烈的渴求，但是也非常担心失败。如果目标过高，成功的机会过小，他们就难以体会到成功的喜悦；而如果目标过低，他们就不能从成功中得到较多的成就感。当成功和失败的机会相当时，他们就会得到最好的机会去体验通过努力获得的成就感和满足感。

4.3.3.2 权力需求

权力需求是指影响他人的内驱力。具有高权力需求的人希望自己能对他人产生较大的影响，他人的决策或者行为会因为这种影响而发生一定程度的改变。

具有高权力需求的人倾向于去引导和影响他人，产生个人影响；乐于汇集他人的努力去实现组织目标；喜欢富有竞争性、能够体现较高地位的职位，热衷于在组织中产生影响。管理者在组织中开展工作，与他人的联系和协调是必要的。权力需求是管理者开展工作的重要基础，是一个管理者必须具有的动机。

4.3.3.3 合群需求

合群需求是指建立友好和亲密的人际关系的内驱力。具有高合群需求的人希望通过努力获得友谊，他们喜欢合作的环境，不喜欢竞争，而且希望人与人之间存在默契。他们非常重视人际关系，渴望被他人接受和喜爱。在工作中，他们循规蹈矩、合乎规范，致力于构建并保持一种互相信任、互相理解的人际关系。很显然，他们非常适合客户服务、客户关系这一类的工作岗位。在组织中营造良好的组织文化、和谐的工作气氛，对于管理者来说，也是一项重要的工作。所以，合群需求对于一个优秀的管理者也是很重要的。

延伸阅读：苹果公司的三位创始人

高成就需求是优秀的管理者必须具备的素质之一。麦克利兰认为，具有高成就需求的人也许是最佳的领导者，但是他可能对员工要求过严，因为他会把员工也当作高绩效标准驱动的人。他们喜欢单兵作战，或者与其他高手合作。具有高成就需求的人往往过于关注自己的成就，而对于一名优秀的管理者而言，应该重视的是如何影响他人并实现目标。在苹果公司的案例中，沃兹尼亚克有很高的成就需求，他是一个技术狂热者，但并不是一个知道如

视频讲解：苹果公司的三位创始人

何影响他人、形成自身在公司中的影响力的人。对于一个优秀的管理者而言，权力需求、合群需求对于职业的成功也是同样重要的。在晋升时，大多数管理者都是由技术人员、销售人

员转岗而来的。晋升带来工作内容的变化，也意味着组织中的影响、协调工作的增加。这意味着要对晋升者的权力需求、合群需求进行评估，或者对这两方面的需求合理引导，才能让晋升者适应新的岗位需求。

4.3.4 自我决定理论

爱德华·L. 德西（Edward L. Deci）和理查德·M. 瑞恩（Richard M. Ryan）从20世纪70年代开始，对工作动机进行细化分类，逐步开发形成自我决定理论（Self-determination Theory）。早期的激励理论把动机看作一个整体，只是对动机的程度而不是内容做区分。期望理论提出内部动机、外部动机的概念，对内外部动机的细化并无论述。自我决定理论起源于对员工自主/受控动机分类、交互影响关系的讨论。这个理论名称是指关于内外部动机理论研究的宽泛领域，理论内容也经过了阶段性的发展（Gagné & Deci，2005；Ryan & Deci，2019），已广泛应用于教育、健康、组织管理等领域。

4.3.4.1 自我决定理论的起源

在"绩效主义毁了索尼"一文中，天外伺郎也表达了类似的观点，认为过度重视绩效标准、强调KPI的管理方法，会打击员工内在的工作激情，降低员工自发创造、自发冒险的积极性。然而，在企业场景中，薪酬、绩效体系是一个不可缺失的因素，组织必然会提供相应的外部激励，这也是工作的基本特征。实际的工作岗位几乎找不到完全是由员工内部动机驱动的，绝大多数员工要领取薪酬，企业场景中的外部激励是不可能消除的。德西和瑞恩对动机相关研究进行归纳分析，认为外部动机并不一定会破坏内部动机，把内部/外部动机截然分开，单纯采用其中一种，这在现实管理工作中并不可行。

4.3.4.2 动机的自主程度连续体

德西和瑞恩提出的自我决定理论对外部动机进行了细化区分，并且对动机成分、行为调控、自主程度进行论述，对应关系如图4-7所示。核心观点包括以下三个方面：

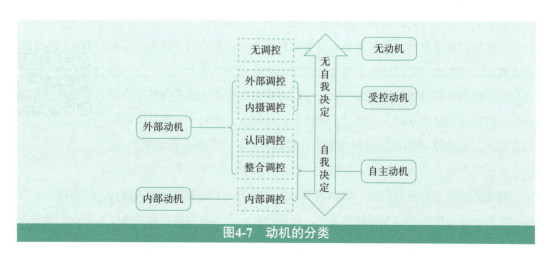

图4-7 动机的分类

（1）动机包括自主动机（Autonomous Motivation）、受控动机（Controlled Motiviation）、无动机（Amotivation）三种类型。自主动机是出于自己意愿、自身认同而选择从事工作的动机。受控动机是员工受外部压力、不得不从事工作的动机。无动机是指员工没有努力意向的状态，而前面两种动机都对应着有努力意向的行为。

延伸阅读：单纯的高奖金不能实现销售的高绩效

（2）员工的动机可以用自主程度连续体来描述。自主动机和受控动机并不是两种完全分离的动机，而是一个"受控—自主"的程度连续体。个体的行为调控方式会影响自我决定的程度体验，分别指向这个连续体上的不同位置。根据员工的自主程度，可以对外部动机进行细化分类。

（3）外部动机可按行为调控分类，即不同自主程度的行为，会形成不同的行为调控模式。内部动机是完全的自主调控；而外部动机主导的行为根据"受控—自主"程度分为四类行为调控模式：外部调控、内摄调控、认同调控、整合调控。这些模式的行为调控机制各不相同。外部调控通过外部的奖励、惩罚调控约束行为；内摄调控通过对自我价值的体现来实现行为调控。这两种调控的自我决定程度较低，称为受控动机。认同调控通过对个人目标的认同实现行为调控；整合调控通过对自身工作在组织目标中的意义价值认同实现行为调控。这两种调控的自我决定程度较高，与内部动机合并称为自主动机。

4.3.4.3 自我决定程度影响工作体验与结果

员工的工作行为受到"受控—自主"动机主导的程度会让个体产生不同的工作体验，带来的工作结果也是不一样的。员工的工作行为越受控，员工幸福感越低；员工的工作行为越自主，员工幸福感越高。受控程度与个体的积极发展有着负向关系，自我决定程度与个体的积极发展有着正向关系。

4.3.4.4 动机内化会促进积极工作行为的产生

人们有天生的动机内化倾向，会追求从无自我决定程度向高自我决定程度发展。内化是自我决定理论的重要概念，指人们通过价值、态度与调控模式的调整，把受控动机转化为不需要外部约束的内部动机。也就是在"受控—自主"的程度连续体上，人们天生有向高自我决定程度发展的倾向。内化发展的程度也会受到外部环境、个体差异、管理支持等调控影响。比如，管理者支持、好的组织氛围等因素会促使员工认同工作价值；而当员工认同工作价值的时候，他们就不需要更多的外部奖励与惩罚，会自主地努力工作。

自我决定理论对动机内化过程的影响要素也做了论述，主要包括基本心理需求和因果定向判断。内化并不是必然发生的，首先，它需要满足员工的三个基本需求（关系、自主与胜任）后才能形成。对自主、胜任两种需求的满足会直接影响动机内化，而对关系需求的满足也会在长期过程中影响动机内化。其次，个体因果导向差异也会影响内化过程。人们有三种基本的因果导向：自主导向是因果倾向于个人兴趣、自我认可等自主因素；控制导向是因果倾向于外部报酬、期限、结构等环境因素；无因果导向是归结于无法影响的无动机。这三种因果导向调节了环境因素、管理支持对动机内化的程度和自主性行为的影响。

延伸阅读：海狸小组的带头工人

按照自我决定理论的解释，"绩效主义"的做法是过度强调KPI，强调自上而下的命令执行，在员工管理中强调服从、外部奖励和惩罚，强调外部评估对员工动机水平的影响，属于典型的"外部调节"。这样的管理方式适用于工业化时代具有明确产出界定的岗位，但对于互联网时代强调员工创造力的组织却不适用，甚至会对员工的创造力产生极大的伤害。要消除"绩效主义"带来的负面影响，直接上司对于员工三个基本需求——关系、自主与胜任的"滋养"至关重要。

4.4 社会认知过程视角的理论

员工工作动机高的表现是努力完成与工作任务相关的行为。但是同样的行为，可能会由不同的动机引起，而且对同样行为的不同认知也会导致行为动机的变化。社会认知的观点认为，员工对于工作行为、行为原因、工作态度的认识是影响员工动机水平的重要因素；工作行为本身的连续性造成了员工对于工作态度、动机的认识差异，进而影响到下一步的工作动机。

4.4.1 归因理论

4.4.1.1 特质归因与情境归因

归因是社会心理学研究的核心内容。归因理论（Attribution Theory）认为，人们普遍有理解、归纳自己和他人的行为原因的倾向。该理论的开发者弗里茨·海德（Fritz Heider）认为，为了降低不确定性，人们希望能掌控周围环境的变化趋势。为了能够预测什么样的事情会发生在自己和他人身上，人们会试图去推断自己和他人行为的基本动因，用稳定的动因解释并预测不稳定的行为结果。

海德在1958年出版的《人际关系心理学》（*Attribution Theory in Social Psychology*）中，主张从行为结果入手探索行为的动因，将产生个人行为的动因分为内部和外部两大类。

（1）特质归因（内部归因）：把所看到的行为的动因归结于个体内部，归结于个体的某个特殊属性。该动因指向个体自身所具有的、导致其行为表现的品质和特征，可以是个体的人格、情绪、心境、动机、需求、能力、努力等。

（2）情境归因（外部归因）：把观察到的行为动因归结为社会与物理环境中的某些因素，把环境因素看作导致个体采取某种行为的动因。该动因是指个体自身以外的、导致其行为表现的条件和影响,包括环境条件、情境特征、他人的影响等。

4.4.1.2 工作行为的归因

1972年,伯纳德·维纳(Bernard Weiner)在海德研究的基础上,提出能力、努力、任务难度和机遇是人们在解释成功或失败时知觉到的四种主要动因,并将它们分成动因源和稳定性两个维度。根据动因源维度,可以分成内部动因和外部动因;根据稳定性维度,可以分为稳定动因和不稳定动因。在维纳看来,不是动因本身,而是动因所具有的特性或结构决定了人们会有什么样的情绪、动机和行为反应。维纳的归因理论把归因过程与成就动机紧密结合起来,从而构建了完整的动机和情绪的归因理论(见表4-1)。

表4-1　维纳的归因模型

	稳定	不稳定
外部	任务难度	机遇
内部	能力	努力

维纳开展了一系列的研究,得出了归因理论的基本观点:

(1)如果个人将成功归因于能力和努力等自身的内部因素,他就会感到骄傲、满意、信心十足;而将成功归因于任务容易和运气好等外部因素时,他产生的满意度就会较低。

(2)如果个人将失败归因于自身缺乏能力或努力,就会产生羞愧和内疚情绪;而将失败归因于任务太难或运气不好时,产生的羞愧情绪就较少。

(3)无论是成功还是失败,个人归因于自身努力相比归因于自身能力均会产生更强烈的情绪体验。因努力而成功,会体验到愉快;因不努力而失败,就会体验到羞愧;努力后仍失败也应受到鼓励。

(4)在付出同样努力时,能力弱的人应得到更多的奖励。能力弱但努力的人受到他人的夸赞评价,能力强却不努力的人受到鄙视评价。

根据维纳的归因理论,员工本人在追求职业成功时,应当在可控的内部因素上多下功夫,提升自己的能力,努力工作;管理者应在不可控的外部因素上多创造条件,为员工的成功提供良好的机会与外部环境,并客观地评价成果,引导员工正确认识自身工作结果。

案例

为什么要扔石头

在一个海边小镇,一个老头独自居住于一间偏僻的海边小屋。不知从何时起,经常有一群调皮的孩子从远处的镇上跑到海边玩耍,他们发现了独居的老头,经常用石头砸老头的木屋，跟他捣蛋。老头当然气愤苦恼，尝试了说教、喊骂等方式，结果总无济于事。终于有一天，老头想出个法子。在孩子们又一次准备扔石头的时候，老头和蔼地将他们叫到身边并对他们说道："现在我倒挺喜欢你们这样跟我闹着玩的，这样吧，以后你们每天都来，每次来我给你们每人 2 元钱。"孩子们听了很开心，本来就喜欢这样，现在又有零花钱拿，何乐而不为呢？这样，孩子们每天大老远地跑去丢石头，然后从老头那里换取 2 元钱。过了一周，老头对孩子们说："我手头的钱有点紧，下次来只能给你们每人 5 毛钱了。"孩子们听后闷闷不乐，从 2 元降到 5 毛，总让人不舒服，之后去的人数减少了大半。又过了一周，老头对孩子们说："现在我自己的生活都有困难了，下次你们来，我 1 分钱都不能给你们了。"孩子们听后很不高兴，之后再也不去老头家扔石头了。

资料来源：奚恺元，2004. 别做正常的傻瓜 [M]. 北京：机械工业出版社.

思考题：

① 孩子们一开始为什么向老头的小屋扔石头？他们的归因是什么？
② 孩子们后来为什么不向老头的小屋扔石头了？他们的归因是什么？
③ 老头是如何引导孩子们改变归因的？

孩子们为什么开始的时候非常愿意扔石头，但是到了后来却不愿意了呢？因为在开始扔石头的时候，这是一种游戏。孩子们虽然没有对扔石头做出明确的归因解释，但是他们觉得这是一件很好玩的事情，自己希望来扔石头，这是一种内部归因。老头的做法是引导孩子们改变归因。在老头许给孩子们每人发了 2 元钱的承诺后，在孩子们原本看来有趣的游戏变成了打工，后来孩子们扔石头就是为了这 2 元钱了。这是一个显著的外部归因，导致孩子们对这件事情的认知转变了。按照维纳的理论，内部归因更加能够激发工作的积极性，而外部归因不能持续激发工作的积极性。当孩子们的归因转变以后，认知也就变化了，即行为的动机产生了变化。

4.4.1.3 归因偏差

尽管人们有一定的归因判断规则，会依据一定程度的理性归纳行为原因，但是归因偏差仍然显示出非常强烈的效应，主要表现为基本归因偏差（Basic Attribution Bias）、简单化效应（Over-simplified Bias）和自我服务偏差 (Self-serving Bias)。

（1）基本归因偏差。尽管在评价他人的行为时有充分的证据支持，但人们仍然倾向于低估外部因素的影响而高估内部或个人因素的影响，这就是基本归因偏差。基本归因偏差在我们的日常生活中很常见。比如，当销售代表的业绩不佳时，销售经理总是倾向于将其归因于下属的懒惰而不是客观外界条件的影响。人们总是把他人行为的动因归结为内部因素。事实上，人们对自身行为原因的认识总是模糊和不清晰的。但是，社会心理学的研究表明，人们行为最大的影响因素来自个体所处的环境。在著名的米尔格拉姆电击实验（Milgram Experiment）中，大多数人做出了连自己也无法想象的向无辜者施加450伏电击的行为。

（2）简单化效应。人们对行为原因进行归纳时，倾向于用过分简单化的因素下结论。实际上，人们的行为由多种原因导致，比如上文扔石头的孩子们，他们可能是一时兴起，也可能是出于好奇，或者想到了某个游戏场景。但是人们在归因的时候倾向于用其中一两个动因，比如孩子们很淘气。人们倾向于对最明显、最吸引注意力的因素赋予最大的权重，用生动形象的动因解释行为。

（3）自我服务偏差。在维纳的归因模型中，研究者发现了明显的自我服务偏差，人们倾向于对自身和他人的行为做出有利于自己的解释。比如，人们会把自己的成功归因于内部因素，比如能力强或努力，而把失败归因于外部因素，比如运气差，这被称为自我服务偏差。对于他人行为的归因恰好相反，人们会把他人的成功归因于外部因素，比如运气好、任务简单，而把他人的失败归因于自身能力差、努力不够。

4.4.2 认知失调理论

在"为什么要扔石头"的案例中，老头很巧妙地使用了外部奖励来转移孩子们的注意力，通过实际行为让他们把行为归因转移到了外部因素，进而消除了孩子们"努力扔石头"的行为。但是，对于绝大多数管理者而言，管理的目的是激发员工的一种工作行为，而不是消除某种行为。那么，请想一想：能不能设计相应的方案推动孩子们去扔石头？这背后又有哪些组织行为理论可以加以解释？认知失调理论从态度、行为和第三方因素的一致性角度，说明了如何通过诱导机制促使人们去实施某个行为。

案例

杭州厨师俞掌柜成功登顶珠穆朗玛峰

2017年5月21日凌晨4点56分，俞建洪踏上珠穆朗玛峰的山顶。在登顶的路上，他目睹了死亡。据说，在中国只有两位厨师成功登顶珠峰。他背着装备，带着自制的香肠、粽子踏上登顶之路，在冲顶前花半天时间炖了一锅羊肉。

"珠穆朗玛峰一直是人类想要证明自己攀登能力的圣地，世界各地许多登山者在珠峰上留下脚印，因尝试攀登珠峰而死亡的人数超过280个，这个数字每年还在不断增加。"俞建洪在朋友圈中这样描述。虽然假想过无数次的死亡，但真的出现在眼前时，他的心脏一瞬间仿佛被击了一记重拳，闷闷地难受。到达山顶，在这样极寒的峰巅，手机只要从温暖的口袋里拿出来，开机几分钟后就会自动关机。但哪怕只有一分钟，他也要用来记录自己这历史性的一刻，而为了记录这一刻，他必须摘掉氧气面罩，才能拍清楚自己的脸，虽然这张脸已经红肿苍老到一下很难辨认。但就这一分钟，当他再要戴回氧气面罩的时候，发现出气口已经结冰，氧气吸不上来了，那一秒，他的脑袋里闪过死亡。还好，他很快冷静下来，用力去吹出气口，也幸好，他没有耽误太久的时间，冰还没有结得很实，出气口被他吹通。重新吸上氧气后，他感觉又活了过来。

更艰苦的是下撤。在海拔 8 000 米以上，人一旦睡着，就很难再醒过来了。所以，当他们从峰顶回撤到 4 号营地时，大家只是在营地的帐篷里坐着休息了一会，就又立即往 7 000 多米的 3 号营地下撤，一直要下撤到 6 000 多米的 2 号营地才能睡觉。从冲顶开始，大家都差不多有两个晚上没有睡觉，身体已处于极度疲劳困乏状态，甚至有人出现了幻觉……俞建洪说，这个时候真的很想睡觉，完全是靠意志力在跟自己斗争。

资料来源：都市快报. 杭州厨子俞掌柜成功登顶珠峰，他说能爬上去全靠半山熬炖的一锅羊肉［EB/OL］.（2018-10-28）［2022-07-24］. http://zjnews.zjol.com.cn/zjnews/hznews/201810/t20181028_8598109.shtml。

思考题：

① 登顶珠峰给登顶者带来哪些激励？
② 登顶珠峰的过程是痛苦的还是愉悦的？
③ 尝试用激励理论解释登顶者的动机水平。

人们在尝试许多爱好时，整个过程带来的体验更多的是痛苦，而不是愉悦，比如登山、马拉松等。这与期望理论的解释不同。这种痛苦的坚持并没有给人们带来回报和更多的效用，并不是人们不清楚从事这项活动所带来的痛苦，相反，往往是在经历了一次登山的痛苦体验以后，他们会更加热爱这项活动。这个现象与期望理论中的效用概念相违背，这一理论局限推动研究者从多角度思考问题，开发新的理论解释。

4.4.2.1 认知失调的要素

美国社会心理学家利昂·费斯廷格（Leon Festinger）于 1957 年提出认知失调理论（Cognitive Dissonance Theory）来解释人的态度变化过程。费斯廷格认为，一般情况下，人们对于不同事物的态度以及自己的态度和行为之间的倾向是相互协调一致的；当出现不一致时，就会产生认知不和谐的状态——认知失调，并会导致人们内心产生紧张情绪和压力。也就是，当人们认识到自己的态度之间或者态度与行为之间存在矛盾的时候，他们会体验到紧张。人是会主动去消除这种紧张状态的，他们会使用改变态度、增加新的认知、改变认知的相对重要性、改变行为等方法，力图消除这种紧张，重新恢复平衡。

在认知失调理论中，存在至少三个方面的影响因素：① 态度，员工对于目标任务或者工作任务的态度倾向；② 行为，员工对于目标任务或者工作任务采取的行为偏好，或者他对其他事物的态度；③ 第三方因素，员工对于目标任务的行为有可能受到第三方因素的影响，通常是环境因素。这个第三方因素可能来自明确的公司规定、上司压力等，也可能来自不明显的组织场景、群体场景等，还可能是其他信息线索让人们临时改变了倾向。总之，第三方因素会影响员工的行为。

一般情况下，人们对事物的态度或者态度与行为是一致的。人们不会做出与自己态度不一致的行为，也不会对同样的事物持有不同态度。比如，对于工作这件事，人们会有"工作是痛苦的，需要付出努力"的态度，但同时又会有"工作可以带来回报"的态度，还会出现"我在努力工作"的行为。此时，出现了认知失调。一方面是两种态度之间的失调，另一方面是态度与行为的失调。这种失调带来了紧张感，人们需要改变其中的某一项来消除失调。这时，可以对不同因素赋予不同权重，比如将工作回报看得更重要；也可以改变其中某一项，比如将"我在努力工作"改变为"我不再努力工作了"。这样认知失调就能得以解除。

4.4.2.2 行为改变态度

行为改变不是那么容易的，而且受到很多因素的影响。比如某些成瘾行为（吸烟、喝酒），人们明明知道有害，但没有办法改变。更有一些行为是过去发生的（以前的行为），这些行为是既定事实，不可能去改变。此时，认知失调产生后，人们只能改变自己的态度，或者改变对自己行为的认识。此时会出现两种情况：① 当行为场景中存在明显的第三方因素的影响时，人们可以很容易地解释他们的行为。比如，这件事情是因老板要求而做的，或者是因高额的奖金而做的。② 当行为场景中不存在明显的第三方因素的影响时，人们可以改变的只有自己的态度。比如，将态度改变为"我是喜欢这种行为的"。

认知失调理论在解释员工激励行为的时候，也就是解释人们持续努力做一件事情的时候，主要适用于行为先于态度的场景。也就是，员工的行为已经因场景因素而产生，并且对员工来说，这已经是一个不可改变的事实了。认知失调理论强调的是行为改变态度，而不是态度影响行为，认为人们的行为是有可能先于态度的。

费斯廷格强调这是一个反态度行为（Counter-attitude Action），也就是与员工现有态度不一致的行为；并且，当这个反态度行为没有明显的第三方因素影响的时候，人们觉得自己在这个行为场景中还有自由选择权。在没有受到强迫的时候，反态度行为将有助于员工改变态度。在下一步中，员工将以更大的热情投入于与反态度行为类似的其他行为。

4.4.2.3 用认知失调理论改变工作态度

综合以上要点，管理者运用认知失调理论改变工作态度时，需要明确以下观点：① 基本原理是"行为改变态度"。认知失调理论强调用"反态度行为"去改变员工的工作态度，而不是通过说服、引导等知觉手段。"先有行为，后有态度"，通过从事一项工作来改变态度倾向。② 促成员工"反态度行为"的第三方因素不能是强制的、很明显的外部诱因。强制措施、明显的奖励因素都会给员工带来明显的外部理由，会让通过"反态度行为"改变态度的方法失效。③ 第三方因素是诱导员工产生"反态度行为"的根本因素。通常，第三方因素可以是群体、场景等预设的社会环境因素，员工在做出"反态度行为"时感觉到自己有自由的选择权。一开始员工做出的"反态度行为"是边界模糊的行为，或者相对轻微的行为，经由行为结果的不断反馈层层升级，然后固化为稳定的"反态度行为"。

根据认知失调理论，虽然登山整个过程中所体验的更多的是痛苦，但会让人们更加热爱这项活动，而不是讨厌。人们一开始选择去登山的时候，并没有外界的强制性因素，但仍从登山过程中感受到强烈的痛苦。这种痛苦感受和登山者努力做出的登山行为相矛盾，就会产生认知失调。只有赋予登山运动更大的爱好权重，说服自己是热爱登山的，才会消除这种失调。因此，如果登山运动没有其他明显的强制性因素，登山过程越艰苦，登山者此后反而会越喜欢这项运动。

4.5 强化过程视角的激励理论

相信各位在自己的幼儿园、小学时期，都有过戴小红花的经历。回忆一下当时的场面，是不是满怀着自豪，美滋滋地体味着老师和父母对自己的肯定？是不是心里暗暗下定决心，下一次要做得更好，拿更多的小红花呢？

在企业管理工作中可不可以用"发放小红花"的手段？这其实就是一种对行为的强化，通过奖励保持和加强积极行为。这样的例子在我们的身边数不胜数，比如在学校里每个学期发放的各类奖状、班干部的任职机会等，在企业中的奖金发放、颁发荣誉称号等激励手段和扣奖金、纪律处分等惩罚手段，这些都是强化理论（Reinforcement Theory）的实际运用。

4.5.1 强化理论

强化理论是和经典条件反射理论密切联系在一起的。伊万·P. 巴甫洛夫（Ivan P. Pavlov）把狗作为研究对象，发现当某个外部刺激发生时，会引起狗特定的反应。这可以解释人们为什么能学会特定的反应模式。

哈佛大学心理学家伯尔赫斯·F. 斯金纳（Burrhus F. Skinner）提出，人们为了达到某种目的，会采取一定的行为作用于环境，而不是一直被动地接受外部刺激。当这种行为的结果对他有利时，这种行为就会在以后重复出现；否则，这种行为就减少甚至消失。人们可以用正强化或负强化的办法来影响行为的结果，从而修正行为。

由此，斯金纳提出了操作性条件反射理论（Operant Conditioning Reflection Theory）。经

典条件反射理论讨论由外部刺激引起人们的行为变化，即刺激—反应（Stimulus-Response，S-R），是被动接受刺激强化的过程；但是操作性条件反射理论讨论由人们的行为引起的外部环境变化，即反应—刺激（Response-Simulus，R-S），探讨人的主动探究学习过程。

操作性条件反射理论与经典条件反射理论主要有两点区别：① 经典条件反射理论认为，每一种环境刺激都会引起人们的反应，正面与负面的反应影响了人们的行为；在操作性条件反射理论中，人们只有做出了一种反应，才会引起周围环境的某种变化，进而影响行为。人们有可能做的很多其他行为没有引起反应。② 经典条件反射理论中，每一次刺激都会作用于个体，形成反应；而在操作性条件反射理论中，只有正确的行为才会引起结果的变化，人们的行为是获取组织环境结果变化的工具。

强化理论主要着眼于如何引导人的行为，使它朝着组织所希望的方向进行。所谓强化，是指随着人的行为之后发生的某种结果会使这种行为再次发生的可能性增大。人具有学习能力，通过改变所处的环境，可以保持和加强积极行为，减少或消除消极行为，把消极行为转化为积极行为（见图4-8）。据此，强化理论提出了以下几种行为改造策略。

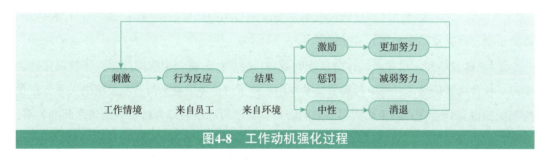

图4-8　工作动机强化过程

（1）正强化（正激励）。正强化是指对正确的行为及时加以肯定或奖励。正强化可以导致行为的持续发生，前提条件是给予的肯定或奖励必须是员工所喜欢的。例如，企业用某种具有吸引力的结果（如奖金、休假、晋升、认可、表扬等），以表示对员工努力安全生产的行为的肯定，从而推动员工进一步遵守安全规程的安全生产行为。

（2）负强化（负激励）。当因终止或结束不愉快的行为而获得奖励时，采用的就是负强化。负强化可增大某种预期行为发生的概率，而使一些不良行为得以减少或消除。例如，老师告诉经常迟到的学生"如果不迟到，就不会受到批评"。老师采用的就是负强化方法。

（3）消退。对某种行为不采取任何措施，既不激励也不惩罚，这是一种消除不合理行为的策略。因为倘若一种行为得不到强化，这种行为的重复率就会下降。例如，企业曾对员工加班加点完成生产定额给予奖励，后经研究认为这样不利于员工的身体健康和企业的长远利益，因此不再发给奖励，加班加点的员工就会逐渐减少。

（4）惩罚。惩罚就是对不良行为给予批评或处分。惩罚可以减少这种不良行为重复出现的次数，弱化行为。但是，惩罚一方面可能会引起员工的怨恨和敌意，另一方面随着时间的推移，惩罚的效果会减弱。例如，下级每次不按时完成任务，会被上级批评，并被扣除一定数额的奖金，那么几次惩罚之后，他不按时完成任务的行为就会减少；但长期下去，惩罚的作用又没有那么有效了。

4.5.2 社会学习理论

每一次奖励和惩罚就是一次强化。就像在学校读书时，大家都很关注什么样的同学得到了奖学金、什么样的同学得到了保送推荐，其实这都是强化。而在企业中，如果管理者由于疏忽而忘记奖励本应奖励的事件，那么组织原本制定的组织制度就会受到挑战，员工会认为这些组织制度只是表面的，而认定组织内存在所谓的"潜规则"。在这些例子中，员工本身并未亲历这些事件，而是观察到这些事件，由此形成对"R-S"关系的认识。

延伸阅读：及时奖励反馈的作用

社会学习理论（Social Learning Theory）认为，经典条件反射和操作性条件反射都描述了强化过程的一部分，但在大部分实践中，人们不需要亲自体验刺激或者行为导致的结果，只要人们清楚"S-R""R-S"的关系，就可以通过模仿和自我控制采取相应的行动。在社会学习的过程中，社会认知、模仿过程、自我效能感起到了关键的作用。

（1）社会认知。近年来，社会认知的观点在组织行为研究中应用广泛，班杜拉在社会学习、社会认知的理论发展中起到了奠基作用。除了讨论环境刺激与行动反应的关系，自我控制机制也是社会认知的重要内容。人们会根据自己所观察的行为与组织结果之间的关系，调整控制自身行为，使自身行为向着某个目标努力。在社会认知过程中，有五种基本能力：抽象化、预测未来、模仿学习、行为自我调控、自我反省。

（2）模仿过程。模仿过程的核心是用观察替代自身的经历，替代用经典条件反射和操作性条件反射才能习得的行为。班杜拉认为，尽管人们的行为可以通过奖励和惩罚塑造形成新的模式，但是如果仅仅以这两种模式进行，人们的学习无疑是低效率、无成果的。人们表现出的学习行为大部分来自对"榜样"的观察和模仿。组织向每一个新成员传授语言、风俗、规范，开展某种文化、宗教和政治活动，都是对偶然行为进行选择性强化。人们会基于对偶然行为进行选择性强化的观察结果，形成对行为规则的解释，模仿控制自我行为，学习获取类似的组织结果。

（3）自我效能感。班杜拉把自我效能感定义为"相信自己有能力完成某个工作任务"。当员工面临某个工作任务的时候，虽然没有做过这项工作，但在他的头脑中，通过社会认知和模仿过程，已经形成对完成这项工作的抽象化和预测，树立起完成工作任务的信心。

员工的自我效能感将决定他能够付出必要的努力，面对困境时选择坚持，遭遇困难甚至失败时能够表现出毅力和韧性。也就是，相信自己能够圆满完成工作任务的人（高低强弱自我效能的人），会比那些认为自己会失败的人（低自我效能的人）保持更好的工作状态。他们的动机水平更高，更加能够坚持，不容易体验到压力和筋疲力尽。

在"绩效主义毁了索尼"一文中，绩效主义的做法能够在组织中蔓延，形成组织氛围，同时存在强化过程与社会学习过程；亲历者和观察者都可以通过组织的奖惩措施，形成对自我行为模式的控制。在"为什么要扔石头"的案例中，并不是每一个小孩都亲自扔了石头，但他们共同做扔石头这件事情，会让观察者领会扔石头带来的结果，进而形成对"R-S"过程的抽象预测，人们的行为也会由观察到的结果而产生调整。

强化过程视角的激励理论更加关注行为过程反馈带来的行为调整。行为主义理论关注自身亲历的行为所带来的动机水平的变化，社会学习理论把社会认知引入强化过程，认为对于强化过程的认识也能够成为动机水平调整的一部分，甚至对于绝大部分人，亲自体验行为后果不是影响工作动机水平的主要机制，观察和模仿才是。

4.6 激励理论的综合模型

20世纪60年代末，莱曼·波特（Lyman Porter）和爱德华·劳勒（Edward Lawler）在考虑了员工的能力和工作机会的基础上，结合当时激励理论的进展，提出了一个完整模型，为全面理解员工在企业的行为动机提供了依据。波特—劳勒模型以期望理论为框架，说明当员工意识到努力与绩效、绩效与奖励、奖励与目标的实现之间有密切关系时，会提高努力程度以取得较好的个人绩效，从而获得组织奖励，实现个体目标。当个体目标得以实现时，员工的满足感会油然而生，满意度也由此得到提高（见图4-9）。

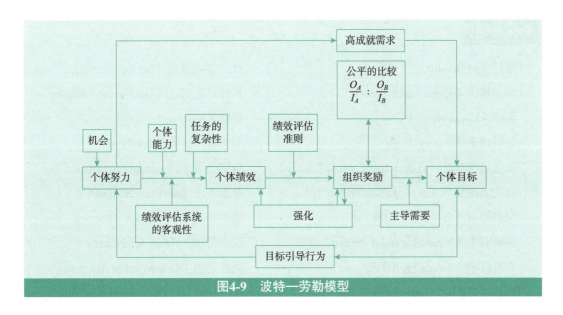

图4-9　波特—劳勒模型

从波特—劳勒模型中可以看到，员工的绩效水平不仅取决于员工个体的努力，还受个体能力、绩效评估系统的客观性、任务的复杂性的影响。在努力程度一定的情况下，为了取得高绩效，个体必须拥有工作所需的能力，为了增强能力，员工希望企业能够提供相应的培训。同时，员工也希望绩效评估系统是公平合理的，不合理的评估不仅不能激励员工，还会让员工产生消极行为，降低努力程度。员工的绩效需要得到及时的反馈，比如表扬与鼓励、组织奖励等，它们会对员工行为产生正强化，提高员工努力程度。员工也会将自己获得的奖励与他人相比，衡量所得奖励是否公平，这涉及企业管理制度与用人机制等方面的公正和公平。另外，员工还会衡量组织奖励能否满足其生理、安全、社会、尊重和自我实现五个层次的需求，尤其是占据主导地位的需求。

尽管波特—劳勒模型整合了多数外源动机视角的激励理论，形成了综合模型，但模型成型于20世纪，受到历史局限性的影响，对于内源动机视角、社会认知视角的激励理论的整合并不充分，没有体现内源动机与员工自身在持续激励中的作用。这与波特、劳勒所处的工业化时代有很大关系。工业化时代的组织是科层结构，受生产方式的限制，工作规范化程度高，员工对于外部激励的关注程度更高。随着信息技术的发展，弹性化、扁平化、平台型组织模式逐渐普遍化，工作变得更加有弹性，员工内部激励的作用越来越重要，个人主动性、创造力的发挥对工作绩效的影响越来越大。20世纪后期，内部需求视角的激励理论取得的快速发展，与组织形态变化、工作性质的发展趋势有很大关系。也正因为这种变化，自我决定理论在20世纪90年代以后，受到越来越多的研究者关注，成为设计目标与关键成果法（Objectives and Key Results，OKR）等新型绩效管理方法的理论基础。

本章名词

激励（Motivation）

期望理论（Expectancy Theory）

期望（Expectation）

公平理论（Equity Theory）

需求层次理论（Hierarchy of Needs Theory）

自我实现需求（Self-realization Needs）

保健因素（Hygiene Factor）

成就需求（Needs for Achievement）

合群需求（Needs for Affiliation）

自我决定理论（Self-determination Theory）

自主动机（Autonomous Motivation）

社会学习理论（Social Learning Theory）

目标设置理论（Goal-setting Theory）

效价（Valence）

工具性（Instrumentality）

组织公平（Organizational Justice）

尊重需求（Self-esteem Needs）

激励理论（Motivation Theory）

权力需求（Needs for Power）

受控动机（Controlled Motivation）

简单化效应（Over-simplified Bias）

强化理论（Reinforcement Theory）

归因理论（Attribution Theory）　　　　自我效能感（Self-efficacy）
基本归因偏差（Basic Attribution Bias）　　自我服务偏差（Self-serving Bias）
认知失调理论（Cognitive Dissonance Theory）　反态度行为（Counter-attitude Action）
操作性条件反射理论（Operant Conditioning Reflection Theory）

本章小结

① 能力、动机、机会是影响员工工作绩效的三个主要因素，动机是这三个因素中唯一在短期内会发生变化的因素。

② 外源动机视角的理论从设定外部目标、考虑经济收益、进行社会比较的角度考虑员工个人以外的因素如何影响动机水平。这也是管理者可以直接通过政策设定加以影响的因素。

③ 内源需求视角的理论从员工内部需求分类角度探讨动机水平的变化，认为只有员工内化的动机才能持续起到激励员工的作用。管理者可以通过满足员工的关系、自主和胜任需求，促进员工动机的内化。

④ 社会认知过程视角的激励理论认为员工认识工作行为、工作努力、工作结果之间的关系是影响动机水平的重要因素。管理者可以通过正确引导员工的社会认知过程来影响动机水平。

⑤ 强化过程视角的激励理论从行为主义、社会学习角度探讨行为习得、自我控制、动机保持，认为组织政策结果强化或者削弱工作动机。在习得过程中，员工对强化反馈过程的社会认知起到重要作用。

调研与讨论

社会主要矛盾

1981年，中国共产党第十一届中央委员会第六次全体会议中指出，在社会主义初级阶段，我国社会的主要矛盾是人民日益增长的物质文化需要同落后的社会生产之间的矛盾。这个主要矛盾，贯穿于我国社会主义初级阶段的整个过程和社会生活的各个方面，决定了我们的根本任务是集中力量发展社会生产力。

2017年，习近平同志在中国共产党第十九次全国代表大会报告中强调，中国特色社会主义进入新时代，我国社会主要矛盾已经转化为人民日益增长的美好生活需要和不平衡不充分的发展之间的矛盾。人民美好生活需要既是人们从事生产劳动创造历史伟业的动力，也是人民获得感、幸福感和安全感的源泉。人民美好生活需要不是抽象的，而是具体的、生动的，是时时刻刻展现在中华大地上人们纷繁复杂的现实利益的动态表达，具有多样性、层次性和递增性的特点。

走进企业调研一下在这两个社会主要矛盾提出的年代，员工的工作需求分别有哪些内容，对比产生了哪些变化。具体步骤如下：

① 调研访谈 1980—2000 年入职与 2017 年以后入职的员工：他们工作是为了满足哪些需求？他们对工作激励的理解是什么？

② 分类整理两个年代入职员工的工作需求、激励要点。

③ 讨论社会主要矛盾大背景对于工作需求产生了哪些影响？

④ 结合本章激励理论，观看本章开篇时提到的视频，讨论新生代员工的激励思路。

案例分析

如果只为KPI而活，阿里就完了

2018 年，阿里巴巴集团 CEO 张勇在年度组织部门晋升成员沟通会上发表"如果只为 KPI 而活，阿里就完了"的讲话。张勇的讲话首次系统讲述了他对组织及管理的一系列思考。

张勇讲到了四个核心关键词——"造梦者""创造者""学习者""坚持者"。张勇认为，梦想本质是源于为客户、伙伴不断创造价值的自我驱动。"要成为造梦者，而不仅仅是被梦想激励的人。如果为了 KPI 而活，那阿里早就完了。"阿里人要在学习中不断拓宽视野和边界，创造未来并坚持不懈。

下面是部分讲话内容节选：

"自己觉得这个事情是不是有意义，自己觉得我和团队每天的辛苦能不能为社会创造真正的价值，能不能真正让天下没有难做的生意。如果感受到'让天下没有难做的生意'这句话很真实，我们就会觉得有价值；相反，如果觉得它只是一句挂在墙上或写在 PPT 里的话，我们就不会有感受。

我前两天在集团总裁会上向所有总裁讲过一句话，如果我们这伙人为 KPI 而活着，只是为了一个 KPI 而做事情，那阿里就完了。这句话同样适用于在座的所有组织部同事，如果每个组织部同事只是为了一个数字、一个最后的绩效考评评语，阿里走不远，也走不好。最重要的是我们真正相信什么。这么多年走过来，我自己的经历和经验是，最重要的是让自己满意，而自己满不满意只有自己知道，跟别人无关。"

资料来源：猎云网.阿里巴巴张勇：如果只为 KPI 而活，阿里就完了［EB/OL］.（2018-10-03）［2022-07-24］. https://www.sohu.com/a/257521293_118792.

思考题：

① 请在网络上搜索张勇的讲话，与天外伺郎"绩效主义毁了索尼"的观点进行对比。
② 绩效主义的做法与KPI管理有哪些联系？
③ 用自我决定理论分析讨论张勇的讲话。
④ 为何即使不用KPI的时候，也仍然能有效地达成组织目标？

文献阅读

参考文献

第 5 章 沟通与人际行为

▶ 学习目标

- ▷ 掌握沟通基本过程要素
- ▷ 理解换位思考理论应用
- ▷ 掌握负面臆想概念和应用
- ▷ 了解建言概念和建言策略

▶ 素养目标

- ▷ 通过人际沟通学习，辩证思考个人角度局限性
- ▷ 通过沟通领域的理论研究学习，认识人际沟通的客观规律
- ▷ 通过沟通案例分析，客观认识文化、组织等情境因素的作用
- ▷ 认识个体的认识局部性，形成组织层次的大局观
- ▷ 提升学生思维格局，鼓励多角度分析问题，因地制宜制定策略

本章讨论企业中的沟通与人际行为问题。沟通是最为重要的管理活动之一。然而，人们常常因为各种原因无法有效地进行沟通，导致人与人之间、部门与部门之间的冲突，进而影响团队和组织目标的实现。本章的理论重点在于介绍沟通的过程模型，揭示信息的传递与接收的过程中存在的阻碍。同时帮助读者通过认识和理解沟通中的各类偏差，加强对沟通本质的认识，提升换位思考的能力和其他相关的沟通技巧。本章最后介绍了组织中一类具体的沟通行为，即员工建言行为，旨在帮助组织更好地发挥员工建言的价值。

请扫描首页二维码观看本章导读视频"群体效率与规范""谁为乌伯林根空难负责""负面臆想与换位思考"。

➡ 开篇案例　韩信点兵，多多益善？

如果你仔细研究过军事，就会发现，要做到带兵多多益善，实在是太难了。要说明原因，就必须从什么是战争这一问题说起。如果我们把战争的所有外表包装脱去，就会发现：战争，就是另一种形式的打架斗殴。

先从两个人讲起，两个人打架就是我们俗称的"单挑"。"单挑"实际上是一件比较痛苦的事情，因为打人的是你，挨打的也是你，是输是赢全要靠你自己。当然，如果你比对方高大、比对方强壮，凑巧还练过武术，那么胜利多半是属于你的。

现在我们把范围扩大，如果你方有两个人，对方还是一个人，那么你方的赢面就很大了，两个人打一个人，只要你的脸皮厚一点，不怕人家说你胜之不武，我相信，胜利就会是你的。下面我们再加一个人，你方有三个人，对方还是一个人，此时，你就不用亲自动手了，你只要让其他两个人上，自己拿杯水，一边喝一边看，临场指挥就行。

就不用一个个地增加了，如果你方现在有一千个人，对方一个人，结果会怎样呢？我相信，在这种情况下，你反而不会获得胜利。因为做你对手的那个人肯定早就逃走了。到现在为止，你可能还很乐观，因为一直以来，都是你占优势。然而真正的考验就要来了，如果你方有一千个人，对方也有一千个人，你方能赢吗？你可以把一千个人分成几队去攻击对方，但对方却可能集中所有人来对你进行逐个击破，你能保证自己获得胜利吗？觉得棘手了吧！其实我们才刚开始。

下面，我们把这个数字乘以一百，你方有十万人，对方也有十万人，你怎么打这一仗？这个时候，你就麻烦了，且不说你怎么布置这十万人进攻，单单只说这十万人本身，他们真的会听你的吗？你要明白，你手下这十万人都是独立的个体，有着自己的思维，有的性格开朗，有的阴郁，有的温和，有的暴躁，他们方言不同、习惯不同，他们不一定都愿意听从你的命令，即使愿意，他们也不一定听得懂。如果里面还有外国友人，那么你还得找几个翻译。这就是指挥的难度，要想降低这一难度，似乎只有大力推广汉语和普通话了。

要是再考虑他们的智商和理解能力的不同，你更会感到头疼。这十万人文化程度不同，有的是文盲，有的是翰林，对命令的理解能力不同，你让他前进，他可能理解为后退，一来二去，你自己都会晕倒。

很难办是吧？别急，还有更难办的。我们接着把这十万人放入战场，现在你不知道敌人在哪里，他们可能隐藏起来；也可能分兵几路，准备伏击。而你要考虑怎么使用自己这十万人去找到敌人并击败他们。此外，你还要考虑这十万人的吃饭问题、住宿问题，粮食从哪里来，还能坚持多少天。

脑子有点乱吧？下面的情况会让你更乱。你还要考虑军队行进时的天气、地形，下雨还是天晴，河水会不会涨，山路能不能走；士兵们经过长时间行军，士气会不会下降，他们会不会造反，你的上级会不会制约你的权力，你的下级会不会哗变。

其他问题，如：你的士兵有没有装备？装备好不好？士兵训练水平如何？敌人的指挥官的素质如何？敌人的装备如何？敌人的战术是什么？你的心理承受力有多大？打了败仗怎么撤退？打了胜仗能否追击？等等。

多多益善是一种境界，它代表着指挥官的能力突破了人数的限制，突破了金字塔的塔顶，无论是十万人、五十万人还是一百万人，对于指挥官而言，都已经没有意义。因为这种指挥官的麾下永远只有一个人，命令他前进绝不后退，命令他向东绝不向西。同进同退、同生同死，这才是指挥艺术的最高境界。所以，善带兵而多多益善者，是真正的军事天才。这样的人，我们称之为军神。

资料来源：当年明月，2021.明朝那些事儿［M］.北京：北京联合出版公司。

思考题：

① 从一个士兵到一个军团，指挥者的任务有什么变化？
② 在带领一支部队进行战斗的时候，指挥者最重要的职能是什么？
③ 要使得战斗队伍行动一致，指挥者要做哪些协调工作？

5.1 管理者的沟通与协调

5.1.1 管理者的工作

管理的过程是一个通过发挥各种管理功能，充分调动人的积极性、提高机构的效能、实现企业共同目标的过程。这需要沟通、指导和授权。想一想，管理者从事的工作是什么？亨利·明茨伯格（Henry Mintzberg）在哈佛商学院做博士研究的时候曾经观察记录了大量管理者的工作行为，结果发现，管理者很少在一整段时间内从事同一样工作。他们大量的工作时间不停地被别人打断，平均连续处理同一事项的时间为3—5分钟。他们总是不断地和别人打交道，和不同的人联系、说话、开会。管理者并不是什么事情都亲自去完成，而是通过别人的工作实现自己的想法。

明茨伯格这位杰出的管理研究者认为，管理者的行为可以通过考查管理者在工作中所扮演的角色来恰当地描述。明茨伯格对管理者从事的各种活动进行研究，发现管理者在工作过程中实际上充当着各种角色。他把这些角色分成3类共10种角色，即人际关系方面的3种角色、信息传递方面的3种角色、决策制定方面的4种角色，如表5-1所示。

表5-1 明茨伯格的管理者角色理论

类别	角色	描述	典型活动
人际关系方面	挂名首脑	象征性的首脑，必须履行许多法律性或社会性的例行义务	迎接来访者，签署法律文件
	领导者	负责激励和动员下属，负责人员配备、培训和交往的工作	所有有下级参与的活动
	联络者	维护已有的外部关系和联系网络，向人们提供互惠信息	发感谢信，从事外部委员会工作，从事其他有外部人员参加的活动
信息传递方面	监听者	寻求和获取各种特定的信息（其中许多是即时的），以便透彻地了解组织与环境；作为组织内部和外部信息的神经中枢	阅读期刊和报告，保持私人接触
	传播者	将从外部人员或下级那里获得的信息（有些是关于事实的信息，有些是解释和综合组织中有影响的人物的各种价值观点）传递给组织的其他成员	举办信息交流会，用打电话的方式传达信息
	发言人	向外界发布有关组织的计划、政策、行动、结果等信息；作为组织所在产业方面的专家	举行董事会议，向媒体发布信息
决策制定方面	企业家	寻求组织和环境中的机会，拟订"改进方案"以发起变革，监督某些方案的策划	制定战略，检查会议决议执行情况，开发新项目
	混乱驾驭者	当组织面临重大的、意外的动乱时，负责采取补救行动	制定战略，检查陷入混乱和危机的时间
	资源分配者	负责分配组织的各种资源——事实上是批准所有重要的组织决策	调度、询问、授权，从事涉及预算的各种活动，安排下级的工作
	谈判者	在主要的谈判中作为组织的代表	参与工会进行合同谈判

资料来源：[加拿大]亨利·明茨伯格，2007.管理工作的本质[M].方海萍，译.北京：中国人民大学出版社.

所以，管理者的工作就是决定做什么，然后借他人之力去完成工作（见图5-1）。首先，管理者的重要活动是做决策，正如西蒙所说，"管理就是决策"，管理者要在经营活动中制订经营计划，选择经营方案。其次是执行决策，也就是组织人们完成相关工作。执行决策的过程主要包括沟通、指导、授权三个环节。

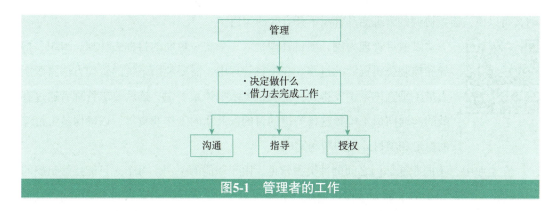

图5-1 管理者的工作

（1）沟通。这个环节管理者的工作是要让员工明白做什么样的工作、怎么去做，培养员工，使其具备完成工作的能力、素质和工作条件。在这个环节，管理者需要像老师一样，从员工可以理解的角度，描述其所要完成的工作，并且引导员工按照要求逐步完成工作。

（2）指导。这个阶段管理者的工作是激发员工工作的动力，让他们自愿地完成相应的工作，并且在工作中获得相应的成就感。在这个环节，管理者需要像教练一样，不断地鼓励员工去完成任务，并且充满干劲地做好工作。这时，员工的士气是决定工作绩效的主要因素。

（3）授权。当员工具备了完成工作的能力和动力以后，管理者就可以减少时间、精力的投入，让员工自己完成相应的工作。所以，这个阶段管理者所要做的最重要的工作是放手让员工去做，最大限度地授权，控制工作进度。

5.1.2 管理者的人际沟通

从明茨伯格的研究中我们知道，管理者在工作中充当各种角色，他们处理一件事情平均只有3—5分钟，而大量工作是通过与他人简单几分钟的谈话完成。所以，管理者的工作离不开沟通，从一定意义上说，沟通就是管理的本质。人与人之间的相互交往，与上司、下属和周围人之间的协调、决策、计划、组织、领导和控制等活动的开展都离不开信息沟通。管理活动的实践表明，管理者约70%的时间用于与他人沟通，剩下30%左右的时间用于分析问题和处理相关事务。由此可见，管理与其他工作一样，不仅需要专业的知识和技能，而且需要与他人沟通的能力。因此，管理者很有必要掌握与他人沟通的技能。

> **概念**
>
> 沟通（Communication）：通过一定的方式在不同个人或群体间传递信息，并获得对方理解的过程。

著名组织管理学家切斯特·I. 巴纳德（Chester I. Barnard）认为，沟通是把一个组织中的成员联系在一起、以实现共同目标的手段。没有沟通就没有管理。沟通贯穿于各种管理活动，可以说，需要协调的管理活动都离不开有效的沟通。

延伸阅读：H企业海外业务组建的失败尝试

以项目管理为例，项目管理是为一个相对短期的目标去计划、组织、指导和控制公司资源的过程。在项目管理中，需要利用系统的管理方法将职能人员（垂直体系）安排到特定项目（水平体系）中，这就要求管理者通过有效的沟通向员工解释这样安排的目的以及新的工作职责等，以确保员工情绪的稳定和项目计划的顺利完成。

在企业中，不同职能部门之间的冲突很常见。由于职能的差别，每个人只能接触组织的一小部分，而对组织的大部分运作过程缺乏了解。图 5-2 是许多公司采取的组织结构。在各管理层级之间总存在"等级"或"威望"的管理鸿沟，在组织的工作单元之间也存在许多职能鸿沟。如果我们把管理鸿沟加在职能鸿沟上，就会发现公司被分成许多独立的业务组织，它们害怕泄露信息会增强对手的实力，从而拒绝彼此间的沟通联系。在项目管理中，项目经理的主要工作便是沟通和协调各管理层级和各工作单元的各项活动，使这些"操作岛"为了共同的目标进行跨职能沟通。

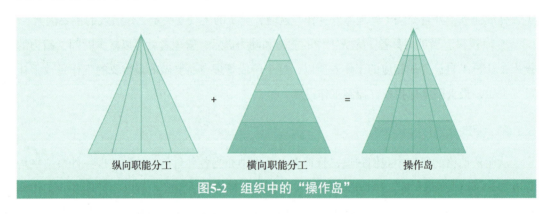

图5-2　组织中的"操作岛"

但是我们想一想，部门之间的矛盾也会有一个形成和发展的过程，事实上，两个部门之间的不同观点在项目开展之初就存在，而部门间不恰当的沟通方式使得矛盾进一步加深。那么，这些矛盾的根源在哪里？发展的过程又是怎样的呢？

我们看出，一个大型组织被分成若干看似相互联系、实际大部分时间是分离的"操作岛"。由于横向与纵向的职能划分，"操作岛"内的活动相对比较集中，而"操作岛"间的联系相对薄弱，每一个"操作岛"都是相对独立的工作单元。人们对各自"操作岛"内的看法和工作都是比较认同的，而对其他"操作岛"的活动并不是很了解。

每个"操作岛"都有外人不了解的潜规则，而这些潜规则主导了组织的活动。我们回想一下常有的部门间的矛盾。在一个生产企业的饮料灌装生产线上，通常会有几个班组在工作：生产班组、设备检修班组、质量管理班组。他们的职能各不相同，生产班组的职能是保持生产线充分运转，及时完成生产指标；设备检修班组的职能是维护和保养设备，保证机器能够正常运转；质量管理班组的职能是使生产出来的产品符合质量标准。由于三个班组的职能不一样，关于生产要求、安排和机器使用都会产生不一致的意见，因此在这个时候出现不同的观点是很正常的。

案例

小世界现象

大家都曾身处一个规模庞大的组织中，现在我们测一测你对这个组织的了解程度。

（1）请拿出一张白纸，回忆一下在这一年中，你与你所在组织中的哪些人打过交道，一起工作相处的时间有多少。

（2）按照由高到低的顺序，先列出一个你在这一年中打过交道的人员名单，然后对每一个打过交道的人，分别列出他们占用你工作时间的大致比例。

（3）把列在最前面的 10 个人的时间比例累加起来，看看他们占用了你多大比例的工作时间。

一般来说，排在最前面的 10 个人的时间比例之和可以达到 80% 以上。也就是尽管我们在一个组织中工作，我们所了解的组织只是其中的一小部分，大部分信息来自我们打交道的这个小圈子，这也被称为"小世界现象"。

思考题：

① 通过时间比例，讨论你对这个组织的了解来自哪里。
② 比较同学之间的差别，讨论哪些因素影响了不同人的时间比例。
③ 讨论哪些因素加剧了"操作岛""部门墙"等现象，如何降低它们的负面影响？

5.2　沟通过程

在沟通过程中，没有任何两个人的观点和信息是完全一致的，这种差异是造成沟通偏差的基础。我们通过下面这个案例，看一看人们之间知识、经验的差异是如何造成沟通偏差的。

案例

折纸游戏

这个游戏模拟命令执行过程。教师作为命令的发布者，学员按照自愿分成 1∶1 配对的小组。其中，一个人扮演上司的角色，另外一人扮演下属的角色。

在游戏中，上司和下属手中各拿一张形状相同的纸，教师发布一些总体性的动作指导意见（命令），然后上司指挥下属执行命令。但是在操作过程中，上司和下属被要求背对背，闭上眼睛，只允许语言交流，而不允许眼神交流。

教师只重复两遍指令且不回答任何问题，教师的指令如下：

（1）请在右上方角上撕去一个正方角，然后对折；

（2）请在左下方角上撕去一个直角三角形，再对折；

（3）请在右下方角上撕去一个圆弧形，然后对折；

（4）展开，对照一下，看看撕纸结果的一致性。

上司逐一向下属布置撕纸、折纸的具体方案，允许上司采用各种不同的语言描述，但是不允许睁眼查看。最后，双方比较摊开以后的纸的形状差异。

思考题：

① 本案例中，沟通有哪些环节？

② 对沟通者而言，要实现良好的沟通需要具备哪些条件？

③ 良好的沟通需要哪些外部条件？

通常在这个游戏中，双方摊开后纸的形状能够做到完全一致的概率不超过30%。在现实的组织工作中，任何一个工作任务都会比这个游戏涉及的工作任务更复杂。但是，为什么这样一个简单的任务会出现这么高的差错率呢？原因在哪里？

为了回答这个问题，我们首先得理解什么是沟通，沟通有哪些基本环节，哪些环节容易产生问题，以及应该如何预防这些问题。

5.2.1　沟通要素

详细了解和掌握一般沟通的过程，对于深入理解管理沟通具有重要作用。我们可以把沟通看作一个过程。如果在这个过程中存在偏差或障碍，就会出现沟通问题。在沟通过程中，首先要有信息发送者和信息接收者，信息的传递和接收是在这二者之间进行的；其次要有一个传递的过程，信息先被编码，转化为可以传递的信号形式，然后通过传播媒介传递至信息接收者，由信息接收者将收到的信号转化为可以被理解的信息，并对信息做出反应。这样，信息的意义就从信息发送者传给了信息接收者。但是这个过程并没有结束，沟通是一个循环过程。信息接收者会对信息做出反应；与此同时，信息发送者和信息接收者之间的关系互换，信息接收者的反应转变成编码信号，同样通过传播媒介，传递给信息发送者。信息发送者对信号进行解码，理解信号含义后形成反馈。

整个沟通的过程如图 5-3 所示，形成一个封闭的循环，在循环过程中，沟通主要包括以信息发送者与信息接收者、编码与解码、传播媒介、反应、反馈等要素。

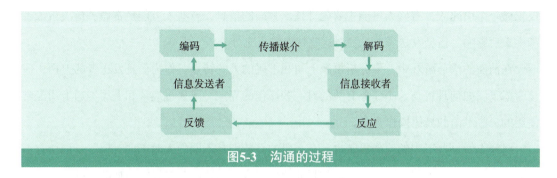

图5-3　沟通的过程

5.2.1.1　信息发送者与信息接收者

在沟通过程中，信息发送者与信息接收者是不可缺少的，并且两者的关系经常发生互换。对于一个管理者而言，信息发送者往往是自己。管理者有各种各样的沟通任务，包括与上司确定工作任务、与同级同事协调工作内容、安排工作计划，向下属布置工作任务。这些都是管理者作为信息发送者需要处理的事务。

此外，管理者在考虑沟通任务的时候，也要考虑信息接收者有什么样的特点。信息接收者可能是一个人、一个群体，也可能并不是特定的人而是公众群体。作为管理者，在这些沟通任务中，应该充分考虑自身和信息接收者的特点以及两者之间的差异。充分考虑信息接收者的特点，合理组织信息表达方式，这是达到沟通目的的关键。对于信息接收者，管理者通常需要考虑这样一些问题：

（1）确认"他们是谁"，了解接收信息的这些人有什么特点。分析这个问题的目的在于确定"以谁为中心进行沟通"。在沟通中，这个对象很有可能是一群人，他们可能各自有着不同的需求。了解"他们是谁"，先要对他们进行分析，然后站在他们的立场上思考怎样沟通才是有效的。

（2）针对沟通主题，了解他们希望通过这次沟通获得什么信息。有些信息接收者可能希望了解一个概念和大致意向，有些信息接收者可能希望了解更详细的细节数据，有些信息接收者可能更加关注论证过程与方法。所以，沟通者应考虑对方实际需要什么信息，而不是只考虑自己为他们提供什么信息。

（3）分析他们更偏好哪一种沟通风格和沟通方式。如在沟通风格上，有正式或非正式、直接或委婉、互动或非互动等，要分析对方在文化、组织和个人的风格上是否有偏好。如果有，偏好是什么。

（4）了解他们在组织中所处的具体位置和对组织的作用。如果沟通的对象是一个组织，那么与这个组织的沟通也许应从该组织中的某个人开始，与这个组织的人打过多次交道后才能达到最终的沟通目的。这时可以看到，不同的人在组织中扮演着不同的角色。有些人可能仅仅做一个引路人，有些人可能主要处理技术方面的信息，有些人可能负责做关键决策或者产生重要影响。信息发送者首先要对这些特点进行充分分析。

在前面的沟通游戏中，要分析扮演上司和下属的人的特点。作为信息发送者的上司，应该考虑下属如何理解与这个任务有关的对一些操作的界定。下属也应该和上司沟通上司经常使用的一些术语的具体操作含义。

对操作做一些事先的明确界定也是有必要的，特别是不同的人对于"对折"一词会有不同的理解，上司和下属有必要考虑对方是如何理解这个词语的。在界定明晰的基础上，针对术语进行规范操作，这样才能够有效降低差错率。

5.2.1.2 编码与解码

延伸阅读：民汉合宿助推民族团结

编码是信息发送者将信息与意义转化成能够传递的信号的过程。解码则与之相反，是信息接收者将接收到的信号还原为信息与意义，并理解其含义的过程。

完美的沟通应该是信息发送者的信息经过编码与解码两个过程后，形成所传递信息和所接收信息的完全吻合，也就是编码与解码完全对称。对称的前提条件是双方拥有相同或类似的背景、经验，以及相同或类似的编码系统。如果双方在这些方面存在不一致，那么在解读信息与正确理解其内在意义的过程中必定会出现偏差，容易造成沟通失误或失败。因此，信息发送者在编码过程中必须充分考虑信息接收者的背景、经验，注重内容、符号的可读性；而信息接收者在解码过程中也必须考虑信息发送者的经验背景，这样才能更准确地把握信息发送者意欲表达的真正意图，正确、全面地理解信息的含义。

同样的一个符号，在不同的编码系统中可能代表不同的含义。同样是摇头和点头，在不同文化背景下的含义就不一样。比如在我国是"摇头不算，点头算"，但是在保加利亚是"点头不算，摇头算"。

在前面的沟通游戏中，对于我们需要传递的动作信息，比如"对折"这样一个词语，对应的就是一个动作的编码。但是由于每个人的编码系统不一样，"对折"对应着几种不同的动作。同样，我们也可以将编码后的信息解码成几个不同的动作。如图5-4所示，其实我们再想一想，对折的方式可能还不止图中这些，向内折、向外折都有可能。

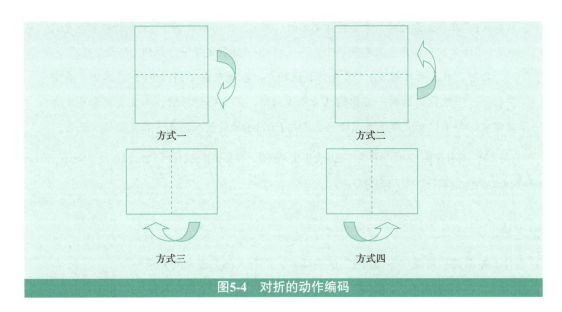

图5-4 对折的动作编码

编码和解码的不一致是造成沟通偏差的重要原因。但是，在反馈的时候，双方都有可能认为对方理解了自己想表达的意思。在游戏过程中，因为设置多次对折的动作，有可能出现一次差错以后，双方操作结果的差距会越来越大。但是，作为操作双方的上司和下属可能仍然认为结果在预料之中，直到最后核对的时候才发现操作的差距。

除了前又折纸游戏中表现出的编码、解码的不一致，在组织中也经常会出现上下级沟通失灵的情况，请看下面的案例。

案例

和客户会面不要做PPT？

2012年，Facebook（脸书）前首席运营官谢丽尔·桑德伯格（Sheryl Sandberg）在哈佛商学院毕业典礼演讲上说了一件事。下面是她的描述：

在工作或者生活中，人们很少会把话说得那么明了。尤其是当你的级别上升后，人们不仅不会和你把话说清楚，还会对你所说的小事反应过激。

当我加入Facebook的时候，我的职责之一就是建立公司商业体系，并将其系统化。但是我不想破坏Facebook原有的文化。我尝试鼓励其他员工和我开会时不要做正式的PPT。我常说，"和我开会不用做PPT，把你想讨论的事列出来就行。"但是，所有人都无视我的要求，仍然在做PPT，就这样一个又一个会议，一个月又一个月，没有改变。大约两年后，我说，"OK，虽然我也不喜欢条条框框，但我要定个规矩，和我开会不用做PPT。我是认真的。别再做了。"

大约一个月之后，我在一个大型场合正要和全球销售团队开会，一个同事上来对我说:"在你上台之前,大家对你制定的'和客户会面不做PPT'的规矩很有意见。"我说:"什么?和客户会面不做PPT?"他们说:"你制定了一个规矩:不做PPT。"

之后,我上台了就说,"首先,我说的是'和我开会不用做PPT'。其次,更重要的是,下次你们听到一些你们认为很傻的话,不要去遵循它,而要去提意见或者无视它,哪怕你知道那是我或者马克(指Facebook创始人马克·扎克伯格)说的。"

资料来源:喜马拉雅. 2012哈佛商学院毕业典礼 谢丽尔·桑德伯格的演讲.[2022-10-12]. https://www.ximalaya.com/waiyu/22097568/170543489。

思考题:

① 为什么在桑德伯格说"不做PPT"的前两年,所有人都无视她的要求?
② 在桑德伯格明确制定"不做PPT"的规矩后,为什么销售团队会理解为"和客户会面不做PPT"?
③ 用图5-3的理论模型解释案例中产生沟通偏差的原因。
④ 桑德伯格最后一段话是希望消除哪些沟通偏差?
⑤ 哪些沟通偏差让桑德伯格与员工的交流不顺畅?

这是桑德伯格分享的一个真实案例,在这个沟通过程中,对于同样语句,桑德伯格和员工的理解并不一致,双方编码和解码系统的差异造成了沟通的偏差,反馈过程的缺失则使得偏差一直存在。那么,哪些因素可以影响双方的编码和解码过程呢?

首先是双方的知识、经验。双方的知识、经验决定了他们如何解读一些术语、信号和概念,在他们把编码转化成为具体信息的时候,知识、经验的影响是至关重要的。知识、经验是沟通者内化的信息,它们决定了信息加工处理的过程。其次是双方当前的需求和资源禀赋。当人们有某些特殊需求的时候,编码过程就会受到影响。最后是双方的价值观和兴趣。因此,在进行编码分析时需要双方彼此足够了解。

事实上,信息是经过信息源编码的物理产品。说话的时候,说出的话是信息;写字的时候,写出的内容是信息;绘画的时候,图画是信息;做手势的时候,胳膊的动作、面部的表情是信息。想一想,为什么现在的人们做报告、陈述项目计划的时候都习惯做PPT?再想想三十多年以前,人们是如何做这些事情的?信息呈现的方式有什么不一样?

信息传递与信息表达的方式有很多种。在做折纸游戏的时候,所要传递的信息是动作信号,在这种情况下,图像表达比语言更合适。而我们采用的是背靠背、闭上眼睛、用语言信号去传递信息的方式,这样一来,沟通的难度就增大了很多。所以,沟通者在传递信息时,选择合适的信息传递与表达方式是很关键的。

我们思考这样一个问题，对于大多数管理人员都需要做的项目报告，采用怎样的语言组织方式比较合适？不同的表达方式和不同的表达者都会产生不同的信息传递效果。正如我们前面曾讨论的，传递信息的故事性、生动性会极大地影响语言信息传递的有效性。管理者要善于利用故事信息、生动信息去传递自己所要表达的含义，特别是想要使传递的信息能够在人群中传播时，生动的故事要比苍白的文字更能给人们留下印象。

当1979年三洋电机的海内外总销售额突破1兆日元大关时，公司创始人井植薰描述"1兆"的概念如以下案例所示。看过以后，我们想想这样的描述和简单地说"1兆"有什么区别。很显然，生动形象的表述可以给人们留下深刻的印象，达到有效传递信息的目的。由此可见，信息的表现形式会极大地影响沟通效果。

案例

1兆日元

假如把1兆[①]日元与时间联系起来，比如说1兆秒等于多少年，那么我们大概就会被这个数字吓一跳。1年有365天，每天有24小时，每小时有60分钟，每分钟有60秒……最后，可以计算出，1兆秒约等于31 710年！如果再设想，一个人1秒钟可以赚1日元，那么等他日夜不停地赚到1兆日元时，时间已经过去三百多个世纪，比整个人类迄今为止的文明史还要长好几倍。我们再设想把1日元的硬币一个个地叠起来，那么1兆日元的硬币足足可以叠成约100万公里的长度，这个长度约等于地球赤道的25倍。

资料来源：［日］井植薰，1992.我和三洋［M］.陈浩然，译.上海：上海人民出版社.

思考题：

① 如果换种方法描述1兆日元，你会如何描述？
② 面对不同的人群，比如学生、商户，如何有效地使用生动信息来描述1兆日元？

5.2.1.3 传播媒介

传播媒介是指传递信息的媒介物，也称通道。当信息被编码以后，需要通过合适的媒介才能够实现传递。比如，上面案例中的这段话，印在书中通过书本的发行进行传递是一种方式；通过给员工现场讲话进行传递也是一种方式；通过录音、广播等传递则是一种影响面更加广的方式。不同传递方式影响的人群不一样，适合传播的信息和传播效果也不一样。

我们最常用的沟通渠道是面对面交谈，这是信息交流最直接、信息最丰

延伸阅读：老黄牛与百灵鸟

---

① 1兆=1万亿。

富的渠道。通常，在办公室这个场景中，还有电话、传真、文件这些常用的沟通工具。随着信息技术和网络技术的发展，信息沟通渠道越来越丰富，企业既可以选择传统的报纸、杂志、电视、广播等作为沟通媒介，也可以选择网络（包括电子邮件、视频、微信等）作为沟通媒介。

虽然信息传播媒介由信息发送者选择，但也遵循一定的传播规律，掌握沟通信息的传播规律会给管理者带来巨大的影响。最典型的是公司与目标客户沟通时，传播媒介的选择会影响产品销售的结果。试想这样一个问题：如果你的公司生产一种能有效治疗青少年近视的药品，那么你应该选择什么样的渠道和媒介来传播产品信息？如何去影响客户群？对于20岁左右的年轻群体来说，网络可能是比较好的传播渠道；而对于50岁以上的中老年群体来说，报纸和电视是比较好的传播渠道。

案例

《征途》的沟通媒介

"网络游戏的营销方式是国内所有产业中最落后的。"史玉柱曾不止一次地抨击国内网络游戏公司都不太注重地面推广这一现象，"这个行业的人不注重消费者研究"。

正是依靠强大的广告攻势和地面营销队伍的推进，史玉柱经营的保健品业务长期以来一直处于行业第一的位置。在拥有多年"脑白金"业务经验的史玉柱看来，"市场营销的关键是空军和陆军的配合，'空军'就是广告的轰炸，'陆军'就是地面营销队伍的推进"。

在《征途》网络游戏的成长过程中，史玉柱也在众多电视媒体投放了广告。在这种"陆空配合"思想的指导下，《征途》网络游戏项目组从成立开始就不断地在全国各地设立办事处，推广旗下的游戏产品。

"我们的目标是在全国1 800个县设立办事处。"史玉柱透露。相比网易和金山来说，史玉柱旗下保健品业务遍布全国各地的销售渠道，也可以为网络游戏业务的渠道建设带来便利。"只要需要，我们可以一夜之间在全国5万个网吧刊登《征途》网络游戏的广告。"史玉柱称，这种借助地面人海战术进行推广的优势相当明显。据称，《征途》网络游戏的营销人员每天都会到网吧等渠道了解自己的海报是否被其他海报覆盖，而网易的营销队伍一般需要一个星期才能完成上述工作。

此外，项目组庞大的营销队伍还会在全国各地开展各种活动来推广《征途》网络游戏。"我们有时会在周末包下全国各地5万家网吧让玩家来玩。"史玉柱称，在包场的当天，这些网吧只能提供《征途》一款游戏供玩家玩。这样，不仅提高了《征途》网络游戏的收入，还打击了竞争对手的市场份额。

在史玉柱看来，网络游戏同保健品一样，都是利润比较高的行业，可以支撑庞大的销售渠道。实际上，这些地面营销人员的收入是与业绩挂钩的，公司本身需要支付的额外成本并不高。

"网络游戏行业的很多公司都不太注重二三线城市。"在史玉柱看来，国内一线城市的人口只有几千万，虽然处于金字塔的顶端，但是整个市场规模有限；而二三线城市聚集了数亿的人口，只要推广得好，市场空间相当大。这也是史玉柱在经营"脑白金"等保健品业务时探索出的中国国情。

"我不会去主打一线城市，二三线城市的总量要比一线城市大很多。"史玉柱称。实际上，在北京、上海等一线城市，网易和盛大等市场先行者所占的市场份额已经相当高，整个市场的营销费用也水涨船高。"在一线城市的很多网吧去贴海报是要付钱的，但是在二三线城市基本上不需要。"史玉柱说。

在一线城市，很多玩家在自己家里玩游戏，史玉柱的地面营销队伍派不上用场；但是在二三线城市，众多的玩家在网吧里玩游戏，这也是史玉柱的营销优势所在。

事实上，二三线城市也给了《征途》网络游戏足够高的回报。上海市广播电视局的一份统计报表显示，2006年，《征途》网络游戏的营业收入为6.26亿元。2007年，其市场份额增长速度更快，市场流传的数据是，2007年3月，《征途》网络游戏的月运营收入超过1.6亿元，月纯利润超过1.2亿元。

资料来源：顾建兵. 史玉柱称3年内营销队伍要扩充至2万人［EB/OL］.（2007-08-15）［2023-01-18］. http://news.17173.com/content/2007-08-15/20070815172306238.shtml。

思考题：

① 《征途》网络游戏的营销对象是哪些人？如何才能找到他们？
② 图5-3中哪些要素被忽视导致网络游戏营销方式落后？
③ 史玉柱的网络游戏营销模式通过哪些媒介将信息传递到目标对象？
④ 公司如何组织对客户的有效沟通？如何分析评估不同媒介的沟通效果？

一个高明的沟通者可以根据信息内容的特点选择沟通媒介。想一想，在"折纸游戏"中，我们的媒介是什么？仅仅是口头的语言，语言媒介也许不适合传播动作信息。如果能够借助一些共同的视觉信号，那么沟通就会有效得多。同样，我们也可以想一想语言媒介适合传播什么样的信息，手势适合传播什么样的信息。

每个问路人都会有这样一种感觉，听别人描述半天以后还是不明白具体应该怎么走，而画一张图效果要好得多。因为方向、路线等信息用图像形式传递会更加有效。如今人们经常使用的各种网络约车软件比以往"电话叫车"能更好地传递位置信息，因为地图、GPS（全球定位系统）在传递位置信息方面要比语言更加有效。但是，如果我们要表达鼓动性的战斗檄文或高深的思想意境，那么语言文字的优势就会体现出来。

5.2.1.4 反应与反馈

延伸阅读：一封悄悄话

信息接收者解码了沟通信息以后，沟通过程就进入了反应与反馈的过程。此时，信息发送者与接收者的角色进行互换。信息接收者会把要表达的内容通过反应进行编码传递，信息发送者会解码后形成反馈。至此，沟通形成一次循环。

反应（Reaction）是指信息接收者理解沟通信息以后，表达对信息的意见，可以表现为语言、行为，甚至书面文字。此时，接受者为了让信息发送者了解自身意见而作出的行为表现称为反应。反应是信息接收者对自身意见的编码。

反馈（Feedback）是指信息发送者对接收者的反应进行理解确认，也是对反应的解码。信息接受者做出反应，并传递返送给发送者，以便信息发送者对接受者是否正确理解了信息进行核实。

反应与反馈形成了沟通的反馈机制。为了检验信息沟通的效果，即接受者是否正确、完全、及时地接收并理解了信息发送者传达的信息，反应与反馈是必不可少且至关重要的。在没有得到反馈以前，信息发送者无法确认信息是否已经得到有效的编码、传递、解码与理解。双向沟通是一个不断进行的循环，反馈机制的畅通是有效沟通的重要保障。

> **案例**

单向沟通与双向沟通

请教室中刚才做折纸游戏的上司和下属互换一下角色，同时把教室中的小组分成两大组。

请下属（指挥者）面对黑板，上司（画图人）背靠黑板，下属指挥上司画黑板上的图案。两大组分别做以下两个任务：

（1）单向沟通：上司按照下属的描述画图5-5A，按从上到下的顺序画，不许提问！（限时6分钟）

（2）双向沟通：上司按照下属的描述画图5-5B，按从上到下的顺序画，可以提问！（限时10分钟）

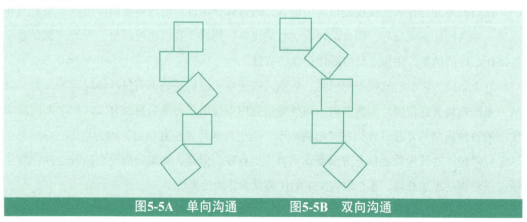

图5-5A　单向沟通　　　图5-5B　双向沟通

思考题：

① 下属谈谈自己的感想，并对上司的提问进行评价。
② 上司谈谈自己的感想，并对下属的回答进行评价。
③ 谈谈在沟通过程中有哪些方位性的术语。

做完上面的沟通练习以后，我们可以发现双向沟通的效果比单向沟通的效果好很多，双向沟通更加能够保证信息的准确传递。

沟通过程中的大部分因素都有可能造成信息失真。如果编码不认真，发送者发出的信息就会失真；如果传播媒介选择不当或噪声过高，也会使信息在传递的过程中失真；另外，个人的偏见、知识水平、知觉技能、注意广度、解码的认真程度等因素也会在一定程度上使信息接收者对信息的解释与发送者的想法有差距。

反应与反馈可以使信息发送者及时调整信息发送内容，减少信息发送偏差。由此，我们思考一下反馈机制对于不同形式的沟通效果的影响。为什么很多时候任务需要当面沟通？邮件沟通和当面沟通有什么不一样？反应与反馈的存在使得单向沟通成为双向沟通，而双向沟通的效果要比单向沟通好。这也是下发文件和开办讲座的宣传效果不一样的原因。

所以，对于管理者而言，保持反馈机制和反馈渠道的畅通是非常有必要的。当信息在组织中传递的时候，往往会发生衰减与扭曲，使得管理者无法得知真实情况。比如，如果一名下属告诉上级的信息都是上级想听到的东西，这名下属就是在过滤信息。

➡ 概念

> 过滤（Filter）：信息发送者有意操纵信息，使信息更容易被信息接收者接受。

这种现象在组织中经常发生吗？答案是肯定的。当信息向上传递给管理者时，下属常常压缩或整合这些信息，以使上级不会因此而负担过重。在进行整合时，下属会掺杂个人的兴趣和自己对重要内容的认识，这样就导致信息被"过滤"。过滤的主要决定因素是组织结构中的层级数目。组织纵向层级越多，过滤的机会就越多。现实生活中"报喜不报忧"就是典型的信息过滤行为。在权力距离（Power Distance）更大的中国文化情境中，下级迎合上级意愿，调整信息内容的现象更加普遍。

案例

命令的传递

1910 年，美国军方在一次传递命令中的情况是这样的：

营长对值班军官说:"明晚8点钟左右,哈雷彗星可能在这一地区上空出现,这种彗星每隔76年才能看见一次。命令所有士兵穿着野战服在操场上集合,我将向他们解释这一罕见的现象。如果下雨,就在礼堂里集合,我将为他们放映一部有关彗星的影片。"

值班军官对连长说:"根据营长命令,明晚8点哈雷彗星将在操场上空出现。如果下雨,就让士兵们穿着野战服前往礼堂,这个每隔76年才会出现一次的现象将在那里出现。"

连长对排长说:"根据营长的命令,明晚8点,哈雷彗星将身穿野战服在礼堂中出现。如果下雨,营长将下达另一个命令,这种命令每隔76年才会出现一次。"

排长对班长说:"明晚8点,营长将带着哈雷彗星出现在礼堂,这是每隔76年才会有的事。如果下雨,营长将命令哈雷彗星穿上野战服出现在操场上。"

班长对士兵说:"在明晚8点下雨的时候,著名的76岁的哈雷将军将在营长的陪同下身穿野战服开着那辆'彗星'牌汽车经过操场前往礼堂。"

思考题:

① 有人在这个过程中故意扭曲命令了吗?
② 如何保证命令在传达过程中不被误传?

5.2.2 沟通焦虑

5%—20%的人有某种程度的沟通焦虑(Communication Stress)。多数人害怕在人群中讲话,沟通焦虑会造成很多的沟通问题,比如,信息发送者不能专注于信息内容,信息接收者无法专注于对方传递的信息含义。99%的人,包括著名的职业演说家,他们发表演说时都有不同程度的恐惧和紧张。处在这样的场合,人们会感觉到脉搏加快、呼吸加速、身体处于应激状态,这时人的思维和反应都可能加快,活动的能量也会明显增加。

大部分的沟通焦虑发生在人与人之间的口头沟通过程中,或者在他们使用电话进行沟通的过程中。特别是当需要在人群或者公众面前公开讲话的时候,人们普遍会感觉到焦虑与紧张。

因为不希望亲眼看到有关对方否定态度的信息,人们会依赖于信件、短信或备忘录传递信息,而不是因为信件、短信或备忘录更加有效(显然打电话或者当面沟通效率更高),沟通者在使用这些渠道进行沟通的时候不会感到焦虑,也不会因沟通场合的变化而感到不适应。

如何才能够应对沟通过程中的焦虑呢?首先要有正确的心态。焦虑是人们面对沟通的正常反应,如果你在演讲前感觉紧张、心跳加速,这种状态表明你的身体正准备进入战备状态,你的思维、反应的速度都在加速,这是一种正常的状态。有关工作紧张与焦虑的研究表明,适当的焦虑能够提高工作绩效,演讲也一样,但过度的焦虑会影响正常水平的发挥。其次，要学会调节紧张与焦虑的状态。如何克服沟通过程中的焦虑呢？对于演讲者来说，通常有以下方法可以考虑：

（1）充分准备。在沟通前充分熟悉自己要表达的内容，梳理表达思路，做到对所沟通内容心中有底。

（2）提前到达，熟悉场地和听众。这有助于演讲者缓解压力，组织针对听众的沟通策略。

（3）自我提示。演讲者事前应该有充分的信心，并暗示自己："我比任何一位听众都了解所讲的主题"，通过系统的思考和梳理，厘清表达思路。

（4）印象管理。印象管理就是关于听众对自身可能的信赖感和自身在听众心目中可能的印象进行估计的过程。比如分析自身的穿着、头衔、用语习惯等可能会给听众留下什么印象。事先借助外在因素，提升自身的权威性，提高在听众心目中的专业程度。

5.3 有效沟通的要点：换位思考

沟通是让对方理解并接受你的观点，对方是你考虑的核心。有效沟通的本质是换位思考，因此要有正确的沟通心态。为了让对方能够更好地理解信息的含义，在组织沟通信息时要全面、简明、清晰并注重礼节。有效的沟通是双向的，在这个过程中不仅要注意自己的表达，还要积极倾听，这既是解决问题的有效方式，也是提升自我意识的有效工具。我们通过下面这个案例来介绍有效沟通的要点。

案例

团队的转变

团队中常常存在的问题是本位主义难以克服，团队气氛中如果充满批评、指责，就会使员工每天上班像进入战场，如炼狱般煎熬。

在一次训练活动中，有位主管分享了他们公司如何处理团队冲突的故事。他说："以往在主管会议中，常常看到大家互相批评、互相攻击，场面热闹，比如'因为生产部未按时交货，所以业绩没有完成''因品质设计不良，顾客抱怨并退货''因业务下单交期太短，中间插单、改单……造成生产不顺'，很多的'因为你的……不对，所以造成我的……不能做事'，或者'都是因为你没有配合，所以我的……无法完成'；每次会议大家都为相互间没有配合好的事，与这段时间的问题争辩不休。"

"经过几次的会议后，有一天，刚回国接任的总经理终于忍不住了，在会议上当场用力拍桌子，'啪'，把正在争辩中的主管们吓了一大跳。总经理说：'从现在开始大家调整报告内容，不用再报告别人有什么错误而责备别人，在会议中只能报告两个内容——一个是本周内哪些部门、哪些人对你有什么贡献。另一个是检查你自己还有哪些未做好或不足之处，接下来你要如何改进。"

这位主管欣喜地说下去："之后的第一次会议，大家都很不习惯，以往只注意别人有什么缺点，不曾注意别人对我有什么贡献。而总经理要求在会议上要报告别人对我有哪些贡献，全场一开始鸦雀无声，好不容易有人挤出一句，'谢谢陈经理，有一天在会议室，你为我倒茶！'尽管如此，总经理也表示了认可。"

根据这位主管的叙述，几次会议以后，会议的气氛转变了，公司内部氛围也奇怪地随之改变了。每次他在会议中报告，注意到越来越多别人对他的帮助，他也对自己的不足做检讨，不仅营造了感恩的气氛，也带动了其他主管们自我检讨、负责的工作态度，团队合作凝聚力也增强了。

这位主管得意地说："在会议上，对别人表示感谢是肯定别人给予我的帮助，自我检讨是对自己不足的反思。过了两个月事态又有进一步的发展，会议中大家发现：如果只有你感谢别人，而没有别人感谢你，那代表什么意思？由此鼓励每个人在注意别人对我有什么贡献之余，也主动找机会帮助别人，寻找为别人服务、贡献的机会，团队凝聚力就在这个过程中增强了。"

资料来源：杭州中萃食品有限公司案例。

思考题：

① 本位主义的根源是什么？你所在的组织中存在本位主义吗？请举一个例子说明。
② 为什么一开始人们总是会关注到其他部门的不足？
③ 总经理的建议改变了什么？与之前相比，部门之间的工作内容有什么变化？部门之间相互的看法有什么变化？

5.3.1 换位思考的理论基础

从"团队的转变"案例中我们可以发现，看问题的角度在沟通中起到了很大的作用。为什么这种角度会影响沟通过程呢？我们在前文中谈到了知觉的偏差，有些典型的知觉偏差会影响沟通过程。

"仁者见仁，智者见智。"人们看问题的角度不一样，看到的内容也会不一样。在"团队的转变"案例中，虽然每个部门职能不同，但同在一个组织中，部门间的沟通和配合是十分重要的。受本位主义的影响，人们容易看到其他部门的不足而忽略其贡献，所以开会的时候相互指责、相互抱怨是很正常的。

如果人们能够站在对方的角度思考问题，然后想一想与对方沟通的方式，那么对方接受观点的可能性就会大大提高。在理论研究中，"站在对方的角度思考"被称为"换位思考"，也被翻译成"观点采择"（赵显等，2012）。

概念

> 换位思考（Perspective Taking）：个体从他人或者他人所处的情境出发，推测他人的观点与态度的心理过程。

换位思考的概念可以追溯到乔治·H. 米德（George H. Mead）在20世纪初提出的角色采纳（Role Taking）的概念。米德认为，人们在社会互动的过程中会进行角色采纳，将自己带入他人的角色并评价自己的观点，进而形成对自我的判断。让·皮亚杰（Jean Piaget）通过研究儿童心理发展过程，发现处于早期发展阶段的儿童无法报告他人眼中看到的场景位置，而随着年龄的增长，儿童才逐步具有这种去自我中心化的能力。近三十年来，换位思考是社会心理学领域备受重视的研究主题。Galinsky等（2005）对换位思考的理论概念和效应进行了系统研究。在汉语里，"设身处地""将心比心""推己及人"等成语可以用来描述人们站在他人角度看待问题的思路；在英语里面，"Put oneself in the shoes of others"（把自己的脚放在别人的鞋子里面）可以描述我们所说的"换位思考"。

案例

换位思考量表

请根据句子的描述，判断它是否恰当描述了你的感受。

1	2	3	4	5
完全不符合	不符合	不能确定	符合	完全符合

① 我有时很难从他人的角度看问题 *
② 在我做出决策之前，我会尽力审视每个提出反对意见的人的想法
③ 为了更好地理解我的朋友，我有时会从朋友的角度看事情
④ 如果我确信在某件事情上我是正确的，那么我不会浪费时间倾听别人的意见 *
⑤ 我相信凡事都有两面性，而我也会尽力从正反两面思考问题
⑥ 当别人让我心生不悦时，我常尽力将自己放在他/她的立场上思考事情
⑦ 在我批评别人之前，我会想象如果换作自己，我的感受会是什么

资料来源：Davis M H, 1980. A multidimensional approach to individual differences in empathy [J]. Journal of Personality and Social Psychology, 10（85）。

* 表示反向计分项目

共情（Empathy）与换位思考的定义有一定的相似之处，赵显等（2012）比较了这两个

概念。共情指人们基于他人或他人所处情境而产生同情、怜悯等情感唤起的心理过程。有研究者认为，换位思考侧重于认知过程，共情侧重于情绪体验。Davis（1983）归纳界定了共情的概念与测量方法，他将共情分为4个维度，包括换位思考、想象（Fantasy）、共情关注（Empathic Concern）与个人悲伤（Personal Distress），开发了包含这4个维度的量表。他认为，换位思考是共情最重要的核心成分，强调在认知上想象体验他人观点，也是在情感共鸣的认知基础。Epley等（2006）在研究中，将共情界定为认知性换位思考（Cognitive Perspective Taking），强调了换位思考的认知过程特性。

但是，很多研究者把换位思考与共情混用，认为二者本质上没有区别；或者认为，虽然换位思考强调认知过程，但在某些情境中也可能唤起被试的共情反应。比如，Galinsky等（2008）将换位思考比作"个体进入他人头脑中去思考"，而将共情比作"将他人放入自己心中来感受"。

5.3.2 换位思考的作用

由于沟通双方在权力、地位、文化、素质、学识等方面有差距，若其中一方不能以平常心去倾听、开放地理解对方的表达，沟通双方就会产生误解，这样的沟通结果通常是不理想的。组织中的团队是由具有不同家庭、社会、教育背景的成员组成的，每个人的生活方式、工作方式及价值观都存在很大的差异。这会导致每个人都根据自身特征去理解对方的表达，从而表现出编码和解码的差异。换位思考的作用在于消除这种差异。研究表明，换位思考促进沟通的作用表现在两个方面：

（1）换位思考可以促进"自我—他人"融合，进而促进人们接收更多的信息、采取多角度理解对方。Galinsky等（2005）研究表明，换位思考能通过强化认知上的自我—他人融合来促进不同个体之间的沟通。所谓认知上的自我—他人融合，是指"在他人身上看到自己的影子"，就是人们认为自己与他人具有多大程度相似的特征。换位思考会激活自我概念，让人们站在他人角度感知他人的观点，促使自我与他人感知重合越来越多。当感知到对方与自己有相似特征后，人们会理解对方的感受，设身处地地从对方角度考虑问题。

例如，人们习惯于将自己的消极行为归因为外部因素，在换位思考时，人们会把他人的消极行为也归因为外部因素，觉得这种行为也"可以理解"。因此，当进行换位思考时，个体能与他人能够建立一种心理亲密感，并且能够更好地去理解和预测他人的行为，从而有助于构建更顺畅和有益的人际关系。

此外，换位思考还有利于消除人际冲突中的偏见以及对他人的刻板印象，使人们更客观地去看待自己与他人的差异，更好地接收多方面的信息。根据"选择性知觉"原理，当人们思考角度发生变化的时候，人们看到、听到的内容也会发生变化。

在"团队的转变"案例中，原本大家的关注点都在自己部门的贡献、其他部门的不足上。如果站在其他部门的角度思考，就更能注意到站在自己角度思考问题时容易忽视的内容。比如，总经理要求大家只报告其他部门的贡献和自己的不足，这就改变了大家的关注点。就像我们在第3章中提到的"框架效应"。如果认识的参照点改变了，那么对相关情境的认识也可能发生改变。当大家都被要求去关注别人的贡献和自己的不足时，参照点就一样了，人们也就更容易看到部门间的协同作用。

（2）换位思考可以让人们更理解对方的负面感受，促使人们更敏锐地察觉对方诉求。特别是当沟通双方存在利益冲突的时候，对抗往往会使得人们更加关注自己的利益、忽视对方的诉求。人们习惯性地进行自我中心式的思考，这往往会引起不同部门的误解、纷争和冲突。如果进行换位思考，人们就会更容易了解对方的利益、诉求，感知对方所受到的不公正对待，从而理解对方的反抗、过激行为。赵显等（2012）回顾文献后认为，在某些情境下，理解对方的不公正感知会减少偏见，更敏锐地察觉对方的需求，进而整合双方利益。研究发现，换位思考可以促进谈判者更能够做到"知己知彼"，进而"百战不殆"，从而能更好地实现资源整合。

随着沟通双方不断地互动，换位思考的效应也会不断地被放大。在"团队的转变"案例中，由于沟通是一个互动的过程，在群体开会的时候，这种现象会表现得更加明显。由于群体之间的相互作用，人们会相互激发彼此的积极态度，每个人的思考角度也会在这个过程中逐步调整。

5.3.3 负面臆想与冲突回避

虽然大部分人都很清楚换位思考的意义，但实际运用换位思考其实并不容易。负面臆想和冲突回避是高权力距离的中国组织中的常见现象，在追求和谐的组织氛围下，冲突回避有可能成为一个很大的沟通障碍。

案例

为什么没人反对？

徐总是一家从事软件开发的私营企业的老板。近年来公司业务发展很好，吸引了许多名牌大学的优秀毕业生。公司有一套严格的招聘制度和程序以保证业务部门能够招聘到合格的人才。按照公司人力资源委员会的规划，今年只招聘软件工程和市场营销两个专业的人才，管理专业的应届大学毕业生暂时不招聘。在一个偶然的场合，徐总的大学同学向他推荐了一位管理专业的应届大学毕业生。虽然徐总觉得不能违背公司制定的进人规划，希望由人力资源委员会的成员做出最终的决策，便将被推荐人的资料转给了人力资源委员会。

人力资源委员会的5位委员开会讨论这件事时，起初大家都不发表意见。过了一会儿，其中一位委员说:"这位申请人知识面很宽,尽管对于管理实践不太熟悉,但她很有潜力。"其他人纷纷赞成,最终决定录用她。

这位被录用的大学生来公司上班后到徐总办公室道谢。徐总很惊诧,为什么人力资源委员会违背刚刚制定的进人规划,将一个资质平平且公司并不需要的人招进来?随后,人力资源委员会的几位委员开始指责那位首先发言的委员,而这位委员则说:"我看你们在会上都不发言,而我还要去主持另外一个会,而且我们既然开会就要形成共识、做出决策,所以我才率先说出那样的话。如果我的想法不对,你们怎么就没有一个人提出不同意见呢?"

资料来源:张志学,张建君,2010. 中国企业的多元解读[M]. 北京:北京大学出版社。

思考题:

① 在还没有人发言的时候,为什么没有委员站出来反对?
② 委员们有哪些顾虑?为什么没有人和徐总沟通?
③ 在有人发言以后,为什么还是没有人站出来反对?

在中国组织中,员工"知而不言"的现象依然随处可见:尽管他们对上级的决策心存疑虑,却不愿当面指出,他们要么把这些疑虑埋藏在心,按部就班地执行上级的指令,要么想方设法拖延。冲突回避是指人们在互动沟通的过程中,当判断与别人可能发生冲突的时候,会尽量避免与对方直接冲突。回避处理的方式在中国很常见,人们在面临冲突时,常常避而不谈。这样做避免了直面冲突的尴尬和咄咄逼人,维护了和谐的人际关系,保全了双方的面子(张志学和魏昕,2011)。

科层制结构所造成的距离隔阂是产生冲突回避的结构性原因,即中国俗语中的"官大一级压死人"。在科层制组织中,信息的流向受到限制,员工不能越级上报,员工的自主性、主动性受到抑制,个人的活动空间变小,形成员工分工明确的格局。该类组织鼓励员工遵循严格的制度、规则和流程,不鼓励员工质疑组织权威。科层制结构使得按部就班、按令行事成为员工的最佳行为方式,最终导致的结果是即使员工发现了问题,也不愿意去挑战权威、引起人际冲突。

但即使没有了科层限制,人们仍然会回避冲突。引起这一现象的原因来自人们的负面臆想,请阅读下面这个案例。

案例

为什么不要对方还钱?

我们曾经做过一项调查,向参与调查的组织员工讲述了一个生活中常见的借钱买鞋的小故事，大意如下：一位和你关系一般的同事在逛街的时候向你借钱买鞋，数额是你月薪的 1/15，但是过了一段时间后这位同事忘记了还钱，你会如何处理？结果发现，仅有 8.9% 的人会直接要钱，其他人要么压根不提此事，要么想方设法、拐弯抹角地试图以其他方式要回自己的钱。比如，在闲聊时假装称赞同事的鞋子，以期对方能够想起借钱这码事；或者向这位同事借相同数额的钱，等到对方"讨债"时，提醒对方之前也借过自己的钱。

在这一情境中，注重表面和谐的价值观使得人们担心直接开口要钱会带来不良后果，如得罪对方、对方认为自己小气、彼此的关系会变差等；而且，这些负面预期确实发挥了中介作用，导致人们不愿意直接要钱。

在借钱的情境中，我们请一些参与者设想自己欠了同事的钱忘了还，并让他们回答，如果同事直接来要钱，自己在多大程度上会有如前所述的负面感受。令人吃惊的是，被要求还钱者的反应并不像人们想象得那么负面。

资料来源：张志学，魏昕，2011. 组织中的冲突回避：弊端、缘由与解决方案［J］. 南京大学学报（哲学·人文科学·社会科学版），48（06）：121-129+157.

思考题：

① 如果是你，你会直接开口要钱吗？
② 为什么有一部分人不愿意直接开口要钱？
③ 思考研究者们为什么把这种负面预期定义为"负面臆想"。

"臆想"是指人们在判断对方自私程度的时候，总是会过高估计对方自私的程度。负面臆想是指人们在揣摩对方想法的时候，总会尽量把对方设想成自私自利的形象，每一步行动都带有自私的目的。上面事例中，被要求还钱者的反应与借钱者的估计差异说明了这种负面预期有很大程度被夸大的倾向，所以称之为"负面臆想"。

▶ 概念

负面臆想（Negative Anticipation）：人们在人际互动中对对方的负面猜测。人们在揣摩对方想法的时候，会高估而不是低估对方的自私程度，认为对方的每一步行动都带有自私目的。

在"为什么没人反对？"的案例中，人们为了回避冲突，负面臆想起到了关键作用。冲突回避和负面臆想虽然在短期内使得冲突的爆发得到延缓，但是很有可能在事态的发展中带来问题和损失。在该案例中，每个委员其实都不同意招聘被推荐人，因为这明显违背了进人规划。然而，大家都在揣摩他人的想法，认为其他成员会迎合徐总。在会议上，第一名委员的发言仅仅是试探，目的是引发大家的讨论，但其他委员愈发地肯定了他的提议。由于害怕违背徐总的意见，委员们纷纷附和。最后，决策变成了行动。当徐总怪罪下来的时候，委员会成员相互指责。后果是，公司招聘了不合适的员工，委员们也对彼此不满。假冲突演变成真正的冲突和互相的埋怨。

在上下级的互动中，负面臆想同样存在，不仅存在于对人际关系成本的担忧，还涉及对工作的影响，也就是下级担心上级在工作上给予负面评价，从此失去上级的器重。这种科层所造成的权力距离使得人们更不能设身处地实现"换位思考"，负面臆想的程度也会更高。张志学和魏昕（2011）认为，负面臆想会带来员工的冲突回避，并让下级不愿意向上级提建设性意见。回到上面"为什么没人反对？"的案例，如果上级给你推荐了一位面试候选人，你会不会猜测他的目的就是想给这位候选人"开后门"呢？如果你笃信于此，那么你是否勇于去做第一个在会议说出"不录用"的人？在负面臆想下，人们会放大自己言行的"后果"，因此会更加小心谨慎。但是这种缄口不言却是组织沟通中的绊脚石。

5.3.4 倾听实现换位思考

谈及沟通，人们往往把它等同于掌握阅读、书写、交谈的技能，常常忽略另一种重要技能——倾听。事实上，在每天的沟通过程中，倾听占有重要地位，我们花费在倾听上的时间要远远超出使用其他沟通方式的时间。研究者曾做过统计，人们一天大概70%的时间用于沟通，各种沟通活动时间的占比如图5-6所示。

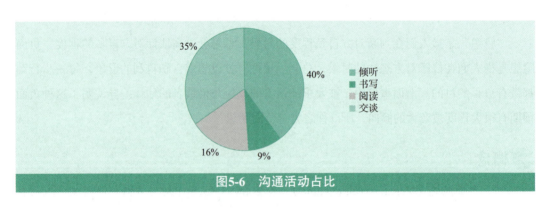

图5-6 沟通活动占比

从图5-6可以得知，在沟通活动中，倾听占40%，书写占9%，阅读占16%，交谈占35%。可能正因为我们每天用于倾听的时间如此之长，以至于忽略了其重要性。坐下来想一想，我们有多少次误解了别人的话？又有多少次没能弄懂对方的意图？我们从与别人的谈话中获得了多少信息？倾听是管理者必备的素质之一，大部分成功的管理者都是善于倾听的人。

在畅销书《亚科卡自传》中,亚科卡先生曾对管理者的倾听有过精辟的论述:"我只盼望能找到一所能够教导人们怎样听别人讲话的学院。毕竟,一名优秀的管理者需要听到的至少与他需要说的一样多。许多人无法理解沟通是双向的。"他认为管理者必须鼓励员工积极提建议,使他们发挥最大干劲,虽然你不可能接受每一项建议,但你必须对每一项建议做出反馈;否则,你将听不到任何好的想法。他总结说:"假如你要发动人们为你工作,你就一定要好好听别人讲话。一家失败的公司和一家成功的公司的区别就在于此。作为一名管理人员,我最开心的莫过于看到这样的情境:由于管理者倾听了某个员工所遇到的问题而使这个被公认为一般或平庸的员工发挥了他应有的价值。"

一般来说,如果一个倾听行为有利于沟通双方愿意进一步谈话,那么这是良好的沟通行为;如果这个行为有利于沟通双方更加仔细真实地把握沟通信息,那么这是一个非常好的沟通行为。在具体的倾听过程中,需要注意以下问题:

(1)专心与排除干扰。好的倾听者并不是天生的,而是需要在后天学会如何有效地听讲。好的倾听者并不一定都有很高的智力和教育水平及社会地位。与其他任何一种技巧一样,良好的倾听习惯来自实践和自律,即个人要保持专注的心态去倾听别人的讲话;在与别人交谈时要排除有碍于倾听的环境因素,如尽量防止无谓打扰及噪声打扰等。

(2)明确倾听目的。越明确倾听的目的,就越能够成为一名合格的倾听者。事先的考虑促使我们积极参与人际交流,使得我们的记忆更加深刻,感受更加丰富。在开始沟通前首先需要明白这次谈话的目标是什么,哪些信息有利于目标的达成,哪些行为可能会妨碍目标的达成。

(3)适当的目光接触。眼睛是心灵的窗口,谈话双方没有及时地进行目光接触将会严重阻碍沟通的进行。在谈话过程中,倾听者要注意用目光征询对方的意见,及时和对方用目光交换意见。避免不恰当的角度、墨镜等外部条件影响目光的交流。当然,目光的交流也不是压迫性地直视对方眼睛,而是双方目光的短暂接触。

(4)及时用恰当的动作和表情给予对方回应。用各种对方能理解的动作与表情,表示自己的回应,如微笑、皱眉、迷惑不解等表情,给对方提供准确的反馈信息,以便于对方及时调整,还应通过动作与表情来表示自己的感情、自己对谈话和谈话者的兴趣。需要注意的是,动作和表情不宜过于夸张,因为这经常会干扰沟通过程。同时,应避免一些分心的动作和手势,比如在手上摆弄一些小东西,或者习惯性的动作、干扰行为等。

(5)恰当地复述、记录及提问。恰当地复述和记录对方的谈话,既有利于核实信息内容,也有利于彻底掌握自己没有倾听到的或没有听清楚的事情,同时还有利于讲话人更加有重点地陈述和表达观点。此外,恰当地提问也有利于对方更好地组织与表达信息。

5.4 角色外的沟通：员工建言

组织中的人际沟通存在多种形式，比如上级下达指令、下级给予反馈、同事协调工作……这些具体的沟通行为往往都是角色内的行为，也即领导或员工依照其角色规范开展的必要的人际沟通活动。除此之外，组织中也存在一些角色外的沟通行为。比如，员工会超越自己的职责范围，自发地提出一些与工作相关的想法、建议、顾虑或观点，以期改进工作团队或组织的运行。这一人际沟通行为被称为员工的建言行为。

▶ 概念

建言行为（Voice Behavior）：人们自发地提出一些与工作相关的想法、建议、顾虑或观点，以期改变工作团队或组织的运行现状。通常被认为是一种角色外的、挑战现状的行为。

在"为什么没人反对？"案例中，提出对招收候选人的反对意见，也就是向徐总建言。员工建言能够带来提高决策质量、促进团队学习和创新、改善工作流程、预防危机等有益的结果。在中国古代的历史资料中，建言也被称为进谏、谏言，最为著名的建言当属魏征谏唐太宗，这在历朝皇帝和大臣的沟通中极为少见。

案例

魏征谏唐太宗

魏征（580—643），字玄成，唐朝政治家。曾任谏议大夫、左光禄大夫，封郑国公，以直谏敢言著称，是中国历史上最负盛名的谏臣。凡是他认为正确的意见，他必定当面直谏，坚持到底，绝不背后议论。

在国家大政方针上，尤其是大乱之后拨乱反正，魏征主张宜快不宜慢、宜急不宜缓。唐太宗即位之时，百废待兴。一天，他问魏征："贤明的君主治理好国家需要百年的功夫吧？"魏征不同意唐太宗的想法，他说："贤明的君主治理国家，就像声音立刻就有回音一样，一年之内就可见到效果，两年见效就太晚了，怎么要等百年才能治理好呢？"尚书封德彝嘲笑魏征的看法。魏征说："大乱之后治理国家，就像饿极了的人要吃东西一样，见效更快。行帝道则帝，行王道则王。事在人为，治理效果的好坏并不取决于人民是否可以教化。"唐太宗听从了魏征的意见，积极采取有效措施，只过了三两年，唐朝就出现了贞观之治。

对魏征的敢于直言，唐太宗十分欣赏。很快，皇帝能虚心纳谏的美誉便传开了。从朝廷到地方，很多人都敢于大胆地向皇帝上书陈述政见。魏征和唐太宗相处十七年，一个以直言进谏著称，一个以虚怀纳谏出名，尽管有时争论激烈，互不相让，最后太宗也能按治道而纳谏。这种君臣关系，在历史上极为罕见。

资料来源：沈文，2015. 魏征进谏［J］. 前线，（07）：122。

思考题

① 查找魏征建言的2—3个例子，总结他建言的特点。
② 大臣向皇帝建言需要考虑哪些问题？
③ 魏征和李世民的哪些做法鼓励了其他大臣建言？

5.4.1 如何鼓励员工建言

尽管员工建言对于组织发展具有重要价值，但这也是一种有风险的行为，因此许多人不愿意将自己发现的问题或者产生的想法表达出来。研究者总结了五种人们对于建言行为的主要看法：①对现有工作流程的改进意见可能会冒犯该流程的最初提出者；②只有当拥有扎实的数据或解决方案的时候，才可以向上级提出建议；③建言的时候不应该越级；④不能在公开场合让上级难堪；⑤指出问题可能会对个人的职业发展有负面影响（Detert 和 Edmondson，2011）。这些对建言行为后果的内隐态度会导致人们在表达想法前进行大量的自我审查，最终抑制建言行为的发生。

延伸阅读：建言的常见分类和影响因素

作为管理者，该如何打消员工的疑虑，鼓励员工建言？研究认为，是否建言在很大程度上取决于员工对效能和风险的评估（Morrison，2014）。效能指的是提出的想法或建议是否能够带来预期的改变，风险指的是建言是否会对个人带来负面的结果或者破坏个人与其他人的关系。因此，对于管理者而言，一方面要善于倾听员工的想法，尊重员工的意见，让员工感受到他们的建言是有价值的；另一方面则要营造一种安全的氛围，减少员工对于发表建言的人际风险的顾虑。

5.4.2 有效建言的策略

作为员工，该如何表达建言从而让自己的想法和意见得到认可呢？员工需要考虑在什么场合，以一种什么样的方式向管理者提出想法和意见。

（1）建言的场合：公开 VS. 私下

延伸阅读：让说话的人安然无恙

尽管在团队会议等公开场合表达意见可以激发人们对问题的深入探讨，但是管理者却更喜欢员工在私下的场合提出建言。管理者希望在员工面前维持一种有能力的、没有错误的形象。相比私下建言，公开建言会让管理者感受到强烈的威胁，因而会对员工建言做出更多的防御性反应，并且建言得到支持的概率更低。中国历史上，石建深受汉武帝的喜欢，他在遇到问题的时候总是选择私下进谏，而不会在群臣面前公开向皇帝提意见。私下建言的做法在保全领导"面子"的同时也尽到了为组织贡献智慧的责任。研究表明，对于那些与领导关系较弱的员工，公开建言会对领导造成更大的威胁感，因此选择私下建言是更有效的策略。

（2）表达的方式：直接 VS. 间接

除了建言的场合，建言的方式也决定了它们被领导采纳的可能性。在这里，表达的直接性（Directness）是重要的考量因素。一方面，员工直接明了地表达意见和想法可能会挑战管理者的地位和权威，进而使得管理者更不愿意采纳意见。另一方面，直接的表达可以更清晰地传递信息，实现更充分的信息交换，从而提高意见被采纳的可能性。事实上，是否选择直接建言需要考虑两个因素：第一，员工个人是否享有信誉。如果个人在团队或组织中被认为是专家，那么直接的表达更容易让管理者采纳意见。第二，员工的表达是否有礼貌。直接的表达和有礼貌的表达不是互斥的。如果员工在明确表达意见的同时能够采用一种恭敬的姿态，那么其建言被采纳的可能性也会提高。

在中国情境中，人们常常会为了顾全面子而采用一种简洁的、隐晦的建言方式（Implicit Voice Delivery）。人们可能会通过列举事实、提供其他组织或工作团队的案例、引用其他同事的说法或者通过提问的方式来表达自己的意见或顾虑。这种隐晦的建言表达策略的效果取决于领导的理解能力，当领导有较强的理解能力的时候，这也是一种行之有效的策略。

本章名词

沟通（Communication）　　　　沟通焦虑（Communication Stress）
信息发送者（Message Sender）　信息接收者（Message Receiver）
媒介（Media）　　　　　　　　反馈（Feedback）
过滤（Filter）　　　　　　　　换位思考（Perspective Taking）
负面臆想（Negative Anticipation）建言行为（Voice Behavior）

本章小结

① 沟通是管理者的重要工作内容。有效地协调不同人员之间的互动、推进组织工作是管理者的主要工作。

② 每个人都身处组织中的某个局部，了解、接收的组织信息都有限。这种信息不对称形成了沟通的隔阂。

③ 沟通过程的要素包括信息发送者、信息接收者、编码、解码、传播媒介、反应、反馈。信息过滤和沟通焦虑是普遍存在的现象。

④ 换位思考可以促使人们接收多方面信息，增强对对方需求的敏感性，是克服沟通障碍的重要途径。

⑤ 负面臆想和冲突回避在组织中普遍存在，是解决冲突、实现有效人际互动的重要障碍。

⑥ 建言有利于组织效能的提高。员工建言行为的有效性取决于建言场合、上下级关系、建言方式等多个因素。

视频案例

两架飞机在德国上空相撞

2002年7月2日，德国警方宣布，7月1日深夜在巴登—符腾堡州乌柏林根镇上空发生的两架飞机相撞事件，造成至少71人死亡。扫描右方二维码阅读事件过程，然后查找新闻资料还原事件。也可以在视频网站上观看事后拍摄的纪录片"空中浩劫2-04.致命交会点.2002"。

延伸阅读：两架飞机在德国上空相撞

讨论以下问题：

（1）对于此次空难，谁应该负主要责任？

（2）讨论飞行员、地面空管、组织系统三方面的原因，思考应该如何预防此类事件。

（3）选择其中一个角度，准备案例讨论。

　　① 从飞行员的沟通行为方面讨论；

　　② 从地面空管的工作问题方面讨论；

　　③ 从组织系统思考讨论。

请选取以上一个角度，在课堂上展示你们的讨论结果（不超过10分钟）。

案例分析

毛泽东的"群众语言"

毛泽东一生博览群书，钻研文学、历史和哲学，政治家的胸襟与诗人的激情自然地融合在一起，形成了独具个性的语言风格。正是这些朴实、风趣、通俗的"大白话"，传播了革命思想，凝聚了革命力量，激励了革命斗志，对中国革命产生了广泛深远的影响。扫描右方二维码感受毛泽东的"群众语言"，回答以下问题：

延伸阅读：毛泽东的"群众语言"

思考题：

① 毛泽东为什么要学习群众语言？学习群众语言体现了什么样的沟通原则？

② 毛泽东的沟通方式对于你开展人际沟通有哪些启发？

③ "在理论通俗化、语言群众化、形式多样化、载体时代化上下功夫"，如何理解这句话对于提升沟通效果的意义？

实践练习

实践练习：体态语言改进练习

扫描二维码，根据要求开展实践练习。这个练习用于改进沟通习惯，请和一名比较熟悉的朋友一起参加。

文献阅读

参考文献

第 6 章
群体和团队管理

▶▶ 学习目标

- ➢ 掌握群体与团队的共性与区别
- ➢ 理解群体发展各个阶段的特点
- ➢ 运用角色、规范分析群体现象
- ➢ 认识群体压力、权威和从众规律

▶▶ 素养目标

- ➢ 引导学生扎根中国企业现实,认识组织中的团队管理问题
- ➢ 激发学生的团队意识,提升自我目标与团队目标的整合意识
- ➢ 培养学生的团队大局观,在团队大局中准确定位自身角色
- ➢ 培育学生的团队发展历史观,客观认识群体发展的历史阶段
- ➢ 指引学生客观认识群体规范,学习利用规律实现有效领导

组建团队是组织提高运行效率的可行方式,它有助于组织更好地利用员工的才能。管理人员发现,在多变的环境中,团队比传统的部门结构或其他形式的稳定性群体更灵活,反应更迅速。同时团队又是有弹性的,在新任务场景中,可以快速地组合、重组、解散。然而,对于许多群体和团队而言,1+1<2 的情况是普遍存在的。群体和团队究竟是怎样组织并发生作用的?它们的特点及影响因素是什么?本章就这些问题集中展开讨论。

请扫描首页二维码观看本章导读视频"戚继光的作战团队""领导者的决策困境""团队心理安全感""学习《党委会的工作方法》"。

开篇案例　《西游记》中的团队

《西游记》中的师徒四人在各方面差异巨大，可这四人竟相处得很融洽，而且顺利完成西天取经这样的任务，非常难得。如果缺少他们中的任何一个角色，可能都无法完成西天取经的任务。因为他们四人的结合实现了优势互补、团结协作。

唐僧是这个团队的最高领导，他毫无武功，别说妖魔鬼怪，就连最普通的山贼都抵抗不了。但他对西天取经有着坚定的信念，同时为人低调亲和，能够把大家团结在一起，当然更重要的是有一位能力更强的人（观世音）愿意让他当领导。他运用自己强硬的管理方式（念紧箍咒）来管理团队，并且通过"软权力"和"硬权力"的结合来调动整个团队。虽然唐僧有时优柔寡断，偶尔不明是非，但从根本上看，几个徒弟都很佩服他。

孙悟空本领高强，社会资源极其丰富，性格本身有点"猴急"，个人素质非常优秀，通常能高效率完成唐僧布置的任务，能力出众，是这四人中本领最强的一个，一路上降妖除魔、立功不小。但孙悟空也有很明显的缺点：个人英雄主义严重，无视组织的纪律和制度，很难受控制等。所以，本领更高的观世音为他设了紧箍咒，以保证他能够服从并协助整个团队。

猪八戒有本领但比不上孙悟空，而且七情六欲旺盛，偶尔还办错事。但在整个团队中，他起了不小的作用。猪八戒在整个团队中除了活跃气氛，还起到调节内部矛盾的作用。在唐僧与孙悟空几次闹矛盾，孙悟空一气之下回花果山时，唐僧作为最高领导拉不下脸亲自请徒弟回来。在这种时候就需要猪八戒说好话，说服唐僧原谅大师兄，然后又亲自前往花果山请回孙悟空。除了协调众人之间的关系，八戒本人幽默、滑稽，还充当着润滑剂的角色，功不可没。组织中侧重沟通、协调关系的角色都类似于猪八戒，这也是个极其重要的角色。

沙僧则朴实无华，工作踏实。他兢兢业业、克己本分，是劳动的模范。他虽然没有孙悟空的卓越能力，也没有猪八戒的协调本领，但是他所做的工作是基础的，也是不可缺少的。

这四个人在团队中分别扮演了不同的角色。唐僧起着凝聚和完善的作用，孙悟空起着创新和推进的作用，猪八戒起着沟通和协调的作用，沙僧起着实干和监督的作用。这个由不同角色组建的团队，虽然有分歧、矛盾，但是他们有着共同的目标和信念，即去西天取经。在关键时候，他们总能相互理解、团结一致，最后形成一个有力量的团队。

思考题：

① 《西游记》中团队的总体目标和分解目标都有哪些？
② 《西游记》中团队四个角色的各自作用是什么？
③ 唐僧所具备的优秀领导品质都有哪些？
④ 你所在的团队是否也有类似《西游记》团队的角色分工？实际效果怎么样？

马云在一次台北演讲时，问台下的职业经理人："如果是你挑选团队，你会要《西游记》中像个动物园的'唐僧团队'，还是《三国演义》中骁勇善战的'刘关张团队'？"出乎台下听众的意料，马云最崇拜的是大杂烩一般的"唐僧团队"。马云说，一个理想的团队要有德者、能者、智者、劳者，一家企业的员工不能都是孙悟空，也不能都是猪八戒，更不能全是沙僧。"要是阿里巴巴的员工都像我一样，光说不干活，会非常可怕。我不懂电脑，销售也不行，但公司里有人懂就行了。"

这些表述说明了高绩效团队人数限制、技能互补、个性互补的一些特点。团队的有效性是组织管理研究的热点之一，大量组织行为学领域的团队研究对于局部的影响关系已经有了解释，虽然这些研究还没有形成系统性的共同认识，但对团队管理也存在一定的借鉴意义。唐僧团队西天取经的过程可以看作一个团队由组建走向成熟，并最终完成任务的过程。在这个过程中，他们为了共同的目标，分工协作、不断磨合、相互学习、积累经验，完成了仅仅依靠单独个体不可能完成的任务。

6.1 群体和团队

6.1.1 群体概述

我们在生活中常常接触到不同的群体。在组织行为学中，对群体的研究角度非常广泛，针对群体的定义众多，比较普遍的定义如下所示。

> **概念**
>
> 群体（Group）：为了实现某个特定目标，两个或两个以上相互作用、相互依赖的个体的组合。

组织中存在的群体，通常来说具有这些特点：① 群体成员之间有着直接的任务互动；② 群体成员有身份认同，认为自己是本群体中一员；③ 群体成员人数不多，大家面对面相互接触、相互了解；④ 群体有共同的内部规范，也要应对外部的挑战。

视频讲解：住别墅的清洁工

通常，群体可以分为正式群体（Formal Group）和非正式群体（Informal Group）。正式群体是指由组织结构确定的、职务分配明确的群体。在正式群体中，一个人的行为是由组织目标规定的，并且是指向组织目标的。非正式群体是指那些既没有正式结构，也不是由组织确定的联盟，是员工为了满足社会交往的需要在工作环境中自然形成的。

正式群体与非正式群体的核心区别在于有没有正式的组织结构支撑。正式群体通常有正式任命的领导，也有组织的流程、结构，形成对于群体活动（特别是工作活动）的规范支撑。但是，群体在实际运行过程中，会形成不符合正式结构支撑的工作惯例，此时就会形成非正式群体。

延伸阅读：霍桑实验中的非正式群体

非正式群体通过满足其成员的社会需要而发挥重要的作用。由于群体成员之间的相互影响，非正式群体也会形成独有的群体规范，进而影响到群体的工作行为。在著名的霍桑实验中，研究者发现了非正式群体的存在，而且，非正式群体内部成员之间的绩效存在巨大差异。

根据群体的具体运行模式，还可以细分为命令型群体、任务型群体、利益型群体、友谊型群体。其中，命令型群体和任务型群体多见于正式群体，而利益型群体和友谊型群体属于非正式群体。

6.1.2 团队概述

大多数人都有过团队经历，在一个团队中承担过相应的角色。运动队是典型的团队，比如足球队、篮球队及羽毛球、乒乓球的双打组合，等等。为了达成复杂的目标，几个人会组合在一起，发挥自己的专长，同时又不失灵活性。此时，群体有了区别于普通群体的特征。研究者用团队这个名词界定这种组织现象。

➡ **概念**

团队（Team）：由两个及以上的人组成的一个共同体。该共同体合理利用每一个成员的知识和技能协同工作、解决问题，以达成共同的目标。

视频讲解：集体智力

从组织行为学的视角出发，团队可以理解成一种特殊的群体。团队首先具有群体的基本特征，是人数不多的群体。团队中的成员应当相互认识、相互作用，且具有身份认同。

为了区别团队和群体，我们可以用图 6-1 的四个要点比较说明二者之间的关系。① 目标：团队建立的基础是团队成员所追求的共同目标。人们为了一个共同目标在一起工作，他们对目标的承诺很高，相互之间彼此信任。这种共同目标使成员会产生集体责任感。这个共同目标就是集体绩效。② 责任：团队成员在追求共同目标时，会有集体承担责任的承诺，调动所有资源促使集体目标的达成，而不是抱持着"各家自扫门前雪"的心态。③ 协同：团队为了改善合作模式，成员之间会相互积极地促进、配合，而不是基于各自局部利益的协调。④ 技能：团队成员拥有各自的技能专长，成员之间相互了解彼此的角色、专长和重要性，团队成员在完成同一项工作任务时具有技能互补性。

团队通过其成员的共同努力产生积极的协同效应，使团队的绩效水平远高于个体成员绩效的总和，从而完成个体成员无法完成的事情。

相比之下，工作群体中不存在一种积极的协同作用，群体成员通过共享信息做出决策，帮助每个成员更好地承担起自己的责任。工作群体中的成员不一定要参与需要共同努力的集体工作，他们也不一定有机会这样做。因此，工作群体的绩效，仅仅是每个群体成员个人绩效的总和，群体的总体绩效水平不会高于个人绩效之和。

群体	团队
- 目标：单个相加	- 目标：集体绩效
- 责任：个体取向	- 责任：集体取向
- 协同：一般中性	- 协同：积极配合
- 技能：随机结合	- 技能：相互补充

图6-1　群体与团队的区别

案例

携程四君子

1999年，携程创立之时，四位创始人依据各自的经历大体定下了人事架构。沈南鹏出任首席财务官，他此前是德意志银行亚太地区的总裁。季琦和梁建章相继出任首席执行官，季琦此前创办上海协成科技有限责任公司，擅长市场和销售，主外；而梁建章此前是甲骨文中国区咨询总监，擅长信息技术和架构管理，主内。最后加入的范敏，此前是上海旅行社总经理和上海新亚（集团）酒店管理有限公司副总经理，出任执行副总裁，打理具体旅游业务，而后逐步升任首席运营官及首席执行官。

从性格方面来讲，季琦有激情、锐意开拓；沈南鹏风风火火，有一股老练的投资家做派；梁建章偏理性，用数字说话，眼光长远；范敏善于经营，方方面面的关系处理得体。四人特长各异，各掌一端，在公司内部成为共识。

范敏曾用一个比喻形容四个创始人的定位："我们要盖楼，季琦有激情、能疏通关系，他就是去拿批文、搞来土地的人；沈南鹏精于融资，他是去找钱的人；梁建章懂信息技术，能发掘业务模式，他就去打桩，定出整体框架；而我来自旅游业，善于搅拌水泥和黄沙，制成混凝土，去填充这个框架。楼就是这样造出来的。"

思考题：

① 创立之初，携程的业务模式是怎样的？
② 为了搭建旅游服务平台，携程需要哪些资源和能力？
③ 携程四君子分别扮演了哪些角色？
④ 谁是这个团队的领导者？
⑤ 查阅携程首席执行官的更迭资料，想一想携程领导团队的任务目标有哪些变化。

组建团队是现代企业极力推行的组织手段，也是适应现代组织环境急速变化的弹性人力资源组织模式。除了团队成员都对目标有着高度的承诺、共同的理想，高绩效团队一般具有以下三方面的特点。

（1）合适的团队规模。合适的团队规模一般比较小。如果团队成员多于12人，他们就很难顺利开展工作。他们在相互交流时会遇到许多障碍，也很难在讨论问题时达成一致。一般来说，如果团队成员过多，就会损害团队的凝聚力、忠诚度和相互信赖感，而这些要素是高绩效团队不可缺少的。

（2）成员的技能搭配合理。要想团队有效地运作，至少需要三种拥有不同技能的成员。第一种是具有技术专长的成员；第二种是具有解决问题和制定决策技能的成员，他能够发现问题、提出解决问题的建议并权衡这些建议，然后做出有效选择；第三种是具有善于倾听、提供反馈、解决冲突及其他人际关系技能的成员。

（3）团队角色的合理分配。人们的个性特征各有不同，如果员工的工作性质与个性特征一致，个人的绩效水平就容易提高。团队内的角色分配也是如此。根据团队的不同需求，团队领导在挑选团队成员时，应该以员工的个性特征和个人偏好为基础，综合考虑。

领导者有必要了解能够给团队带来贡献的个性特征，根据这一原则选择团队成员，并使工作任务分配与团队成员偏好的风格相一致。通过把个人的偏好与团队的角色要求进行适当的匹配，促使团队成员和睦共处。许多时候，团队不成功的原因常常在于具有不同个性特征的人与角色搭配不当。

6.1.3 群体规模效应

延伸阅读：马云和蔡崇信

群体规模是指群体人数的多少。在团队管理中，团队规模对于组织效率有着重要影响。在前面的论述中，我们对团队的规模和效率的关系做了界定与讨论，但实际上，规模与效率的关系并不是简单线性的，而是会受到多个限制性条件的影响。

一方面，群体规模的增大意味着团队可以整合的资源增加。中国有一句俗话，"人多力量大"，规模增大以后，不论是信息资源、物理资源、社会关系资源等都会增加，也就意味着可以做成单个个体不能做成的事情。另一方面，在某些情况下，人数的增加会使群体效率急剧下降。群体规模的增大不仅带来了协作成本的升高，还会影响群体绩效，甚至有可能产生社会闲散效应，严重地破坏团队的工作绩效。

> **案例**
>
> 三三制
>
> 三三制是解放军创造性的战术组织形式，起源于抗日战争期间，成熟于解放战争时期，大量运用于抗美援朝战争，是我军步兵训练大纲中的一种步兵"班组突击"战术。解放军一个班通常划分为三个战斗小组，每个战斗小组三人。三人战斗小组呈三角进攻队形，每名士兵分工明确，分别负责进攻、掩护、支援。班长、副班长、组长各带一个战斗小组行动。战斗小组进攻时，两名士兵在前，班长/副班长/组长在后，呈三角阵型；三个战斗小组组成一个战斗班，三个战斗班组成一个战斗群，进攻时呈"散兵线"队形展开。相比于一个班九人的战斗指挥体系，三人小组更灵活，能更好地适应战场环境的变化。在组长的带领下，两名士兵的任务更明确，也更容易配合。三个战斗小组统一归班长指挥，减少了指挥幅度，加快了响应速度。士兵也在组长的岗位上得到了更多的锻炼，更容易成长为副班长、班长。
>
> **思考题：**
> ① 三人战斗小组为什么能够比九人小组更好地适应战场环境？
> ② 步兵的作战任务与三三制如何匹配？
> ③ 查阅三三制相关资料，讨论小组规模对团队效率的影响。

6.1.3.1 协调过程损耗

群体规模增大也意味着会带来更高的协作成本。虽然群体资源增加了，但这些资源并不一定是有用的；群体成员差异点也增多了，群体成员各自的特长难以发挥；群体人数增多了，成员参加活动和得到奖励的机会减少了；更大量的组织工作需要用于协调成员的活动；群体成员之间的冲突也会增多；成员之间彼此了解的程度会降低。这些因素都会形成群体的过程损耗（Process Losses）。

罗伯特·德利提出了如图6-2所示的模型。群体的潜在绩效（Potential Performance）随着群体规模的扩大而提高。因为小组有了更多的资源，成员的技术、能力、经验都可以增大小组潜在绩效提高的可能性，如果这些资源得到有效利用，就可以极大地提高潜在绩效。但是，人数的增加也增加了过程损耗等，这种过程损耗会由于规模的增大而急剧增加。两者叠加的结果是实际绩效并没有潜在绩效增长得那么快，而人均实际绩效是随着人数的增加而下降的。

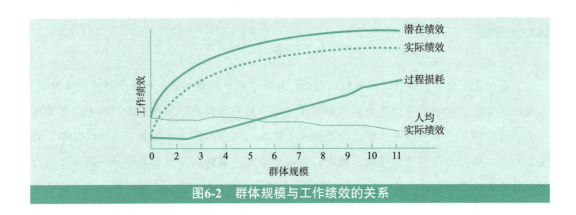

图6-2 群体规模与工作绩效的关系

资料来源：陈国权，2006.组织行为学［M］.北京：清华大学出版社。

早在 1920 年左右，德国心理学家马克斯·林格尔曼（Max Ringelmann）就做了拉绳实验，比较了个人绩效和群体绩效中的过程损耗。他事先推测，群体绩效会等于个人绩效的总和。也就是说，3 个人一起拉绳的拉力是 1 个人单独拉绳时拉力的 3 倍，8 个人一起拉绳的拉力是 1 个人单独拉绳时拉力的 8 倍。但是，研究结果没有证实他的推测。3 人组产生的拉力只是 1 个人拉力的 2.5 倍，8 人组产生的拉力还不到 1 个人拉力的 4 倍。实验结果表明，2 人组的拉力只是 2 个人单独拉绳时拉力总和的 95%；3 人组的拉力只是 3 个人单独拉绳时拉力总和的 85%；8 人组的拉力则降到单独拉绳时 8 个人拉力总和的 49%。

其他一些研究者采用类似的方法重复林格尔曼实验，结果基本上支持了林格尔曼的发现。这说明在群体的协调过程产生了损耗，随着群体规模的扩大，群体成员人均实际绩效降低了。由于其他群体成员在场，致使人均实际绩效下降，这是群体协调过程损耗的具体表现。

6.1.3.2 社会闲散效应

对于社会闲散效应的探讨起源于社会心理学。当管理者在组织群体中开展工作时，他们有一个基本的前提假设：群体作为一个整体的生产力，至少等于群体成员个体生产力的总和。然而，事实并非如此。

概念

社会闲散（Social Loafing）：群体成员在从事具有共同目标的活动时，他们的努力程度、平均工作效率会随着群体规模的增大而下降。

视频讲解：重庆公交坠江事件

早在科学管理时代，泰罗就发现了工人们的工作效率低于正常值，他称之为"磨洋工"。根据效率下降是否是员工有意的行为这一标准，"磨洋工"可分为"有意的磨洋工"和"无意的磨洋工"，德利与林格尔曼所研究的群体过程损耗更大程度地体现了无意的损耗，即"无意的磨洋工"。但对于群体效率损害更大的是有意识地降低个人努力程度，即"有意的磨洋工"。

案例

三个和尚没水喝

传说古时候有一个活泼伶俐的小和尚住在山上一座小庙里。他勤快地到山下挑水，自己喝够了，就往菩萨手中的净瓶里灌水，净瓶里的柳枝活了。他夜里还会提防着老鼠来偷东西，生活过得安稳自在。

不久，又来了个和尚。他一到庙里，就把半缸水喝光了。小和尚叫他去挑水，他心想一个人去挑水太吃亏了，便要小和尚和他一起去抬水。两个人只能抬一桶水，而且水桶必须放在扁担的中央，两人才心安理得。这样总算还有水喝。

再后来，又来了个胖和尚。他也想喝水，但缸里没有水了。另外两个和尚叫他自己去挑，胖和尚挑来一担水，立刻独自喝光了。从此谁也不挑水，三个和尚就没水喝了。大家各念各的经，各敲各的木鱼，菩萨手中的净水瓶也没人添水，柳枝枯萎了。夜里老鼠出来偷东西，谁也不管。结果老鼠猖獗，寺院变得破败不堪。

这就是：一个和尚挑水喝，两个和尚抬水喝，三个和尚没水喝。

思考题：

① 为什么三个和尚后来都不挑水、不打理寺庙了？
② 哪些措施可以消除"三个和尚没水喝"的现象？

"三个和尚没水喝"的主要原因是协调性丧失和动机性丧失（王雁飞和朱瑜，2006）。一方面是因为群体规模的增大，协调难度增加，无法形成合力；另一方面是因为个体努力程度的下降导致群体成员对于共同目标付出的努力不够，甚至刻意逃避对共同目标的投入。在群体中，这种有意识地减少对共同目标的投入的现象的产生主要有三个方面的原因：

（1）责任分散。群体状态下，人们的工作努力程度会有所下降，其中一个重要原因是责任分散。因为在群体工作状态下，群体绩效不能归结为具体某个人的功劳，个人投入与群体绩效之间的关系就很模糊了。因为每个成员都感受到自己与群体绩效之间的关系并不直接，单个成员也不需要对团队的最终绩效负担所有责任，所以每个成员都会降低自身的努力程度。

（2）搭便车（Free Rider）。个体觉得他们的努力对于群体的整体表现并不重要或无足轻重，可有可无，便会采取搭便车策略，又称"偷懒"。个体期待从团队其他成员的工作努力中获利，而降低自己的工作努力程度。当群体绩效无法通过明确的标准切分为每一个人的贡献时，个体的贡献就会产生相应的边界模糊性，每个成员都有减少自己的投入而坐享他人劳动成果的机会主义倾向。特别是个体的绩效不可辨认、被评价的可能性较低，个体就会产生"迷失在团体当中"（Lost in the Crowd）的感觉。

（3）相互比较。当个体发现团体中的同事不努力或工作效率不高时，他们会认为同事无能或工作动机较低。出于不想过多付出或多做贡献的动机，他们就会选择降低努力程度而不是帮助他人的行为策略。另外，由于担心别人搭便车使自己的利益受到损害，个体可能会进一步降低其努力程度，而且随着团体规模的扩大，搭便车的效应会更加明显。因此，这种彼此缺乏信任的氛围和归因偏差使个体会相互比较努力程度（Effort-matching），加剧社会闲散效应。

6.1.4 构建团队心理安全感

团队管理的工作基本包括"搭架子"和"沟通协调"两个部分。搭架子是构建团队愿景，包括拟定共同任务目标、制订工作计划、确认职责分工等主要工作；沟通协调是团队成员之间通过充分的交流、讨论、整合，构建团队内部有利于合作的良好氛围。

6.1.4.1 构建团队愿景与内部信任

愿景是团队成员共同的理想，具有极强的意义感与号召力。愿景是一种共同远见，比具体工作目标更抽象泛化，是团队希望远期追求的理想。构建愿景是一件抽象的、意义性的工作。有效的团队具有一个大家共同追求的、有意义的愿景，它能够为团队成员指引方向、提供推动力，让团队成员愿意为它贡献自身的力量。团队的愿景要通过团队职能分工来落地，让员工相信自身工作与团队愿景之间的紧密联系。所有这些，都需要团队领导和团队结构发挥作用。

营建团队内部互相信任的氛围对于团队成功至关重要。团队工作的责任分散、社会闲散等问题会削弱团队成员之间对公平与信任的感知，极大地影响团队效率。人与人之间的信任是脆弱的，信任的建立需要很长时间，但破坏却在顷刻之间，且破坏之后要恢复又很困难。营建良好信任氛围的团队通常会用大量的时间和精力来讨论、修改与完善一个在集体层次上及个人层次上都被接受的工作目标和方案，在团队遇到困难的时候表现出强劲的组织韧性。

案例

《华为基本法》与集体精神

几十年来，华为取得的业绩是骄人的，在中国企业史上可谓一个独一无二的例子。《华为基本法》萌芽于 1995 年，1996 年正式被定位为"管理大纲"，1998 年 3 月正式审议通过。1996 年初，华为开展了《华为基本法》的起草活动。以《华为基本法》总结、提升了公司成功的管理经验，确定华为二次创业的观念、战略、方针和基本政策，构筑公司未来发展的宏伟架构。

比如，《华为基本法》的第一条："华为的追求是在电子信息领域实现顾客的梦想，并依靠点点滴滴、锲而不舍的艰苦追求，使我们成为世界级领先企业。"第五条："华为主张在顾客、员工与合作者之间结成利益共同体。努力探索按生产要素分配的内部动力机制。我们决不让雷锋吃亏，奉献者定当得到合理的回报。"一共 99 条的《华为基本法》界定了公司员工在追求理想过程中的行为准则。

另外，华为非常强调集体精神，并以狼性来比喻这种集体努力的模式。华为非常崇尚"狼"，而狼有三种特性：其一，有良好的嗅觉；其二，反应敏捷；其三，发现猎物时集体攻击。华为认为狼是企业学习的榜样，要学习狼性，狼性文化永远不会过时。

任正非在《至新员工书》中写道："华为的企业文化是建立在国家优良传统文化基础上的，这个企业文化黏合全体员工团结合作，走群体奋斗的道路。有了这个平台，你的聪明才智方能很好发挥，并有所成就。没有责任心、不善于合作、不能群体奋斗的人，等于丧失了在华为进步的机会。"华为非常厌恶个人英雄主义，主张团队作战。

"胜则举杯相庆，败则拼死相救"是华为狼性集体精神的文化体现。在华为，对这种狼性的训练是时时刻刻都存在的：一向低调的华为时时刻刻都要求内部员工绷紧神经，相互信任、相互扶持，"我们提倡学雷锋，但绝不让雷锋吃亏"。华为在团队成员相互支持这一点上，突出了集体精神至上这一特点。

资料来源：百度百科. 华为基本法［EB/OL］.［2022-10-03］. https://baike.baidu.com/item/华为基本法/7237692？ fr=kg_general；刘祖轲. 华为如何打造一支营销铁军？［EB/OL］.（2005-01-21）［2022-10-03］. http://www.emkt.com.cn/article/194/19469.html。

思考题：

① 华为是如何通过《华为基本法》构建团队愿景的？
② 在团队搭架子方面，华为做了哪些工作？
③ 在营建团队相互信任的氛围方面，华为做了哪些工作？

6.1.4.2 团队的心理安全感

心理安全感是近年来在团队研究领域讨论非常热烈的组织行为学概念。这个概念源于埃德加·H. 沙因（Edgar H. Schein）在讨论组织变革问题时，用心理安全感来定义组织成员相互支持程度的普遍感受，这种感受使得成员愿意承担有风险、创新性的变革任务。罗伯特·L. 卡恩（Robert L. Kahn）从个体心理层面进行了描述，认为心理安全感高的成员更能够在组织情境中表现真实的自我，不用担心自己的行为是否会影响到地位、形象或者职业生涯。艾米·C. 埃德蒙德森（Amy C. Edmondson）首次在团队学习中引入团队层面的心理安全感概念，并用这个概念描述团队成员对于承担创新性行为（包含任务性、人际性风险）的安全性感受。也就是，心理安全感高的团队成员相信其他成员会支持创新性的任务尝试，即使创新性任务失败，团队也会共同承担可能的风险；同时，团队内部在交流意见时，团队不会为难或者惩罚敢于发表真实意见的人。基于这些，心理安全感的定义如下：

视频讲解：团队的心理安全感

➡ 概念

> 心理安全感（Psychological Safety）：团队成员相信在尝试创新性任务或发表真实意见的时候，其他成员能够给予的支持程度。心理安全感高的团队成员相信团队不会为难、拒绝或者惩罚失败的尝试，能够包容尝试带来的风险。

在团队领域，Edmondson（1999）对心理安全感的定义具有开创性，重点描述团队成员愿意主动承担行动所带来的任务风险和人际风险。心理安全感有助于团队适应快速变化的环境，提高成员的工作投入度，增强团队学习能力。较高的团队心理安全感允许并鼓励团队成员不断试错、寻求帮助、冒险创新、互相鼓励、提出不同观点，有利于团队的反思与学习。

当领导者的前瞻性、组织理性都不能预测团队发展方向的时候，较高的心理安全感有助于成员直接发表意见，发挥他们的专业、特长，调整团队的战略方向、工作常规，提升团队适应外部复杂环境的能力。同样，较高的心理安全感也有助于员工发挥个人的主动积极性，把更多的精力投入各项工作任务，不必担心人际风险，从而提高团队绩效。

6.2 团队发展的过程模型

团队的发展是阶段性的，在每个不同的阶段，团队层面表现出不同的阶段性特征。在这个领域，布鲁斯·W. 塔克曼（Bruce W. Tuckman）的团队五阶段发展模型和康妮·J. G. 格斯克（Connie J. G. Gersick）的间断平衡模型（Punctuated Equilibrium Model）是被关注最多的理论。

延伸阅读：塔克曼的团队五阶段模型

本节重点介绍关于团队发展的间断平衡模型。间断平衡是在项目团队、任务团队的运营发展过程的研究基础上界定的。

Gersick（1988）从观察团队运作的过程中发现，大多数任务团队都有任务截止期限。团队成员心目中共同的时间线会引起团队的阶段性变化，特别是团队时间线中间点的转型期会引起团队运作模式的变革调整。格斯克在对多个任务型群体进行现场观察和实验室研究后发现，团队发展以及中间转型调整在时间阶段上是高度一致的。

在具体发展变化的过程中，团队动力因素有六个阶段性的明显表现：① 团队成员的第一次会议决定团队的发展方向；② 第一阶段的团队活动依惯性进行；③ 在第一阶段结束时，团队发生一次变革调整，这次团队变革正好发生在团队寿命周期的中间阶段；④ 这次变革给团队带来巨大变化；⑤ 在变革之后，团队活动又会依惯性进行；⑥ 团队最后一次会议的特点是活动速度明显加快。这些表现如图 6-3 所示。

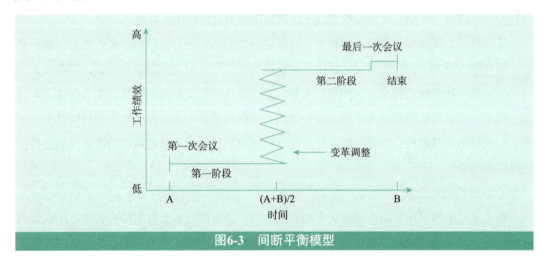

图6-3　间断平衡模型

在这个过程中，有三个关键的时间点，也就是团队成员心目中的时间线。

（1）第一次会议

在第一次会议上，团队成员完成项目所需要的行为模式和假设的基本框架大致形成。这种框架甚至在团队组建最初几分钟之内就可能形成。这种框架一旦确定，团队的发展方向也就确定下来了，而且在团队寿命周期的前半阶段不太可能重新修订。第一次会议后的第一阶段是依惯性进行团队活动的阶段，也就是团队倾向于常规化运行，或者被锁定在一种固定的活动上。即使出现了给初始模式和假设带来挑战的新创意、新调整，团队规范模式也不可能立即进行调整。

（2）中间阶段的变革调整

间断平衡模型的核心发现是关于团队在中间阶段的变革调整。这次调整是团队运作规范重整的关键。一个更有趣的发现是，每个团队都在其寿命周期的同一时间点上发生转变，正好在团队的第一次会议和寿命周期结束的中间阶段。尽管有些团队完成一个项目只需要 3 个小时，而有些团队要用 6 个月。看起来，好像每个团队在其寿命周期的中间阶段都要经历危机。这个危机点似乎起着警示作用，促使团队成员认识到"时间是有限的，必须迅速行动，调整策略"。

这次的变革调整标志着第一阶段的结束，其特征是集中于迅速的变革，抛弃旧的运行模式，采纳新的观点，突破原有的工作模式。这个阶段对于团队非常重要，它实现了对第二阶段发展方向的变革调整。第二阶段是一个新的平衡阶段，即一个新的依惯性运行的阶段。在这个阶段，团队开始实施在变革时期创造出来的新计划。

我们可以用这种模型来描绘新产品的改进（开发）过程。在第一次会议上，基本的时间表已确定下来。来自研发、生产、销售等不同部门的团队成员相互了解，并一致同意，完成项目的全部时间为 9 周。团队成员对新产品的总体要求进行讨论和辩论。

从这时起，团队成员开始定期相聚，以保证活动的顺利进行。但是，大约在项目进行到第 4 周和第 5 周时，问题出现了。团队开始重视批评意见，讨论变得更加开放，团队重新定位，并采取一些积极的行动，试图进行变革。如果团队进行了正确的变革，那么在接下来的四五周中，团队完成项目的水平肯定是一流的。团队的最后一次会议一般在项目快结束时召开，会议时间比平时的会议时间都要长。在这次会议上，团队成员就最后的遗留问题进行讨论并做出决定。

（3）最后完成阶段

最后完成阶段是团队运作速度大大提升的阶段。最后的任务交付期即将到来，团队进行最后一次会议，高效完成工作任务。团队的目标演变为一个短期交付目标，任务清晰程度大大提高，团队成员聚焦于手头工作任务，团队运作速度明显加快，直至任务完成。

总之，间断平衡模型的特点是，团队在其长期的依惯性运行过程中，会有一个中间阶段的变革调整。这一时期的到来，主要是由于有团队成员意识到完成任务的最后时间不多了，并且产生紧迫感。在团队五阶段模型中，也有类似的规律：团队通过其形成和震荡阶段的结合而开始存在，接着经历一个效率较低的执行任务阶段，随后是规范化阶段，然后是一个高绩效阶段，最后来到终止阶段。

6.3　群体角色、规范与动力

团队工作角色系统是团队建设的重要部分。工作团队是有结构的，群体结构塑造着群体成员的行为，这使得管理者有可能解释和预测群体内部大部分的个体行为以及团队绩效，也使得管理者能够培养、组建不同的工作团队。角色对于工作行为的影响很常见，管理者必须注意与群体运作规范相关联的组织行为概念，包括角色、规范、心理契约等。

> **案例**
>
> **李威的多重角色生活**
>
> 李威是一所高校的教师和副系主任，同时又是某科技公司的总经理。在工作中，他要扮演多种角色，例如，大学的员工、大学的中层管理人员、授课教师、所在研究所的负责人、三个研究生的导师、公司法人，等等。下班后，他还要扮演另一些角色，如丈夫、父亲、儿子、篮球队主力中锋、曲艺俱乐部会员等。
>
> 其中的许多角色是相互兼容的，有些则是相互冲突的。例如，李威的授课教师身份，会不会影响他作为一个公司法人做出裁员的决策？由于最近科技公司的一项业务发展需要，他不得不调往上海开发新的市场，但家人却非常希望他留在杭州。他的工作角色要求，应该在丈夫和父亲的角色要求面前让步吗？
>
> **思考题：**
> ① 不同角色对李威的行为有什么样的影响？
> ② 不同角色会给李威的行为带来压力吗？
> ③ 李威应该如何协调不同角色之间的要求？

6.3.1 角色与行为塑造

莎士比亚曾说：世界是一个大舞台，所有男人和女人不过是舞台上的演员。可以说，所有的群体成员都是"演员"，每人扮演一种或多种角色。想要理解一个人的行为，关键在于弄清楚他现在扮演的是什么角色。

▶ 概念

> 角色（Role）：人们对在某个社会性单位中占有某个职位的人所预期的一系列行为模式。

应该认识到，不同的群体对个体的角色要求不同。像李威一样，我们每个人都需要扮演多种角色，我们的行为随着我们所扮演角色的不同而不同。李威在星期天早晨去曲艺俱乐部的行为与他同一天下午在高尔夫球场上与客户进行非正式交流的行为肯定是不一样的。

认同自己所扮演的角色，可能会给员工带来很强的内部动机，使员工高效地完成自己的工作，提高工作绩效。但是，过强的角色认同可能会带来冲突，因为组织中不同部门的员工分别扮演着不同的角色，过强的角色认同可能会使员工忽略其他部门的实际情况。

例如，某公司的生产部和维修部经常发生矛盾，因为尽管两个部门的工作都在生产线上，但两个部门主管的关注点很不一样。生产部关注产量，希望在有限时间内生产出更多合格品；维修部关注机器设备的正常运转。生产部会抱怨维修部影响生产，在忙的时候保养机器；维修部会说生产部的人素质很差，总把机器搞坏，不遵守操作规则。这种例子屡见不鲜。

➡ 概念

角色知觉（Role Perception）：一个人对于自己在某种环境中应该做出什么样的行为反应的认识。

角色认同（Role Identity）：个人的态度、行为与当时角色要求的一致性。

角色认同是由人们对某个角色的认识，以及在社会化的过程中与周围场景互动形成的。人们做出的行为反应是以我们对别人希望我们做什么的认知为基础的。人们在与组织、社会不断互动的过程中，形成了对自己应该做什么的角色认识。这些认识往往来自我们周围的多种刺激，如接触的事件、朋友、书本、电影等。

例如，每位大一新生都要接受为期一个月的新生始业教育，学习并了解如何从一名高中生转变为大学生。再如，在一些专业领域设立学徒制度，目的就是让初学者观察一位专家，从而学会按照别人所期望的方式行动。现代企业中设立的"管理培训生"也是通过职业生涯设计，让培训生不断地适应角色变化，逐步成为一名合格的管理者。

一个人的行为方式在很大程度上由个体所处的文化背景所决定。比如说，我们会认为社会名流地位优越、举止高贵；足球队的教练则富有进取精神、灵活机动，善于激励自己的球员。在同样的文化背景中，如果我们听说一名大学教授在酒吧兼职做服务生，我们肯定会很惊讶，因为我们对大学教授和酒吧服务生的角色期待差别太大了。当角色期待集中在一般的角色类别上时，就会形成角色定式或刻板印象。

➡ 概念

角色期待（Role Expectation）：别人认为你在一个特定的情境中所应该做出的行为反应。

角色冲突（Role Conflict）：当一个人扮演一种或多种角色时，由于角色期待差异或不能同时满足多种角色要求时发生的角色内或角色间的矛盾、冲突。

当员工面临多种角色期待时，可能会产生角色冲突。前面讨论的李威所扮演的多种角色中，就有一些是相互冲突的。李威必须协调作为丈夫和父亲的角色期待与作为公司法人的角色期待之间的差异。一方面强调家庭稳定，关心妻子和孩子，希望留在杭州的愿望很强烈；另一方面，作为公司法人的角色要求他到上海工作。

所有的人都经历过而且还要继续经历角色冲突。从组织的角度看，更值得关注的问题是组织内部不同的角色期待带来的角色冲突怎样影响组织行为。角色冲突会增强个体内部的紧张感和挫败感。在面对角色冲突时，个体可以做出多种行为反应。比如，个体可以采取一种正规的、官僚式的行为反应，这样，角色冲突就可以依靠能够调节组织活动的规章制度来化解。此外，个体还可以采取其他行为反应，如退却、拖延、谈判，或者重新定义事实或情况，使不同的角色期待趋于一致。

概念

心理契约（Psychological Contract）：组织中每一个成员和其他人（包括管理者）之间存在的、没有明文规定的、对岗位行为的期望。

在工作场合，心理契约这个概念有助于我们更好地理解角色期待。心理契约是由克瑞斯·阿吉里斯（Chris Argyris）提出、哈利·莱文森（Harry Levinson）等界定的一个概念，最早用来描述员工和企业双方不成文的、内隐的契约或相互的期望，后来学界把它界定为员工和企业双方对相互责任的信念（陈加州等，2003）。

心理契约包括两部分内容：一是员工个人目标与组织目标的契合关系；二是员工在经过一系列投入—回报循环之后，与组织形成的情感上的契约关系，体现在员工对组织的依赖感和忠诚度上。简言之，一家与员工建立了良好心理契约的企业能清楚员工的发展期望，并尽量提供条件满足这种期望；而每一个员工都相信企业能满足他们的期望，并为企业的发展全力奉献。

事实上，正是这种心理契约规定了对每个角色的行为期待。一般来说，员工期待企业公正地对待自己，提供可以接受的工作条件，清楚地传达工作任务，对其工作表现给予反馈。企业期待员工工作态度认真，听从指挥，忠于企业。如果企业没能满足员工的角色期待，员工的绩效和工作满意度就会受到消极影响。如果员工没能满足企业的角色期待，结果就可能是员工受到某种形式的纪律处罚，甚至被解雇。在某些情况下，心理契约甚至可以被看作组织行为的权威决定者，其中蕴含的角色期待十分重要。

延伸阅读：贝尔宾的团队角色理论

在团队管理中，梅雷迪思·R. 贝尔宾（Meredith R. Belbin）的团队角色理论、诊断量表在培训、咨询行业中使用频率较高，这部分内容请参见延伸阅读。

案例

津巴多的斯坦福监狱实验

20世纪70年代，斯坦福大学心理学家菲利普·G. 津巴多（Philip G. Zimbardo）和他的研究助手们进行了著名的斯坦福监狱实验，展示了角色对于人们行为至关重要的影响。

他们在斯坦福大学的心理学系办公大楼地下室里建立了一所"监狱"，以每天15美元的价格雇用了24名学生来参加实验。这些学生情绪稳定、身体健康、遵纪守法，在普通人格测验中，各项指标均属于正常水平。首先，实验者对这些学生进行随机的角色分配，一部分人为"看守员"，另一部分人为"罪犯"，并制定了一些基本规则。然后，实验者就躲在幕后，看事情会怎样发展。

办公楼的地下室事先进行了一些改造，以最大程度地模拟真实的监狱场景。"罪犯"被关在监狱后就不能自由行动，3个人住在一个小房间里，只能在走廊放风，每个人没有姓名、只有编号，不能随意离开房间。"看守员"没有接受作为专业狱警的培训，只是被告知可以做任何维持监狱秩序的事情。"看守员"们分成3个班次进行轮班，每个班次8个小时。

为时两周的模拟实验刚刚开始时，被分配做"看守员"的学生与被分配做"罪犯"的学生没有多大差别，而且做"看守员"的人也没有受过专门训练。实验者只告诉他们"维持监狱秩序"，不要把"罪犯"的胡言乱语（如"罪犯"说，禁止使用暴力）当回事。为了更真实地模拟监狱生活，"罪犯"可以像真正监狱中的罪犯一样，接受亲戚和朋友的探视。"看守员"每8小时换一次班，而"罪犯"除了吃饭、锻炼、去厕所、办些必要的其他事情，其他时间要时刻待在牢房里。

"罪犯"没用多长时间，就认同了"看守员"的权威地位，或者说，"看守员"调整自己，进入了新的权威角色。特别是在实验的第二天，"看守员"粉碎了"罪犯"的反抗企图之后，"罪犯"们的反应就更加消极了。不管"看守员"吩咐什么，"罪犯"都唯命是从。事实上，"罪犯"们开始相信，正如"看守员"经常对他们说的，他们真的低人一等、无法改变现状；而且每一名"看守员"在模拟实验中，都做出过虐待"罪犯"的事情。例如，一名"看守员"说："我觉得自己不可思议……我让他们互相喊对方的名字，还让他们用手擦洗厕所。我真的把'罪犯'看作牲畜，而且我一直在想，我必须看住他们，以免他们做坏事。"另一位"看守员"补充说："我一到'罪犯'所在的牢房就烦，他们穿着破衣服，牢房里满是难闻的气味。在我们的命令面前，他们相对而泣。他们没有把这些当作一次实验，一切好像是真的，尽管他们还在尽力保持自己原来的身份，但我们总是向他们表明我们才是上司，这使他们的努力收效甚微。"

这次模拟实验相当成功地证明了个体学习一种新角色是多么迅速。由于参加实验的学生在实验中表现出病态反应，在实验进行6天之后，研究人员就不得不终止了实验。应该注意，参加这次实验的人都是经过严格挑选的心智正常、情绪稳定的人。但是，实验进行6天以后，所有人都被深深卷入自己所扮演的角色里无法自拔，不管是虐待者还是受虐者，甚至主持实验的教授也被卷入其中，成了维持那个"监狱"秩序的法官。

2015 年 7 月由凯尔·P. 奥瓦内兹（Kyle P. Alvarez）导演的影片《斯坦福监狱实验》正式上映。影片基本还原了发生在 20 世纪 70 年代斯坦福大学的整个实验过程。斯坦福监狱实验和后来的米尔格拉姆"电击实验"一样，是社会心理学有史以来最富有争议的实验，详细资料可以查阅有关实验介绍的网站：https://www.prisonexp.org。

思考题：
① 哪些现场因素促使参加实验的学生角色行为出现快速分化？
② 观看影片《斯坦福监狱实验》，查阅网站资料，讨论角色预期对行为的影响。
③ 思考如何通过设置场景、赋予角色等手段影响团队成员的行为。

6.3.2 群体规范

6.3.2.1 规范的概念

规范可以让成员知道自己在一定的环境条件下应该做什么、不应该做什么。从个体的角度看，群体规范意味着在某种情境下群体对个体的行为方式的期望。群体规范被群体成员认可并接受之后，群体就可以用很少的外部控制影响成员行为。不同的群体、社区的规范不同。群体的正式规范是写入组织手册的，规定着员工应遵循的规则和程序。然而，组织中大部分规范是非正式的。

▶ 概念

> 规范（Norms）：群体成员共同认可并接受的行为标准，包括规章制度，以及群体成员默认的行为方式。

例如，不用别人告知，你就知道在老板来视察时，不能跳起来扔纸飞机，也不能无休止地和同事闲聊。同样，我们都明白，在参加求职面试时，谈到自己对以前那份工作不满意的地方时，有些事情不应该谈（比如在工作中难以与同事、上司处好关系），但有些事情谈起来就比较合适（比如缺乏发展的机会、工作不重要或没有多大意义）。事实证明，即使是没有工作经验的学生也知道，在求职面试中，有些答案比其他答案更符合社会期望。

6.3.2.2 指令性规范与描述性规范

Cialdini 等（1991）提出了一个反常识的理论——规范焦点理论。该理论指出，人们做出许多行为并不是出于对自己的态度或动机的顺从，而是受到社会规范的影响。研究发现，人们的许多节能环保行为更会受到他人行为的影响，而诸如"有益社会"这样冠冕堂皇的说辞对人们实际的节能环保行为影响非常有限。

规范焦点理论将社会规范区分为指令性规范和描述性规范。

➡ 概念

指令性规范（Injunctive Norms）：明确规定人们在面对相应问题场景时应该做什么、不应该做什么的行为准则。

例如，"不能随地乱扔垃圾"就是最常见的指令性规范。指令性规范对人们行为的影响程度取决于人们脑海中对这项规范的印象深刻程度。看到一个"不能随地乱扔垃圾"的标语会加深人们对这一规范的认识，形成深刻印象；看到有人在监督执行"垃圾分类"，也会加深人们对规范的认识。

➡ 概念

描述性规范（Descriptive Norms）：人们认识到在面对相应问题场景时，其他人普遍是如何做的行为准则。

描述性规范反映了群体中实际存在的、流行的行为和观点。描述性规范可通过两种途径习得：① 观察其他人的实际行为，从而推断人们的行为规范（经验路径）；② 根据别人的描述了解其他人的典型行为，进而习得规范（概念路径）。例如，在一个垃圾遍地的场景中，人们会感觉到，在这个地方扔垃圾是一种普遍行为，这里的行为规范是允许大家随意扔垃圾的。实际上，大家也已经把垃圾扔得遍地都是（韦庆旺和孙健敏，2013）。

规范焦点理论的应用主要在于利用社会规范信息干预人们的行为：当想要影响或者改变一个人的行为时，仅仅通过向其宣传或反馈一些有关该行为的规范信息就能奏效，因为不论哪种规范都可以对群体成员产生影响。不过，规范焦点理论强调了焦点在社会规范普及中的重要作用，即当某种社会规范与人们的行为有关且人们在意这种规范，或者这种规范比较明显、引人注意的时候，人们才会去遵守这种社会规范。

视频讲解：群体规范与破窗效应

另外，当指令性规范和描述性规范有矛盾的时候，通常是描述性规范的影响远远大于指令性规范。例如，在一个垃圾遍地的场景中，尽管在墙上刷着"禁止乱扔垃圾"的标语，人们还是会倾向于跟随实际垃圾遍地的情况，随意乱扔垃圾。这也是著名的"破窗效应"所描述的现象：在一个脏乱差的环境中，人们更容易滋生犯罪倾向；在整洁、干净、有序的环境中，人们更容易遵守法律和规范。当一个问题出现并成为不良现象存在于组织环境中时，就会传递"描述性规范"信息。这会导致不良现象无限传播，影响其他人"去打烂更多的窗户玻璃"，形成"破窗效应"。

6.3.2.3 群体规范的内容

一个工作群体的规范就像一个人的指纹，是独一无二的，且包含丰富的行为信息。群体规范包括三方面的内容：

（1）绩效规范。第一类群体规范大多与群体绩效方面的活动有关。群体通常会明确地告诉成员：他们应该怎样努力工作，应该怎样去完成自己的工作任务，应该达到什么样的绩效水平，应该怎样与别人沟通，等等。这类规范对员工个人的绩效有巨大的影响，能够在很大程度上调整仅根据员工的能力和动机水平所做出的绩效预测。

（2）形象规范。第二类群体规范与群体成员形象、外显工作行为有关，包括如何着装，对群体或组织的忠诚度如何，何时应该忙碌，何时可以聊聊天。有些组织制定了正规的着装制度，但即使没有，组织成员对于上班时该如何着装也有心照不宣的标准。例如，在许多组织中，尤其是专业技术人员和高层管理人员，不正式的着装和不遵守纪律都被认为是不合适的。

（3）社交规范。第三类群体规范为潜在的社交约定。这类规范来自行为互动过程中的默契，主要用来约束群体成员。例如，上下级应该如何安排座位，与同事交谈应该约定哪些内容范围，群体成员应该与谁一起吃午饭，上下班时应该与谁交流等，都受这些潜在规范的约束。

6.3.2.4 规范的形成与发展

规范形成于群体成员的互动过程中，既可以形成于群体的规定、条文，也可以形成于群体之间的交往。群体中的一些关键事件、关键措施可能会缩短规范形成的过程，并能迅速强化新规范。大多数群体规范是通过下列方式形成的：

（1）群体成员所做的明确陈述。群体可以对行为进行约定并形成公示性的文本，或者由某个成员公开进行陈述。做出陈述的群体成员通常是群体的主管或某个有影响力的人物。例如，主管可能具体地强调，在上班时不得打私人电话，不得聚集在一起喝咖啡，单次休息时间不得超过 15 分钟，等等。

（2）群体历史上的关键事件。这种事件通常是群体制定某个规范的起因，经历了一起关键事件，会让群体形成新的惯例。比如，清华大学的学生已经形成加强体育锻炼的惯例，这与清华大学的历史事件有着关联。清华大学建校时，虽然没有正规体育课，但校方也要求学生参加体育活动。每日下午四点后，学校将全校各处寝室、自习室、图书馆、食品部等处的大门一律关闭，让全体学生到户外运动场运动，直到体育课成为学生正式课程。

（3）内部互动过程的积累。群体内部出现的第一个行为模式，常常会为群体成员的期望定下基调。例如，学生中的友谊群体成员在第一次上课时，就会坐在一起。如果以后上课，有人坐了他们的位子，他们就会感到自己的领地被"侵犯"了。

（4）新成员过去经历中的保留行为。其他群体的成员在进入一个新群体时，会带来原群体中的某些行为期望。新成员的加入会带来新规范，会使得团队原有规范发生变化。但同时，工作群体在添加新成员时，更喜欢接受那些背景和经验与现群体成员相近的成员。因为这种新成员带来的行为期望，与现群体中已存在的行为期望比较一致。

案例

"挪窝工程"改变群体规范

我18年前来到这个有三十多年历史的国有企业，面临500多个平均工龄20年以上的员工。绝大部分员工从进入企业后便没有换过岗位，新的员工一进车间，为首的"群众领袖"便教他们如何"遵守规则"，即不能多干，保持一定的工时水平。当时民营企业已蓬勃发展，对国有企业形成了极大的威胁，如果仍沿用计时工资制，生产效率就得不到提高，企业会面临生存危机。

经营班子经讨论决定在"金加工车间"试推行计件工资制，员工以为时多天的罢工和怠工表示反对。经过反复讨论和思考，经营班子意识到，必须分析这种现象的根源并采取有效的措施，从根本上解决问题。于是他们首先宣布在现有车间暂缓推行计件工资制，以免引起整个企业的连锁反应；然后实施"挪窝工程"，即在厂区内建立一个同样的车间，以几个管理骨干及生产骨干为基础，外加一些新员工，营造一个良好的氛围，同时实施计件工资制。

三个月过后，新的车间建立起来了，在两位车间主管的培训下，15名技校毕业生掌握了车工技能，车间也按公司的意图推行了计件工资制，员工的积极性得到了极大的发挥，新的车间可以生产与原车间相同的产品，但效率几乎提高了一倍，员工的绝对收入增加了，相对而言产出增长比率更高了。

此时，公司开始调整计划。原车间的员工要么接受公司新的管理制度，要么逐步被抽调去新的车间适应新车间管理制度，否则将减少原车间的工作量交由新车间完成。结果在一部分原车间员工调往新车间的同时，原车间也接受了新的管理制度。在工作效率提高一倍的同时，员工的观念发生了变化，对接受新的管理制度有了充分的思想准备，同时对规章制度的遵守程度也高于对群体潜规则的服从程度。

案例来源：根据浙江大学EMBA毛磊描述整理。

思考题：

① 开始"挪窝工程"之前，如何描述工人们原有的群体规范？
② 原有规范下，工人的角色期待有哪些？
③ 管理者通过哪些手段逐步改变了群体规范？

6.3.3 从众与权威

6.3.3.1 从众行为

作为群体的一个成员，人们希望被群体接受。此时，群体规范就会对人们的行为产生影响，人们会倾向于按照群体规范做事。描述性规范形成了人们对社会环境、行为现实的认识，人们会遵循描述性规范行事。即使人们并不认同群体规范，也会感受到来自群体规范的压力。研究表明，群体能够给其成员施加巨大压力，使他们改变自己的态度和行为，与群体规范保持一致。

> **概念**
>
> 从众（Conformity）：个人受群体规范的影响，甚至迫于群体压力，改变初衷而采取与多数人一致的行为。

与盲从者不同，从众者不一定认为别人的意见或行为正确。从众行为产生的原因很复杂，有群体人数多、内聚力强、个体在群体中的地位与能力低等情境方面的原因，也有智力低、情绪不稳定、缺乏自信、害怕权威等个体方面的原因。

人们的组织生活中有多个群体，而不同群体的规范是不相同的，有时还互相矛盾。人们会有针对性地选择具有参照性的群体，遵从自己认为重要的群体规范。这些群体可能是他们现在已身处其中的，也可能是他们希望以后能够加入的。在同一情境下处理同样问题的其他人，总会成为最重要的参照性群体。

> **概念**
>
> 参照性群体（Reference Group）：个人用来作为评价自身、别人或社会事件的标准群体。

参照性群体具有这样的特点：个体了解这个群体中的其他成员；个体认为自己是这个群体的一员或者渴望成为这个群体的一员；个体认为这个群体中的成员对自己很重要。从参照性群体的定义也可以看出，不是所有的群体都能给予其成员相同的从众压力。

案例

阿希实验

群体给予其成员的从众压力，以及对群体成员的判断和态度的影响，在所罗门·E.阿希（Solomon E. Asch）的经典实验中得到了充分证明。阿希让6—8个被试组成一个小群体，要求他们比较实验者手中的两张卡片，并告诉被试，实验的目的是检查他们的视觉情况。如

图6-4所示，一张卡片上有1条直线，另一张卡片上有3条直线，3条直线的长度不同。这3条直线中有1条直线和第一张卡片上的直线长度相同。直线的长度差异是非常明显的，被试只要大声说出第一张卡片上的那条直线与另一张卡片上3条直线中的哪一条长度相同就可以了。

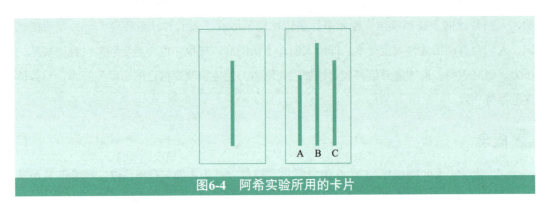

图6-4　阿希实验所用的卡片

通常条件下，被试判断错误的概率小于1%。但是，如果前几位群体成员的判断就是错误的，会发生什么情况呢？群体施加的从众压力，会不会导致不知情的被试改变自己的答案，以求与群体其他成员一致呢？阿希想知道的就是这一点。为此，他做了这样的安排：让群体内其他成员都做错误回答，而不知情的被试是不知道这一点的；在安排座位时，有意让不知情的被试坐在最后，最后做出回答。

实验开始后，先让被试做了几次类似的练习。在这些练习中，所有被试都做出了正确回答。但在正式实验中，第一个被试做出了明显错误的回答。例如，他的回答为：图6-4中的A直线与目标直线一样长。下一个被试也做出同样错误的回答，再后面的人都是如此，直到不知情的被试作答。不知情的被试知道，C直线与目标直线一样长，但别人都说是A，他面临的选择是：① 公开说出与群体中其他成员不同的答案；② 为了与群体中其他成员的选择保持一致，回答一个自己认为错误的答案。

阿希获得的结果是：在多次实验中，大约有37%的被试选择了与群体中其他成员的回答保持一致。在多次判断任务中，有76%的人至少会选择一次与群体中其他成员判断一致的答案。也就是说，他们知道自己的答案是错误的，但这个错误答案与群体其他成员的答案是一致的。一般情况下会认为女性的从众倾向高于男性，但是在阿希实验中发现从众倾向没有明显的性别差异。

思考题：

① 如果你是被试，你会做出从众的判断吗？
② 你和哪些人在一起时从众倾向更高？
③ 哪些特征的人更容易受到外部影响而做出从众行为？

阿希实验的结果表明，群体规范会给群体成员带来压力，迫使他们的反应趋向一致。因为我们都渴望成为群体的一员，不愿意与众不同。我们可以进一步拓展这个结论：如果个体对某件事情的看法与群体中其他人的看法很不一致，那么他就会感到压力，驱使他与其他人保持一致。在以下这些情况下，人们更容易采取从众行为。

（1）情境模糊不清。情境的模糊性决定着人们在多大程度上会将别人的行为反应当作参考。当不确定什么是正确的反应、适合的行为和正确的观点时，你会非常容易受到他人的影响。你越是不确定，就会越依赖他人。

（2）时间紧急、信息缺乏。时间紧急这一情况常常出现在模糊的情境中。在危急时刻，我们通常缺乏必要的决策信息，没有时间停下来思考应该采取什么行动，但我们又必须立即行动，因此我们就很自然地去观察别人的行为反应，然后照着做。

（3）跟从的对象具有权威。一个人在他人眼里越有权威，面临矛盾选择的其他人就更有可能跟从他的行为反应。例如，一名乘客看到飞机引擎正在冒烟，他可能会去观察飞机乘务员的反应，而不是身边乘客的反应。研究者做过实验，当一个西装革履的人在马路上带头闯红灯时，他能够带动更多的人跟着闯红灯；相比之下，一个穿工装的人的影响力要小很多。

（4）凝聚力强的群体。从群体特征来看，当群体凝聚力强、群体经常保持一致意见时，群体成员更容易产生从众行为。凝聚力强的群体更加同质，也会形成更加强烈的规范。

（5）自信心弱的个体。从个体因素来看，如果一个人智力低、缺乏自信心，就很容易产生从众行为。这种成员不敢发表自己的意见，宁愿相信别人也不相信自己。

6.3.3.2 权威与服从

对权威的服从也是群体行为的重要影响机制。与从众行为不一样，对权威的服从是指面对某个权威人物或者面对某些权威的指令，人们放弃自己原本的观点，屈从于权威的要求。权威在组织生活中十分常见，上下级的权力距离使得服从权威成为常态。特别是在军队组织中，上下级的权力距离非常明显。研究者曾经探讨，战争中执行命令的士兵为什么会不顾社会道德的要求行事，且丝毫没有罪恶感。一个广泛的共识是，个体面对权威时会表现出更高的服从倾向。

社会心理学家米尔格拉姆做了著名的"电击实验"，研究当权威人士下达与道德和个人原则相违背的命令时，人们会如何选择。人们是会遵从自己道德的指引还是屈从于权威的力量？结果十分令人惊讶，即使知道自己的电击行为会对他人产生"生命安全威胁"，高达63%的参与者仍然在"权威"的要求下逐渐加大电压。事后，米尔格拉姆把实验过程、结果等系统整理，写成经典著作《对权威的服从：一次逼近人性真理的心理学实验》（*Obedience to Authority: An Experimental View*），也拍摄了纪录片《服从》（*Obedience*）。

> 案例

电醒人生：米尔格拉姆的电击实验

米尔格拉姆1974年在耶鲁大学当地的报纸上发布了一则广告，招募一项"记忆实验"的被试。实验地点选在耶鲁大学老校区中的一间地下室，地下室有两个以墙壁隔开的房间。广告上说明实验将进行一个小时，报酬是4.5美元。招募到的被试年龄从20岁至50岁不等，包括男性、女性；最高学历从小学至博士都有。

研究者告诉被试，这是一项关于"体罚对于学习记忆的影响"的实验，他被随机挑选为"老师"，并拿到了一张"答案卷"，隔壁房间被随机挑选为"学生"的另一位被试拿到了一张"题目卷"。

事实上，隔壁房间的"学生"由实验助手假扮，所有的被试都扮演"老师"角色。"老师"和"学生"分处不同房间，他们无法看到对方，但能听到对方的声音。"学生"被绑在椅子上，手臂上用电线连着按钮。如果"学生"回答错误了，"老师"就给对方实施电击。

"老师"被给予一个电击控制器，控制器连接一台发电机，并被告知这台控制器能使隔壁的"学生"受到电击。电击按钮从45伏开始依次增大，共有30个，最高电压有450伏。当然，实际上是没有电流通过的，实验助手扮演的"学生"会根据电压大小做出各种痛苦的表演，但是扮演"老师"的被试并不知情。

开始实验之前，为了让被试了解感受，被试先接受一次45伏的电击。之后，"学生"在记忆任务中每出一次错误，都要接受一次电击，而且每次电击都要比前一次升一级。"学生"根据电压大小，受到电击以后会发出不同程度的痛苦的喊叫。一开始，他只是喊一声"啊"；当电压达到120伏时，他会大喊"痛死了"；当电压达到150伏时，他会大喊"到此为止吧！让我出去，我心脏不好，我的心脏受不了。求求你放了我吧，我不要继续了"。研究者会指示"老师"继续往上加电压，如果你服从命令继续加电压，"学生"会不断重复，并惨叫"让我出去！让我出去！我心脏不行了，让我出去"。研究者此时不会理会被试的恳求，继续要求"老师"加电压，加到300伏以后，曾经连连惨叫的"学生"会像死一样的安静。研究者会漠视这些，继续要求被试实施8次后续的电击，一直加到450伏。

这些都是研究者事先与"学生"排练好的程序。隔壁房间里，由实验助手假扮的"学生"打开录音机，录音机会搭配着发电机的动作而播放预先录制的尖叫声。这些排练是为了让被试相信，"学生"每次作答错误会真的遭到电击。

米尔格拉姆在开始实验之前，曾经请顶级医院的40个精神病医生预测结果，他们一致认为"不到4%的被试会把电压加到150伏以上，只有0.01%的被试会坚持到底"。结果在第一次实验中，65%的被试都把电压加到了最高的450伏。尽管他们都表现出不太舒服，每个人都在电压加到一定程度时暂停并质疑实验，一些人甚至说他们想退出实验，但没有被试在300伏之前坚持退出实验（见图6-5）。

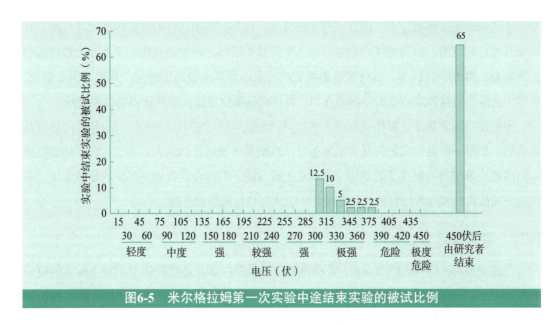

图6-5 米尔格拉姆第一次实验中途结束实验的被试比例

后来,实验进行了很多条件设计,整个系列包括19个独立小实验,参与人员超过1 000人,年龄层次为20—50岁,并且涵盖了各种职业的人。事后的元分析(Meta-analysis)结果发现,无论实验的时间和地点,每次实验都有61%—66%的被试会把电压一直加到450伏。

资料来源:[美]道格拉斯·肯尼克,史蒂文·纽伯格,罗伯特·西奥迪尼,2017.西奥迪尼社会心理学:群体与社会如何影响自我[M].谢晓非,等,译.北京:北京联合出版公司。

思考题:

① 组织情境中,权威的影响有哪些表现?
② 军队和企业的权威影响机制有哪些区别?
③ 现代互联网企业的权威和服从行机制有哪些新特点?

6.3.3.3 地位

无论是大群体还是小群体,内部都有地位(Status)层次的划分,并且在群体中地位会影响群体成员的行为。比如在某些群体中,地位高的群体成员有权制定群体规范,地位低的群体成员迫于群体压力,也会遵守一些损害自身利益的规范。

群体中的地位可以分为非正式地位和正式地位。非正式地位的获得是基于群体成员在教育程度、年龄、技能、经验等方面的优势。如果一个成员教育程度高、年龄较大、经验丰富,就有很大的可能赢得其他群体成员的尊重和信赖,在群体发言或提出自己的想法时也容易获得大家的赞同。

正式地位是群体通过正式的方式授予成员的。比如，组织具体指定群体的领导成员，并赋予其相应的权力。因为群体中地位高的人享受某些特权，可能会获得与个人相关性更高的经济利益，因此一般认为，群体成员都希望尽力争取群体内更高的地位。从这一角度来说，群体中的地位对群体成员有潜在激励作用，群体成员渴望通过高绩效获得地位的提升。

但是需要注意的是，群体成员个人感知到的地位等级与组织授予的地位象征之间应该是符合的。如果一个地位高的领导者的办公室、薪酬都不如地位低的人，那么这时群体成员感知到的地位等级与组织授予的地位象征就是不符合的。不符合或者说不等价的地位象征，不仅会使地位高的领导者的权威受到挑战，还会失去地位的激励作用。

6.3.4 群体凝聚力

群体凝聚力（Group Cohesion）是群体动力的重要因素，是指群体对于每个成员的吸引力和向心力，也可以代指群体成员之间相互依存、相互协调、相互团结的程度和力量。通常，这个指标用成员之间的相互选择的数量或方式、忠诚度、荣誉感等因素来测量，也可以用成员之间的关系融洽、合作、归属认同等积极态度来评估。

卡罗·莫里诺（Carlo Moreno）曾经提出采用成员之间相互选择的方式来测量、评估群体内部成员之间的凝聚力。莫顿·多伊奇（Morton Deutsch）进一步提出，可以用群体成员之间相互选择的数量来评估群体凝聚力，具体公式为：

$$群体凝聚力 = \frac{群体成员之间相互选择的数量}{群体成员之间可能相互选择的总数量}$$

结合组织研究中最近流行的轮转法（Round Robin Method）和数据分析技术，多伊奇的公式可以提供对群体层面的凝聚力进行评估的思路。凝聚力强的群体能够提高群体内部的沟通水平，降低群体成员之间的协调损耗。这对于研究/评估群体的绩效表现非常重要。研究表明，群体凝聚力与团队绩效并不是正相关的。

影响群体凝聚力的因素有很多，比如群体成员相处的时间、进入群体的难度、群体规模的大小、群体中的性别构成、是否面临外部威胁和历史因素等。一般来说，群体相处时间越长、进入群体的难度越大、群体规模越小、受到外部威胁时，群体凝聚力越强。此外，有研究证据表明，成员全是男性的群体比全是女性的群体或者男女混合群体的凝聚力弱。

> **案例**
>
> 凝聚力与生产效率实验
>
> 社会心理学家斯坦利·沙赫特（Stanley Schachter）等对群体凝聚力和生产效率的关系进行了模拟实验研究。他们招募被试，随机分派为五个小组，以生产棋盘为任务，开展生产模

拟实验。

实验以群体凝聚力和积极/消极诱导为自变量，生产效率为因变量。实验一共分为两个阶段：开始的16分钟是生产任务的练习和熟悉阶段；16分钟以后，分别给予不同条件的生产引导：①积极诱导，要求生产小组"提高生产量"；②消极诱导，要求生产小组"不要工作太快"；③控制小组，不进行积极/消极诱导。

结果发现，在前16分钟内，五个小组的生产率几乎没有差异，生产练习的成绩会随着练习提高并稳定在一定的水平；但是，16分钟以后，受到不同引导的影响，五个小组的效率会发生变化。

凝聚力强的群体在得到积极诱导时，其生产效率会提高很多（A组）；得到消极诱导时，其生产效率会下降很多（B组）。凝聚力弱的群体在得到积极诱导时，其生产效率会提高（C组）；得到消极诱导时，其生产效率会下降（D组）。但是，凝聚力弱生产效率的提高和下降的幅度都小于凝聚力强组。控制小组（E组）的生产效率稳定在原来水平，并没有出现很大变化（见图6-6）。

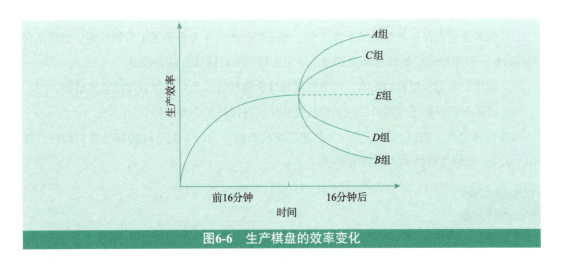

图6-6　生产棋盘的效率变化

思考题：

① 如何用变量关系图表示群体凝聚力、诱导和生产效率的关系？
② 作为管理者，应该如何处理凝聚力与生产效率的关系？
③ 如何帮助一个凝聚力弱的群体纠正不良的生产效率？

本章名词

群体（Group） 团队（Team）
社会闲散（Social Loafing） 信任（Trust）
心理安全感（Psychological Safety） 间断平衡模型（Punctuated Equilibrium Model）
角色（Role） 角色认同（Role Identity）
角色知觉（Role Perception） 角色期待（Role Expectation）
心理契约（Psychological Contract） 角色冲突（Role Conflict）
规范（Norms） 描述性规范（Descriptive Norms）
指令性规范（Injunctive Norms） 服从（Obedience）
从众（Conformity） 参照性群体（Reference Group）
群体凝聚力（Group Cohesion）

本章小结

① 群体是有直接任务互动的个体组合，非正式群体的存在会干扰正常的管理。团队是有共同目标、分工协作、技能互补的群体，对于完成任务目标具有整合效应。

② 群体效率受到规模的影响，过程损耗和社会闲散效应是对群体效率的重要威胁。

③ 团队心理安全感与成员之间的信任是构建有效团队的必要条件。

④ 群体会产生规范、角色等行为预期影响成员的行为。人们的行为容易受到角色、规范、从众、权威等群体动力因素的影响。

视频案例

走进空气稀薄地带

珠穆朗玛峰是每一个登山者向往的圣地。1996年春天，珠穆朗玛峰上发生了一场让人印象深刻的灾难。1996年5月10日，23人到达了峰顶，包括罗伯特·E. 霍尔（Robert E. Hall）和斯科特·费希尔（Scott Fischer）这两位当时世界上最优秀的登山者，但霍尔、费希尔和其他三人在下山途中遇暴风雪身亡，其他人在黑暗与冰天雪地中徘徊近10个小时后幸存返回营地。

事后，随团的登山记者乔恩·克拉考尔（Jon Krakauer）撰写了一部纪实传记《走进空气稀薄地带》（*Into Thin Air*）。阿里云创始人王坚在中央电视台《朗读者》节目中朗读过其中部分章节的开篇语。1997年，该书被改拍成电影《走进空气稀薄地带》（*Into Thin Air: Death on Everest*）。2015年，这起事件再次被翻拍成新版电影《绝命海拔》（*Everest*）。但是，登山队员安纳托尼·波克里夫（Anatoli Boukreev）反驳了克拉考尔的回忆，撰写了另一部书《攀登》(The Climb)。

这起事件成为哈佛商学院关于团队领导力的经典案例。人们的记忆并不完整，事后去回忆一起事件的发生过程，总是会有各种各样的偏差。请搜集资料，尽量拼凑起这起事件的全貌。

请在视频网站上观看1997年版电影《走进空气稀薄地带》、王坚的《朗读者》节目。

思考题：

① 为什么会发生这个悲剧？这次灾难的根本原因是什么？
② 在珠穆朗玛峰这样的地方，发生这类悲剧是不可避免的吗？
③ 你如何评价费希尔和霍尔的团队领导行为？
④ 管理者可以从这个案例中得到什么启示？

案例分析

508所航天技术应用团队：开启民用卫星应用之路

近年来，我国陆续成功发射了多颗民用卫星，产生了大量优质国产卫星数据。但是，在卫星数据应用的市场上，国外卫星数据应用还是主流，行业用户认为国产数据获取渠道受限，且数据质量无法满足应用需求，这让508所航天技术应用团队负责人徐崇斌和他的同事心里很不是滋味。作为国内空间光学载荷制造的主力军，他们对国产卫星的性能非常有信心。团队开始重新思考自己的方向和定位。"我们有自己的卫星，有自己的数据，守着第一手的资料，为什么要受制于人呢？"徐崇斌回忆起做国产卫星数据应用的初衷时说道。经过一段时间的酝酿与孵化，在所领导的支持下，508所航天技术应用团队正式开启了卫星应用之路。

从零开始的道路注定不会一帆风顺。起初，几位团队成员摸索着前行的方向，同时还面临着商业航天公司的激烈竞争和利益诱惑。但靠着对"航天国家队"的无比信任，他们坚守下来了。

走卫星应用这条路，还需要跟地方政府打交道。协助政府实现治理能力的现代化转型，是个漫长的过程。团队花了近两年时间与地方政府对接利用卫星技术重塑政府业务流程，终于在2019年，"长江经济带（南京段）生态环境立体监测项目"落地开花。之后，他们用成熟的遥感技术为我国最大的淡水湖鄱阳湖、珠三角流域茅洲河进行水环境监测，为桐乡、丽水等地开展全域大气环境监测，为广东、浙江等地开展高精度生态系统分类、生态参数反演支撑。这一连串的应用探索实践也为团队积累了一系列卫星应用关键技术。

团队通过几年的努力,在环境监测、生态评估、能源双碳、共同富裕等应用领域形成了一系列关键技术。他们秉承着"把国产数据用好、用深、用透"的理念,开始向各行各业拓展,用日臻成熟的技术、更具定制化的方案、更有针对性的数据分析,为地方政府和企业提供更优质的指导和服务。

资料来源:中国空间技术研究院. 实干最美 | 508所航天技术应用团队:打通卫星应用"最后一公里"〔EB/OL〕.(2022-08-22)〔2022-10-03〕. https: //baijiahao.baidu.com/s? id=1741869108733239545&wfr=spider&for=pc。

思考题:

① 徐崇斌带领的航天技术应用团队的任务目标是什么?前后发生了哪些变化?
② 结合贝尔宾的团队角色理论,分析这个团队在达成目标的过程中需要哪些重要角色发挥作用?
③ 促使这个团队做出优异成绩的关键因素有哪些?

文献阅读

参考文献

第 7 章 冲突与协商

▶ 学习目标
- 了解冲突的现象与概念
- 分辨认知冲突与情绪冲突
- 辨别分配性谈判与整合性谈判
- 训练形成整合式谈判思维

▶ 素养目标
- 引导学生辩证客观地认识组织中冲突的作用
- 鼓励学生正视认知冲突,建设性处理组织冲突
- 培养学生用包容辩证的眼光看组织中的冲突
- 鼓励学生善用中国文化策略进行跨文化谈判

本章讨论组织中的冲突与协商。职能分工与多元组成是组织中冲突产生的背景原因,协商与谈判是解决冲突的重要途径。本章从介绍冲突概念开始,讨论冲突的性质、作用、发展阶段、解决策略等方面,并且简要介绍协商与谈判的基本概念,以及分配性谈判、整合性谈判的策略要点。

请扫描首页二维码观看本章导读视频"分配式与整合式谈判"。

▶ 开篇案例　万通六君子

　　1991年9月13日，海南农业高技术联合开发投资总公司（简称"农高投"）在海南正式成立。1993年1月18日，农高投增资扩股，改制为有限责任公司形式的企业集团，即万通集团，主要股东除冯仑、王功权、刘军、王启富、易小迪外，还有后来加入的潘石屹，以及中国华诚财务公司、海南证券公司等法人股东，由冯仑担任董事长和法人代表。

　　当时，大众还不知道"公司"为何物。冯仑在《野蛮生长》一书中写道："没法说最初的钱哪些算股本，后来算股份的时候也没有办法分清楚。别说没法算，那时我们连懂都不懂，又没有《公司法》，大家说事连个依据都没有。所以说，我们这些合伙人一开始合作的基础不是钱，而是大家共同的理想、信念和追求。"冯仑提出，按照历史的过程来看，缺了谁都不行。于是，万通六君子在确定股份时采取平均分配的办法，大家说话的权利是一样的。万通集团成立了常务董事会，重大决策都是由六个人共同做出。

　　1995年之前，六兄弟配合得很好。当时，六个人以海南为中心，分散在广西、广东等邻近省份，经常见面。1995年起，万通集团的业务开始发展到北京、上海、长春等地，六兄弟各自负责所在省份的业务。虽然资源和结构发生了变化，但六个人仍然坚持个人收益上的平均主义。当时他们确定了三条规则：第一，不许有第二经济来源；第二，不转移资产，不办外国身份；第三，凡是在公司生意上拿到的"灰色收入"统统交回公司，六个人共同控制这笔钱。

　　后来，大家对生意的看法和理解出现了分歧。首先是资源分配的问题，同样做房地产，有的人说深圳好，有的人说西安好，有的人说北京好，但资源是有限的。开常务董事会时，大家会互相认为对方的项目不好，由于公司董事会实行的是一票否决制，大家很难达成统一。当时潘石屹在北京担任万通实业总经理，北京的资源最多，慢慢地，各地开始绕过常务董事会，直接向潘石屹借钱，导致万通集团几乎成了一个虚设的总部，主要的业务和员工都在外地，谁拿到各地的具体项目，谁就是老板。此外，六个人在公司的发展战略上也产生了分歧。有的人比较激进，主张进行多元化；有的人比较保守，认为应该做好核心业务；有的人不愿意做金融；有的人不愿意做商贸。有的项目在某几个人强力主导下，一旦不顺利就会导致大家相互抱怨。

　　由于当时沟通不便，信息也是不对称的。六个人性格不同，所处地域和管理企业的情况不同，在一些事情上形成了分歧，相互之间越来越不容易协调。在农高投成立之初，员工并不多，除了王功权、冯仑等六个"高层"，只有两个员工，一个是王功权的老婆，另一个是王启富的哥哥，大家一起干活、一起吃饭，谁也没把自己当"干部"。完成资本的原始积累后，公司开始招聘新人，这才有了真正意义上的上下级关系。由于王功权、冯仑等的"座次"排得很模糊，六人权力是均等的，因而下面的员工会不自觉地"站队"，形成各式各样的派系，组织运行效率低下。出现了这些问题，六个人都很痛苦，都处于挣扎的状态。冯仑写道:"那时我住在保利大厦1401房间,潘石屹住在楼下,我们很痛苦地讨论着、等待着,就像一家人哪个孩子都不敢先说分家,谁先说谁就是大逆不道。"

后来这件事出现了两个转折点。一是1995年,王功权去了美国管理分公司,在美国学到了很多商务、财务的管理办法。二是在1992年前后,张维迎把张欣介绍给了冯仑,张欣又通过冯仑认识了潘石屹,两人开始谈恋爱。张欣对问题的看法完全是西式的,她把西方商业社会成熟的合伙人之间处理纠纷的商业规则带给了万通集团。

冯仑一开始不同意西方的做法,但后来去了一趟美国,见到了周其仁。两人聊得很投机,冯仑讲述了困扰他的问题,周其仁讲了"退出机制"和"出价原则",这给了冯仑很大启发。回国后,冯仑提出"以江湖方式进入,以商人方式退出"。虽然是商人方式,但冯仑等只是对资产进行了大致分割,并没有锱铢必较,还是保留了兄弟情义。1995年3月,六兄弟第一次"分家",王启富、潘石屹和易小迪选择离开;1998年,刘军选择离开;2003年,王功权选择离开。至此,万通集团完成了从六个人到冯仑一个人的股权转变。

资料来源:冯仑,2017.野蛮生长(第2版)[M].北京:中信出版社。

思考题:

① 万通六君子的冲突是什么原因引起的?
② 为什么在冲突中,六个人都不愿提出清算财产后分家?
③ 如果你是万通六君子之一,你会如何与其他人协商退出问题?
④ 解决冲突的江湖方式与商人方式各自有哪些特点?
⑤ 最后六个人没有完全按照商人方式退出公司,如何看待这个现象?

7.1 认识冲突

冲突是组织中不可避免的现象,每个人对业务都有不同看法,分工的存在导致分歧的出现。万通六君子的分家事件前前后后经历了约八年时间,在这一过程中,不仅有商业判断的不一致,还夹杂着当事人的情绪、情感波动。我们看一看冲突的一些基本特点。

7.1.1 冲突

什么是冲突?冲突的基本特点是一方认为另一方影响了自身利益,或影响到他希望达到的目标,从而使双方产生认识与情感上的矛盾。组织是一个多元系统,组织内的很多方面都能引起冲突,比如目标不一致、对事情的认识不同、消极感情、价值观和人生观差异,以及资源共享引发的争端等。

→ 概念

冲突（Conflict）：两个人或多个人之间的意见分歧，进而形成的矛盾。

由于资源缺乏、互相依赖性、目标不同和协调需要，组织中的冲突不可避免，也不可能完全消除。但是如果处理不当，它会严重影响组织运作，导致敌意、合作缺乏、暴力、关系破坏，甚至组织解散等不良后果。但是冲突也有许多有益的方面，它能激发创造性，带来革新和变化，甚至可以改善关系。假如组织内完全没有冲突，组织就会缺乏活力和积极性，不易适应外界变化。控制冲突的综合技能包括制造冲突和解决冲突，并利用冲突实现管理目标。

在一个组织中，冲突的产生有以下一些特点：

（1）冲突的产生是一个过程，包含酝酿和发展阶段。

（2）冲突是双方或多方之间的一种相互依赖，如果其间不存在相互依赖关系，就不可能发生冲突。

（3）冲突必须是双方感知到的。如果冲突没有被人们意识到，它就不会影响人们的行为。

（4）冲突双方必须发生相互作用，冲突一方的行动必然引起另一方的反应。

7.1.2 冲突水平与组织绩效

在大多数人的印象中，冲突都会对组织绩效产生负面的影响，但事实并不是这样的。实际上，"冲突"一词也可以被翻译成"争论""分歧"，这些不一致有可能是由双方的知识背景不一致造成的。正如我们在前面章节中所探讨的，成员知识背景的不一致也是形成团队的基本条件，技能的互补可以促进团队优势的发挥。组织中的这些不一致之处，也是班子成员搭档存在的基础，班子内部一开始存在的"争论""分歧"成为组织所需要的多种思维基础，对企业的发展起到促进作用。组织中的人际冲突可能源于角色互斥、沟通不畅、个体差异等方面。

7.1.2.1 角色互斥

组织中员工所从事的工作任务可能相互影响，由于各自的职责互不相容，彼此之间产生矛盾。这样的冲突经常出现在不同部门的员工之间。例如，财务部门对于费用开支、发票报销等工作会有一系列规定，而在市场、生产等业务部门中，这些规定与实际需求会存在很多矛盾。久而久之，业务部门与财务部门之间会出现相互排斥、相互冲突的现象。

7.1.2.2 沟通不畅

由于员工从事工作不同，彼此之间缺乏相互了解，对于同一工作事件的处理方式不同，同样会引起彼此之间的冲突。比如，现在的组织沟通非常依赖于邮件、微信等电子信息。而汉语是高情境化的，同样的语句在场合、预期、表情不同情况下，其含义也不同。电子信息使得沟通更加结构化、缺少语气情绪等线索，导致沟通双方更容易产生误会。

7.1.2.3 个体差异

组织中员工的社会背景差异大，知识背景、教育水平、家庭传统、价值观念等都会存在差异，对工作中事件的处理方式会有不同期望。比如，在本章开篇案例中，六个人对矛盾冲突的处理方式存在很大差异，这就造成了可能的冲突。

冲突并不总是给组织带来消极的结果。管理学研究认为，冲突对组织绩效的作用受到多个情境条件的影响，包括冲突的强烈程度、冲突的类型等。一定程度的冲突水平对维持组织的正常功能是有帮助的。如果冲突水平太低，组织内部同质化明显，只有一种声音，组织就会墨守成规，难以通过创新适应环境变化；如果冲突水平太高，则会导致各种混乱，危及组织的生存。冲突水平与组织绩效之间并不是简单的线性关系，两者的关系如图7-1所示。

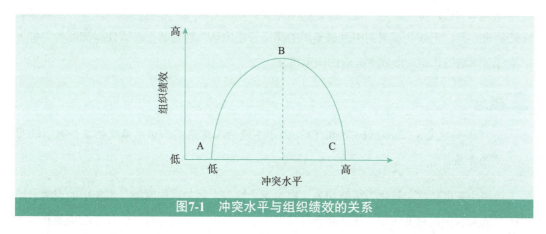

图7-1　冲突水平与组织绩效的关系

当组织中的冲突水平过高或过低时，冲突都将对组织绩效起到破坏性作用；而只有当冲突水平适中时，它才能起到积极的作用，这一情况也可以用表7-1来表示。布朗（Brown）认为，管理者与其花费大量的精力来制止或解决组织内的各种不协调行为，不如在组织中维持一个适中的冲突水平。

表7-1　冲突水平与组织绩效的关系

情况	冲突水平	冲突类型	组织内活动的性质	组织绩效
A	很低或没有	破坏性	冷漠、停滞不前、对改革没有反应、缺乏创意	低
B	适中	功能性	生活化、能自我批评、能革新	高
C	高	破坏性	破坏性、无秩序、不合作	低

尽管保持适中的冲突水平可以提高组织绩效，但是对于大部分人来说，在组织中提出不同意见并不是受欢迎的事情，且很少受到鼓励。所以，在开篇案例中，万通集团的领导班子

都采取了克制自己,不将冲突明显化、外部化的策略。

当领导班子出现严重冲突的时候,组织绩效就会受到严重的负面影响。这时,员工会有极大的困惑,辨认不清组织的目标,甚至拉帮结派、相互争斗,组织会出现严重的内耗。

7.1.3 认知冲突与情绪冲突

认知冲突是一种与任务有关的冲突,由决策的不同意见或分歧造成。决策过程中,由于人们所处的位置和思考的角度不一样,认知差异不可避免。在组织的管理团队中,认知冲突经常发生。

在管理实践中,高层管理团队的认知冲突在很多情况下可以提高战略决策的质量。通过团队成员之间的持续争论和广泛交流,决策者可以更加全面深刻地认识决策任务,形成创造性的解决方案。正如开篇案例中万通集团的高层管理团队,意见的不一致使得沟通各方都可以加深对问题的认识,形成更有效的决策机制。

> **概念**
>
> 认知冲突(Cognitive Conflict):由于不同的人信息、知识、角度的不一致,而形成的矛盾。

认知冲突也经常会转化为情绪冲突,即由于个性与人际关系的摩擦、工作中的误解,产生的对他人的主观意见认知。任务冲突仅仅发生在工作中,表现为对工作任务的决策和实施在认知上的不一致;情绪冲突则表现出对冲突对方的不喜欢、负面情绪,甚至憎恶。

> **概念**
>
> 情绪冲突(Emotional Conflict):由于个性、人际关系等摩擦,形成对冲突对方的负面情绪,从而引起的矛盾冲突。

认知冲突与情绪冲突总是相伴而生。在冲突发生的时候,如果处理不当,认知冲突马上就会转化为情绪冲突。比如,因工作关系而形成不同观点的争论应当是认知冲突,一旦其中一方认为另一方对自己有不当的歧视,或者对方故意反驳自己的观点,情绪冲突就会随即产生,而这种情绪冲突也会伴随着与认知冲突的相互作用而升级。

但是,情绪冲突一旦形成,要转化为纯粹的认知冲突却非常不容易。情绪冲突往往是在长久的交往中,通过人际互动、社会影响等复杂的社会活动形成的,通常是隐蔽复杂的。这种个人之间的恩怨矛盾很难转化为单纯的认知冲突。

案例

阿里云的艰难起步

2008年，阿里巴巴像依赖氧气一样依赖IOE：IBM小型机、Oracle商业数据库、EMC集中式存储。那一年，阿里巴巴用户激增，数据量增加了十多倍。按照这样的增长速度，公司需要不断扩大服务器的容量，未来几年光买服务器的支出就能让阿里巴巴破产。面对问题，公司意识到必须要使用更便宜、更好用的新技术架构，于是成立了"阿里云"。成立这个新部门的目标是要构建新的技术架构取代IOE。2008年10月，阿里云将自身研发的云计算系统命名为"飞天"。但新系统到底会"飞天"还是"坠毁"，当时大多数阿里人都不太有把握，只是不便明说。

2009年，淘宝网被要求配合阿里云进行开发试验。就这样，云梯1、云梯2出现了。研发人员一边搭建系统，一边开始在淘宝内测，承担部分计算任务，以缓解服务器压力。

当公司决定放弃Oracle的时候，淘宝网技术保障数据库负责人后羿犹豫几次，最终硬着头皮在内部会议上宣布："淘宝要放弃Oracle，转投自研的数据库架构了。"结果，会议气氛一下子紧张了起来，八十多个Oracle工程师把他堵在会议室里质问，"你再说一句试试？"他们的愤怒完全合情合理，因为"如果上边铁了心要干，抛开大家已经掌握的成熟技术不说，兄弟们未来的出路在哪里？"

经过解释沟通，最终一场恶斗转化成了八十多个工程师坐在会议室促膝长谈。大家明白，如果现在不刮骨疗毒、自我革新、学习开发新技术，那么将来整个淘宝都会有生存危机。于是，工程师们也冷静了下来。但是，阿里云刚成立不到一年，这些看上去不靠谱的人新开发的"飞天"靠谱吗？淘宝网敢把整个部门的命运交给不靠谱的阿里云吗？

参会的八十多个工程师都有同样的疑问，其中刘振飞（后为阿里巴巴合伙人之一）站出来说："好，让我们学新技术可以，但是咱们拿事实说话。你敢不敢跟我打个赌？以三年为限，用新技术的淘宝核心交易系统必须达到零故障！否则……"

看着神色凝重的下属们，后羿咬牙答应了。但要决定整个淘宝团队的命运，后羿的分量还是远远不够的。毕竟淘宝上有这么多业务、买家、卖家，万一数据迁移失败，谁来负责？时任淘宝技术总架构师的行癫（后为阿里巴巴合伙人之一）见状，把心一横，宣布自己和部门也愿意站出来，共同承担技术风险："干好了我们大家荣誉等身，干坏了要杀要剐我来扛！"看到行癫都赌上了自己的身家性命，也就没人再说什么了。

2009年秋天，技术架构升级工作正式启动。这群Oracle工程师含着泪亲手拆毁了自己辛勤搭建、也是自己安身立命的Oracle系统。

资料来源：创业家. 阿里云这群疯子［EB/OL］.（2018-10-17）［2023-02-15］. https://baijiahao.baidu.com/s？id=1614586974167829280&wfr=spider&for=pc&sa=kf&from=timeline．

思考题：
① 工程师为什么会对放弃Oracle如此抵触？
② 分析讨论这个事件中包含的认知冲突与情绪冲突。
③ 在这个事件中，认知冲突与情绪冲突是如何转化升级的？
④ 公司的管理者最终采用哪些策略化解了这次冲突？

7.2 冲突解决的策略

7.2.1 冲突解决策略的类型

面对冲突，人们会有不同的解决策略。Thomas和Kilmann（1974）提出二维模式，以冲突方利益关注焦点为维度，用于分析冲突的解决方案和结果（见图7-2）。冲突发生以后，冲突参与者有两个主要的反应维度：坚持性（Assertiveness）和合作性（Cooperativeness）。其中，坚持性表示在追求个人利益过程中坚持己见的程度，合作性表示在追求个人利益过程中愿意与他人合作的程度。于是，就出现了五种不同的处理人际冲突的策略，包括竞争、迁就、回避、折中、整合。这五种策略反映了坚持性与合作性的五种不同组合。

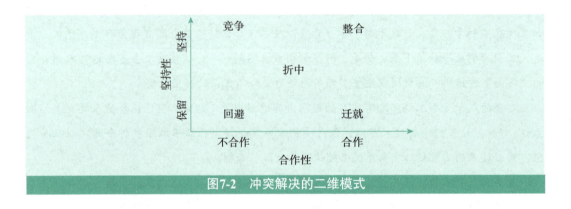

图7-2 冲突解决的二维模式

7.2.1.1 回避策略

回避策略（Avoiding Strategy）指既不合作又不坚持的策略，通常表现为"有话不说"，克制自己，漠视差异。这时，人们将自己置身于冲突之外，忽视了双方之间的差异，或保持中立态度。这种策略是指当事人不关心事态的发展，对自己的利益和他人的利益均无兴趣，回避各种紧张的局面。

在某些具体情况下，回避冲突、保持人际和谐是一种不错的处理策略。比如，冲突议题无关紧要，解决冲突带来的破坏大于好处，或者预计冲突会随着事件发展而逐渐消失。在中国文化中，人际和谐是人们普遍认同的价值观，冲突回避是常用的解决策略。回避策略虽然可以避免问题进一步扩大，但常常会因为忽略了潜在原因、忽视对方的真正需求而将矛盾隐藏。

概念

冲突回避（Conflict Avoidance）：人们会有意地回避他们认为可能出现冲突的场景，特别是组织内部的冲突，以维护表面的人际和谐。

深层的冲突通常并不会因被隐藏而得到解决。避而不谈冲突，有可能会使得矛盾虽然被暂时压制，但长期可能发展到不可收拾的程度。这种对"直面冲突"的回避在中国组织中很常见，而且人们会回避自己想象"可能产生冲突"的场景。在开篇案例中的"万通六君子"就是如此。在第5章中，我们列举的"为什么没人反对？"案例，就是冲突被隐藏导致最后不可收拾的典型。

如果不尝试用合适的方式化解双方的矛盾冲突而采取冲突回避，就完全有可能使得问题被隐藏，进而使得冲突进一步激化，直到无法用沟通的方式加以解决。张志学和魏昕（2011）认为，公开而坦率的沟通能够有效地处理冲突。通过更充分的讨论与沟通，冲突中的各方更可能将彼此的偏好与利益结合到解决方案中。

7.2.1.2 竞争策略

竞争策略（Competing Strategy）是指高度坚持自身利益，试图压制对方，迫使对方让步的策略。这种策略更加关注自己的立场，试图说服他人接受自己的观点和方案，代表了一种"赢—输"的结果，即为了自己的利益牺牲他人的利益。这种策略适合用在自身的关键利益、原则，甚至是底线等，受到对方挑战的时候，以快速、坚决地显示对自身原则的捍卫。使用竞争策略的一方通常在冲突中具有占绝对优势的权力和地位，该方会认为自己的胜利是必然的，而另一方必然会以失败而告终。竞争策略通常会使人们只追求达到自己的目的，如果缺乏成熟的沟通技巧，就容易由认知冲突诱发情绪冲突，最后使得双方的利益都受到损害。

7.2.1.3 迁就策略

迁就策略（Accommodating Strategy）也称顺从策略，代表着放弃自身利益，顺从冲突对方利益的策略。通常，迁就策略是为了从长远角度出发换取对方的合作，从而暂时屈服于对手的意愿。因此，迁就策略是最受对手欢迎的，但容易被对手认为是过于软弱或屈服的标志。另外，盲目屈服于集体而不发表自己的意见会降低团队决策的质量，使团队忽视存在的问题。

迁就策略通常出现在冲突对方有着强大权力的时候。比方说，在中国文化背景下，上下级之间有着很大的权力距离，当下级与上级意见不一致的时候，下级通常会采用迁就策略。但这对上级来说，并不一定是好事。另外，在中国文化背景下，容易产生对"集体利益高于一切""道德高于一切"等观念的顺从与迁就，这也是备受推崇的谦让品格。但盲目迁就会使得团队成员表现出顺从克己的特征，从而失去碰撞思考问题的机会。

7.2.1.4 整合策略

整合策略（Collaborating Strategy）是在高度的合作性和坚持性的情况下采取的策略。它代表了冲突解决的双赢局面，即最大限度地扩大合作利益，既考虑自己的利益，又考虑他人的利益。一般来说，使用整合策略解决冲突问题的管理者有这样一些特点：他们认为冲突是一种客观的、有益的现象，恰当处理会解决一些建设性问题；相信冲突双方在地位上是平等的，并认为每个人的观点都有其合理性；突破固有的思维框架，整合双方利益，可以创造性地解决冲突问题。

7.2.1.5 折中策略

折中策略（Compromising Strategy）也称"妥协策略"。在折中策略下，合作性和坚持性均处于中间状态，它建立在"有予必有取"的基础之上，这种策略通常需要冲突双方一系列的谈判和让步才能形成。与整合策略相比，折中策略只能部分地满足双方的要求。折中策略是最常用、最为人们广泛接受的一种冲突管理策略。

在中国人"中庸思想"的影响下，折中策略尤其受人们青睐。折中策略主要有以下优点：尽管它部分地阻碍了对手的行为，但仍然表示出合作的意愿；它反映了处理冲突问题的实用主义态度；它有助于双方保持良好的关系。一项研究表明，人们之所以愿意使用折中策略，是因为它的确提供了一个能够解决两难问题的方法。

7.2.2 策略的采纳

相比不成功的管理者、低效率的组织，成功的管理者以及高效率的组织会更多地采取整合策略处理冲突问题，因为整合策略的有效运用能够使冲突双方都产生满足感。而其他策略都会使冲突一方因要求无法得到满足而产生挫折感，进而为下一次冲突埋下伏笔。伯克在1970年曾对以上五种策略的有效性进行调查，并发现：使用整合策略最能有效地解决冲突问题；竞争策略和折中策略的效果不是很好；回避策略和迁就策略一般很少使用，且使用时效果都不好。根据他的统计，各项策略的有效性如表7-2所示。

延伸阅读：测一测你的冲突处理方式

表7-2 解决冲突问题的各种策略的有效性　　　　　　　　　　　　　　单位：%

策略	有效果的概率	没有效果的概率
回避	0	9.4
迁就	0	1.9
折中	11.3	5.7
竞争	24.5	79.2
整合	58.5	0
其他	5.7	3.8

华人雇员和海外雇员在冲突管理策略的选择上存在比较大的差异，表7-3列出了两类雇员处理冲突的策略。在中国文化中，和谐的人际关系是一个非常重要的因素，人们不愿意惹是生非，宁可自己吃亏也不愿意与对手对抗。因此，折中的策略是华人雇员最为常用的，而海外雇员更追求理想的情况，期望冲突能以整合的方式得到解决。

表7-3 华人雇员和海外雇员的冲突处理策略

使用频率	公共部门		私人机构
	海外雇员	华人雇员	华人雇员
高 ↓ 低	整合 竞争 折中 回避 迁就	折中 回避 整合 竞争 迁就	折中 回避 整合 竞争 迁就

案例

六尺巷

张英、张廷玉被称为"父子宰相"，历史上对他们评价很高。张英，安徽桐城人，文华殿大学士兼任礼部尚书，位高权重，被康熙赞为"始终敬慎，有古大臣风"。张廷玉，担任过内阁首辅、首席军机大臣，历经康雍乾三朝，是清朝唯一配享太庙的汉臣。

张英在京城为官期间，其母亲及其他家人都在安徽桐城老家。康熙年间，安徽桐城发生了一起宅基纠纷。争执双方中的一方是名门望族的吴家，另一方就是官位显赫的张英家。吴家和张家仅一墙之隔。吴家要翻盖新房子，说中间的这面"墙"是自己家的，而张家也认为这面墙是自己家的，为此两家争执不下。有过农村生活经验的读者想必都深有体会，这个冲突真的很难处理。因为以往没有明确的契约文字，以明示权利的归属。

吴张两家争执不休，互不相让，谁也不服谁，后来就把官司打到了县衙。张家人为尽快结案，就千里飞书到京城，向在朝廷做大官的张英求救，大概意思就是说吴家人想独占那一面墙，希望他能给县官打招呼处理好这件事。张英收到信，明白了这是宅基纠纷，虽然只是一墙之争，但如果处理不好，就会影响邻居关系。还有，对于这样的宅基归属问题，一向难有定论。最后，张英没用权势压制吴家，而是计上心来，给家人回了一首打油诗：

千里家书只为墙，让他三尺又何妨？

万里长城今犹在，不见当年秦始皇。

家人读完张英的书信后，明白了老爷子的意思，有所感悟，也觉羞愧，就按照老爷子的意思，大度向后让出三尺。吴家人见此情形，深受感动，也向后让出了三尺。如此一来，吴张两家之间就形成了一条六尺宽的巷道，也就是现在安徽桐城的"六尺巷"。

资料来源：钰姐的书屋."千里家书只为墙，让他三尺又何妨"，六尺巷是怎么形成的？［EB/OL］.（2021-08-07）［2023-02-16］. https://baijiahao.baidu.com/s？id=1707434835475618666&wfr=spider&for=pc.

思考题：

① 在这个事件中，双方冲突的焦点是什么？
② 用托马斯模型分析，张英采用了什么策略？
③ 张英采用的策略在哪些情况下可以取得良好效果？请讨论限定条件。
④ 讨论中国文化特征与策略效果之间的关系。

7.3 冲突发展的五阶段模型

路易斯·庞蒂（Louis Pondy）提出了"五阶段模型"，认为冲突的发展会经历五个可辨认的阶段。冲突并不总是一种客观的、有形的现象，它最初只存在于人的意识之中，只有冲突的各种表现形式（如争吵、斗争等）才是可见的。

延伸阅读：日军的投降仪式

7.3.1 第一阶段：潜在的冲突

在这一阶段，冲突处于潜伏状态，主要以能引起冲突的一些条件的形式存在，但是这些条件并未达到足够引起冲突的程度。可以说，只要人们彼此间具有相互依赖的关系，而且存在各种各样的差异，潜在的冲突随时都存在。例如，企业中的雇员和雇主就是一种相互依赖的关系，他们之间就存在多种可能引发冲突的因素：有形因素，如报酬和资源；无形因素，如地位和权力等。当两个人彼此之间不发生相互作用时，他们之间便很少有机会发生冲突。

在组织内部，诱发冲突的主要因素被理论研究者称为混合动机的相互作用。这意味着，冲突双方既有动机进行合作，又有动机进行竞争。即使是雇员和雇主之间，也存在合作的动机。当然，不排除在讨论某些具体细节问题时，双方会发生争执，而正是这种合作的动机导致劳资双方的冲突通常以问题解决的方式得到处理。一般来说，彼此间的差异越大，促使冲突表面化的可能性就越大，冲突的潜伏期就越短。

7.3.2 第二阶段：对冲突的察觉

当冲突双方相信他们的处境具有相互依赖和互不相容的特征时，冲突的发展就进入了第二阶段。它的出现有多种形式。有时，可能是外部人员明确告诉雇员，他的利益与雇主的利益是互不相容的；但更多的时候，这种积蓄已久的知觉是由某些特定事件所引发的。

潜在冲突和认知冲突有一定的联系，但两者并不存在严格的先后顺序。有时候，可能出现没有潜在冲突的认知冲突，如两个小兄弟争夺一块冰淇淋，而事实上，那块冰淇淋大到两个人一起吃都不可能吃完；也有可能出现没有认知冲突却有潜在冲突的情形，即只存在冲突潜势，而没有真正出现冲突。

7.3.3 第三阶段：感觉到冲突情绪

与知觉冲突不同，在感觉到冲突情绪的阶段，冲突双方开始完全划分"我们"与"他们"的界限。他们开始定义冲突问题，确定自己的策略及各种可能的冲突处理方式。在这一阶段，冲突者可能会表现出愤愤不平，开始把前一阶段的各种挫折感及其他感受表露出来。同时，冲突者还会对冲突进行一定的基本分析，如到底发生了何种冲突、为什么会发生冲突、现有的冲突问题是否只是一种虚假冲突等。但冲突者分析最多的可能是，自身具有哪些可以处理冲突的资源，这些资源通常包括实力、地位、信息、技能等无形资源和资金、人员等有形资源两大类。

在面临感觉到的冲突时，冲突双方都不得不在公开面对和回避冲突两种策略之间进行选择。这一选择受到许多因素的影响，如双方的基本定位，当事人与可能被卷入冲突中的其他方的关系，等等。冲突者的不同反应会导致冲突朝不同方向发展。

公开面对冲突是一种十分危险的选择，它通常会使感觉到的冲突升级，迅速地转化为公开显现的冲突，进入到冲突的下一个阶段。当公开面对冲突的风险大于潜在收益时，应该考虑回避冲突。尽管回避冲突无益于冲突解决，但是至少对其中一方而言，结果总比继续冲突更好。

7.3.4 第四阶段：行为冲突

有时候，冲突双方都愿意维持现有的局面，不愿意把事情公开化、扩大化，这时，冲突就不会真正出现。当一方或双方想公开地表达自己感觉到冲突的时候，那么显现的冲突就出现了。如果处理不当，冲突就容易升级。行为冲突阶段是冲突显现于行动的阶段，其中一方的行为会引起另一方的反应。

冲突行为是互动的，冲突双方各自试图实现自己的意愿，完全按照一方意愿来解决冲突是不可能的，但是双方的行为都有可能因对方而偏离原有的方向。冲突的升级和行为偏离通常表现出三种形式：

（1）问题的扩大化。当冲突事件发生后，冲突双方讨论的往往是会立即引发冲突的问题。有时，问题的性质导致双方必须考虑其他方面，但是从根本上来说，还是需要着眼于基本问题。只要双方一直关注基本问题，并从全新的、不同的角度去看待这些问题，必然会发现解决问题的创造性方法。一旦双方讨论的问题扩大到其他方面，冲突就必然会升级。

（2）面子问题。当冲突逐渐涉及参与者的自尊或自我形象以及冲突方的面子时，冲突会产生升级。这时的问题已经不仅是实质性问题，还包括有关个人的情绪性问题，这时情绪和各种象征性占据了主导地位。

（3）利益比较。一旦冲突发生后，双方很容易根据对手的行为做出自己的判断。冲突者往往根据冲突情形做出自己的反应，每一方都认为对手会做出与自己同样的反应，即如果自己友好，则认为对手也很友好。但随着冲突的进一步发展，双方更多的是根据对方的所作所为来确定自己的策略。在这样的一些比较中，判断的标准已经不再是事实本身，而是对手的所作所为，双方都渐渐偏离理性。

虽然冲突的升级特点有一定的差异，但是不理性的冲突仍存在一定的共同点。一是冲突一方对对方的行为和立场不敏感，以自身判断作为行动的主要依据；二是行动已经偏离计划初衷，和初始想法已经有了很大偏差。

在冲突发展的过程中，若出现以下线索，则说明可能出现冲突升级。

案例

冲突升级的线索

（1）参与者激动地为得到自己期望的结果而争论，而不是平静地解释自己的观点。

（2）参与者往往使用个人或与联盟相关的人称代词，如"我想""我们想"，而不是与团体或组织有关的词。

（3）参与者在某一不重要的主题上花费过多的时间和精力，这无法成为主题重要性的正当理由，如他们可能一开始就问自己："它为什么如此重要？"但是无法找到合适的理由。

（4）参与者无法记住最初讨论的问题，或者最初讨论的问题与当前讨论问题之间的联系。

（5）参与者发现自己考虑更多的是人、立场和策略，而不是问题本身以及如何解决问题。

7.3.5 第五阶段：冲突的结果

经过一系列的发展、变化，冲突会产生一定的结果，双方可能成功、失败或妥协，但所有的冲突结果都可以归为三种形式：胜—胜、胜—负和负—负。当然，冲突结果的出现并不意味着冲突的终结。

一场冲突结束以后，由于面对的结果不同，双方可能会出现不同的反应。一般只有少数冲突可以通过问题解决的方式得以化解从而迎来双方满意的结局，大多数的情况是总有一方的需要没有得到满足。这样的冲突解决也只是暂时的，失败的一方会随时准备下一次的进攻，这又为下一轮冲突的产生提供了条件。但下一轮冲突是否一定会发生呢？这往往取决于双方对冲突的反应。

一般来说，有两种标准可以用来评价冲突的短期效果：最终决策的质量和冲突对双方关系的影响。如果一个明智的决策能够同时满足双方的需要，那么对冲突双方的短期影响就是积极的。但这种情况往往比较少见，多数情况是难以同时满足双方的需要。双方对冲突处理方式越不满，将来产生冲突的可能性就越大，从而导致冲突的管理越复杂。冲突对工作关系产生的长远影响导致许多组织使用正式程序或改变组织结构，以保证冲突的负面影响最小。但是，从某种意义上来说，工作中的相互依赖关系是无法消除的，当彼此之间的依赖度降低时，彼此进行合作的动力也会随之减弱。

尽管冲突的发展一般要经历以上五个阶段，但必须认识到冲突过程是千变万化的，并不都是按照以上五个阶段的固定模式发展的。如有些冲突仅仅停留在潜伏期（第一阶段），因为发生冲突的动因消失了，冲突也就不可能表面化；而有些冲突似乎是一开始就进入了表面化阶段（第四阶段），这也不足为怪。所以，我们应该把冲突看作一个动态的发展过程。

案例

倪柳之争

1984 年，柳传志将倪光南请到联想公司。倪光南出任总工程师，对联想的技术做出了重要贡献，两人建立了深厚的友谊。联想的定位是高科技企业，于是联想大力宣传倪光南。柳传志说过，"只要老倪说的都对"。柳传志想给倪光南营造一种适合开展科研的氛围，能够让他心无杂念地做研究。为了塑造高科技企业形象，柳传志在公司中不断提升倪光南的地位。

从 1993 年开始，联想研发中心就让柳传志头疼。研发中心沉浸在技术至上的氛围中，花掉的钱超过利润的 40%，可是能够转化为产品的研发成果少之又少，即使做成产品也很难在市场中存活下来。作为企业经营者，柳传志必须更现实地考虑问题，不能单纯为了"技术"而危及企业生存。对于倪光南大量开发项目的做法，柳传志很不满。但是，他将这种不满压在心里，没有和倪光南交流，这为"倪柳之争"埋下了隐患。

1994年前后，汉卡产品在市场上逐渐没落，倪光南决心创造新技术制高点，试图寻求芯片技术突破。熟知市场的柳传志则反对过多地投入，希望在电脑组装生产线上"赌一把"。联想在突围方向上发出了两个声音，面临重大的战略选择，必须明确核心人物，做出战略决策。

倪柳关系迅速恶化，联想的每一次工作会议都成了两人的争吵会。柳传志认为倪光南是在"胡搅蛮缠"；倪光南则说，"我永远和你没完"。倪光南开始向上级控告柳传志作风霸道，进而控告他有严重的个人经济问题。这场让所有联想员工都感到难堪的"战争"持续到了1994年的整个下半年，将联想推向了动荡的岔路口。最终，来自中国科学院的工作组调查认为，"没有材料证明柳传志同志存在个人经济问题"。

1995年6月30日上午，200名联想干部被召至联想大楼六层会议室，时任中国科学院高技术企业局局长、联想董事的李致洁主持会议。据说，会议室主席台仅摆了一张桌子、两把椅子，柳传志和倪光南分别坐在第一排的两边。时任中国科学院计算技术研究所所长、联想董事长的曾茂朝宣布了艰难的决定，倪光南被免去总工程师的职务，并表示"这是出于不得已的一种取舍。这样的取舍对联想集团今后的顺利发展，无疑是唯一正确的选择"。

资料来源：任维维，1999.联想：为"倪柳之争"划上句号［J］.企业经济，（12）：8-10。

思考题：

① 柳传志、倪光南的组合对于联想的早期发展有什么作用？
② 柳传志、倪光南为什么会在战略方向上产生分歧？
③ 柳传志、倪光南的冲突对联想的发展有什么影响？
④ 查阅历史资料，用庞蒂的五阶段模型分析这场冲突的发展阶段。

7.4 协商与谈判

冲突在人们的世界里无处不在，谈判是解决这一问题的有效方法之一。"谈判"（Negotiation）一词又可以被翻译成"协商"，是指两方或多方交换商品或服务，并就交换比率取得一致意见的过程，是一门通过与他人讨论和讨价还价实现自己目标的艺术。

说起谈判，大家很容易联想到电影里常有的情境：谈判双方十几个人围坐在长方形的谈判桌前，烟雾缭绕，还有表情严肃、目光冷峻的首席代表，激烈的言辞交锋，紧张而精彩的辩驳对抗……其实，在日常生活中，谈判也无处不在。谈判大体分为分配性谈判和整合性谈判。了解它们的区别并知道它们分别在何时适用是很重要的。

7.4.1 谈判中的重要概念

谈判是两个及以上具有不同利益的个人或团体为了达成双方都满意的联合决策而进行沟通互动的过程。所以，任何谈判都有这三个关键特点：首先，谈判双方有各自的利益诉求，利益不一致导致双方需要折中；其次，谈判双方的利益诉求既有实物层面的也有心理层面的，谈判过程是信息交换的过程，也是利益交换的过程；最后，谈判双方都希望通过沟通交换，达到自身利益最大化的目的。创造价值、解决问题是谈判的核心目标。在进一步了解谈判的类型之前，我们首先来看看谈判中都会涉及的基本要素。

谈判目标。谈判目标是指谈判其中一方期望达到的最好谈判结果，这个结果通常与另一方期望是不相容的。比如，一套二手房的市场均价是 350 万元，你希望通过谈判以不超过 300 万元的价格买下，但作为卖方肯定希望以更高价格卖出。谈判目标会影响谈判者的心态、谈判策略与结果。元分析结果表明，谈判目标越高，谈判者第一次出价也会越高，最终达成的谈判结果也会对谈判者更加有利（Zetik 和 Stuhlmacher，2002）。研究者的解释是谈判目标锚定了谈判双方的预期。所以，有经验的谈判者往往比新手设定的目标更高。

最佳备选方案（Best Alternative to Negotiated Agreement，BATNA）。谈判协议的最佳备选方案是指谈判者如果放弃当前谈判，为了解决问题，谈判者可以采取的最好替代方案。也就是，放弃谈判后，谈判者可以有什么方案满足自己的需求。

BATNA 是谈判者关键的谈判权力来源。谈判者的 BATNA 越好，他就可以把谈判目标定得越高。因为如果对方不能满足其目标，他就可以放弃谈判转而采用 BATNA 满足自己的需求。所以，创造并不断改进谈判者的 BATNA 是获取谈判成功的重要途径（Brett 等，1996）。

谈判底线与谈判区域。谈判底线，又称保留价格（Reservation Price），指的是谈判的任何一方愿意接受的最低价格。在买卖谈判中，底线是买方愿意接受的最高价、卖方愿意接受的最低价。只有谈判双方的底线之间存在相容空间时，买卖双方才有可能达成协议；而这个相容空间被称为谈判区域（Bargaining Zone）。

谈判者要切记底线不是谈判目标，混淆二者会使得谈判对自己非常不利。通过深入分析自己的需求和利益点，谈判者能够对自己的底线有更准确的认识。谈判者不要被底线锚定，谈判是希望达成最有利于自己的目标，而不是签订一个不比底线差的协议。

7.4.2 分配性谈判

下面结合实例来看看上面几个概念。设想一个二手房的买卖过程：你在报纸上看到有关出售二手房的信息，于是你到中介那里看房，觉得很满意，想买下来。房东的出价比你的报价高，于是你们开始谈判价格，这种谈判便是分配性谈判。

概念

分配性谈判（Distributive Negotiation）：在零和条件下进行的协商，即双方认为既得利益总和是固定的，我得到的就是你付出的，反之亦然。

卖主每降价一元，你就节省一元；相反，他涨价一元，你就多花费一元。分配性谈判的实质就如同两人分一张固定大小的饼，通过协商决定由谁取得哪一部分。

图 7-3 描述了分配性谈判的策略。A 和 B 分别代表谈判双方，双方各有一个目标点，代表各自要实现的目标。双方还各有一个保留点，代表各自所能接受的最差结果。超出这个点，谈判者不愿接受协商，而宁可终止谈判。两个保留点之间为谈判结果的范围。两者的意愿范围有重叠之处，能够同时满足双方的交易期望。分配性谈判的主要策略是努力使对方同意你的观点，向你让步。

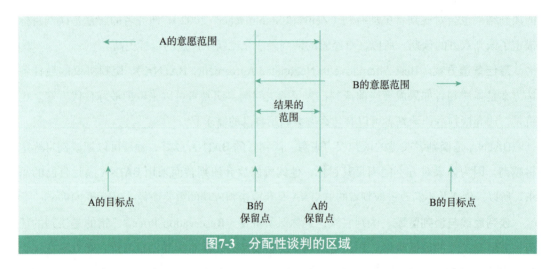

图7-3　分配性谈判的区域

通常，谈判双方的目标点不会重合。在大多数情况下，卖方总是希望从他所提供的产品或服务中获得比买方愿意付出的更多的利益。但通常的情况是，谈判双方的意愿范围有所重合，达成最后的协议对双方都有好处。谈判的意义就在于如何达成一个使双方都满意而各自不会让步太多的协议。谈判区域代表双方的保留价格之间的区域。我们可以很肯定地预见，谈判的最终结果会落在卖方保留价格之上、买方保留价格之下。

为了简明起见，我们采用了一个买卖的例子。由于谈判双方的出价范围不一样，谈判的区域也会出现一些差异，在进行谈判的时候，谈判者首先应该区分谈判区域是一个积极的谈判区域（见图 7-4A）还是消极的谈判区域（见图 7-4B）。

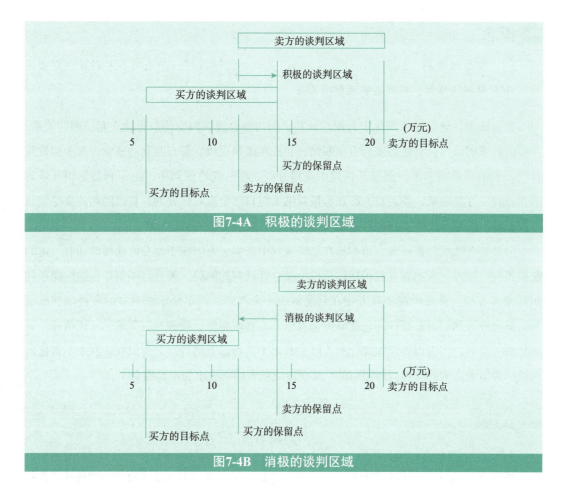

图7-4A 积极的谈判区域

图7-4B 消极的谈判区域

在积极的谈判区域中，谈判双方的保留价格有所重合。例如，考虑图7-4A中的谈判区域，卖方的保留价格是12万元，买方的保留价格是14万元，买方愿意付出的最高价格比卖方愿意接受的最低价格还要高2万元。这里的谈判区域就处于12万—14万元，如果谈判双方达成协议，那么最后结果就会落在12万—14万元。

在一些情况下，谈判区域可能不存在。例如，考虑图7-4B中的谈判区域，卖方的保留价格是14万元，而买方的保留价格是12万元。买方愿意付出的最高价格比卖方愿意接受的最低价格还要低2万元。这就是一个消极的谈判区域，双方的保留价格没有重合的部分。

7.4.3 整合性谈判

与分配性谈判相比，整合性谈判的一个重要的特点是能够实现共赢，兼顾各方的利益，使得双方的需求都得到满足。

概念

整合性谈判（Integrative Negotiation）：双方能够找到一个兼顾各方利益、突破原有问题解决框架、实现共赢的解决办法。

普遍认为，整合性谈判优于分配性谈判。因为整合性谈判能使双方建立起长期的关系，并促进将来的合作。它使得双方有所联结，并且在谈判完成后都有胜利的感觉，都会感觉到自己得到的利益增多了，能够从谈判中获得好处。在分配性谈判中，由于利益是相互矛盾的，总有一方是输家，或者双方都认为谈判结果对自己是没有好处的，自己的利益会受到对方的影响，因此分配性谈判容易造成双方对立，不利于长期关系的发展。

但是整合性谈判很稀有，不容易在组织谈判中产生。原因在于整合性谈判成功有一定的前提条件，双方严重的对立意识往往会成为整合性谈判的障碍。整合性谈判产生的前提条件包括很多方面，重要的在于双方是在共同解决一个问题，而不是压制对方的利益以获取成功。整合性谈判的重要条件还包括双方信息公开、真诚相待、理解对方需求、互相信任、灵活处理冲突等。因为很多组织文化和人际关系都不具备以上的特点，所以在谈判中不惜任何代价、为追求己方的成功而压制对方，从而造成双方的损失也就不足为奇了。

案例

西奈半岛争端

1978年，埃及和以色列在戴维营达成了和平协议，这显示出双方立场背后的利益都是极为重要的。自1976年6月以来，以色列就占领了埃及的西奈半岛。1978年，以埃两国在谈判时，双方的主张几乎是完全对立的。以色列坚持维持西奈半岛部分地区的现状，但埃及主张西奈半岛应全部归还埃及，并且表示决不让步。为了分割西奈半岛，双方多次重绘地图。埃及并不能接受在领土上做妥协，但若维持1976年以前的战前局面，以色列也不会接受。

然而，把眼光注视于双方立场的背后而非双方的立场就使谈判出现了转机。以色列最关心的是国家安全，不希望埃及的战车总是在国界旁虎视眈眈，随时对国家安全构成威胁。

埃及最关心的则是主权问题。自法老王朝起，西奈半岛就是埃及的一部分，可是却先后被希腊、罗马帝国、奥斯曼帝国、法国占领了数个世纪，好不容易才完全重获主权，埃及当然不会把领土让给新的征服者。

当时的埃及总统穆罕默德·安瓦尔·萨达特（Mohamed Anwar el-Sadat）和当时的以色列总理梅纳赫姆·贝京（Menachem Begin）在戴维营会谈的结果是：以色列同意将西奈半岛全部归还给埃及，但是要求埃及将该地区列为非军事区，以确保以色列的安全。这意味着，在西奈半岛到处可见埃及国旗，但埃及的战车不得接近以色列的领土。

思考题：
① 双方的争端是什么原因引起的？
② 为什么双方一开始都不肯让步？
③ 如果你是其中一方，你认为对方不肯让步的原因是什么？
④ 最后的解决方案给你什么启示？双方的目的都达到了吗？

这是历史上一个著名的整合性谈判实例，在美国的斡旋下，埃及和以色列都阶段性地达到了各自的目的。这个解决方案显然比双方进一步对抗不休、不断发动战争争夺西奈半岛的控制权有更多收益。双方的实质性需求有着差异，以色列希望安全，埃及要保证领土的完整，在戴维营协议框架下，双方都将满足各自的利益。

在现实世界中，两个有着历史仇恨的国家达成整合性协议的可能性是微乎其微的，原因在于对抗双方都会有很强的对抗心态，从而失去辨别双方核心利益的能力。

7.4.3.1 虚假冲突错觉

如果达成双赢协议是大多数谈判者的目标，那么是什么原因阻碍了这种目标的实现呢？下面将探讨的就是谈判者经常遇到的限制整合性谈判的虚假冲突。

▶ 概念

> 虚假冲突错觉（Illusory Conflict）：当人们认为谈判对方利益与自己的利益发生冲突，但实际情况并非如此的时候，虚假冲突就产生了。

研究者发现，谈判中很容易出现双方的利益都受到损害的结果，即双输效应。

研究者首先假设了一种谈判情境，在该情境下谈判双方有一些利益重合部分，也就是双方如果合作，会在一些方面成为共同的利益团体。然后让谈判的参与者开始与对方进行谈判，结果谈判者的表现并不尽如人意。相当多的谈判者不但没有意识到对方与自己有着部分重合的利益，反而把对方看作与自己完全对立的团体，结果最后达成的协议还不如信手拈来的一个好。汤普森和赫里别克对 5 000 多人进行 32 个不同谈判情境的模拟研究后发现，大约有 50% 的谈判者没有考虑过相容问题，20% 的谈判者承受双输效应带来的后果。这些结果往往是由于谈判者事先存在与对方利益冲突的假设而导致的，他们往往认为对方的观点总是对自己不利。

应该采取什么措施避免双输效应呢？首先，谈判者应当提防固定馅饼错觉，不要习惯性地认为自己的利益总是与对方利益完全对立；其次，谈判者的让步应该是理性的，因为这会成为影响对方判断的重要因素。精准详细地了解对方，是避免双输效应的最为重要的途径，避免受到信息的误导是很重要的。

7.3.4.2 固定馅饼错觉

延伸阅读：付出300万美元还是收入250美元

大多数未经训练的人都对谈判对方有一定的成见，认为谈判的任务就是分配"馅饼"。他们认定双方的利益是不相容的，双方谈判仅仅是一个讨价还价的过程，如果双方不能够对自己的利益让步，就没有办法达成一致，很有可能造成僵局。他们往往会认为谈判是对每个问题的权衡，而不是突破性地解决利益冲突问题，他们并没有意识到很有可能存在一个可以照顾到各方面利益的整体解决方案。大多数谈判者会认为对方的利益与自己的完全对立。事实上，谈判者完全可以达成利益均等和相容的分享关系。一句话，产生固定馅饼错觉的谈判者实际上错过了盈利的好机会。

概念

固定馅饼错觉（Fixed Pie Illusion）：谈判者会错误地认为自己的利益与对方的利益完全对立，因而反对对方提出的所有建议。

大量的谈判者会由于固定馅饼错觉而错过解决谈判问题的好时机，保守估计，这个比例至少有2/3。达成一体化协议的最大阻碍就是我们关于对手和谈判形势的错误估计。谈判者最先应有这样一个观点：谈判并不完全是双方的竞争。实际上，大多数谈判者具有多重动机，谈判各方的利益并不是完全相关的，一方的获利并不等于另一方的损失。事实上，很少有冲突谈判的结果是非输即赢的。在大多数复合动机的谈判中，双方都会在某种程度上意识到，面对对方时他们有两种动机——合作与竞争，但是普通的谈判者往往把这种关系看作一种简单的竞争关系。

了解分配性谈判和整合性谈判之间的区别，并明确它们在何时适用非常重要，表7-4 列出了两者的区别。

表7-4　分配性谈判与整合性谈判

谈判的特征	分配性谈判	整合性谈判
可利用的资源	分配固定量的资源	分配不定量的资源
首要动机	我赢，你输	我赢，你也赢
首要利益	双方对立	双方相似或相同
对关系的关注	短期	长期

资料来源：Lewicki R J, Literer J A, 1985. Negotiation [M]. Homewood, IL: Irwin.

7.5 中国人谈判的文化特征

在西方人的印象中，中国人着装保守、注重礼节、等级严明，西方人不容易适应与中国人的谈判。事实上，中国人的谈判方式受到中国文化因素的影响。跨文化研究认为最为明显的中国文化特征包括集体主义（Collectivism）和整体式思维（Holistic Thinking），与西方文化差异的核心在于对自我的界定。Movius 等（2006）总结了中西方谈判需要注意的问题，在中美跨文化谈判时，以下六种文化维度会产生重要影响。

7.5.1 关系

中国人对于陌生人与熟人之间的差异非常敏感。由于中国社会是低信任度的，人与人之间的信任往往建立在人际关系上，所以也称为"熟人社会"。中国人把人际关系或社会资本叫作"关系"。这里的"关系"已经不是西方人之间简单的人际联系，而是人与人之间的特殊连接。建立了双方都认可的关系，一方往往可以对另一方提出几乎没有上限的生意要求。在熟人与有关系的人之间，生意要求具有很大的灵活度。在西方人眼中，谈判者比谈判本身更重要，甚至有时候一位中国经理是与合适的人做生意，而不是根据可靠的合同做生意。正如一名西方经理所说："在中国，所有的事都是以人为主的。很多人比我们更有才华，但他们没有机会。因为获得机会的关键是：在这个组织中，他有哪些重要的关系与朋友。"

"关系"对于商业结果的影响非常大。如果好几家公司同时竞争某个中国企业的订单，那么与该企业关系最好的公司将会赢得这份订单。"关系"如此重要，以至于社会学家认为中国社会是一个网状社会，每个人眼中的社会都是一个以自己为核心的同心圆。对于一个没有社会联系的陌生人，要与中国人开展贸易仍然是不太可能的，尤其是在一些商业化程度比较低的地区。

7.5.2 社会等级

中国在很多方面是一个严格的等级社会。美国人往往难以理解中国人的等级，他们更崇尚平等文化。在美国企业，总经理会要求下属直接叫他名字；这在中国企业中几乎是不可能的，特别是在等级严明的大规模企业，高级经理总是用头衔来称呼。由于中国组织的这种严格等级制度，吉尔特·霍夫斯泰德（Geert Hofstede）认为中国具有"高权力距离"的文化。高层管理者在团队中必须担任决策者的角色，即使他并不参与谈判。每一次讨论结束后，团队都要向决策者汇报，并等待其最终决策。

中国谈判通常会有一个控制全局的决策者，很多情况下往往是一个决策者而不是一个团队做出决策；西方谈判往往是每一个人负责谈判的一个方面，每个方面都解决以后再由团队做出决策。所以，有人认为，"在中国谈判，从一开始你就必须明白你是在和谁谈判。这个人是不是有权做决定？他是不是这个组织的新人？他需要什么？"谈判中，会有一个能够拍板的人代表组织做出决策。这个能够拍板的人甚至不在谈判小组当中，而是远程控制谈判的进展。

7.5.3 威权领导

中国的威权领导行为沿袭了中国社会的等级特征。在大多数中国组织中，决策者往往就是领导者。在西方企业中，不同的管理者需要各自对谈判的不同方面负责，最终决策是通过团队内部达成一致做出的。这是西方谈判团队决策速度较慢的原因之一。中国组织中，一旦主要领导者做出决定，组织的执行就会相当迅速。

由于这种威权领导，谈判团队非常强调内部纪律和小组一致性。在团队讨论中可能存在分歧，但与对手谈判时，团队领导将掌控全局并代表团队发言，其他人在谈判中是不允许发言的。与儒家思想相符，领导者被认为是必须服从的"大家长"。家长的权威是不容许被挑战的，没有人可以与其发生直接冲突。下属认为领导做出错误决策的时候，只能间接委婉地提建议，并且要注意方式。《战国策》中的故事"触龙说赵太后"就讲述了委婉表达的重要性。这也是中国文化所推崇的方式。

7.5.4 "面子"问题

中国文化中，一个人的声誉和社会地位取决于"面子"，这是与西方文化的尊严与声誉相近的一个概念。"面子"被定义为一个人在社会关系网中的地位，是社会价值最重要的衡量指标。根据研究，中国文化中六种重要的处理"面子"方式包括：给自己长"面子"、给他人长"面子"、让自己丢"面子"、让别人丢"面子"、给自己留"面子"、给别人留"面子"。在中国，与别人谈判、提出谈判建议时，考虑"面子"问题是很重要的。在中国的很多谈判是否做出妥协通常由团队领导决定，而要从中获得让步的关键在于给领导留"面子"。在中国文化中，领导者在下属面前表现出软弱，这就意味着让自己丢"面子"。获取关键让步的时候，给谈判中有决策权的领导者以及对方谈判团队留"面子"是很重要的。

7.5.5 全局观念

中国的道家观点强调所有的事物都是相关的。Graham 等（2003）提出，中国人的思维是全局性的，美国人的思维是有序的、简单的。在谈判开始时，中方团队倾向于在讨论具体问题之前就普遍原则达成一致，以避免或延缓直接冲突的发生。这与希望直接商议具体细节的西方谈判相矛盾。

全局观念同样能解释个性特征与社会情感导致的谈判成功或失败。与倾向于逻辑、细节、"分析思维"的西方人相比，中国人更倾向于整体情绪导向。对于中国的谈判者而言，谈判是双方建立关系的开始，签订一份合同只是表明双方开始一段生意上的相互交往；而对于西方人而言，签订合同就意味着这笔生意做好了，一段生意交往结束了。

一名管理者的话道出了其中的差别："谈判中，西方人和亚洲人关注话题的不同方面。亚洲人根据情感或长期关系来判断，以闲聊的形式讲话……例如'他们曾经给我们很大的优惠'。而西方人更有逻辑性。他们的判断基于数据，非常实际和现实……生意就是生意。即使发生了非常激烈的正面冲突，谈判结束时他们都将忘记这种分歧。"

7.5.6 高情境文化

与很多亚洲国家一样，中国文化是高度情境的。非语言行为也会受到密切关注，正式书面文件下的社会背景（人际关系与归属）比文件本身更重要。这与道家的辩证概念紧密相关。在谈判中，相对于诸如沟通清晰度等过程变量，情境因素更可能是决定谈判结果的重要因素。中国人的合同可以被非常简单地概括，而不像西方合同那么具体烦琐，因此签订合同后的履约行为就非常重要。长期关系与总体目标在协商具体条约、责任与时间进度方面都极其重要。

本章名词

冲突（Conflict）　　　　　　　　　回避策略（Avoiding Strategy）
竞争策略（Competing Strategy）　　迁就策略（Accommodating Strategy）
整合策略（Collaborating Strategy）　折中策略（Compromising Strategy）
冲突回避（Conflict Avoidance）　　 认知冲突（Cognitive Conflict）
情绪冲突（Emotional Conflict）　　 谈判（Negotiation）
分配性谈判（Distributive Negotiation）　谈判区域（Bargaining Zone）
整合性谈判（Integrative Negotiation）　虚假冲突错觉（Illusory Conflict）
固定馅饼错觉（Fixed Pie Illusion）

本章小结

① 冲突是两方或多方之间有意见分歧进而造成的矛盾。适度的冲突可以加深团队对问题的认识，过度的冲突会对组织绩效产生极大的负面影响。

② 冲突类型分为认知冲突与情绪冲突，两者有着高度的相关性。情绪冲突更容易对组织造成负面影响。

③ 冲突解决的策略根据坚持性、合作性的组合分为竞争、迁就、整合、回避和折中五种。冲突回避不能够有效地解决冲突，反而有可能错过解决问题的最佳时机。

④ 冲突有发展的不同阶段，存在潜伏、觉察、感觉到情绪冲突、行为冲突、结果五个不同阶段。

⑤ 谈判是解决冲突的重要途径，包括分配性谈判和整性谈判两种。由于虚假冲突与固定馅饼错觉的存在，达成整合性的谈判协议并不容易。

⑥ 受到集体主义和整体式思维特征的影响，中国人的谈判有注重关系、强调等级、服从威权、关心"面子"、关心全局、注重情境等特点。

视频案例

最漫长的劫持

2014年7月31日，北京电视台《档案》节目推出纪录片"最漫长的劫持：日本驻秘鲁大使馆人质危机"，回顾了1996年这场劫持事件的整个过程。在秘鲁总统藤森的指挥下，经过4个多月的对抗与谈判，秘鲁特种部队成功地解决了这个问题。请在视频网站观看这个纪录片，查找阅读背景资料，下面是对这个事件的总体回顾。

1996年12月17日晚，日本驻秘鲁大使馆内正在举办明仁天皇的63岁寿辰庆祝宴会。14名"图帕克·阿马鲁革命运动"（Túpac Amaru Revolutionary Movement，MRTA）成员在内斯托·塞尔帕（Néstor Cerpa）的指挥下，伪装成服务员，将大批武器及弹药隐藏在蛋糕内，骗过使馆外围警察的检查，混入使馆。20时30分，恐怖分子取出武器，与使馆内的警察和保安人员短暂交火后，迅速控制了使馆两层楼的所有出口，将馆内540余人劫持为人质。事件发生后，秘鲁政府立刻出动大批军警，对日本大使馆进行严密封控。秘鲁政府在藤森总统的指挥下，开始了长达4个多月的谈判与解救行动。

以下是事件的总体时间表：

1996年12月17日（第1天）：MRTA成员挟持了日本驻秘鲁大使馆的540多名人质。他们很快释放近一半的人质。

12月20日（第4天）：38名人质被释放。

12月21日（第5天）：藤森宣称不会谈判。

12月22日（第6天）：255名人质被释放。

12月26日（第10天）：听到爆炸声。警方说，一个动物引爆了地雷。

12月28日（第12天）：20名人质被释放。

12月31日（第15天）：一群记者被允许进入大使馆。

1月21日（第36天）：警察和MRTA成员交火。

3月2日（第76天）：MRTA 成员拒绝流亡古巴共和国和多米尼加共和国。

4月22日（第127天）：秘鲁特种部队袭击大使馆。1名人质、2名突击队员和所有14名 MRTA 成员在行动中丧生。

思考题：

① 查找并阅读关于这一事件的相关资料，梳理事件脉络。
② 分析在这一事件中，秘鲁政府采取了哪些冲突解决策略。
③ 分析秘鲁政府的总体解决方针以及辅助性的策略。
④ 分析信息搜集在谈判对抗中起到哪些关键作用。
⑤ 讨论分析秘鲁政府解决问题的主要阶段、阶段性策略、成功之处。

案例分析

巴拿马运河的谈判

巴拿马运河是世界建筑史上的奇迹，它将大西洋和太平洋连接在一起，开辟了新的海上运输和旅行通道，为世界贸易的发展做出了贡献。

1880年1月1日，法国的"全球巴拿马运河公司"宣布正式开工挖凿巴拿马运河。然而，因流行病的蔓延以及财政上的重重困难，挖凿工程在1889年陷入停滞。为此，法国公司打算卖掉运河公司——专门为修建运河而成立的公司。美国方面得知这一情况后暗喜，决定拿到巴拿马运河的修建权。美国当初就有挖凿巴拿马运河的意图，只因法国下手太快而作罢。法国公司的开价为1.09亿美元。尽管美国早就对开凿运河有兴趣，但表面上显得不热情。在罗斯福总统的授意下，美国海峡运河委员会向法国公司提供了一份虚假的调查报告，证明美国可以在尼加拉瓜开运河，而且比继续开发巴拿马运河更省钱。法国公司信以为真，只好降价出售。结果，美国以4 000万美元的价格买下了运河公司，节省了6 000万美元。

买下公司后，美国方面再次以在尼加拉瓜开运河为要挟，要求以低廉的价格"租借"巴拿马运河。果然，巴拿马当时所属的哥伦比亚政府担心美国人不修建运河从而给自己造成损失，马上指使其驻美大使和美国政府签订了一份协议：同意以1 000万美元的代价将运河两岸各4.8公里的地区长期租给美国，美国每年另付给哥伦比亚25万美元。这项"租借"协议后来给美国带来了巨大的经济利益。自运河通航至1977年，美国共从运河通行费与相关劳务中获利500多亿美元，而巴拿马仅收到11亿美元的租金。

1977年，经过巴拿马人民的不断抗争，巴美两国签署了《巴拿马运河条约》，同时废除了1903年的不平等条约。

思考题：

① 查阅资料，回顾美国的谈判准备与策略。
② 尼加拉瓜运河在谈判中起到了什么作用？
③ 在谈判中，哥伦比亚和美国政府的BATNA是什么？
④ 当对手抛出"尼加拉瓜运河"的选择后，哥伦比亚政府应该如何应对？
⑤ 讨论掌握关键信息在谈判中的作用。
⑥ 如何才能在谈判中掌握信息优势、获取谈判主动权？

调研与讨论

　　二手房买卖是房东、购房者之间的谈判，双方的经纪人、中介公司也努力促成买卖。房东需要考虑价格、付款速度、按揭比例等因素，购房者需要考虑房子的价格、付款要求、位置、楼层、结构、朝向等多种因素。找一家附近的房产经纪公司，结合自身情况，询问交易的过程与要求，完成下列调研：

① 扮演购房者了解当地房产市场的基本信息。
② 拟定你购买房子的主要目的以及利益点。
③ 结合市场信息列出谈判目标、底线、BATNA。
④ 选取一套房子实地调研后，分别扮演买卖双方，准备谈判攻略。
⑤ 设定谈判时间截止点，进行模拟谈判，并签订协议。
⑥ 结合谈判结果，讨论并制定一份购房者谈判攻略。

文献阅读

参考文献

第 8 章 领导行为

▶ 学习目标

- ▷ 学会观察和认识领导行为
- ▷ 理解领导力的基本概念和内涵
- ▷ 掌握领导特质、行为和权变观点
- ▷ 认识交易型和变革型领导的差异

▶ 素养目标

- ▷ 帮助学生扎根现实，观察领导与追随的行为现象
- ▷ 激发辩证思考多种视角的领导力理论进展与局限
- ▷ 启发学生从历史角度思考领导力理论的发展趋势
- ▷ 引导学生认识人民群众、追随者的领导塑造作用
- ▷ 扎根中国背景辩证认识领导行为的国家文化基础

领导力是组织行为课程体系重点内容之一，但同时也是理论庞杂、各学派观点激烈交锋的领域之一。本章从特质、行为和权变三种传统的领导力理论出发，分析领导力理论的最新进展，以及领导力理论嵌入文化背景及社会制度的关联性。通过对各类领导者的案例分析，了解领导力理论的复杂性和权变性，体会用多元、动态和整合的理论视角理解领导行为、追随行为，以及领导模式与组织文化情境的匹配。

请扫描首页二维码观看本章导读视频"领导力传统理论介绍"。

> **开篇案例　张瑞敏砸冰箱**

　　1984年12月，张瑞敏临危受命，担任后来的青岛电冰箱总厂的厂长。当时这家工厂面临高额亏损，濒临倒闭，一年内更换了四任厂长，第四任厂长就是张瑞敏。张瑞敏进入工厂后的第二年，消费者反馈，工厂生产的电冰箱存在严重的质量问题。张瑞敏非常重视，逐一检查了仓库里的400余台冰箱，发现其中76台冰箱存在质量问题。工厂内部研究决定将这76台存在质量问题的冰箱作为福利，折价售卖给内部员工，在当时家电供不应求的市场情况下，这是一种比较"理智"的做法，但此举却遭到张瑞敏的坚决反对。

　　"我要是允许把这76台冰箱卖了，就等于允许我们明天再生产760台这样的冰箱。"张瑞敏宣布，所有存在质量问题的冰箱都需要砸掉销毁，并且由制造冰箱的工人亲手来砸。当天张瑞敏抢起锤头，砸向这些不合格冰箱。很多员工一边砸冰箱、一边抹眼泪，要知道，20世纪80年代一台冰箱的价值与今天不可同日而语，而这些产品也倾注了员工们的努力和汗水，"这不是砸在冰箱上，而是砸在员工的心里"。张瑞敏这一锤，砸醒了员工的质量意识，是海尔向品质转型的起点，在那个普遍关注产量而不太关注质量的时代，夯实了海尔品牌信誉的基础。

　　海尔自20世纪80年代开始逐渐成为国内和全球最重要的家电制造企业，其间海尔不断完善经营和管理体系，在国内外进行了大量收购和兼并。1998年，海尔开始实施国际化战略，从"缝隙市场"（如学生宿舍冰箱等小家电），逐步进入中高端市场。2016年海尔收购了美国通用电气公司家电部门，这是海尔转型的标志事件。

资料来源：刘青青，石丹，2021."84派"张瑞敏："交付"海尔［J］.商学院，（12）：8-13。

思考题：
① 张瑞敏"砸冰箱"对员工工作行为有何影响？
② 查阅海尔有关质量管理、品牌经营、兼并收购等一系列的转型事件。
③ 讨论张瑞敏做了哪些事情促进海尔完成了这一系列转型。

8.1　领导概述

　　提及领导，你会想到什么？是国家高层领导人、政府领导、企业董事长、校长，还是军队的指挥官？首先我们需要在概念上区分一下领导和领导者。在英语中，领导者（Leader）和领导（Leadership）的区别是很明显的，领导者是能够对他人产生影响的人；而领导是领导者影响他人，带领他人实现目标的过程或行为。但是在汉语中这两个词没有明显区别，通常把领导人也简称为"领导"。

概念

> 领导（Leadership）：具有影响力的个人或团队，通过向组织成员施加影响，产生工作行为，实现组织目标的过程。

领导是一种社会群体现象。领导者和领导普遍存在于社会生活中，不仅限于军队、政府机关、学校行政机构或企业等正式组织当中。在不经意间我们就可能成为某个群体在某项活动中的领导者或追随者。最近有关领导的研究越来越倾向于把领导者与追随者结合在一起考虑，领导力领域著名的研究者沃伦·本尼斯（Warren Bennis）认为，如果没有员工的包容、主动性及合作，那么有效的领导是不可能存在的。是否存在众多的心甘情愿的追随者，是领导力是否强大的试金石。领导这一现象存在于群体层面，是对群体行为现象的描述。

领导活动自人类社会产生之后就出现了，在人类社会发展的历史长河中，领导贯穿于人类社会的各个形态和各个方面。从20世纪30年代开始，学者们就开始对领导进行广泛和深入的研究，研究领域包含经济学、社会学、心理学和政治学等。但是，对领导的定义、研究角度可谓百花齐放，众说纷纭。

领导的本质是影响力，职权和个人特征是领导者施加影响的基础。职权是领导者因自己的地位获得的权力，是正式的权力；领导者的个人特征（如知识、品格、才能、处事风格和感情等）能够让其他人员（下属）心甘情愿接受自己的领导，被自己影响，是一种非正式权力。

8.2 经典的领导理论

组织中的有效领导非常重要。有效的领导能够大幅度提升组织的经营绩效，带领组织成员共同实现组织的短期目标和长期目标。领导理论就是关于领导有效性的研究。长期以来，学者们对领导有效性的研究主要集中在三个方面：领导者的特质、有效的领导行为以及下属和组织情境等权变因素的组合。与此相对应，经典领导理论的发展经过了特质理论、行为理论和权变理论三个阶段。

8.2.1 领导特质理论

20世纪30年代，众多学者开始研究领导者的特质。他们认为领导的有效性主要取决于领导者的个人特质，成功领导者的特质肯定存在某些共同点。以此为理论出发点，产生了领导特质理论（Leadership Trait Theory）。领导特质理论试图找到领导者和非领导者在特质上的差异，认为成功领导者具备一些共同的特质，只要考查组织中的领导者是否具备这些特质，就能知道此人是不是优秀的领导者。

领导特质理论可以分为传统领导特质理论和现代领导特质理论。传统领导特质理论认为领导者的特质是天生的,后天几乎不会再改变,即一个人能否成为优秀的领导者取决于遗传因素。后来的研究发现领导者的个人特质主要是在后天的不断实践中形成的,可以通过后天的培训形成领导者应具备的特质,这就是现代领导特质理论的观点。

延伸阅读:史蒂夫·乔布斯

在中国,领导者特质在很早就受到了关注,孔子的儒家思想可以被看作一套系统的领导特质理论。他提出以"仁爱"为中心的特质内容,即"为政以德,譬如北辰,居其所而众星共之"(《论语·为政》),他认为作为领导主体的统治者只有具备了这些特质才可能真正奉行仁政。老子的"无为而治"和庄子的"无欲无为"也一度成为后世领导者推崇的领导特质,并在具体实践中产生了较好的效果。

但综合来看,以往对领导者特质的研究所列举的有效领导者的必备特质千差万别,一致性很低;此外,人们观察到的很多领导者有着明显的缺陷。领导特质理论很难解释这些问题,而且没有形成一套能够完全区分领导者和非领导者的特质体系,不同学者之间的分歧较大,争议很多。近期研究更加偏向于从领导者与追随者的互动角度考查领导行为。

8.2.2 领导行为理论

从 20 世纪 40 年代末开始,有关领导者的研究开始转向领导者偏好的行为风格上。领导行为理论(Leadership Behavior Theory)强调领导的具体行为方式,认为领导者的具体领导行为是领导能否有效的决定因素。研究者们试图寻找成功的领导者与失败的领导者在行为方式上的差异。在行为理论方面典型的研究有俄亥俄州立大学的研究、密歇根大学的研究,以及管理方格理论相关的研究。

8.2.2.1 俄亥俄州立大学的研究

20 世纪 40 年代,俄亥俄州立大学为了确定能够促进组织和群体达成目标的领导行为,搜集了 1 000 多种刻画领导行为的因素,并最终将这些因素归结为关怀维度(Consideration Structure)和结构维度(Initiating Structure)。

(1)关怀维度以人为重,注重人际关系建设,强调领导者和追随者之间的交流沟通。领导者关心下属需要,尊重下属意见,努力在两者之间建立相互信任、相互尊重、温暖和谐的关系。高关怀维度的领导者平易近人,特别重视群体关系的和谐和与下属心理上的亲近。

(2)结构维度以工作为重,在达成工作目标的过程中,领导者倾向于设置明确的组织结构,明确职责权利和相互关系,确定工作目标,设立意见交流渠道和工作程序,确立工作方法和制度等,进而引导和控制下属的工作行为。高结构维度的领导者对工作任务的关心程度远远高于对人际关系的关心程度,通常会对下属的工作方式加以设定,要求下属保持一定的绩效标准，并为工作设定最后的完成期限。从这两个维度出发，可以得到四种领导风格，如图 8-1 所示。

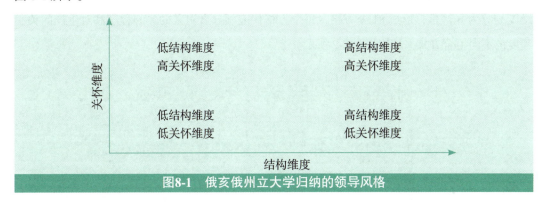

图8-1 俄亥俄州立大学归纳的领导风格

以这个结构框架为基础的研究发现，高关怀维度且高结构维度的领导风格比其他三种领导风格更能使下属产生较高的绩效和工作满意度，但是"双高"风格并不总是能产生更好的领导效果。例如，有研究表明，领导者的高关怀维度与其直接上级对他本人的绩效评估成绩负相关。俄亥俄州立大学的研究首次尝试从两个维度研究领导行为，为以后的领导行为研究提供了范式。

8.2.2.2 密歇根大学的研究

在俄亥俄州立大学进行研究的同时，密歇根大学也进行了相似的研究。密歇根大学的研究同样旨在研究领导者的行为特点与工作绩效的关系。不同之处是，密歇根大学没有试图描述工作情境下的多种领导行为，而是只关注对团队做出有效贡献的领导行为。密歇根大学也将领导行为划分为两个维度：以工作为中心（Job-centered）和以员工为中心（Employee-centered）。

（1）以工作为中心。领导者更重视工作任务的完成情况，关心工作任务是否按计划进行，关心具体的任务和事项，把员工看作达成任务目标的工具。这一维度类似于俄亥俄州立大学界定的结构维度。

（2）以员工为中心。领导者注重人际关系建设，关心员工需求，并承认人与人之间的个体差异。这一维度类似于俄亥俄州立大学的关怀维度。

与俄亥俄州立大学的研究不同，密歇根大学的研究认为，以员工为中心的领导行为与以工作为中心的领导行为完全对立，一个领导者不可能兼具两方面的特征。该理论认为，以员工为中心的领导者可以获得更高的员工生产率和员工满意度。

8.2.2.3 管理方格理论相关的研究

为了探讨四分图理论在具体实践中的应用，美国得克萨斯州立大学的心理学教授罗伯特·R. 布莱克（Robert R. Blake）和简·S. 默顿（Jane S. Mouton）提出了管理方格理论。管理方格理论包含两个维度,即"关心人"和"关心生产",是对俄亥俄州立大学研究和密歇根大学研究的再讨论。它以对生产的关心程度为横坐标,对人的关心程度为纵坐标,将每个维度划分为九等份,形成81个方格,每个方格代表领导者对人的关心程度和对生产的关心程度的不同组合方式,具体如图8-2所示。

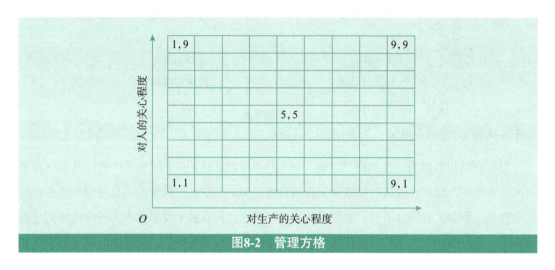

图8-2 管理方格

坐标为(1,1)的管理方式为贫乏型管理:对生产和人的关心程度都很低。这种类型的领导者只对必需的工作和组织成员关系付出最低限度的努力。一般而言,这是不称职和失败的管理。

坐标为(1,9)的管理方式为乡村俱乐部型管理:对人的关心程度很高,对生产的关心程度很低。这种类型的领导者注重为员工创造友好、舒适的工作环境和组织氛围,但忽视工作绩效。这是一种轻松的领导方式,领导者认为高的工作满意度可以带来高的工作绩效。

坐标为(9,1)的管理方式为任务型管理:对生产的关心程度很高,对人的关心程度很低。这种类型的领导者高度关心生产任务,在安排具体工作任务时,力图降低人为因素对工作的干扰程度,追求高效率地完成工作。

坐标为(5,5)的管理方式为中庸型管理:对生产和人都有适度的关心,在必须完成的工作和维持一定的员工士气之间寻求平衡。这种类型的领导者既能保持一定的工作绩效,又能维持一定的士气,但是两方面做得都不出色,只是还过得去。

坐标为(9,9)的管理方式为团队型管理:表现出对人和生产两方面的高度关心,努力促成工作任务的完成,为员工创造和谐、舒适的工作氛围,是一种协调式的管理。在这种领导行为中,工作的完成来自员工的自觉奉献,员工因组织目标的"共同利益"而形成相互依赖、相互信任、相互尊重的关系。

在管理方格理论框架下,研究者得出结论:团队型管理是最有效的管理方式。然而,很多研究者认为,管理方格理论更多的是为领导行为的概念化提供了框架,提供了对于领导行为的诊断性模型,并没有充分的实证证据表明团队型管理在所有的组织情境下都是最有效的。

8.2.3 领导权变理论

随着对领导特质理论和领导行为理论研究的深入,越来越多的研究者开始怀疑,是否真的存在一种一成不变、普遍适用的、在任何情境下都有效的领导风格?因此,研究者在继续探讨领导行为时,开始把情境因素考虑进来,探讨在不同的情境中,应该采取什么样的领导行为,以及如何根据不同的任务结构、人员风格采取不同的管理思路。领导者应该善于根据情境条件调整领导策略,这就是领导权变理论(Leadership Contingency Theory)的基本观点。

> **案例**
>
> **任正非的铁腕柔情**
>
> 任正非一向以作风强势著称。华为的员工最怕的就是自己的工作出问题,因为一旦被任正非发现,便会遭到"痛骂"。即便是表扬,从任正非嘴里说出来也像是在"批评"。一位财务总监在华为刚刚进行财务管理改革的时候,因不熟悉业务而遭到任正非的痛贬。后来,随着个人能力逐步增强,任正非开始"表扬"他了:"你最近长进很大,从'特别差'变成'比较差'了。"
>
> 任正非的强势作风还体现在干部队伍管理上。1995 年年末,由于成功研发出储存程序控制交换机,华为市场部开始松散和懈怠。因此,任正非决定运用经济学原理中的"鲶鱼效应",要求市场部的所有正职干部都要提交两份报告,一份述职报告,一份辞职报告。为了激发市场部员工的活力,华为采取竞聘的方式,根据阶段性表现、个人发展潜力及企业发展的特殊需求等,展开干部之间的随机对决。历经一番龙争虎斗,大约有 30% 的干部被开除了。有人质疑此举太没有人情味了,而任正非则表示:"华为初期的发展,是靠企业家行为,抓住机会,奋力牵引;进入发展阶段,就必须依靠规范的管理和懂得管理的人才……烧不死的鸟才是凤凰。"
>
> 任正非在强势的外表下,也有着"柔情"的一面。在公司里,虽然高层领导办错了事情会遭到他劈头盖脸的痛批,但是在基层员工面前,他给大家留下的最深刻的印象则是和蔼、亲切。虽然他对高层领导有着过于苛刻的要求,如在李杰去往俄罗斯的时候要他立下"军令状",不打通那里的市场,李杰就算是"跳楼",他也"无动于衷"。可是,那些远征四方的将士一旦遭遇阻碍,他会怒意全消,对他们的辛苦和不易表现出发自内心的理解。早在 1998年,一名叫吕晓峰的员工遭遇了突尼斯的一起空难,幸而只是在空难中烧化了一身衣服,没有生命危险。任正非听说后,不顾炮火连天的危险,去当地医院看望吕晓峰,还亲自陪他挑选衣服,这件事后来被登载在公司内部刊物《华为人》上。对此,华为上下,不论是主管还是员工,无不为之动容。
>
> 资料来源:程东升,刘丽丽,2003. 华为真相:在矛盾和平衡中前进的"狼群"[M]. 北京:当代中国出版社。

思考题:

① 任正非的领导风格在不同场合有什么变化?
② 领导者为什么会在不同场合调整自己的行为?
③ 领导风格的调整会带来哪些领导效果?

从上面的案例中我们可以看出,组织实践中领导的有效性不仅受领导者本身特质和行为的影响,还受到所处情境和追随者的影响。领导者应当根据组织场景、任务结构、人员特点调整自己的领导风格。这就是领导权变理论的观点。

领导权变理论认为,没有一种一成不变、普遍适用的领导行为和风格,应根据组织具体的情境灵活调整。就像前面提到的,领导权变理论在研究领导者行为时,加入了情境因素,认为领导的有效性受到领导者、追随者和情境的影响。换句话说,领导的有效性是领导者、追随者和所处情境的函数,可表示为:

$$领导的有效性=f(领导者,追随者,情境)$$

领导权变理论认为,我们在选择最有效的领导方式时,应该综合考虑上述三方面的因素。领导权变理论有很多,主要的理论模型有弗雷德·E. 菲德勒(Fred E. Fiedler)的领导权变模型(Leadership Contingency Model)、领导行为的路径目标理论(Path Goal Theory of Leadership; House, 1971)、领导行为替代理论(Leadership Substitutes Theory; Kerr 和 Jermier, 1978)等。这些理论从不同角度考查领导方式的适用条件,一般根据领导者的个性特征、下属特征、领导者与下属的关系,以及工作任务特征界定最有效率的领导方式。在本书中,我们主要介绍最早提出权变思想的领导权变模型,以及后期在权变基础上菲德勒所提出的认知资源理论(Cognitive Resource Theory),作为对领导权变模型的补充。

8.2.3.1 领导权变模型

1964 年,美国华盛顿大学教授菲德勒提出了领导权变模型。该模型受到研究界广泛重视,菲德勒提出的用权变思想考查领导效能的途径对组织行为学等其他方面的理论构建产生了深刻影响。

菲德勒模型是第一个综合的领导权变模型,主要考查两个因素——与下属相互作用的领导风格和情境因素。菲德勒认为,只有实现两者的相互匹配才能产生高绩效。该模型的前提假设是:在不同类型的情境中,总有一种合适的领导风格。因此,在实践中运用该模型的关键在于:首先确定领导者的领导风格和外部情境,然后实现两者的最佳匹配。

菲德勒把领导风格分为关系取向型和任务取向型,并用最难共事者(Least Preferred Coworker, LPC)问卷具体测量领导者属于哪种领导风格。该问卷包含 16 组对照性的描述性词语,比如快乐—不快乐、友善—不友善等。每组词语包含 8 个等级,8 代表最积极的一端,1 代表最消极的一端,答题者需要在他认为能够最准确描述最难共事者的等级上画圈。

菲德勒认为，LPC问卷虽然是对最难共事者的评价，但答案可以反映答题者最基本的领导风格。得分高，说明领导者倾向于用积极性词汇描述工作上的最难共事者，体现出领导者的宽容和对人际关系的重视，即该领导者的领导风格是关系取向型；相反，得分低，说明该领导者受任务目标驱动，很看重与完成任务有关的工作行为，只有当任务完成得很好时，与下属建立良好关系的动机才变得更重要，即该领导者的领导风格是任务取向型。

确定了领导风格之后，接下来需要考虑工作群体所处的情境。具体地，菲德勒用三个维度衡量情境变量。

（1）上下级关系。它用于描述领导者和下属之间的人际关系是和谐的、信任的，还是紧张的、猜疑的。在和谐的、信任的人际关系中，领导者得到下属尊敬、信赖、支持和追随的程度高，领导者的权力和影响力也大。上下级关系可以分为好、坏两种状况。

（2）任务结构。它用于描述分配给员工的任务的结构化程度，即工作任务的明晰化程度。工作任务的结构化程度高时，员工的工作质量更容易得到保证。

（3）职位权力。它指领导者因自己所在职位而获得的正式权力。领导者拥有的职位权力越大，越容易得到下属的尊敬和追随。

通过对三个维度不同水平的组合，菲德勒界定了八种群体工作的情境，并且通过对很多团队的调查研究，得出适用于不同情境的领导方式。研究结果显示：在有利和不利的情境中，任务取向型的领导风格最有效，领导绩效相对高；而在条件中等的情境中，需要一个关系取向型的领导者，此时，这类领导者的绩效相对高。详细结果如图8-3所示。

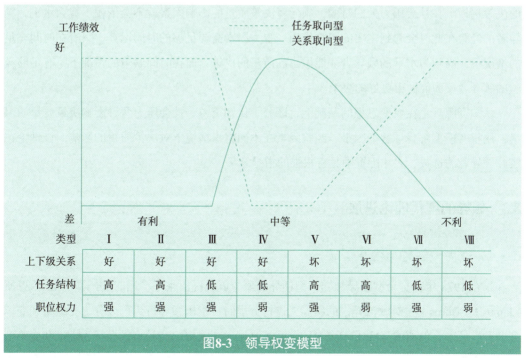

图8-3 领导权变模型

资料来源：[美]斯蒂芬·罗宾斯，蒂莫西·贾奇，2021. 组织行为学（第18版）[M]. 孙健敏，朱曦济，李原，译. 北京：中国人民大学出版社。

值得注意的是，菲德勒认为一个人的领导风格是稳定不变的。因此，如果要提高领导的有效性，实际上只有两种途径。例如，在条件中等的情境中，且领导者是任务取向型的，可以通过替换为关系取向型的领导者来提高群体工作绩效，这是第一种途径；或者，改变情境以适应领导者，这可以通过改变情境的三个维度来实现，比如重新构建任务结构，这是第二种途径。

8.2.3.2 认知资源理论

认知资源理论由菲德勒在1986年提出。这个理论探讨的因变量是领导效果，在模型中被称为决策质量。菲德勒同样采用权变思想讨论影响领导者决策质量的因素，主要有两个维度：

（1）认知资源。它指领导者所具备的智力和经验。智力和经验是领导者认知资源的两个方面。智力会在领导者拥有充分的时间、精力考虑问题时发挥作用；经验是领导者形成的习惯性反应模式，在紧急状况下也会对领导者的决策起到有效帮助。

（2）社会压力。它指组织环境给领导带来的决策紧迫感。领导者的社会压力来自两个方面：一方面是领导者面临的社会压力，这种压力有多种来源，比如领导者与下属的关系是紧张的还是宽松的；另一方面是外界的压力，比如时间紧迫、外界影响等。

菲德勒的研究发现，在不同社会压力下，领导者做决策受到的影响程度是不一样的。简单来说，一个智力水平很高的领导者，在社会压力不大的时候，他的决策质量会很高。原因是智力水平高的领导者虽然可能缺乏经验，但可以通过智力运算来分辨决策情境，做出合适的决策选择。在社会压力大的时候，领导者决策质量的影响因素就不会依赖于智力水平，领导者的经验在此时会起到主要的影响作用。智力因素需要足够的时间运算，只有在时间充足的情况下，高智力水平的领导者才能做出高质量的决策；而在时间紧迫的情况下，有足够经验的领导者反而能做出更好的决策。

认知资源理论在权变思想的基础上，区分了认知资源、社会压力两种影响决策质量的因素，用权变模型解释了智力因素、经验因素在不同组织情境下对决策质量的影响。该理论在实际领导者的选拔、人才配置中具有很强的指导意义。

8.3　领导的现代理论进展

8.3.1　交易型领导与变革型领导

早在1978年，交易型领导和变革型领导的概念就被提出来了。当时詹姆斯·M.伯恩斯（James M. Burns）在对政治界中的领导人进行分类时，指出领导行为可以分为交易型和变革型两种。后来，伯纳德·M.巴斯（Bernard M. Bass）正式提出交易型领导行为理论和变革型领导行为理论。

概念

交易型领导（Transactional Leadership）：领导者以一系列的社会交换和隐含的契约为基础，实施领导行为。

变革型领导（Transformational Leadership）：强调领导的象征作用，能够引导和鼓舞员工追求超越自身利益之外的组织利益，追求组织使命和目标。

8.3.1.1 交易型领导

在交易型领导下，领导者和下属之间的关系是建立在利益交换的基础之上的，领导者利用掌握的资源，包括对工作成果的奖励（如薪酬提升、会议表扬等），换取下属的努力工作，或者下属通过努力工作换取领导者的器重和表扬。

交易型领导强调领导者与下属之间的一种契约交易关系，领导者为下属提供各类奖励、荣誉、机会等物质或精神回报，换取下属按领导者的需要和指示去行动。具体来说，巴斯给出了交易型领导的三个维度：

（1）权变奖励。它体现出领导者与下属之间的交换关系。领导者承诺为下属良好的工作绩效提供奖励，双方在工作绩效、奖惩方法等方面达成一致，最终领导者根据下属的具体完成情况给予奖励。

（2）例外管理。它包括例外的积极性差错管理和消极性差错管理。前者指领导者对标准和准则加以说明，并主动寻找下属背离标准和准则的行为，并且在其发生错误之前进行修正；后者指领导者在错误发生之后才说明标准和准则，并采取措施惩罚或批评下属。

（3）放任。它指领导者回避责任，避免做出决策。

总的来说，交易型领导强调下属用相应的工作换取相应的报酬，具体到实践中，领导者倾向于采用"胡萝卜"的方法确定目标绩效，但也不排除使用"大棒"。

8.3.1.2 变革型领导

变革型领导强调领导的象征作用。变革型领导者主要通过向下属灌输一系列的思想和价值观，激发和鼓舞下属积极地努力工作。变革型领导者能够鼓舞下属把组织利益放在超越自身利益的位置，高度投入组织工作中，在追求组织使命与目标的同时，努力实现组织利益和个人利益的双赢。

变革型领导者也关注具体事务，但是他们首先关注的是领导"软"的一面，即文化和价值观的改造或创造。变革型领导与魅力型领导（Charismatic Leadership）这两个概念基本上是在同一时期提出的，因此两者之间有一定的重叠，比如变革型领导者需要具有魅力。关于具体的区别之处，学者还没有达成共识。但是，有一点可以肯定，变革型领导者越来越受欢迎。总结变革型领导者的特点，主要表现在以下几个方面：

（1）领导魅力（Charisma）。成功的变革型领导者能够创建一个与众不同的共享愿景和一套核心价值观。清晰明确和伟大的愿景会对下属产生强大的吸引力，赢得下属的信任，使他们心甘情愿地追随自己。此外，领导魅力或鼓舞人心的气质，还可以通过领导者坚强的意志力来体现。

（2）感召力（Inspirational Motivation）。变革型领导者鼓励员工设置高标准的目标，激发员工的内部积极性，发挥员工最大的潜能去实现目标。

（3）智能激发（Intellectual Stimulation）。变革型领导者能够改变下属头脑中固有的一些旧想法和旧观念，促使下属用新的视角和新的方法解决问题，鼓励下属质疑现有事物，促进创新。

（4）个性化关怀（Individualized Consideration）。变革型领导者关心员工个人需要，针对员工的不同需要提供个性化的帮助和关怀。

中国研究者李超平和时勘（2005）对变革型领导的概念进行了本土化开发，通过访谈、扎根等研究方法，同样得出四个主要维度：愿景激励、德行垂范、领导魅力、个性化关怀。其中愿景激励、领导魅力、个性化关怀与变革型领导者的特点是一致的，但德行垂范是中国领导者所特有的维度。其主要内容包括奉献精神、以身作则、牺牲自我利益、言行一致、严于律己，等等。

需要注意的是，交易型领导和变革型领导不是完全相反的领导方式，变革型领导是在交易型领导的基础上形成的。正如毛泽东曾论述："我们应该深刻地注意群众生活的问题，从土地、劳动问题，到柴米油盐问题……要使他们从这些事情出发，了解我们提出来的更高的任务。"很多国外和国内的研究都已证明，变革型领导确实比交易型领导更具优势。变革型领导者更容易获得下属的信任和满意，带来更高的工作绩效，也更容易得到上层领导者的赏识和青睐。

案例

柳传志：变革型领导者

熟悉柳传志的人都知道，他是一位出色的企业战略家和指挥家，曾任联想控股股份有限公司董事长、联想集团有限公司董事局主席。在联想，柳传志的威望甚高，不仅因为他创建了联想，还与他在领导联想时所表现出的个人价值观、行为风格和处事方式有关。

将企业利益放在第一位

柳传志认为自己最大的优点就是能把企业利益放在第一位，他称自己是"为企业而生的人"。他不仅对自己这样要求，也要求其他一把手"把企业当成自己的命根子"，因为"总裁没有私心，制度才能贯彻实施"。在写给杨元庆的一封信中，柳传志写道："在我心目中，年轻的领导核心应该是什么样子呢？一是要有德。这个德包括几部分内容：首先是要忠诚于联想的事业，也就是说个人利益完全服从于联想的利益……"柳传志的这种价值观一方面能够使联想的各个利益相关者愿意充分相信自己，另一方面又促使联想的各级员工在做任何与企业相关的决策时，都不会从个人利益出发，从而保证联想在组织目标上的高度一致性。

有理想但不理想化

柳传志是一个具有远大抱负的人。从早年上军校、40岁下海办企业、决定放弃代理国外品牌计算机而创立联想自有品牌，到后来并购IBM个人电脑部门，都反映出其远大的理想抱负。一位联想员工曾这样评价柳传志："柳传志先生心气很高，永远有更高的目标。"

但是，柳传志有理想却不理想化，是个被理想激励而又脚踏实地的人。柳传志说："没钱赚的事情不能做；有钱赚但是投不起钱的事情不能做；有钱赚也投得起钱但是没有合适的人去做，这样的事情也不能做。"他心比天高，却永远站在坚实的土地上，一步一个脚印地往前走。

制定战略

柳传志在北京大学国际MBA高级经理班"怎样当一个好总裁"的演讲中提到，制定战略的实质首先是确定目标，然后是怎样达到这个目标，怎么分解它，并就此提出制定战略的五个步骤：①确定公司愿景；②确定中远期发展的战略目标；③制定发展战略的总体路线；④确定当年的战略目标和检查调整；⑤达到目标。2009年柳传志在一次专访中，当被问及"作为领导，最重要的特质是什么？"，他答道："首先要懂得树立目标。我说的是非常明确的目标。我觉得只有描绘出蓝图，才能引领公司上下一同向前走……人很大的兴趣就是感觉一步一步地往自己设定的目标方向去努力。"由此可见，柳传志非常重视领导者合理设置目标的特质。

"平淡有奇"的说教艺术

通过适当的说教来阐述思想和表达意图，既可以为企业发展指明方向，又能对在发展过程中出现的问题"拨乱反正"，是现代企业领导者必备的能力特质之一。柳传志经典的"柳氏说教"，明显带有我国传统文化中儒家思想的神韵。比如，"有5%的希望，就要付出100%的努力""偏执也就是对目标的执着""每个人都面临挫折和失败的可能，这是我们每个人人生经历的一部分""小公司做事，大公司做人"等，都对公司员工和其他人产生了重大影响。

重视人才培养和员工个人利益

柳传志曾说过："人才是利润最高的商品，能够经营好人才的企业才是最终的大赢家。"作为企业家，柳传志说自己最希望得到人才培养奖，因为"利润好像金蛋，没有优秀的员工就没有会下金蛋的母鸡，一切都是空谈"。柳传志也自认为在培养人才方面比别人做得好，因为他非常重视这一点。他认为，联想能够成长为世界级企业，第一个原动力就是重视人才。在人才培养方面，柳传志说："（为员工）提供发挥能力的舞台最重要。之后，明确业务范围、责任和权力以及最后能够获得的利益，剩下的就是他们的事情了。让他们自己去想如何能做到更好。我们把这种做法称为'发动机文化'，干部是大发动机，其他员工应成为与大发动机同步运转的小发动机，这样动力才会更大。下面的员工不能只成为发动机的传动装置。"

另外，柳传志在追求企业利益至上的过程中，还尊重员工的个人利益。他认为有个人利益是很正常的，一家企业要使员工认同并努力为之贡献，必须满足个人的需要、实现个人的价值。

资料来源：尹生，2006. 终身成就奖 柳传志与时俱进的秘密［J］. 中国企业家,（23）：60-62。

思考题：

① 如何理解柳传志的"有理想但不理想化"？
② 查阅柳传志关于联想"定战略、搭班子、带队伍"的说法，讨论这些与公司业务、员工管理似乎没有直接联系的"柳氏说教"。
③ 查阅联想的发展过程，讨论柳传志在联想发展过程中的领导作用。

8.3.2 魅力型领导

魅力型领导者被描述为具有绝对人格力量，能够对下属产生深远影响的人，他们热情而充满自信，能够使下属以某种特定的方式活动。"魅力"一词在希腊语中的原意是"神赋的礼物"。巴斯在论述变革型领导时，将领导魅力作为一个维度，认为魅力是一种归因现象，它的产生取决于领导者的人格，同时也和追随者有关。Conger（2000）深化了归因的观点，认为追随者知觉有关键作用，在领导者与追随者的互动过程中，追随者逐渐对领导者产生认同感。董临萍和张文贤（2006）认为魅力型领导具有以下特点：

（1）角色模拟。魅力型领导者通过自己的行为表明一系列的价值观和信仰，这些价值观和信仰正是他们希望追随者可以遵从的。

（2）形象塑造。魅力型领导者不仅要为追随者树立行为榜样，还应有意识地采取精心设计的行动，以便给追随者留下能干和成功的印象。

（3）愿景规划与传递。魅力型领导者拥有伟大的愿景，但仅仅拥有一个伟大的愿景是不够的，他们还要能够清晰地向他人描述自己的愿景，感染并鼓舞他人。愿景与现状差距较大，但是又保持在追随者可接受的范围之内。凭借这样的愿景，魅力型领导者能够使下属更好地理解工作的意义，有效地激发下属的工作热情，提高下属对实现组织目标的情感投入和承诺水平。

（4）表达较高的期望和信心。魅力型领导者应该经常向追随者表达较高的期望，以及对他们实现这一期望的充足信心。领导者必须提出实现愿景的具体方法和路径，只描绘愿景会被追随者视为"纸上谈兵"或异想天开。有了路径与信心，魅力型领导者便可以使追随者为实现明确的、富有挑战性的目标而努力。

（5）承担个人风险。魅力型领导者要有不惧困难、勇于献身、坚守目标的精神，且愿意承担个人风险，如此，追随者才会认同领导者提出的愿景。个人风险包括经济上的损失和事业上的失败。领导者为共同事业所承担的个人风险越大，他们在追随者眼里就越有魅力。

（6）展示非常规行为。在带领追随者实现愿景的过程中，魅力型领导者所展示的行为往往是新奇的、非常规的、与众不同的。这些行为与他们所在组织、行业或社会的现有规范并不一致，甚至是相互冲突的。

（7）对环境的敏感性。魅力型领导者对组织内外部环境的变化非常敏感，会迅速地做出相应的反应；而且关注下属的需要，为他们提供帮助和支持，也能促使下属对自己产生信赖。

（8）行为方式富有表现力。魅力型领导者擅长通过语言或非语言的方式（如服装、肢体语言、标志性语言等）来表明自己的价值观、信念和态度。

强烈的自信、超乎寻常的说服能力，这是魅力型领导者的共同特征。在前面的延伸阅读中，魅力型领导者乔布斯就有强大的"扭曲现实的能力"，在第6章"马云和蔡崇信"的案例中，也可以看到马云对蔡崇信的强大影响，蔡崇信可以放弃500万元的年薪加入阿里巴巴的创业团队，这在旁人眼中都是不可思议的。这些都是领导者个人魅力的体现。

现在已有很多证据表明魅力型领导者和员工的工作绩效及满意度呈正相关。但是，也有研究者担心魅力型领导者的冒险决策产生的重大项目常常遭遇失败的命运；对领导者的过分崇拜和依赖不利于组织发展，等等。胡海军等（2015）对魅力型领导与组织各层面的绩效水平进行元分析，结果发现魅力型领导与各个层面的绩效均显著正相关，其中与组织绩效的相关性最高，团队绩效次之，个体绩效最低；魅力型领导的测量方法、组织文化等对魅力型领导和员工绩效之间的关系起到调节作用。

8.3.3 领导者的道德行为

近年来美国安然公司、世通公司等一系列丑闻曝光以后，商业组织领导者的伦理问题越来越受到社会公众和学术群体的关注。企业领导层通常被授予比较充分的决策自由裁量权，如何理解领导者在组织内外的道德行为以及社会责任的行动？基于对伦理行为、社会责任等概念的不同的思考视角，近年来学者们提出了伦理型领导（Ethical Leadership）、服务型领导（Servant Leadership）、真诚型领导（Authentic Leadership）等概念来对领导道德行为进行分析。

孙健敏和陆欣欣（2017）对伦理型领导的理论发展与测量进行了回顾。伦理型领导概念源于领导伦理行为研究，琳达·K. 屈维诺（Linda K. Trevino）和迈克尔·布朗（Michael Brown）的研究结论具有代表性。Trevino 等（2003）在对 20 名首席执行官及 20 名高管的访谈中，归纳出伦理型领导者的核心要素：① 有广泛的道德意识，维护他人和群体的利益；② 以人为导向，关心和尊重个人；③ 角色示范，以身作则践行道德准则；④ 与下属保持开放和双向的沟通，善于听取下属的观点；⑤ 利用奖惩措施让下属内化和践行道德标准。

已有的实证研究绝大多数采用了布朗等人的定义。Brown 和 Trevino（2006）从伦理规范性和行动视角出发，提出了伦理型领导的定义，即"通过个人行动和人际关系展示符合规范的恰当行为，并通过双向沟通、强化和决策在下属中推行符合伦理价值标准的领导行为"。通过实证研究，布朗为伦理型领导的操作化和测量，以及实证研究的推进提供了基础。布朗的观点可分为四点：

（1）伦理型领导者以行动建立道德行为模范，确保自身领导角色的合法性和吸引力。领导者需要具备诚实、可信、公平和关爱等道德品质。

（2）商业伦理判断具有情境性与复杂性。受复杂商业环境的影响，组织中的伦理具有典型的权变特征。伦理型领导通常需要根据具体的情境和场合做出道德判断。布朗刻意在"伦理规范性合适"这一概念上保持了模糊，提高了伦理型领导的跨情境适用性。

（3）关注管理过程的公开和公正，以此加深成员对于伦理的认识。伦理型领导者不仅关注领导的道德动机，也关注道德目标的实现过程。伦理型领导者将伦理问题提上管理日程，与下属公开和反复讨论商业伦理，确保决策符合公平原则并保证多数人的利益。

（4）运用奖惩措施强化伦理道德影响。伦理型领导者突出的特征是让下属遵从道德准则，并使其在言行举止上与道德标准保持一致。为此，伦理型领导者会为下属设定清晰的伦理绩效标准，监督下属践行这些标准，并采用奖惩措施确保下属行为与道德标准相一致。

案例

万科的不行贿原则

万科从成立之初就有句口号，叫"不行贿"，而且这也是我（王石）做事的一个基本原则和底线。但是经常会有人说：不行贿怎么做房地产生意？

1995 年，万科在上海的一个工程部从工程部经理、副经理、工程主管到工程师 4 个人同时受贿。这件事对我刺激非常大。我第一个反应就是给上海检察院写了一封公开信，表明了我们的态度。第二个反应就是深刻反思，到底是哪些地方的疏忽，让我们的员工情不自禁地走上了这条路。我觉得我们作为一家企业,做生意无论是盈利还是亏损,都是正常的事情。亏损三千万元、五千万元,我们都可以从头开始,把它赚回来;但如果因为我们管理的疏忽,让员工走上犯罪的道路,这是非常不值得的。因为一个人如果走上了犯罪的道路,影响的不仅仅是他个人的一辈子,还会牵连他的整个家庭,因此作为管理者,这是我们的失责、失职。

一直以来,我都在思考一个问题:守信和行贿的区别体现在什么地方?不是在于大小或多少,而在于目的是什么,是不是要获得额外商业利益。万科不擅长经营"关系","关系"分为朋友关系、权钱关系、酒肉关系。万科把权钱关系和酒肉关系都拒绝了,只要你找到市场,不喝酒、不行贿是很难,但不是想象中那么难。廉洁的官员,只要你抓住他需要的荣誉感,树立品牌,让他成为当地政府的骄傲,他就一样可以立足于市场。

房地产行业涉及的产业链非常长,难免要和政府部门打交道,而万科在全国 31 个城市经营房地产开发,也肯定会遇到当地一些官员出事,但是无论如何,万科不会受到牵连。因为我们有自己坚守的原则:不违规,不行贿。这是底线,宁可不做生意,也要维护自己的人格和尊严。

资料来源:王石,2017. 我为什么一直"不违规,不行贿"?[J]. 现代营销(经营版),(04):52–53。

思考题:

① 查阅相关资料,思考万科"不行贿"这一原则在具体经营中的表现。
② 作为领导者,王石的伦理观如何影响企业的经营决策?
③ 作为领导者,王石通过哪些行为对员工实现伦理观的传递?

李超平和毛凯贤(2018)对服务型领导的概念以及测量进行了回顾。罗伯特·K. 格林利夫(Robert K. Greenleaf)在《仆人式领导》一书中提出了"服务型领导"的概念,描述作为团队成员服务者的领导者的风格。服务型领导不仅在于领导者的服务动机和对于自身服务角色的界定,同时他们也渴望通过服务他人实现领导。这是一种"将他人利益置于自己个人利益之上的领导行为"。后期其他学者分别从理念精神、领导角色、过程及行为提出各种对服务型领导的定义,包括倾听和理解、同理心、服务精神、成长促进等。在服务型领导的各种定义中,共同点是领导者具有服务他人的特质和行为,包括责任感、奉献精神、正直诚实以及尊重、支持、示范、鼓励等行动。服务型领导的内涵与中国共产党始终坚持的根本宗旨"全心全意为人民服务"具有相似性。

真诚型领导,又称真实型领导,是 Avolio 等(2004)提出的一个领导力概念,真诚型领导展现出诚实、正直、忠于自己、会与下属构建真诚关系的特质,被认为是其他积极领导形式的"根源构念"。从特质行为看,真诚型领导者对自我有充分的认知、对自身思想和行为有深刻认识，并且在他人看来，领导者对自己及他人的价值观、道德、知识、优势以及所处工作环境都有清晰的认识，这样的领导者自信、乐观、充满希望、富有韧性且拥有高尚的道德品质。从领导过程看，领导过程中不仅有真诚型领导者，还有真诚型追随者，以及追随者因为真诚的缘故而模仿追随领导者，进而形成真诚的相互关系的过程。尽管以上两种观点对真诚型领导的定义存在一些差异，但对核心概念"真诚性"的表述是一致的，即真诚型领导是按照与真诚自我相一致的方式表现行为。

伦理型、服务型、真诚型这三种领导力概念的内涵都与伦理道德行为有关。尽管伦理型领导、服务型领导和真诚型领导在道德哲学根源、理论视角和概念内涵上存在很大的差别，但在道德规范一致性、对追随者的关怀、对个体成长的强调方面都存在一定程度的重叠，因此，期待未来理论和概念的整合，以及一个更具解释力的道德领导力概念的出现。

8.4 东方文化背景下的领导理论

领导行为是影响组织成员实现目标的行动，本质上是一种人际和权力的互动，具有很强的文化属性。文化背景不同，领导的内涵和效果也会发生变化。在价值观、信念体系等方面，文化和语言无疑是领导行动的底色和逻辑，领导者对领导方式的选择在很大程度上受其文化背景的影响，而非完全由个人意志决定。前面介绍的领导理论基本上是在西方文化背景下发展起来的。这一节主要介绍东方文化背景下的领导理论。它或者是在东方文化背景下发展起来的，比如家长式领导理论；或者是起源于西方，但是应用到东方文化背景下时，表现出明显的文化差异性，比如领导—成员交换理论。

延伸阅读：稻盛和夫的经营哲学

8.4.1 家长式领导

家长式领导的文化根基是以"家"为核心的中华文化，有学者认为家长式领导首先存在于中国人的组织当中。儒家文化高度关注人伦关系，提出"修身、齐家、治国、平天下"的主张。近代学者费孝通提出了"差序格局"的概念，认为中国文化下的个体人际关系是以亲属关系为主轴的网络关系，每个人都以自己为中心结成网络。这就像把一块石头扔到湖水里，以这个原点为中心，在四周形成一圈一圈的波纹，波纹的远近标志着社会关系的亲疏。传统观念将对领导行为产生持久的影响。

➜ 概念

家长式领导（Paternalistic Leadership）：在人治的氛围下体现严明的纪律与权威、父亲般的仁慈以及道德廉洁性的领导方式。领导者的角色就像这个组织的大家长。

案例

宗庆后：东方文化中的领导者

宗庆后，杭州娃哈哈集团创始人，他在一个只有三个人的小学校基础上办企业并将其发展为中国最大、全球第四的饮料企业，跻身中国民营企业500强。在中国民营企业500强中，娃哈哈集团营业收入居第12位、利润居第8位、纳税额居第5位。宗庆后创建的"娃哈哈"品牌享誉国内外，被业界称为市场网络的"编织大师"。

多年来，娃哈哈一直是高度集权制的组织结构。这个营业收入达678亿元，拥有生产基地近60个、分公司150多家、工厂遍布全国各地、员工3万余人的庞大企业，至今只设一个董事长和一个总经理，这两个职位都由宗庆后一人担任，没有董事会。这源于宗庆后一直奉行的家长式领导风格，他想在公司一直保持控制力。

在外界看来，宗庆后是个霸气十足的企业家。他认为"专制而开明"是最适合中国企业的领导风格。宗庆后常常说，给他影响最大的人就是毛泽东。宗庆后认为："你去看看中国现在成功的大企业，都是一个强势的领导，大权独揽，而且是专制的。我认为在中国现阶段要搞好企业，你必须专制而且开明。"娃哈哈集团直到现在也不设副总经理，生产、销售等各个领域的管理则是由各个部长担任。业内因此盛传"买一把扫帚都要宗庆后签字"。

宗庆后的办公桌上没有电脑。至今，他仍喜欢用"朱批"的文件下达命令，有时亲自撰写每月的销售通报，并在考查市场时直接用电话指示下属迅速行动。其下属经理的报告常常以"根据您的指示……"开头。

宗庆后曾在不同的场合对自己的家长式领导风格做出解释。

在2009年的一次记者访问中，宗庆后这样说过："'团队比个人重要'我认可，'授权比命令重要'，这不一定。以我做企业的经验，企业在正常的流程中，不需要我去下命令；但在关键的、发现有问题的时候，则要下命令，令行禁止。至于平等和权威，我认为权威更重要。对于企业领导者来说，没人听你的是一件很可怕的事情，企业要协调统一步伐，一盘散沙怎么搞？没有绝对权威怎么办？企业只有一个权威的好处在于不会出现小团体。小团体对企业的负面影响是致命的。一旦企业出现两个或两个以上的小团体，就会偏离方向。我下面的人没有小团体，因为最高权威只有我一个人。如果最高权威有两个人，就会产生小团体，因为小团体必须有后台，没有后台无法形成小团体。"

2011年在接受浙江当地媒体采访时，宗庆后对自己的家长式领导风格再次做出解释。"这么多年，人家说我亲力亲为，因为这样我才能及时发现问题。只有对业务比较熟悉，决策起来才比较快。外面说我事无巨细，什么都要自己管，其实也不对。在企业创办的早期，需要节约成本,你可能管的东西很多。现在企业大了,需要制度完善才能高效运作。我们早在全国各地建起了信息化系统。"

资料来源:本刊编辑,2013. 永不退休的宗庆后[J]. 商周刊,(26):80-83;张亦茜,2009. 基于中国文化的家长式领导——由娃哈哈前董事长宗庆后说开去[J]. 中国商界(下半月),(04):282。

思考题:
① 宗庆后的领导风格有什么特点?
② 宗庆后的领导风格与中国儒家文化有什么关系?
③ 娃哈哈所处饮料行业的组织有什么特点?
④ 宗庆后的领导方式对于九零后的"新生代"员工适用吗?

宗庆后的领导风格带有典型的中国文化特点,郑伯埙对这种家长式领导行为进行了系统梳理。早期,西林(Silin)发现中国企业的老板和经理人的领导行为具有与西方迥然不同且清晰可辨的特色,可总结为教诲式领导、德行领导、中央集权、上下保持距离、领导意图及控制。雷丁(Redding)经过研究,认为父权家族主义是中国人领导风格的一个重要特征。家长式领导具有以下特征:在心态上,下属必须依赖领导者;偏私性的忠诚使得下属愿意服从领导者;领导者会明察下属的观点,据以修正自己的判断;当权威被大家认定时,不能视而不见或置之不理;层级分明,社会权力距离大;如果没有清晰的权威或严格的制度,领导者就不会明确表达意图;领导者是楷模与良师。郑伯埙等(2000)采用实证方法对中国台湾地区家族企业的领导人风格进行了一系列的研究,总结为家长式领导三元理论。

8.4.1.1 立威行为

在中国传统儒家文化的影响下,父亲在家庭中的权威远远大于家庭其他成员,是家庭的核心,拥有绝对权力。从家庭伦理推及社会建立秩序体系,即儒家所谓的"以孝治天下",后期宋明理学的兴起强调对君主权威的绝对服从,都对权威型领导的形成起到"推波助澜"的作用。领导者的立威行为可能与这种文化密切相关。

立威指领导者强调个人权威和支配下属,具体包括四个方面:① 专权作风。领导者大权在握,掌握所有资源、信息、奖惩及决策权,并对下属实行严格的控制,例如上述案例中,宗庆后对公司的支出会严格控制,并且说一不二,做出的决定不容置疑。② 贬损下属能力。领导者会有意地漠视下属的建议和贡献,当工作完成后,领导者会认为是自己的功劳;当工作失败时,领导者会认为是下属的能力或努力程度不足。③ 形象整饰。领导者会操控对自己有利的信息,刻意塑造出能力超凡、神圣不可侵犯的权威形象。④ 教诲行为。领导者会强调绩效的重要性,如果下属没有达到既定的绩效标准,领导者就会严厉地加以斥责,同时启发他们如何才能有效地完成任务。相对于权威型领导的这四种表现形式,下属则被期待表现出顺从、服从、敬畏及羞愧。

8.4.1.2　施恩仁慈

儒家对理想社会的人际关系的设想是：君仁臣忠、父慈子孝、兄友弟恭、夫义妻柔、姑慈妇听。儒家文化强调上下级之间的道德文化责任，即上级对下级要仁慈，下级要报答和顺从上级。施恩仁慈是以这种文化观点为基础的。

仁慈领导指领导者对下属表现出特别、全面、长久的关怀，包含两种施恩行为：① 特别照顾。领导者会将下属视为家人，为他们的工作提供保障，并且在下属遇到困难时给予帮助。例如，前文案例中任正非不顾炮火的危险去医院看望受伤的员工并为其挑选衣服，体现出一种"家长对孩子"的关怀。② 维护面子。当下属出现重大失误时，领导者会顾及下属的颜面，为其留有余地，避免公开责罚或直接诉诸法律，同时又会谆谆告诫，以免下属的工作陷入更大的危机。

在仁慈方面，家长式领导会表现出特别照顾与维护面子，下属则相应表现出知恩图报行为。郑伯埙认为，仁慈与西方文献所强调的体恤和支持是不同的。第一，施恩并不仅限于工作上的宽容，也会扩及下属的私人问题；第二，施恩是长期取向的；第三，施恩可能表现在宽容与保护方面；第四，体恤和支持通常发生在平等对待下属和上下平权的氛围中，施恩则发生在领导者享有权威和上下级权力距离较大的状况下。

8.4.1.3　德行领导

仍有一些研究认为，仅有权威和仁慈对于一位具有家长式领导风格的领导者来说是不够的，品德也是非常重要的一个方面。我国学者凌文铨等（1987）对中国领导行为进行了大量研究，提出品德绩效维系（Character Performance Maintenance，CPM）：C 为个人品德因素，P 为工作绩效因素，M 为团体维系因素，其中个人品德因素可以解释 80% 的领导行为。

郑伯埙等认为，家长式领导除了立威与施恩两个维度，还应该包括德行维度。中华文化的基石——儒家文化非常强调个人的道德修养，正所谓"诚意、正心、修身、齐家、治国、平天下"。

德行领导是指领导者展现高度的个人操守和道德品质，并用以教化与影响下属，所呈现的一种具有高度道德廉洁性的领导方式。具体表现为三个方面：① 以身作则。指领导者在要求下属之前先会要求自己，成为下属在工作或生活中的表率。② 公私分明。指领导者不会滥用权力假公济私，在管理中不徇私、不偏袒，公正不阿。③ 诚信不欺。指领导者为人诚实守信，表里如一。对于领导者的三种树德行为，下属则被期待表现出认同和效仿，即认同领导者的价值与目标并内化为自己的准则，从而模仿领导者的树德行为。

家长式领导具有浓厚的人治色彩，领导者对下属并不是一视同仁，而是按照差序格局将下属区分为自己人和外人。分类标准有三个：① 关系，即下属与领导者之间是否存在某种社会关系，比如亲戚、同乡、同学等；② 忠诚，即下属服从于领导者甚至愿意为领导者牺牲个人利益的程度；③才能，即下属完成组织或领导者所下达任务的胜任能力与动机。

忠诚是分类的核心，其次是才能，最后是关系，关系仅仅是分类的基础而已。根据这三个标准可以把下属细分为八种类型，下属一旦被归入某一类型就很难再改变。家长式领导者对自己人较少采取权威领导方式，较多采取仁慈领导方式，对外人则相反。

家长式领导的立威行动、施恩仁兹和德行领导行为分别对应于下属的敬畏顺从、知恩图报和认同效仿的反应，具体如图8-4所示。

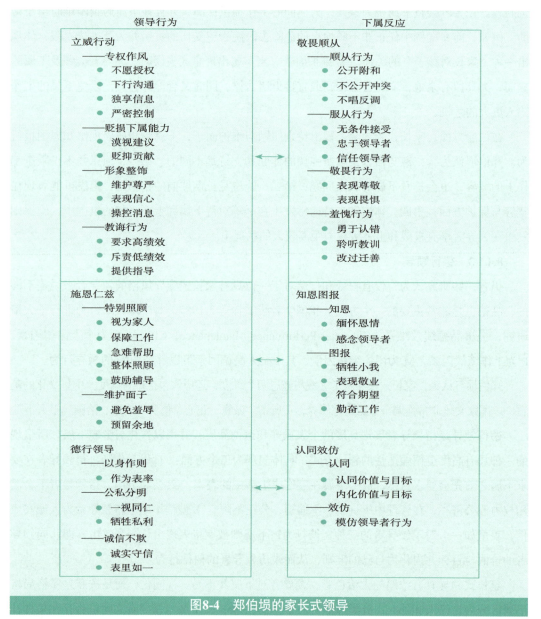

图8-4 郑伯埙的家长式领导

资料来源：郑伯埙，周丽芳，樊景立，2000. 家长式领导：三元模式的建构与测量［J］. 本土心理学研究，(14)：3-64。

8.4.2 领导—成员交换理论

领导—成员交换理论（Leader-member Exchange Theory）是 20 世纪 70 年代乔治·B. 格里奥（George B. Graen）在日本丰田公司经过多年的跟踪研究后提出的。该理论认为在组织情境中，领导过程是在领导者和下属的不断互动中展开的，高质量的上下级关系可以提高员工的工作绩效和满意度。由于时间和精力有限，领导者不可能与每个下属都建立起良好的上下级关系，因此领导者应该在工作中对不同的下属采用不同的领导风格。

领导—成员交换现象出现之后，不同学者采用不同的观点分别给予说明。最早对这一现象进行解释的是角色扮演观点，但是社会交换观点正逐渐成为主流。

8.4.2.1 角色扮演观点

该观点认为员工在社会化过程中，会经过角色获得、角色承担和角色习惯化三个阶段。在第一阶段，领导者主要检验和评估下属的动机和潜能。在第二阶段，领导者一般会给下属提供机会，让他们尝试一些轻松的任务，下属完成任务的过程包含与领导者建立关系的过程。如果下属能够很好地把握住机会并且出色地完成任务，就很有可能与领导者建立起高质量的上下级关系。第三阶段主要是上下级关系的稳定过程。相反，如果下属在第三阶段表现不好，就可能与上级发展成低质量的关系，领导者有可能把下属从核心圈子中剔除。

8.4.2.2 社会交换观点

彼得·M. 布劳（Peter M. Blau）把社会交换观点用于对领导—成员交换理论的解释。他认为，只有社会交换才能形成人与人之间的义务感、互惠感和信任；单纯的经济交换做不到这一点。按照布劳的观点，经济交换和社会交换是两种不同的交换状态。后来，罗伯特·C. 利登（Robert C. Liden）和格里奥认为，在领导—成员交换关系中呈现出经济层面交换和社会层面交换两种截然不同的状态。经济层面交换是发生在领导和下属之间、不超出雇佣合同要求范围的经济或合同交换。社会层面交换是超出雇佣合同要求范围的交换，它建立在信任、忠诚与责任的基础之上。

不论是哪一种观点，学者都认为领导者与下属会形成两种不同的关系：一种是高质量关系，另一种是低质量关系。针对不同质量的关系，领导者会对下属采用不同的领导风格。

8.4.2.3 圈内人与圈外人

在领导者区分不同下属的过程中，会出现"圈内人"（In-group Member）和"圈外人"（Out-group Member）。"圈内"下属与领导者建立了特殊关系，得到领导者更多的关心、支持和照顾，甚至可能会享受工作上的某些特权，比如更多的升迁机会和薪酬等；同样，领导者也得到"圈内"下属更多的尊敬、爱戴、信任和追随。"圈外"下属与领导的关系局限在正式的工作关系范围，得到领导者的关心和照顾较少。从某种意义上来说，领导者与"圈内人"建立关系更可能属于社会层面的交换，而与"圈外人"建立关系更可能是经济层面的交换（见图 8-5）。

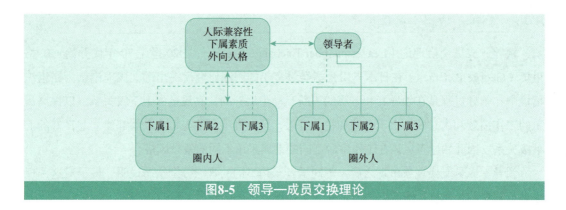

图8-5 领导—成员交换理论

研究证明，高水平的领导—成员交换关系中的下属会得到领导者更多的关心、信任和支持，员工也会表现出更高水平的工作绩效、组织承诺和组织公民行为。高水平的领导—成员交换关系除了能够提高组织绩效，还与员工的满意度、薪酬和晋升有正相关关系，与缺勤和辞职有负相关关系。王辉和刘雪峰（2005）的研究表明，高水平的领导—成员交换关系有利于提高下属的工作绩效。高水平的领导—成员交换关系会向更高层次发展，双方会更加信任和尊重彼此，由此使得员工的义务感增强；另外，在高水平的领导—成员交换关系中，领导者和下属交流频繁，下属会得到更多与工作有关的信息，这两方面都能促进绩效的提高。

下属工作绩效的高低是其能否成为"圈内人"的关键。下属工作越努力，个人工作绩效越高，越容易得到领导者的器重和关怀，从而越容易成为"圈内人"。当然，领导者与下属之间的相互喜欢或相互好感也能促进上下级关系，"投缘"的人容易交流，容易相互欣赏，但是这种情况更多发生在领导与下属的早期接触过程中。随着交往的深入，下属的绩效情况会变得越来越重要。

在中国的组织环境下，领导者与成员之间的关系比在西方环境下复杂得多，它不仅包含层级关系和职务关系，还夹杂着亲戚、老乡、同学等人际关系。中国的文化本质上是"关系取向"的，在领导和下属的交往过程中同样会涉及"关系"的问题。比如，如果下属是领导者的亲戚、同学或其他与领导者有特殊关系的人，那么领导者可能会对该下属特殊照顾，自然而然地把其归为"圈内人"。

虽然"关系"有利于领导者和圈内下属发展成高水平的交换关系，但是可能对圈外下属带来负面的效应，导致组织成员对组织公平性的感知下降。并且，如果领导者主要不是以绩效为标准决定谁是"圈内人"、谁是"圈外人"，那么可能会导致比较严重的组织政治氛围。"楚王好细腰，宫中多饿死"，领导者重视什么，下属就会表现什么。如果领导者根据"关系"划定"圈内人"和"圈外人"，就可能会促使组织内部的员工千方百计地与领导者"拉关系"，以求被认定为"圈内人"，从而获得职位的晋升、加薪等特殊照顾，而不是努力实现组织目标。这样的组织政治氛围会严重损害组织绩效。

同时，也应当看到社会交换关系同时具有权利和义务的双重属性，因此有些下属并不希望成为领导者的"圈内人"。因为当下属和领导者存在高水平的交换关系的时候，下属就必须承担更多额外的工作，不仅要完成领导者交代的工作任务，还要做很多没有明确规定的工作。或者，有些下属对于领导者的工作作风、工作方式并不认同，他们会主动与领导者保持一定的距离，不愿意成为领导者的"圈内人"。

本章名词

领导（Leadership） 领导特质理论（Leadership Trait Theory）
领导行为理论（Leadership Behavior Theory） 交易型领导（Transactional Leadership）
领导权变理论（Leadership Contingency Theory） 伦理型领导（Ethical Leadership）
魅力型领导（Charismatic Leadership）
变革型领导（Transformational Leadership）
家长式领导（Paternalistic Leadership）
领导—成员交换理论（Leader-member Exchange Theory）

本章小结

① 领导是具有影响力的个人或团队影响组织成员实现共同目标的过程。领导相关研究从特质、行为、权变等多个角度对领导行为进行解读。

② 领导特质理论从先天遗传和后天习得两个方面讨论领导者的固有特质。领导行为理论从行为维度探讨领导行为风格的特点。

③ 领导权变理论从领导风格、任务结构、职位权力等多个情境条件讨论这些条件的限制对领导有效性的影响。

④ 交易型领导、变革型领导及魅力型领导理论都是描述领导者与追随者的行为互动特征的理论。

⑤ 伦理型领导、服务型领导、真诚型领导这三种领导行为理论都与领导者的伦理道德行为有关。

⑥ 家长式领导、领导—成员交换理论对东方文化背景下的领导价值理念、人际关系进行了诠释。

调研与讨论

调研讨论：LPC问卷

菲德勒在研究权变领导理论时，提出了用 LPC 问卷测量领导者的风格，请扫描二维码完成测试后，讨论思考下面问题：

① LPC 问卷如何测量领导风格？

② 测验结果与你对自己的评估是否相符？说明原因。

案例分析

马云在教师节卸任

2019 年 9 月 10 日是阿里巴巴 20 岁的生日，也是阿里巴巴董事局主席马云卸任的日子。马云在晚会上发表演讲，说道："阿里巴巴只是我很多梦想中的一个，我还很年轻，很多事情，如教育、公益、环保，这些我一直在做，但我可以做得更好，花更多的时间。"马云表示，不当阿里巴巴董事长，不等于退休，自己还是不会停下来的，"我自己觉得我还很年轻，我自己觉得有很多地方我都想去玩玩，还想去折腾。"

在他看来，这一天不是他的退休日，而是一个制度传承的开始；这也不是一个人的选择，而是一个制度的成功。"过去 20 年的努力，使阿里巴巴拥有了最好的人才、最好的技术、最多的资源，但这不是我们可以炫耀的资产，这是社会对我们巨大的信任。"马云希望，未来 20 年阿里巴巴能用好这些资源、人才和技术。

在马云卸任阿里巴巴董事局主席之际，阿里巴巴也升级了使命、愿景、价值观，发布"新六脉神剑"。相较于过去的"客户第一、团队合作、拥抱变化、激情、诚信、敬业"这六点，"新六脉神剑"由更加接地气的六句"土话"组成：客户第一，员工第二，股东第三；因为信任，所以简单；唯一不变的是变化；今天最好的表现是明天最低的要求；此时此刻，非我莫属；认真生活，快乐工作。

据悉，"新六脉神剑"出炉历时 14 个月，前后修改过二十多稿，每一句话背后都有一个阿里巴巴发展史上的小故事。阿里巴巴表示："无论环境如何改变，阿里巴巴对使命的坚持不会变，对愿景的坚信不会变，对价值观的坚守不会变。"

早在 2001 年，互联网泡沫破灭，一线城市的互联网企业一片萧条，悲观的情绪在圈内蔓延。虽然账上只有 6—7 个月的现金可以支撑，阿里巴巴的几个核心人员，包括马云、蔡崇信、关明生、金建杭、彭蕾等，在公司讨论了三个月，提出首套价值观——"独孤九剑"。为了让价值观落到实处，规定每个员工季度考核结果的 50% 来自业绩、50% 来自对价值观的坚持程度。2004 年，"独孤九剑"被精简，从九条变成六条，即"客户第一、团队合作、拥抱变化、激情、诚信、敬业",也被称为"六脉神剑"。2019年,"新六脉神剑"再次刷新了阿里巴巴的价值观。

思考题:

① 查阅马云在2019年9月10日的演讲资料。作为领导者,他的个人特征与领导行为有什么特点?
② 用领导理论解释领导者强调价值观的作用。
③ 价值观在领导行为中有什么作用?查阅相关研究论证价值型领导行为。

案例分析

新加坡的大家长

新加坡总理李光耀是深受华人儒家传统熏陶的领袖,他利用大家庭的团结精神凝聚子民,将一个人口与资源有限的国家治理成为人均GDP超过5万美元的经济体。李光耀在整个新加坡建设上扮演着家长角色,如父如母,个人的影响力很大,处处留有他个人决策、设计、构思的痕迹。李光耀深受儒家"上下有序,长幼有别"思想的影响,认为大家长必须强势坚定,才能为大家庭谋求最大福祉。

李光耀认为,要赢得和保有政权,必须要有人才;行使权力,必须要有强劲的经济,控制枪杆子(军队),并影响舆论(媒体)。他领导的人民行动党自新加坡1965年独立以来一直执政,积累了政治资源,掌握了新加坡经济命脉,并通过政府和各种群众性组织贯彻执行其决策,深入社会各个角落。其他政党的政治空间受到限制,尽管参与五年一次的竞选,但力量都很弱。李光耀将一党优势的政治体制作为"亚洲式民主"运作机制,认为这种机制可以使国家既民主又稳定。他认为,一国之内不要有太多的政党。太多了,会造成内部意见不统一,人员精力耗费在批评互斗上,组织要花大量时间用来沟通、协调和谈判,徒增困扰又增加社会成本。

李光耀注重经济发展所需要的稳定和秩序,反对照搬西方民主模式。李光耀认为,新加坡成功的原因,首先在于稳定的政局,因为政治稳定是国家发展和推动现代化的前提条件,宁可牺牲个人的利益来维持政治稳定,也不能因为追求个人利益而伤害国家整体利益。他没有盲目地追随大受鼓吹的"民主是经济发展的先决条件"的观点,不迎合美国和西方宣扬的民主化政治潮流。李光耀说,一个国家必须先有经济发展,民主才能随之而来。民主并不会直接带来经济的发展,政府往往并没有建立经济发展所需的稳定与纪律。又说,除了几个例外,民主并未为新的发展中国家带来好政府。什么是好政府?这要视人民的价值观而定,西方人重视的是个人自由,亚洲人重视的是稳定和秩序。李光耀认为,民主必须服从政治稳定,民主政治的运作要以秩序、纪律为前提。他说，多党制"非民主制度之必需"，西方民主不适合每个国家，"只靠选举不能产生民主制度"。比较好的做法是：先致力于教育、解放妇女和创造经济机会，接着专注于执法，强化法庭的独立性，建立民主社会所需要的公民社会组织。只有这样，自由选举才能带来较好的民主秩序。

李光耀的领导方式还包括严格掌控新闻媒体。在新加坡，新闻媒体只能享有"有节制的权力和有约束的自由"，"言论自由和新闻自由必须服从于新加坡的国家整体和民选政府的首要目标"，禁止和严惩一切攻击执政党以及鼓吹西方民主自由和生活方式的言论报道，禁止不利于国家安全和有可能导致种族和宗教对立的言论报道。所有媒体都必须接受新加坡报业控股集团和广播局的管理、监督和控制。

新加坡的社会环境安静有序，"民可使由之，不可使知之"的政治传统起着重要的作用。权力掌握在官僚精英手里，而非一人一票的民主思维。追求整个社会的繁荣富强，大我先于小我，作为大家庭一分子的人民必须服从国家精英的领导。李光耀一再强调："儒家相信社会为先，如果个人必须被牺牲，那实在没办法。可是，美国人把个人利益放在社会之上，那就无法解决一些问题。"

资料来源：郑伯埙，2018. 华人领导的十堂必修课［M］. 上海：上海人民出版社；邰良，2009. 李光耀的实用主义、亚洲式民主理念和法治方略［J］. 领导科学，（22）：56–58。

思考题：

① 结合家长式领导理论的内容，评价李光耀的领导风格。
② 李光耀的风格与他的成长环境、文化背景、自身经历有哪些联系？
③ 李光耀的领导风格是否适用于现在的互联网公司？为什么？

文献阅读

参考文献

第 9 章 组织结构与变革

▶ 学习目标

- ➢ 认识组织结构的基本概念
- ➢ 了解组织实现协调的基础
- ➢ 掌握组织结构的理论基础
- ➢ 分析组织变革的动力、阻力

▶ 素养目标

- ➢ 推动学生结合身边实例,实地调研分析组织
- ➢ 激发学生从多学科理论角度思考多人协调问题
- ➢ 引导学生从历史角度思考组织理论发展过程
- ➢ 鼓励学生树立全局意识,结合组织考虑个人行为

组织问题是一个可以从多学科角度探讨的研究问题,本章主要从组织结构、多人协调机制、战略与结构、组织变革的阻力与动力等角度探讨组织问题。组织结构变革与生产方式更新、信息技术发展等社会技术因素有重要关联。因为数据现象复杂多面,研究者常常采用案例与定量结合的方式描述、解释组织变革现象。本章结合历史案例设计思考题,鼓励读者结合现实情境反思组织问题,多角度批判并完善理论解释。

请扫描首页二维码观看本章导读视频"学习解放军的组织""组织的协调基础"。

开篇案例　华为的组织结构

1987年9月，华为以"民间科技企业"身份经深圳市工商局批准获得注册，员工14人，主要业务为代理中资控股的香港康力投资有限公司的HAX小型模拟交换机。华为成立早期主要是销售代理程控交换机，后期转向生产技术领域。1994年，华为推出C&C08大型程控交换机，实现第一次技术突破。随后逐步成长为世界级的通信设备供应商。

华为是由员工持股的非上市民营企业，股东为华为投资控股有限公司工会和任正非。截至2012年12月31日，工会出资比例为98.82%，任正非作为个人股东，出资比例为1.18%。

华为的组织结构发展大致经历了四个阶段。第一阶段（1987—1994）：华为创立后，企业生存是根本目标。企业逐步发展壮大，1992年时，员工人数超过200人，组织结构也从一开始的直线制转变成为直线职能制。第二阶段（1995—1997）：业务不断扩展，员工数量也在1995年突破800人。1997年，华为引入IBM的业务流程改革，组织结构转向事业部制与地区部制相结合。第三阶段（1998—2013）：华为学习消化IBM的流程取得很大进展，组织结构也转变成为以市场客户需求为导向的矩阵组织结构。第四阶段（2014—2018），任正非提出，"简化组织管理，让组织更轻更灵活，是我们未来组织的奋斗目标"，围绕"共同为客户创造价值"，将组织结构调整为基于客户、产品和区域三个维度的形式。

华为的组织结构由上至下分别是董事会（Board of Directors，BOD）、经营高管团队（Executive Management Team，EMT）、投资评审委员会（Investment Review Board，IRB）、六大体系的办公会议。华为董事会由持股员工代表会选举产生，并经股东会表决通过。董事缺位时，由候补董事依次递补。华为EMT成立于2004年，由董事长、总裁和6位分管不同领域的副总裁组成。华为EMT构成群体决策的民主机构，推行轮值主席制，由8位成员轮流执政，每人半年。EMT在华为具有最高决策权，成员每个月定期商讨公司决策。

资料来源：仇晓洁，2014. 浅谈华为公司治理结构[J]. 经营者，（4）：30-30；刘子璇，2018. 华为三十年的组织结构变迁[J]. 企业改革与管理，（16）：7-10。

思考题：

① 查阅华为相应的历史材料，讨论公司组织结构的变化阶段。
② 思考华为组织结构如何为业务运营起到支撑作用。
③ 不同规模、不同种类、不同地区的业务对公司组织结构带来什么影响？

9.1 无处不在的组织

9.1.1 组织定义

提起组织,我们最先想到的可能是每天身处的公司、学校等。其实有时,组织可以是无形的。我们可以看到诸如一幢办公楼、一个团队或者一个熟悉的雇员,但是整个组织可能是模糊和抽象的,并且可能分布在不同的地域。我们能感受到组织的存在是因为我们无时无刻不在和各种组织打交道,但是我们却很少细致地观察它们。想一想,这些组织是否都具有一些共同的特点?

概念

> 组织(Organization):人们为了实现某一既定目标,指定职位、明确责任、分工合作、协调行动的社会实体,它有精心设计的组织结构和协调系统,并与外部环境相联系。

组织是具有既定目标和正式结构的社会实体,由两个及以上的人组成;"既定目标"是组织为获得预期成果而设计的;"正式结构"表示组织任务是由组织成员分工负责并完成的。组织是一个开放的社会系统,是一个与社会环境互相作用与影响的投入产出系统,与外部环境有着紧密的联系。组织是由人及其相互关系有机组合而成的,当人们彼此作用并各自发挥优势以达到目标时,一个组织就存在了。

9.1.2 组织与市场

要理解组织为什么存在,先得从现代意义的企业组织形式的产生讲起,理解企业组织形式为什么能给现代工业带来高效率。而对这个问题的探讨,涉及制度经济学、文化社会学、经济社会学等多个学科领域。我们先来看一个企业组织生产的经典案例。

视频讲解:组织与市场

案例

福特工厂的工资待遇

世界上第一条流水装配线出现在 1913 年 4 月 1 日的福特工厂,设计的灵感来自芝加哥食品包装厂用来加工牛排的空中滑轮。一开始在流水线上装配的是汽车底盘,很快汽车的其他配件也在流水线上装配了。流水线的设计按照操作程序安排工人、工具和零部件。零部件在装配为成品的过程中，都由传送带经过尽可能短的距离，运送到工人面前进行工序加工。这也意味着福特工厂需要很多工人同时在岗，并以同样的节奏从事生产工作。

这对工人的招募提出了很大挑战，亨利·福特（Henry Ford）对此做出了一项重要提议。1914 年，福特在董事会上提议，将福特工厂的工人日均工资提高到 3 美元，大大超过 2.2 美元的平均线。董事会成员感到很惊讶，这相当于牺牲了股东的权益。于是他们用带有嘲讽的语气议论道，那么为什么不是 4 美元，或者 5 美元呢？强势的福特接受了这个提议，宣布决定把工人的日工资提高到 5 美元。福特公司预期利润的一半（当时约为 1 000 万美元），将被用于这个计划，决定从次年 1 月 12 日生效。

在当时的底特律，采用 2.2 美元日均工资的工厂通常采用周薪周结的方式，每年的员工离职率高达 80%。福特认为，支付 5 美元日均工资的好处不仅能够招募到足够的工人，而且能让工人稳定下来，并且按照流水线的操作要求来工作。另外，福特公司认为有必要让工人成为"真正的美国人"，工人要具有自律精神和美国价值观。此外，福特认为，"作为领导者，雇主的目标应该是给工人的工资比同行业的任何一家企业都高。"

资料来源：张追，2021. 福特制在科学技术史上的体制变革与工业效应［J］. 北京印刷学院学报，(10)：73-75；科普中国·科学百科. 亨利·福特［EB/OL］.［2022-08-17］. https://baike.baidu.com/item/ 亨利·福特 /532854？ fr=aladdin#3。

思考题：

① 福特这样做是不是违背了市场经济的规律？
② 福特 5 美元的日工资获得了哪些交易无法获得的东西？

福特放弃了市场上每天 2.2 美元的劳动力，转而用每天 5 美元的高价招募工人这一做法看似是用高于市场的价格购买了工人的劳动，支付了高额的溢价，但实际上，福特工厂招募的工人与底特律市场上每天 2.2 美元的汽车工人有着本质性的区别。福特工厂的工人更加稳定，且满足流水线劳动的特殊技能要求。福特工厂的流水线要求工人有组织纪律，不但对自身的加工工序负责，而且要以同样的节奏完成零部件加工。更有甚者，福特要求工人成为"真正的美国人"，在下班以后也要遵守福特工厂的行为准则。所以，福特工厂招募的工人与普通工人是不一样的，他们为企业付出的劳动不一样，从企业获得的薪水也不一样。福特工厂所采用的长期雇佣模式也开创了工业组织的先河，为我们探讨企业与市场提供了一个经典例子。

9.1.2.1 市场协调

市场与企业都需要协调多个主体之间的合作关系，只是它们的效率与适用情境各不相同。18世纪70年代，亚当·斯密（Adam Smith）在经典著作《国富论》中，强调市场在协调各个主体间关系、促进社会福利方面的作用。他的观点是"市场机制本身驱使近代社会的经济不断发展"。按照他的观点，每个国家，甚至每个劳动主体，都有自身擅长的分工。每个劳动主体只要从事自己擅长的分工，就可以使工作效率最大化；如果他需要其他的产品，可以通过贸易的方式获得。商品的流通交换，满足了各个劳动主体的需求，也促使每个劳动主体达到自身的最大效率。这只"看不见的手"通过市场机制调节多个劳动主体之间的关系，市场在鼓励人们追求自身利益的过程中，激发他们勤劳、节俭的品质和创造精神，并通过竞争的力量，促进资源配置的优化。

据此，市场观点认为，市场是协调多个劳动主体的有效手段。市场是起到调节作用的"看不见的手"，管理层要尽量少地干预交易过程。只要每个劳动主体的积极性得到充分发挥，协调的效率就能够实现最大化。

9.1.2.2 组织协调

1937年，罗纳德·H.科斯（Ronald H. Coase）在他的经典论文《企业的性质》（*The Nature of the Firm*）中回答了"为什么需要组织？"这个问题。他的答案看起来很简单：市场并不是信息透明的，市场交易是有成本的。这些成本包括信息费用、交易双方匹配费用、洽谈费用、合同签订费用、确保合同执行费用，等等。信息不对称会使得交易无法简单地一次性实现，市场交易成本的存在使得市场的协调并不能很有效地提升效率。但是，企业组织能够有效地降低交易成本，在有些时候甚至比市场更加有效。

在福特工厂的例子中，流水线工人的工作要求与底特律2.2美元日薪的普通工人有很大区别。按照斯密的市场观点，工厂与工人之间通过薪水与劳动的市场交换各取所需，市场会有效地通过价格机制来协调交换，最终使劳动力价格保持在稳定水平。但在实际情境中，工人的劳动信息是无法事先掌握的，也就是工厂与工人之间存在信息不对称。福特工厂所要求工人提供的劳动与其他工厂的要求差别很大，在生产流水线的设计成熟之前，工厂也无法确定对工人的劳动要求，所以，市场交换的方式无法有效协调工厂与工人这两个劳动主体之间的合作。

科斯认为，组织存在的价值，就是可以规避市场交易的成本，解决信息不对称情况下的合作问题。组织解决这个问题的方法，是通过签订长期契约的方式，把这些交易转移到企业内部，让管理者通过一揽子交易契约，控制市场交易成本。"契约中所陈述的是要求工人所提供的物品或劳务的范围，而要求工人所做的细节在契约中没有阐述，是由雇主以后所决定的。当资源流向变得以这种方式依赖于雇主时,我称之为'企业组织'的关系就出现了。"(Coase,1937)比如,在福特工厂的例子中,工厂无法事先界定流水线工人的劳动要求,但是可以通过与应聘工人签订长期的雇佣契约,在约定时间、范围内,管理者可以要求工人适应流水线的要求开展工作。福特工厂5美元日薪的契约涵盖的内容就比底特律通用的市场价格内容广泛得多。

9.1.2.3 组织与市场的边界

企业组织与市场是两种不同的协调交易的形式,它们各自的价值也不同。交易双方的信息不对称程度,以及交易协调过程中预计产生的交易成本,将会影响企业组织与市场的有效程度。用更简单的语言来描述,交易难度会影响企业组织与市场的协调有效性。Gibbons(1999)用图9-1说明了企业组织与市场协调有效性的变化。

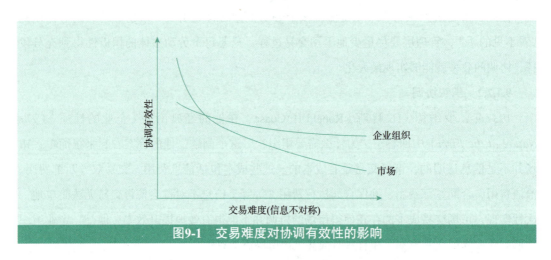

图9-1 交易难度对协调有效性的影响

当交易难度低的时候,也就是劳动主体对交易预期界定清楚、交易信息透明的时候,市场比企业组织能够更有效地完成协调,通过"看不见的手"这一价格调整机制,促进劳动主体提升自身生产效率,也使得资源有效地流向效率更高的主体。当交易难度高的时候,也就是劳动主体对交易预期不清晰、交易信息不对称的时候,这个时候企业组织比市场能够更有效地完成协调,通过长期契约关系构建组织,有效降低交易成本,促使整体的组织效能得到提升。

另外,从图9-1中可以看到,随着交易难度的提高,协调的有效性会慢慢降低。市场在交易难度低的时候更有效,企业组织在交易难度高的时候更有效。但这并不意味着市场在任何时候都可以取代组织,带来更高的效率。

9.2 组织结构

9.2.1 组织结构类型

本质上，组织是长期契约的集合，契约规定了管理层与员工之间的互动模式。组织结构是组织存在的基本形态，它反映了成员之间互动关系的长期模式。若无一定形式的组织结构，组织本身也就不复存在。组织结构是使组织成员协调地开展工作的基础，引导员工共同为组织目标的实现而奋斗。

延伸阅读：阿米巴经营模式

概念

组织结构（Organizational Structure）：对工作任务进行分工和协调的人员工作关系的结构支撑。

组织结构定义有三个关键要素：① 组织结构决定了正式的报告关系，包括层级数和管理者的管理跨度；② 如何由个体组成部门，再由部门组成组织，这也是由组织结构确定的；③ 组织结构包含一套系统，以保证跨部门的有效沟通、合作与整合。

视频讲解：阿米巴与精益生产

尽管过往文献对于组织结构有各种各样的讨论，亨利·明茨伯格（Henry Mintzberg）在 1979 年出版的《卓有成效的组织》（*Structure in Fives*: *Designing Effective Organizations*）一书中对组织结构的划分做了经典的核心论述。按照明茨伯格的观点，界定组织结构首先要认识组织的有效组成部分，然后根据组成部分的运作方式界定组织的类型。

组织有基本的运行主体，进行最基本的运行活动，包括生产活动、服务活动等。组织的运行主体与劳动主体相似，每个劳动主体都有自身的活动，通过相互交换进行协调。在最简单的组织中，运行主体可以做到自给自足，不需要太多外部干预。但是随着组织的成长，运行主体之间的分工变得复杂起来，形成了五个组成部分：①战略顶层（Strategic Apex）：这是处于组织最上方的最高管理层，战略顶层是全职的管理者，负责组织的战略运作职能。②运营核心（Operating Core）：这层是组织的核心，完成组织的基础核心运作工作，实现组织价值。③中间线（Middle Line）：这层连接战略顶层和运营核心，支持战略意图的下达，将运营信息反馈上传。④技术结构（Technostructure）：随着组织规模的扩大，活动越来越复杂，制定运营标准、协调监督等的管理工作进一步分化，形成专业性管理层。技术结构层负责与运营活动关联的职能，促进运营的标准化，包括生产计划、市场、工程管理等分析性工作。⑤支持人员（Support Staff）：负责支持运营的间接性活动，包括财务、人力资源、法律、后勤等支持性职能。随着组织的发展，这五个组成部分会有不同重要性的表现。在图 9-2 中，（a）代表组织的五个组成部分，（b）（c）（d）（e）（f）分别代表不同组织的具体情况。

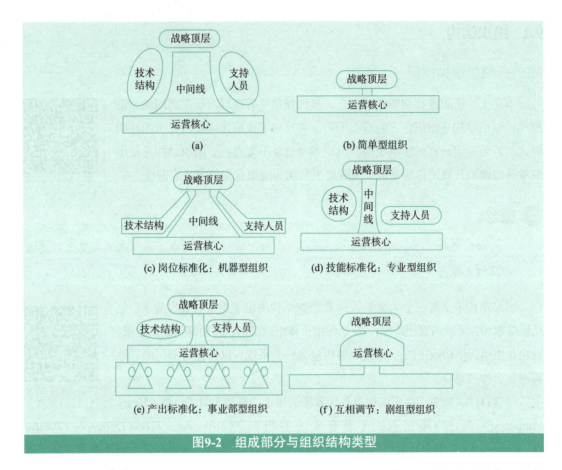

图9-2 组成部分与组织结构类型

明茨伯格认为,随着组织发展壮大,五个组成部分在组织运作的过程中起到的作用会有变化,根据这五个部分的运营情况,可以把组织划分成为五种不同类型。

(1)简单型组织(Simple Structure)。大多数创业公司采用这种组织形式,战略层直接指挥运作层,指挥权集中,决策迅速,容易将决策贯彻到底。创业者是组织的核心,这种组织会很深刻地被打上创业者的烙印,但这种组织发展壮大的可能性很小。这种组织在遇到危机的情况下,具有极高权威的创始人是组织的核心,也是维持组织运作的关键。

(2)机器型组织(Machine Bureaucracy)。即通常所说的直线职能制的科层式组织。这种组织中,五个组成部分一应俱全,最明显的特征是组织在技术层的主导下,实现运行的标准化。这种组织类型适用于大规模制造、标准化服务行业,用于扩大组织产能,提升运营效率。支持层与技术层在这种组织中的作用非常突出,它们通过工作流程的标准化,贯彻战略层的意图,提升运营层的效率。效率优先是这种组织的明显特征,马克斯·韦伯(Max Weber)所说的科层组织就体现了这个特征。但是,机器型组织的缺点是过于僵化而缺乏适应性,在外部环境变化后无法快速调整运营模式。

(3)专业型组织(Professional Bureaucracy)。这种组织通常存在于大学、医院、咨询公司等专业性行业。这种组织的战略层很小，通常战略层的管理者是从专业技术行业内成长起来的，中间层、技术层的作用体现得不明显，而强大的运营层和支持层是组织正常运作的核心载体。运营层专业技能的标准化、职业化使得组织内部的专业人士具有很高的影响力。从这些专业人士对于组织运行的影响来看，专业型组织是一种高度民主化的结构，但是专业外的人员无法享有民主的权利。专业型组织中，尽管支持层也很强大，但由于他们处于核心业务以外，很难享有专业以内的管理权力。专业型组织的战略层的构成通常是专业人士内部的寡头，这些高层管理者通常具有双重管理职能。也正是由于这个特点，大学、医院等专业型组织往往有很高的管理难度。

（4）事业部型组织（Divisionalized Form）。这种组织通常很庞大，它的运营层由很多机器型组织组成，在基层组织的基础上，建有一个包括战略层、技术层、支持层的总部，总部不参与具体业务运营，也就是中国人通常称呼的"机关单位"。事业部型组织的运营标准化的参照物不是具体的生产、销售运行，也不是员工的专业技能，而是各个事业部的产出。产出通常以规模、利润等指标来衡量。集中战略、分散经营、独立经营、单独核算是事业部制的特点。事业部制最早出现在美国通用汽车公司，杰克·韦尔奇（Jack Welch）治理下的通用汽车公司就以行业内排名来衡量单个事业部保留的价值。中国人很熟悉的集团公司就是典型的事业部制。事业部制的每个基层组织其实并不是机器型组织。尽管结构相似，这些基层组织的战略决策往往受到总部的强烈控制，逐步演化为只具有执行功能的子单元。

（5）剧组型组织（Adhocracy）。这类组织通常是创意性极强的电影拍摄组、演唱会小组、活动策划组、新产品开发组等，项目制是这种组织的标签。这种组织的特征是避免标准化，以组织内成员各自的能力专长作为组织的基础，打破传统组织的指挥命令体系，取消组织中常有的上下级关系、职能与直线分工，等等。项目任务是剧组型组织服务的核心，该类组织根据项目任务要求组织人员、调整分工，适应动荡变化的外部环境，创新性地解决项目任务。剧组型组织效率较低，而且很不稳定，组织人员的沟通成本很高。这种组织结构天生适应"一次性"的项目任务，在处理日常事务的时候就会显得不太适用。

按照明茨伯格的观点，这五种组织结构不是相互排斥的，而是同时受到组织内的五种人员的影响：战略顶层施加集权化引力，意图将组织塑造成简单型组织；技术结构通过标准化实现协调，意图把组织塑造成机器型组织；支持人员意图通过技能标准化实现协调，达到专业自主权的最大化，塑造专业型组织；中间线试图通过工作产出标准化实现协调，塑造事业部型组织；运营核心要求在决策中协作创新，通过相互调节协调，塑造剧组型组织。

大家经常谈到的矩阵结构组织，并不在这五种基本组织结构之中，矩阵结构组织其实是剧组型组织的一种，是根据任务要求的组合（肖知兴，2006）。矩阵结构组织要求根据项目任务协调人员，从原本各自的职能部门中抽调人员，形成剧组型的组织结构。常见的矩阵是职能与产品的二维交叉矩阵，或者是地区与产品的二维交叉矩阵，还有复杂一些的，比如IBM公司设计的复杂四维矩阵（产品、地区、客户、解决方案）。通常项目结束以后，矩阵结构组织就会解散，这种根据任务临时组织人员，随后调整解散的模式，可以看成是剧组型组织的一种表现形式。

矩阵结构组织可能向五种组织类型中的一种转化。矩阵结构组织既有按职能划分的垂直领导系统，又有按项目划分的横向领导系统，具有灵活性、适应性强的特点，有利于加强各职能部门之间的协作、重新整合局部力量。但是，矩阵结构组织的成员都接受多头领导，当多条线的指令不一致的时候，就会产生冲突。所以，有效的矩阵结构组织中，真正的指挥协调关系只能有一条，其他指挥协调关系本质是基于能力模块的互补。所以，矩阵结构组织的实施并不容易，真正有效运转需要矩阵结构组织在职能与文化建设上的积累。

9.2.2 组织结构特征

究竟应该如何设定一个公司的组织架构并界定岗位职责？对工作进行分工的基础是什么？把工作分解成各自独立的工作时应细化到什么程度？需要设立多少个部门？每个部门分别有什么职能？每个具体岗位的工作职责是什么？组织纵向的层级应该如何划分？员工个人和工作群体向谁汇报工作？ 组织结构是对任务运作的支撑，需要对任务环节进行分解、分工、组合协调。斯蒂芬·P. 罗宾斯（Stephen P. Robbins）认为，工作专门化、部门化、命令链、控制跨度、集权与分权、正规化这六个方面可以描述组织结构特征。这些特征本质上是如何对组织任务进行分工与整合，如何把整体任务分解成为具体环节，如何协调各个环节，进而实现整合产出的问题。

> **概念**
>
> 分工（Differentiation）：决定在组织中划分工作、明确岗位职责的过程。

延伸阅读：关于大头针的演讲

分工保证了所有必要的组织任务都被分配到一个或一个以上的职务中，且任务受到了应有的重视。分工回答了设计组织要考虑到的两个问题：把工作分解成各自独立的工作时应细化到什么程度？对工作进行分工的基础是什么？ 组织中的分工需要考虑实际的组织情境，比如横向分工、纵向分工和地域分工，这都是组织情境影响分工的典型例子。简单来说，分工就是把工作任务划分到可以通过若干步骤来完成的细分程度，分工在组织中的主要表现是工作专业化和部门化。

9.2.2.1 工作专业化

当我们走进一些工厂，很容易就会发现，在生产流水线上，每位员工都被分配了特定的、重复性的工作任务。通过将工作分解成较小的、标准化的任务，员工就能高效率地重复同一项操作。就像斯密论述生产大头针的例子：当人们把工作任务划分成若干步骤，并安排每个工人完成单一步骤，那么整个企业的生产效率就会提高。

工作专业化能够使员工有效发挥技能专长。每个员工都有自己擅长的业务环节，如果员工能够熟练地完成"工序一"而不能很好地完成"工序二"，那么安排他完成这两道工序就会浪费一定的效率。效率更高的做法是安排能熟练完成"工序二"的员工一起合作。另外，分工也可以使得员工的培训成本降低，工作要求变得更简单，企业耗费在培训方面的成本也会相应更低。从组织角度来说，专业化可以提高整体效率，挑选并训练员工也更加容易、成本更低。

然而，越来越多的证据表明，工作专业化对员工工作状态的负面影响（表现为厌烦情绪、疲劳感、压力感、低生产率、低产品质量、缺勤率上升、流动率上升等）超过了带来的效率优势（罗宾斯，2021）。也就是说，随着工作专业化程度的提高，员工的工作感受越来越差，甚至开始厌恶工作。工作专业化导致了效率的提高，但是当工作专业化超过一定水平时，它对员工工作状态的负面影响就很明显，进而又降低了效率（见图9-3）。

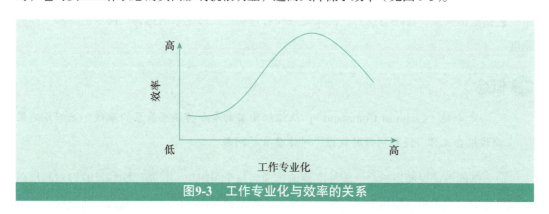

图9-3　工作专业化与效率的关系

9.2.2.2　部门化

当人们将任务细分形成工作专业化之后，就需要按照同类型的专业化工作进行组织协调，组建部门，集中同类型工作任务。部门化有多种形式，可以根据工作职能、产品类型、地区类型、顾客类型进行部门划分。

根据工作职能的部门化。例如，某工厂经理将工厂划分成财会部、人事部、采购部等，将具有同样职能的人和物划分到共同的部门。根据职能划分部门的做法几乎适用于所有的组织，而职能的变化可以反映组织目标和活动的变化。

根据产品类型的部门化。例如，在典型的、比较正规的会计师事务所，每个部门都会有主管经理，人们按照审计部、管理咨询部、税务部等的部门分工向顾客提供专业且集中的服务项目。

根据地区类型的部门化。例如，市场导向性公司将自己的部门按照它们所对应的销售区域进行分类，如东北部、华北部、华南部、西北部、西南部等。

根据顾客类型的部门化。例如，一家销售办公用品的公司可以按照不同的销售对象设置部门，如零售部、批发部、政府部门服务部等，为每个部门配置相关人力和物力，以满足不同顾客的需求。

9.2.2.3 等级制度

法国管理学家亨利·法约尔（Henri Fayol）在《工业管理与一般管理》中提出适用于一切组织管理的5大职能和有效管理的14个原则，其中一个原则是"等级制度"。等级也可以称为层级（Hierarchy），指从组织的最高权力机构下达至基层工作人员的影响关系系列。法约尔还认为，统一指挥、统一领导、集权与分权等其他原则是保障组织等级制度顺利运行的基础。为了顺利实现目标，组织中力求达到同个目标的活动只能有一个领导者，一个下属也只能听从一个领导者的命令。

等级制度需要回答组织中的两个核心问题：员工和部门向谁汇报工作、对谁负责？一名领导者可以有效控制多少个下属？事实上，等级制度定义中的关键要素是组织内的报告关系，包括汇报关系、责任与权力、指挥关系和管理幅度，理论术语称为"命令链"和"控制跨度"。

➡ 概念

> 命令链（Chain of Command）：从组织高层的命令传递至基层的路线，能够界定谁向谁报告工作、遇到问题时找谁、对谁负责等问题。

命令链能够确保高层的命令能够准确地传递到每个组织单元，基层能够及时地对高层命令做出反应。组织中，职位的法定权力与统一指挥是确保命令链有效的基础。法定权力是指管理职位所固有的发布职能命令并期望命令被执行的权力。为了促进多人协调，每个管理职位在命令链中都有自己的位置，每位管理者为完成自己的工作任务，都要被赋予一定的法定权力。统一指挥原则有助于保持命令链的连续性。它意味着，一个下属应该且只能对某一位领导者直接负责。管理者的法定权力之间不应该存在交叉与重叠，否则，将可能破坏命令链的统一指挥，导致一个下属可能不得不同时应对多个领导者的命令。

➡ 概念

> 控制跨度（Span of Control）：也称管理幅度，指一个领导者可以有效管理多少个下属。

控制跨度影响到组织要设置多少层级、配备多少管理人员。控制跨度越宽，相同规模下需要的组织层级越少，管理人员越少，管理成本也越低。假设有两个组织，基层操作人员都是4 096人，如果控制跨度分别为4和8，那么控制跨度宽的组织比控制跨度窄的组织在管理层级上少两层，可以少配备800人左右的管理者（见图9-4）。

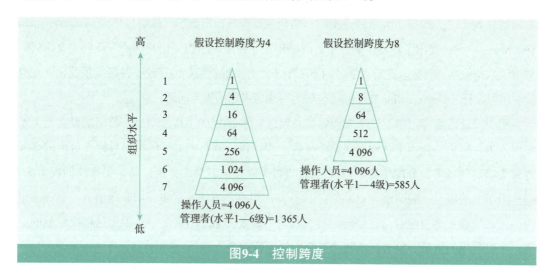

图9-4　控制跨度

集权与分权是伴随着命令链和控制跨度而产生的组织结构特征，描述组织中的决策权集中于领导岗位的程度。集权程度只包含对正式职权的描述，也就是职位固有的岗位权力集中度。如果组织的高层管理者可以不考虑基层员工的意见就做出决策，那么组织的集权程度就高；相反，如果基层员工在组织决策中的参与度越高，在决策环节中能够施加自身影响，那么组织的集权程度就越低。通常，管理幅度越大，也就意味着集权程度越高。

9.2.2.4　正规化

前面所谈到的组织结构特征影响组织中工作的标准化程度，这里所说的标准化程度也可称为正规化程度。工作正规化的组织期望着岗位上的员工能以同样的方式投入工作，进而保证岗位稳定一致的工作产出。高度正规化的工作意味着岗位有明确的工作说明和详细的组织规章制度，以描述工作过程要求和工作职权边界。工作正规化程度越高，也就意味着员工自主决定自己的工作方式的自由度就越小，自由选择工作行为的可能性就越小。

工作正规化通常也伴随着组织结构化，高度结构化的组织表现出上下层级明确、协调关系固定、运作流程标准、规章制度详细的特点。工作正规化和组织结构化虽然能够提高运营效率，但却使组织在运行灵活性、适应性方面受到影响，难以应对战略目标的弹性变化。

9.3 组织结构的影响因素

9.3.1 组织设计的维度

20世纪90年代,艾尔弗雷德·D.钱德勒(Alfred D. Chandler)深入研究了美国四家大公司的发展情况,搜集了大量商业史料和结构变迁资料,出版了《战略与结构》(*Strategy and Structure*)一书,提出了环境影响战略、战略决策导致组织结构变化的理论,开创了企业战略与组织结构关系的研究。此后,学者们不断地丰富并发展钱德勒的理论,并使其系统化、规范化。组织设计(Organization Design)也成为管理者考虑的重点问题。

组织设计需要考虑以下三个方面的核心问题:① 确定的工作活动——部门的设立是为了集聚人力、财力、物力来共同完成某个任务。组织设计就是把对实现组织目标有价值的事务划分为确定的任务,分配给各个部门。② 报告关系,也就是命令链,是一条连续的权力线,连接组织中的成员,表明谁应对谁负责。③ 部门组合,方法有很多,如职能组合、事业部组合、区域组合和多重组合。这是影响员工行为、绩效的重要因素之一,因为这将决定他的上级、可以利用的资源、绩效标准和相互合作沟通的对象。

在前文中,明茨伯格描述了五种不同类型的组织结构,这五种组织结构类型分别适用于不同的任务类型,这与钱德勒的观点是一致的。按照钱德勒的观点,组织战略变化与组织结构变化互为因果。任务是组织战略与结构互动的载体,达夫特(2004)认为,在实际商业环境中,影响组织结构的因素包括目标战略、技术、环境、文化、规模等方面;而组织结构的维度包含规范化、专业化等系列特征,如图9-5所示。

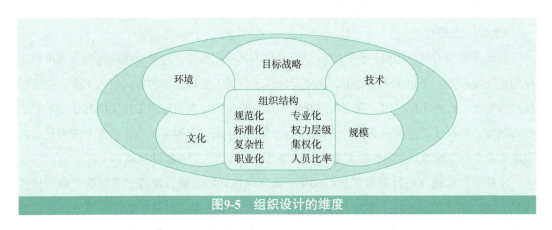

图9-5 组织设计的维度

9.3.2 战略影响结构

战略与组织结构的有效结合是企业生存和发展的关键。一个企业取得成功的关键就在于制定适当的战略,同时建立适当的组织结构以贯彻战略。

但是，在目前实际的经营管理中，战略与组织结构的不协调仍然是限制许多企业发展的重要因素。企业虽然也很重视战略的制定和组织结构的设计，但往往忽略战略与组织结构的协调配合，使运营陷入困境。

9.3.2.1 组织结构化

组织的结构化是与工作标准化、流程化、等级制度明确等组织结构特征联系在一起的，根据灵活性、弹性化的特征，可以把组织结构化分为机械（Mechanic）结构化与有机（Organic）结构化两类。

（1）机械结构化。典型的机械结构化组织的特点是僵化的部门制，高度正规化，明确的命令指挥关系，自上而下的命令链，基层员工参与决策的机会很少（即集权程度高），分工明确，流程规范，职责边界清晰，工作标准化程度高。

（2）有机结构化。典型的有机结构化组织的特点是组织结构扁平，组织灵活度高，内部交流方式多样化，组织工作多运用多功能、跨等级的团队协调。组织正规化程度较低，信息自由流通，不仅有横向的单向沟通，还有纵向的双向沟通，基层员工参与决策的机会很多（即分权程度高），工作标准化程度低。

通常来说，机械结构化和有机结构化是组织结构特征的两个极端，现实中，组织普遍表现为这两种结构的不同程度的结合。当按照自身的战略设计组织结构时，人们会灵活运用并结合这两种结构，形成相对平衡的组织（见图9-6）。

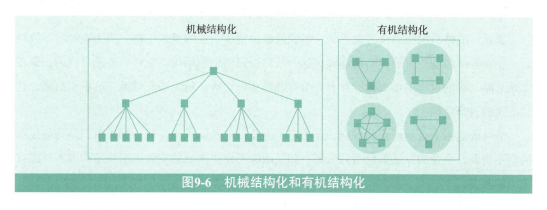

图9-6　机械结构化和有机结构化

9.3.2.2 战略类型与组织结构化

（1）创新战略不是简单的、表面上的战略变化，而是注重有意义的、独特创新的战略形式。显然，并非所有的组织都追求创新。实行创新战略的组织往往采用有机结构，因为组织结构松散、工作标准化程度低、分权程度高等特点对一个追求创新的组织来说比较有利。其中，组织能够利用松散的结构让信息自由流通，这对集思广益有着重要的意义；工作标准化程度低，有利于不同知识背景的人员为同一个目标一起工作，取长补短，让组织中人力资源的价值有所提升；分权程度高，有利于新想法的顺利实施，这也是创新的必要条件。

（2）成本最小化战略是指组织对成本加以严格的控制，限制不必要的发明创新费用和营销费用，压低产品的基本销售价格。许多快速消费品销售公司都使用这种战略。在这种战略下，组织一般趋向于采用机械结构，因为其控制严密、工作标准化程度高、正规化程度高、集权程度高的特点有利于组织目标的实现。其中，工作标准化程度高有利于工作效率的提高和节省成本；高度集权化有利于高层决策得以顺利、及时、严格地执行。

（3）模仿战略是指组织试图充分利用上述两种战略的优势，追求风险最小化、利润最大化。当组织中的管理者认可一种新产品的市场潜力后他们才进行大胆的投资，采纳革新者的成功思想并模仿。那些剽窃时装设计师风格进行时装规模生产的厂家奉行的正是这种战略。他们基本上跟随那些富有创新精神的竞争者的脚步，当竞争者证明了市场存在以后，他们便以优质的产品争夺市场。模仿战略采用有机结构和机械结构相结合的模式，汲取有机结构的灵活性与机械结构的效率和稳定性的优点，运用机械结构实现严密的成本控制，同时设立有机结构单位便于组织进行创新活动。战略类型与组织结构如表9-1所示。

表9-1 战略类型与组织结构

战略类型	组织结构
创新战略	有机结构化：结构松散，工作标准化程度低，分权程度高
成本最小化战略	机械结构化：控制严密，工作标准化程度高，正规化程度高，集权程度高
模仿战略	有机—机械结合：松紧搭配，对于目前的活动控制较严，对创新活动控制较松

因此，战略与组织结构的关系是：组织战略决定了企业的组织结构，当企业制定了战略后，企业各部门就要按照战略构建实现这个战略所需的组织结构。这种构建是自觉的，是在实现战略目标的过程中形成的；没有一个有效的组织结构，就无法有效地实施组织战略，达到既定的战略目标。

战略既能指明企业经营的方向，还决定了企业以何种形式来发展。如果组织结构与组织战略不协调，企业的发展就会受到限制；如果战略不发生本质的变化，组织结构也不可能有重大的改变。

9.3.3 社会技术系统影响

除了战略目标，组织设计还要从社会技术系统的角度考虑，以下将从外部环境、技术、规模与文化三个方面分析其对组织结构的影响。

9.3.3.1 外部环境

这里的环境并不是广义的组织外的任何影响因素。在进行组织设计时，我们要分析的是那些组织非常敏感并且必须做出反应的外部环境。对于一个组织来说，其环境涉及产业、原材料、人力资源、财务资源、市场、技术、经济环境、社会文化、政府、国际环境等。每个组织需要根据自身运营需求，分析外部环境的影响来源。

研究表明，环境的不确定性会对组织结构产生较大影响。对于这个问题，罗伯特·B. 邓肯（Robert B. Duncan）制作了如图 9-7 所示的框架图，用以判断企业所处环境的不确定性，并依此框架对组织结构的外部适应环境进行评估。

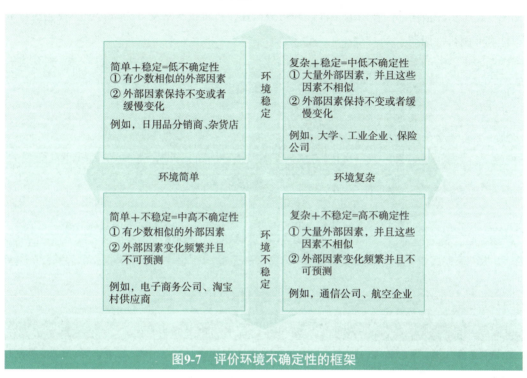

图9-7 评价环境不确定性的框架

9.3.3.2 技术

技术是组织运营过程中所使用的机械、工具、程序、知识等，技术水平的高低将对运营产生影响，进而塑造组织结构。技术是组织把投入转化为产品、服务的工具和手段。同时，在组织中每个部门也有各自的投入和产出，也就是由独特技术组成的生产过程，称为部门技术。

技术对组织设计的影响表现在两方面：一方面，如何使得组织中各个部门顺畅地连接起来，以形成组织的核心技术；另一方面，人员技能水平、控制跨度、沟通与协调机制、规范化程度、集权化等组织设计因素都要依赖于技术。

在部门之间，依存度是技术影响组织结构设计的一个特点。依存度是指受到部门技术的影响，部门间为了获得完成任务所需的资源和材料而彼此相互依赖的程度。例如，麦当劳快餐店就是依存度较低的一种组织形式，处于不同地段的麦当劳并不需要互相之间很强的沟通和联系，其每个部门都是一个相对独立的单元，并为组织的共同利益服务。而有些组织中部门间的依存度较高，比如汽车制造厂家，配件部门的产出将会成为装配部门的投入，这决定了组织需要更多、更规范的协调机制。此外，还会存在相互依存的部门，比如一项新产品开发时的设计、工程、市场等部门，这些部门需要更灵活、更有效的管理结构和沟通机制，以保证组织的有效运行。

除了依存度，技术对组织设计的影响还体现在部门技术的特征差异上。查尔斯·佩罗（Charles Perrow）提出一个理解部门技术特征的框架，他从两个维度划分部门的技术活动，如图9-8所示。根据部门技术的多样性和可分析性，可将技术活动分为例行性、技艺性、工程性和非例行性四类。

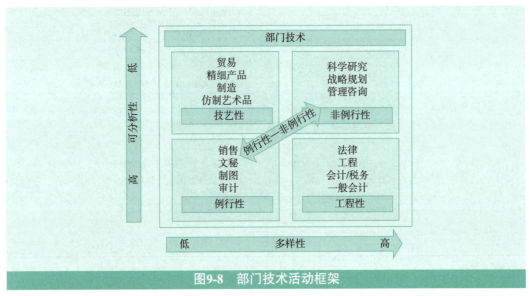

图9-8　部门技术活动框架

资料来源：[美]理查德·L.达夫特，2004.组织理论与设计精要[M].李维安，等，译.北京：机械工业出版社.

例行性技术的内容多样性程度低，变化极少，工作标准化、规范化程度高。比如，销售、文秘、制图、审计就是典型。非例行性技术的内容多样性程度高，工作标准化、规范化程度低，工作者运用知识经验与技术解决问题，比如科学研究、战略规划、管理咨询等都是典型。对应组织结构的设计，例行性技术与组织的机械结构化高度联系，而非例行性技术与组织的有机结构化更加匹配。

移动通信技术、数字化管理方式等也对工作方式、组织结构产生了巨大影响，工作与生活的边界变得更加模糊，组织的运营方式、组织决策模式也有了很大变化。在互联网时代，诞生了千千万万的自由职业，劳动者自己选择感兴趣的工作，自己安排工作时间。比如，网约车司机、快递员、送餐员等职业都表现出很高的自主选择程度。基于一个大平台的小团队、小组织成为互联网时代的重要标签，研究者也开始关注这一类由技术推动产生的平台型组织。就如下面案例所讨论的，通信技术正成为组织研究中需要重视的问题。

> **案例**
>
> **移动通信影响工作效率**
>
> 有人说，微信"正在像鸦片一样侵蚀员工的专注力"，最终导致工作效率低下。微信时代，大家都在说"加个微信吧"。微信朋友越多的人，他的时间被碎片化的程度就越高。对我们来说，每一天的信息量是巨大的，有的人一天要看20次左右的微信。个人微信俨然成为员工主要的工作工具，7×24小时的待机状态下，员工精神疲惫不堪。
>
> 阿里巴巴推出了办公专用软件"钉钉"，宣称使用钉钉之后，员工可以更加专注于工作，在工作日的工作时间里集中精力、高效处理沟通事务。需要各部门沟通协作的时候，急需确定的消息会通过钉钉发出的"DING消息"以免费电话或短信的方式通知对方，并且让对方即刻做出回应。钉钉还具有显示对方"已读"和"未读"消息的功能，用于催办相关部门跟进事项，甚至催促上级抓紧时间审批。作为一种"新工作方式"，钉钉具备五个特点：组织在线、沟通在线、协同在线、业务在线、生态在线。现代企业的组织管理架构互相可见、组织关系在线化，是实现新工作方式的基础。公司内部管理透明化，直接传递着公司上下级公平、平等的理念。
>
> 资料来源：百家号：创业最前线. 钉钉"新工作方式"：工作的归工作，生活的归自我［EB/OL］.（2018-06-26）［2022-08-16］.https://baijiahao.baidu.com/s？id=1604302329588284475&wfr=spider&for=pc。
>
> **思考题：**
>
> ① 微信、钉钉等移动通信工具对于工作协调方式有什么影响？
> ② 互联网公司的组织模式、工作模式有什么特点？
> ③ 这些模式在你所在的组织是否行得通？为什么？

9.3.3.3 规模与文化

组织规模通常以雇员人数的多少来表示。规模越大，人数越多，组织内部的分工就越细致。为了加强风险管控，规模大的组织会设立多个层级和部门，制定规章条文去管理控制工作进度，规范员工行为。所以，规模大的公司的组织结构通常更加复杂、规范更加细化，组织运营也更加标准化、流程化。规模大的公司还具有规模经济优势和竞争战略价值。相反，规模小的公司灵活性更强，组织结构简单、扁平，对市场和客户需求的变化有极快的反应速度。在中国，中小型企业的队伍最为庞大、活跃，它们迅速成长，调整业务模式时也非常灵活。

企业文化是组织内各个成员共同认同的价值观、规范和信念。文化不是独立于企业运营而存在的，企业文化会影响组织内成员做事的方式，影响运营进而重塑组织结构。比如，强调企业对外快速反应、紧跟市场的文化会促成组织结构有机化，降低组织的机械化程度。相反，企业如果重视规范执行，强调贯彻落实，那么组织结构就会倾向于集权化、标准化。

9.4 组织变革

延伸阅读：丰田精益生产的上下游组织

当今，越来越多的组织处于一个动态的、不断变化的、为了生存而必须去适应的环境当中。现实世界告诉我们：市场环境不是静态不变的，技术和员工的能力总是在不断地更新，未来不会是今天的重复。所以，组织及其成员想要立足于动荡环境中，就必须实施组织变革。

9.4.1 组织变革力场分析

在这个环境不断变化的时代中，有一些力量推动着企业变革，但同时也存在一些不利于变革的阻力。变革的倡导者，无论是管理者、专家顾问还是组织中的普通员工，都需要了解这些力量，甚至这些力量的根源，从而掌控组织变革的实施，使其能够达到预期效果（见图9-9）。

图9-9　拆解组织变革的力场

延伸阅读：成功的汉武帝与失败的汉景帝

首先，我们来看变革的推动力。这往往是促成组织重新设计、实施改革的力量。这股力量可能来自外部对企业的需求，也可能来自领导者对组织更高的要求，比如战略目标升华、企业文化塑造、企业规模扩大、产业链调整、技术更新等。

每个组织面对的环境不一样，所处的阶段不一样，推动实施组织变革的力量也不同。例如，在信息技术快速迭代的时代，企业资源规划（Enterprise Resource Planning，ERP）的思想应运而生并传入中国，于是在各个企业中掀起了一股使用管理信息系统的热潮，大型企业纷纷上线ERP系统。特别值得注意的是，当组织战略目标提升时，其组织结构也要进行相应的变革。

此外，组织变革总是会遭遇阻力。抵制变革对人们来说是很自然的，从某种意义上来看，抵制还具有一定的积极性，在一定范围内，它激发的良性冲突会对组织变革的实施具有功能性的意义。例如，一个生产企业对生产线进行方案改革时，员工的抵制可能会引起一场关于改革利弊的激烈讨论，从而产生更为完美的方案。当然，抵制更大程度上会对变革产生负面影响，阻碍其顺利实施。

阻力可能是公开的、及时的，也可能是隐蔽的、滞后的。例如，当有人提议实施变革时，可能会遭到公开的反对，比如员工上书，甚至示威罢工；或以一种无声的方式表达抵制情绪，比如偷工减料、"病事假"增多、缺勤率上升等。各个方面的抵制虽微小但致命，也许只是小小的一个疏忽，微小的力量会像蝴蝶效应一样慢慢积蓄最后引爆，影响组织变革进程。

为了便于分析组织变革阻力的根源，研究者将阻力划分为个体和组织两个层面。

（1）来自个体的阻力。个体对于变革的抵触源于人的本性。行为研究者将人们对于变革的抵触的原因概括为以下五个方面：① 经济因素。担心个人的收入会受到影响是员工抵制变革的原因之一。当组织进行革新、引入新的薪酬机制时，员工担心他们无法按以前的标准完成新的工作量，新的薪酬机制会引起员工对经济问题的担忧。② 安全因素。组织变革会引起员工的抵制还因为变革会让人恐慌，让人缺乏安全感。无论是决定引入大批管理培训生，还是战略转型导致的整个部门裁员，都会使员工对工作产生危机感。③ 对未知的恐惧。变革往往是用未知、不确定的东西替代我们已经习以为常的东西。一些企业在启用ERP系统时，传统的文件、报表、数据都要开始在系统中操作，而一些从未接触过电脑的员工，也许就会担心自己能否学会使用新的技术，这个系统是否会给自己的工作带来很多新的挑战。因此，如果要求他们必须用系统操作代替之前的工作方式，他们就可能对这种变革产生消极的态度，甚至在行为上不予配合。④ 选择性信息加工。通过前面的学习，我们已经知道个体会通过感知建立自己的世界观。世界观一旦建立起来，就不会轻易改变。这个时候，我们会按照自己的世界观对听到的、看到的信息进行加工、理解；我们更愿意接受有利于我们的信息，而尽量忽略那些挑战我们世界观的信息。所以，在实践中，在老板或变革的实施者介绍变革、新技术或新的组织结构将会给组织带来的好处或收益时，有些员工就会充耳不闻。⑤ 习惯。如果你经常去自习，你是总会去找一个新的教室或新的地方，还是经过几次比较，选定一个相对适合自己的地方，然后每次都去这个地方呢？本质上，我们都是有惯性的。在复杂的生活中，我们每天要面对上百个选择，因而我们喜欢将问题简单化，依赖于习惯或固定的模式。但是，当变革来临，它就对我们的习惯形成了挑战。这也就成为个体抵制变革的一个原因。由于变革，我们的很多习惯可能要改变，我们不得不去到一个陌生的领域，改用新的方式、方法去协调工作、开展工作等。

（2）来自组织的阻力。本质上，组织也是保守的，它也具有抵制变革的天性。实践经验告诉我们，来自组织的阻力通常可能基于以下几个方面：① 对专业知识、权力关系和资源分配的威胁。当组织模式改变的时候，部分群体的专业知识、权利关系、资源分配会发生变化，对于组织来说，这种变化带来的威胁是形成阻力的原因之一。比如，在企业推行自治管理的过程中，常常会对基层、中层管理者的权力关系造成威胁。② 结构惯性。组织由其内部固有的机制保持稳定性。组织凭借正规化的流程挑选、培训组织成员，制定规范的制度和工作说明，强化组织成员的角色要求和技能。当组织发生变革的时候，这种结构造成的惯性将会对变革实施产生反向作用。③ 有限变革点。组织是由内部相互依赖的子系统所组成的。在变革实施的过程中，组织不可能保证在对某一个子系统实施变革时而不影响到其他的子系统。例如，如果一个组织只改进某个环节的服务流程而不改变相应的组织关系和制度，这种改进很有可能是不会被员工接受的。因此，在实施子系统的有限变革时，应当考虑到相关子系统的调整，以减小变革阻力。④ 群体惯性。即使某个个体想改变其行为，群体规范也会对其形成约束力。人们在行动过程中会不自觉地寻求群体认同。例如，尽管一个人相信组织变革会带来更大的收益，但如果看到周围的人都对变革实施抵制行为，他就可能保持沉默，成为抵制队伍中的一员，甚至怀疑自己认同变革的想法。

为了应对这一系列的变革阻力，在实践中，变革者往往会针对不同情况采用沟通、参与、提供支持、奖励认同变革的积极分子、创造学习型组织等策略方法。

9.4.2 组织变革的实施

组织变革实施的理论方法与模型有很多，这里我们介绍三种采用较多的方法，并且穿插介绍变革推动的技术。

9.4.2.1 勒温的变革模型

20 世纪 50 年代，库尔特·勒温（Kurt Lewin）提出成功的组织变革应遵循三个步骤：解冻现状、移动到新状态、冻结新状态，再进入非变革时期（见图 9-10）。

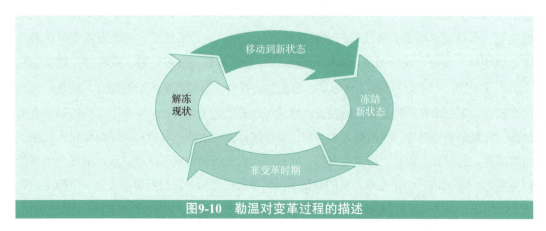

图9-10　勒温对变革过程的描述

非变革时期一般被视为一种平衡状态，因此变革首先要打破这种平衡状态，即先进行解冻现状的步骤。解冻现状的步骤通常可以通过以下三种方式中的一种来完成：① 增加动力，激发组织成员脱离现状的力量；② 减少阻力，削弱阻碍组织成员脱离现有平衡状态的力量；③ 同时增加动力和减少阻力。

解冻完成后，变革步骤就可以实施了。然而，单纯地引入变革还不够，新形成的状态需要被冻结，才能够稳定并维持下去。所以，对最后一步——"冻结新状态"给予特别的关注极为重要，否则变革很有可能夭折，而组织成员很可能回到变革之前的平衡状态。

案例

A公司的安全管理改革

A公司是一家汽车零配件制造企业，生产工艺主要有线束压接、装配、电测等，其中线束压接要用到一种小型压机。压机在使用过程中存在压手的风险，公司在设备操作界面加装了防止发生安全事故的防护罩。但是，某员工图方便，在作业时拆除了防护罩，意外启动压机，导致手指被压骨折，造成安全事故。

所以，A公司想"一步到位"，进一步改善了安全措施，增加了设备防护锁，一旦拆除防护罩，设备就无法启动。但这项安全措施实施后，生产员工一致反馈生产效率大大降低，无法完成生产任务，要求拆除设备防护锁。生产经理、安全经理和精益经理组成了一个调查小组，评估如何推进安全改革。在现场，他们发现员工为了抵制新的安全措施，故意放慢了作业速度。

为了化解员工的抵触情绪，调查小组制订了"三步走"的方案：第一步，要求员工必须使用防护罩，但生产效率指标从95%降低到90%，保证员工放慢作业速度也能完成指标。两周后，调研小组再次与员工沟通，员工使用防护罩的熟练程度提高，并且都能拿到绩效奖金，因此他们不再抱怨新的安全措施。

第二步，在新的安全措施推广两周后，生产部推出生产效率评比的活动。三台设备作为一个小组，前三名的小组会获得额外的绩效奖励。三周后，所有小组的生产效率都达到96%—99%。

第三步，调查小组向所有员工展示了评比结果，然后重新把生产效率的指标定到95%。经过以上"三步走"措施，员工们接受了新方案，不再抵制新的安全措施。

资料来源：根据浙江大学2022级MBA学生刘邦的案例陈述整理。

思考题：

① "三步走"方案如何体现在勒温的变革模型中？

② 结合组织变革力场分析，讨论推行新安全措施过程中的阻力。
③ 在"三步走"与"一步到位"的过程中，员工态度变化有哪些差异？

9.4.2.2 行动研究

行动研究的突出特点是为推行变革计划提供了科学的方法论。行动研究包括五个阶段，即诊断、分析、反馈、行动和评价。

在行动研究中，变革推动者往往是企业外部的专家、顾问。他们用科学理论武装自己，进入组织搜集变革所需的信息，他们与组织成员面谈、翻阅企业的相关历史记录、倾听相关各方的声音。他们像医生一样望闻问切，对企业的现状和变革问题做出诊断。接下来是分析和反馈阶段。依据诊断信息，变革推动者分析组织的问题所在，并征求组织成员各方面的反馈意见，让成员广泛参与进来，以完善方案，并对实施过程中的问题做出预判断。行动就是变革的实施阶段。事后的评价是指在一定时期后，以原始资料为标杆，对比、评价变革前后的组织绩效，做好总结。

▶ **概念**

> 行动研究（Action Research）：一种先系统搜集信息，然后在信息分析和反馈的基础上选定变革方案、进行变革管理的过程。

这种方法有两个好处。第一，它关注程序方法，变革的类型和内容来自管理层面对的现实问题。也许，你认为变革理应如此，但实际上，很多组织的变革来自新方法，而不是针对现实问题。比如，一些组织追随着管理界的潮流，试图实施诸如全面质量管理、建立团队工作概念的变革，依照这些方法，再在企业内部寻找需要通过变革解决的问题。第二，可以推动大量的员工参与变革过程，这会在一定程度上减少组织变革的阻力。

9.4.2.3 组织发展

组织发展的方式更多地与组织中的人和文化相关联。从实施过程上看，与行动研究的"医生—病人诊断模式"相比，组织发展更像是"过程咨询模式"。在这种模式下，咨询顾问和领导、组织成员共事，诊断组织的优势和劣势，识别问题和机会；此外，咨询顾问还会帮助组织检验和提升自身解决问题的能力，以及决策和行动的能力。

▶ **概念**

> 组织发展（Organization Development）：有计划的变革，是自上而下管理的努力，旨在提高组织运行的有效性和健康性。

（1）理想组织。首先，为了理解组织变革，有必要设想一个理想的、有效的、健康的组织原型。这一领域的研究者和实践者提出了不少看法，虽然细节阐述各有不同，但本质内容是一致的。

他们认为，一个健康、有效的组织应该是这样的：组织中的各个部门及成员会有目的、有计划地为完成组织目标而开展工作；形式服从于功能，即问题、任务、项目等因素决定人力资源的组织方式；决策是基于信息做出的；奖励制度是从生产绩效、组织成员的发展与成长、团队的未来发展这几点出发制定的；横向和纵向的沟通顺畅；所有组织成员、部门在面对冲突情境时都保持寻求解决方法的积极态度，很少出现内部损耗；组织是一个"开放的系统"，各个部分可以充分交流、相互影响；在管理战略的支持下，组织成员有共同的价值观，组织中的每一个成员、每一个部门的完整性和独立性都可以在一个相互依存的环境中得以维持；建立反馈机制，使得组织成员和群体可以从经验中学习。

（2）干预技术。有了美好的蓝图，组织使用哪些干预技术来实施这种变革呢？下面我们来看看常用的六种方式：① 敏感性训练。这是一种通过小组的相互作用来改变成员行为的方式。在训练中，成员处于一个自由开放的环境中，他们相互交往，并且在这过程中有专业的行为科学家给予引导。这种方法的目的是增强成员的倾听能力，使他们的沟通更坦率真诚。② 调研反馈。这是一种评估成员所持有的态度、识别成员间的认知差异以及消除这些差异的一种工具。③ 过程咨询。在任务导向的条件下，通常聘请外部顾问担任指导和教练的角色，与组织的管理者"共同工作"，在过程中帮助其增强组织管理能力。④ 团队建设。这是利用高度互动的群体活动增强成员之间的信任感和真诚度的方式。⑤ 群体间关系开发。这涉及组织发展的一个重要领域——调节部门间的功能失调和冲突。这个方式就是让有冲突或功能失调的部门各自列出包括对自己的认识、对其他群体的认识以及自己认为其他群体如何看待自己的内容清单，然后各个部分共享这些信息，讨论其中的分歧与一致之处，并寻找分歧产生的原因。⑥ 价值探索。摒弃解决问题的思路，取而代之的是寻找组织的独特品质和独特力量。也就是说，它关注的焦点是组织的价值，常常用于组织对新愿景的规划过程。

本章名词

组织（Organization）　　　　　　组织发展（Organization Development）

命令链（Chain of Command）　　 组织结构（Organization Structure）

组织设计（Organization Design）　分工（Differentiation）

控制跨度（Span of Control）　　　行动研究（Action Research）

本章小结

① 市场与企业都需要协调多个主体之间合作的关系和形式。交易难度低的时候，市场的协调效率更高；交易难度高的时候，企业的协调效率更高。总体上，交易难度与协调效率成反比。

② 明茨伯格的理论认为，组织有五个部分，组织结构的类型分为五种。罗宾斯认为，组织结构有工作专门化、部门化、命令链、控制跨度、集权与分权、正规化等方面特征。

③ 组织结构服务于战略，通过对工作任务进行分工和协调以提供结构支撑。外部环境、技术、规模与文化等都会对组织结构产生影响。

④ 组织变革存在推动力与阻力。克服变革的阻力是管理者推动变革时需要认真考虑的内容。

⑤ 勒温的变革模型解释了变革过程的动力变化。行动研究、组织发展都是有效进行组织变革的系统方法。

案例分析

三湾改编

1927年9月29日至10月3日，在江西省永新县三湾村，红军进行了"三湾改编"，从政治上、组织上保证了党对军队的绝对领导。起义部队到达三湾村的时候，战斗减员较大，人员不足1 000人，官多兵少，部队思想混乱，组织纪律性差。到达三湾村的晚上，毛泽东召开了前敌委员会扩大会议，决定对起义部队进行整顿和改编。

会议做出了三项重要的决定：第一，整编部队，把原来的工农革命军第一军第一师缩编为一个团，称工农革命军第一军第一师第一团。全团缩编为七个连。第一团辖第一营和第三营（缺第二营），每营编三个连，另单编特务连，也叫第四连。团直属有团部、政治部、辎重队和卫生队，取消军官队。

第二，党组织建立在连上。在部队各级都设立了党的组织，班设小组，连有支部，营、团有党委。党代表制度发端于黄埔军校。黄埔军校区别于旧军校的一个显著特点，就是设有党代表和政治部。三湾改编后，军队在连以上设立党代表，担任党组织书记，专做连以上的思想政治工作。党代表制度就使得人民军队中各层级逐步形成了双首长负责制。"党代表制度，经验证明不能废除。特别是在连一级，因党的支部建设在连上，党代表更为重要。他要督促士兵委员会进行政治训练，指导民运工作，同时要担任党的支部书记。事实证明，哪一个连的党代表较好，哪一个连就较健全，而连长在政治上却不易有这样大的作用。"

第三，军内实现民主主义。连队建立士兵委员会，实行官兵平等，经济公平，破除旧军作风，规定官长不打士兵。在军、团、营、连均设士兵委员会。全连士兵大会选举5人至7人（或9人）为连士委执委，推主席一人。以全营人数按每5人举一代表组成全营士兵委员会，推举 11 人至 13 人组织营士委执委，推举 1 人为主席。按全团人数每 10 人举代表一人组织全团代表会，推举 17 人至 19 人组织团士委执委，推举 1 人任主席。全军按 30 人至 50 人举一代表组织全军代表会，选举 19 人至 21 人（或 23 人）组织军士委执委，选一人为主席，军士委执委选 5 人至 7 人为常委。士兵委员会是士兵的群众组织，在党代表的指导下，进行宣传、组织群众的工作，领导开展文娱活动，监督部队的经济开支和伙食管理，监督军官。军官做了错事，士兵委员会可以给予批评，甚至处分。几天后，毛泽东在荆竹山雷打石上，扳着手指，向全体官兵郑重地宣布了三大纪律："行动听指挥，不拿群众一个红薯，打土豪要归公。"

三湾改编从政治上、组织上保证了党对军队的绝对领导，是建设新型人民军队最早的一次成功探索和实践。

资料来源：百度百科. 三湾改编：1927 年历史事件［EB/OL］.［2022-08-21］. https://baike.baidu.com/item/ 三湾改编 /4482317？ fr=aladdin；常棣 tandy. 揭秘秋收起义：三湾改编有多难？为何上井冈山？每一步决策都很难［EB/OL］.（2022-02-25）［2022-08-21］. https://baijiahao.baidu.com/s？ id=1725662130242177281 &wfr=spider&for=pc.

思考题：

① 查阅三湾改编相关资料，讨论改编对人民军队组织结构的调整。
② 这些组织结构的调整对于军队运营、军队战斗力会产生什么影响？
③ "党对人民军队的绝对领导"是通过哪些组织结构与运营活动体现的？

案例分析

海尔转型

2004 年，海尔营业额突破 1 000 亿元，成为中国首个千亿级规模的世界品牌，可谓气势如虹。当时人们才刚开始视频聊天，网民数量不到现在的六分之一，但海尔已感受到互联网的机遇与挑战，开始探索转型。

海尔集团董事局主席兼首席执行官张瑞敏说，企业组织架构一般是"金字塔"，用户需求层层汇报，再自上而下执行高层决策，不能及时响应市场变化。互联网时代的显著特征是用户个性化、市场碎片化，"金字塔"式的组织架构一定会被颠覆。因此，海尔决意"去"中间管理层，推倒企业与用户之间的"隔热墙"，将企业解构成扁平化结构。

过去十多年，海尔集中做了一件事：去掉 2 万名中间管理层，把过去三十多年辛辛苦苦打造的"航母"解构成一支并联"舰队"。现在海尔只有三种人：创客、创业小微的负责人（小微主）、服务于创客的平台主。在从家电制造企业向创业孵化平台转型的过程中，海尔开启了创业加速平台的探索。平台负责人孙中元介绍，这个平台下设创客学院、创客工厂、创客服务、创客金融和创客基地五个子平台，实现创新与创业、线上与线下、孵化与投资相结合，为创业小微提供低成本、便利化和全要素的开放式综合创业服务。

其中，创客学院通过创客公开课、创业训练营、创客联盟和创客模式输出等多种形式提升创客能力；创客工厂为创客提供全流程产品解决方案，包括产品设计、模具开发、3D打印、测试验证和生产组装等服务。在创客服务方面，海尔开放自身资源，提供人力、技术支持、培训、财务、商务和法律咨询、市场渠道、供应链和物流等专业服务。"创业小微可以无偿或者以很低的价格享受到海尔这种大集团所享有的各种企业服务。"孙中元说。海尔创业加速平台上的创客金融是一个管理千亿元资产的"投资+孵化"平台，投资管理一只母基金和七只子基金，基于金融工具建立了九大金融创业平台，布局智能硬件、家装、物流和医疗等领域。

反转是要彻底调整安排结构，由"正三角"先变为"倒三角"，再变为渠道型安排；反转后安排的"主角"也随之转化，不再是管理者，也不是一般意义的一线职工，而是具有经营能力、创业精神的"小微主"。连接是推倒安排边界的"墙"，内引外联，形成内外绵密的沟通与协作网络，促进价值共创，海尔成了开放的、无边界的网络安排，并有望成为一个有生机的生态系统。激活是要激起小微们的动力，增强其能力，是海尔取得成功的关键。

资料来源：秦焰艳，2019.互联网时代下市场环境对平台化组织的影响——以海尔集团为例[J].现代商贸工业，(29)：61-62；陆峰，2016.海尔平台化，如何革自己的命[J].互联网经济，(06)：46-51。

思考题：

① 查阅有关海尔转型的背景，用图来表示转型前后的组织结构差异。
② 在海尔转型的过程中，推动力和阻力各是什么？用图来表示它们的相互关系。
③ 海尔的转型可以划分为哪几个阶段？讨论每个阶段的特点。

调研与讨论

著名的管理学家明茨伯格在他的著作《卓有成效的组织》中描述了组织的五个组成部分，本章对他的观点做了简介。请观察自身所在单位（可以是企业、学校、党团、工会等组织）的运营特征，用图来表示组织实际的运营关系。比较你的图与该单位正式的组织结构图之间的差异。

文献阅读

参考文献

第 10 章 组织文化

▶▶ 学习目标

- ➢ 掌握组织文化的概念内涵
- ➢ 分析组织文化的各种表现
- ➢ 认识组织文化的形成过程
- ➢ 思考组织文化塑造的策略

▶▶ 素养目标

- ➢ 引导学生观察组织文化现象，辩证认识人与文化的相互影响
- ➢ 引导学生正确认识文化差异，增强对中国文化的理解与自信
- ➢ 鼓励学生认识文化的管理功能，积极建设组织文化各项职能
- ➢ 引导学生用发展眼光看文化建设，倡导积极健康的组织文化

组织文化是组织的灵魂，它贯穿于组织的所有活动和各个方面，潜移默化地影响组织成员的精神风貌、基本素质和行为表现，并影响着整个组织的绩效和竞争力。本章系统梳理了组织文化的概念、层次和表现形式，介绍经典组织文化理论，探讨企业核心价值观、组织文化的落地建设过程。本章在最后附有案例分析，鼓励读者结合中国历史事件、典型企业发展史，剖析中国企业的文化根基，结合中国情境批判吸收、灵活运用组织文化相关理论。

请扫描首页二维码观看本章导读视频"组织价值观的作用""组织文化的建设"。

开篇案例　阿里巴巴的"新六脉神剑"

阿里巴巴的价值观经历了"独孤九剑—六脉神剑—新六脉神剑"的演变过程。2001年，在首席运营官关明生的建议下，以马云为首的创始人团队共同提出了1.0版本的价值观——"独孤九剑"，内容为创新、激情、开放、教学相长、简易、群策能力、专注、质量、服务与尊重。这九条价值观大多产生于真实的业务场景，都是管理者对问题的梳理与提炼，价值观的标签体现出浓浓的"执行色彩"。2004年，在微软担任人力资源业务经理的邓康明加入阿里巴巴后，启动了价值观升级。邓康明专门组织了一次由两百位中层管理者参加的会议，进行两天的共创与讨论。在阿里巴巴成立5周年时，马云同时宣布将愿景升级为"成为一家持续发展102年的公司"，并提出了2.0版本的价值观——"六脉神剑"，即客户第一、团队合作、拥抱变化、诚信、激情、敬业。这一价值观一直沿用至2019年，在此期间，阿里巴巴的组织结构、业务、组织成员都发生了日新月异的变化。因此，3.0版本的价值观——"新六脉神剑"应运而生。

2019年9月10日，阿里巴巴正式公布了"新六脉神剑"，宣布全面升级使命、愿景和价值观。面向未来，阿里巴巴坚守使命——"让天下没有难做的生意"。"新六脉神剑"由六句很接地气的话组成，每一句话背后都有阿里巴巴发展历史上的小故事，表达了阿里巴巴员工的处世态度。

客户第一，员工第二，股东第三。这句话来自马云对于公司、客户、员工和股东关系的思考。2006年，马云首次公开提出这句话。阿里巴巴强调只有持续为客户创造价值，员工才能成长，股东才能获得长远利益。

因为信任，所以简单。这也是支付宝的口号。2004年，为解决淘宝上陌生的买卖双方之间的付款问题，支付宝首创"担保交易"方式，成为中国网络交易信任的起点，此后阿里巴巴一直致力于通过科技力量重构交易双方信任关系。现在这句话已成为阿里巴巴员工为人处事的原则。你复杂，世界便复杂；你简单，世界便简单。阿里巴巴员工真实，互相信任，没那么多顾忌猜疑，问题也因此变得简单，工作效率也提高了不少。

唯一不变的是变化。阿里巴巴认为，无论你变不变，世界、客户、竞争环境都会发生变化。我们要心怀敬畏和谦卑，避免"看不见、看不起、看不懂、追不上"。改变自己、创造变化、拥抱变化成为阿里巴巴员工的行动准则。

今天最好的表现是明天最低的要求。2001年，阿里巴巴入不敷出，在生死边缘，创造性地设计了金银铜牌考核制度，销售员当月的业绩决定下一个月的提成，这套制度激励了阿里巴巴员工不断追求卓越，在这个制度下被培养出来的销售团队也被誉为"中供铁军"。在阿里巴巴最困难的时候，正是这样的精神，帮助它渡过难关，活了下来。这句话意味着在身处逆境时要懂得自我激励，在身处顺境时也要敢于设定具有超越性的目标。面向未来，不进则退。阿里巴巴员工仍要敢想敢拼，自我挑战，自我超越。

此时此刻，非我莫属。这是阿里巴巴1999年在《钱江晚报》发出的第一条招聘广告。它体现了阿里巴巴员工对使命的相信和"舍我其谁"的担当。将这句话纳入"新六脉神剑"，更强调每个人在剧烈变化中的责任担当。

认真生活，快乐工作。这句话来自马云对工作与生活的思考。阿里巴巴认为，工作只是一阵子，生活才是一辈子，工作属于你，而你属于生活、属于家人；像享受生活一样快乐工作，像对待工作一样认真生活。

资料来源：新浪财经. 阿里"新六脉神剑"：价值观如何落地？［EB/OL］.（2019-10-19）［2022-09-05］. https://baijiahao.baidu.com/s？id=1647797334224012663&wfr=spider&for=pc。

思考题：

① 为什么阿里巴巴如此重视企业价值观建设？
② 企业价值观对阿里巴巴的业务发展、队伍建设有什么作用？
③ 用阿里巴巴的"土话"表述价值观、历史故事有什么好处？
④ 请查阅三次价值观迭代细节，想一想阿里巴巴为什么要升级价值观？
⑤ 阿里巴巴的价值观是如何影响员工的工作行为的？

我们可以想一想：类似"新六脉神剑"的价值观对公司发展到底起到什么样的作用？这些口号对公司员工的影响机制如何？其他类似形式的规范还会起到什么样的作用？

我们在前面章节中谈到了规范，群体规范会对群体成员的行为产生多种影响，在组织层面，这种规范也能起到同样的作用。我们知道，每一个人都具有独一无二的个性，它由一套相对持久和稳定的特质构成。我们的个性影响我们开展行动以及与人交往的方式。当我们说一个人热情、富有创新精神、轻松活泼或保守时，就是在描述他的个性。

同样，一个组织也有自己的个性和特征，"新六脉神剑"便体现了阿里巴巴鲜明的个性，它从侧面反映了阿里巴巴的主要特色。"新六脉神剑"作为所有员工的指导准则，不同程度地影响着每一个人对周围世界的看法和反应，从而使他们在处理工作问题时最终呈现出相似的判断和行动。麦肯锡前总裁就以"我们这里的做事方式"描述公司的这种规范，而《大转变：企业构建工程的七项原则》一书作者詹姆斯·迈天（James Martin）则把这种规范诠释为"一种组织内的整体交流模式"。文化的形成受制于组织所处的历史环境、资源基础、劳动组织模式等。《科学》（Science）杂志曾就劳动模式对社会文化的影响进行了探讨，认为地理因素带来的农业劳动方式差异使得中国南方与北方文化存在差异（Talhelm等，2014）。

> **案例**
>
> **小麦与水稻文化**
>
> 2014年5月,《科学》杂志发表了一篇论文,Talhelm等(2014)认为,人们的文化差异来自他们的劳动组织方式,历史上一个地区种植小麦或种植水稻会影响文化价值观念。
>
> 水稻是一种"挑剔"的农作物。稻田里需要保持有水,需要复杂的灌溉系统,每年都要修筑和疏浚。一个农民的用水会影响邻近稻田的产量,同地区、同村落的稻农需要以高度整合的方式进行合作。稻农们必须共同协作地构建生产队的灌溉系统,到了农忙季节,常常需要农民们互相帮助。这就形成了要求"协作与共同利益并存"的集体主义模式。
>
> 麦农则不必如此。小麦只需要降雨,不需要灌溉。靠雨水基本可以满足小麦生长需水量。种植和收获小麦只需要水稻一半的劳动量,所需要的协调与合作也要少很多。麦农就不需要团结起来,大家各干各的就能满足需要,这使得独立性工作模式得以形成。
>
> 受此影响,水稻种植地区的人比小麦种植地区的人考虑问题更全面,更有合作精神。在历史上,欧洲是小麦种植区,中国南方长期以来都是水稻种植区。研究者发现,即使只是长江两岸两个相邻县,只要耕种的农作物不一样,人们的思维方式就会不同。他感叹道:"我从没发现有任何理论,能解释这种相邻县人们的思维差异。"
>
> 资料来源:中国新闻网. 吃米吃面大不同:研究称种小麦区域社会更强调个性[EB/OL].(2014-12-29)[2022-08-08]. https://world.huanqiu.com/article/9CaKrnJGhns.

思考题:

① 尝试通过举例解释"一方水土养一方人"的现象。
② 思考Talhelm等(2014)中的观点能否解释这种现象。
③ 比较国家文化与组织文化的差异和联系。

10.1 组织文化

10.1.1 组织文化概述

什么是组织文化?我们认为组织个性化的特征是组织文化的表现,包括有形的实物与无形的行为互动。你会发现不同组织中的人有不同特征,不仅包括他们的衣着、言行、等级,同样包括他们所在组织的建筑、标识等。对于组织文化,一位管理者曾经这样界定:"我没有办法告诉你它是什么,但是当你看见它的时候就会明白这是文化的一个部分。"组织文化是潜在的，依附于组织的。当我们在做组织行为研究时，我们更多的是指针对某个特定企业的文化。

概念

组织文化（Organizational Culture）：某一组织在发展过程中形成的组织成员的共同价值观、行为准则及其规章制度、行为方式和物质设施的外在表现，可以表现为可见的标识，也可以表现为不可见的行为准则与假设。

相对于国家文化、民族文化、社会文化，组织文化更像是一种微观文化。社会上存在的任何一个由人组成的、具有特定目标和结构的集合体，都有自己的组织文化。政府有机关文化，学校有校园文化，企业则有企业文化。在管理学中，企业文化是组织文化的一个主要表现领域，也是人们普遍关注和广泛研究的一个课题。

还有一种广义的说法，认为组织文化是指组织在建设和发展中形成的物质文明和精神文明的总和，包括组织管理中的硬件和软件（也可以说外显文化和隐性文化，或表层文化和深层文化）两部分。这种看法的依据是相当一部分组织文化是与物质生产过程和物质成果联系在一起的，即组织文化不仅包括非物质文化，还包括物质文化。

组织文化是指组织在长期的生存和发展中形成的，为本组织所特有的，组织多数成员共同遵循的最高目标、价值标准、基本信念和行为规范等的总和及其在组织活动中的反映。组织文化以观念的形态，从非计划、非理性的因素出发调控组织成员的行为，补充和强化组织管理过程，维系组织内部人与人之间的关系，团结组织成员为实现组织目标而努力工作。

通常来说，一个组织的文化是由成千上万的具体细节组成的行为系统。在企业中，员工们相信自己在企业里的生存是建立在"了解公司拥护什么"或"按正确的方式做事"等类似的行为规则上的。这些行为规则中的大部分没有人记下，并且很多时候它们是隐性的；而只有被打破时，我们才知道它们的存在。

10.1.2 组织文化的层次

美国麻省理工学院管理学教授埃德加·H.沙因（Edgar H. Schein）对组织文化进行了深入研究。Schein（1992）认为组织文化是特定的组织在处理外部环境适应、内部成员认同整合过程中，发展出来的一套基本价值假设规范。这些规范由于运行效果良好，并受到组织成员认可，用于教育组织新成员正确认识、思考和处理相关问题。

这些规范绝大多数是不可见的，沙因提出，组织文化其实就像一座冰山，组织的外来者只能看见冰山露出水面的一小部分，而冰山以下的绝大部分是没有人能够完全知晓的。只有当你碰到水下冰山的一角时，你才知道这部分文化特征的存在。露出水面的是文化中表层的一部分，而深层的内容是不能够被观察到的。组织文化的冰山模型（Iceberg Model）形象地描述了组织文化的三个层次，如图10-1所示。

图10-1　组织文化的冰山模型

（1）显性特征（Artifacts），指那些能够看得见、听得见、摸得着的文化象征和产品，包括建筑结构、实物布局、办公环境、着装、标语、故事、礼仪、惯例等。如同冰山的一角，显性特征是最可见、最易接近的文化层次。但如果不是这种组织文化中的一员，就很难理解它们深层次的内涵。

（2）信仰价值（Espoused Values），指企业的发展战略、目标和经营哲学。这些价值理念会反映在企业使命、宗旨、愿景的描述中，是组织内部共享的价值追求，也是组织文化的重要组成部分。但企业所宣称的价值观和实际践行的价值观之间可能存在差异。

（3）基本假设（Basic Assumptions），指人们头脑中潜意识的假设、信念和规范等。基本假设是最深层、最基本的文化层次，也是组织文化的精髓。由于基本假设看不见、摸不着，并且具有无意识性，组织成员可能很难意识或观察到它们的存在，并且不愿意也很难去改变它们。基本假设涉及人们对于组织与自然的关系、事实与真理的本质、人性本质、人类活动本质、人类关系的本质等方面的认知。这些假设会从根本上潜移默化地影响组织成员的行为，指导成员如何观察和思考事物。

组织文化的三个层次从上往下，越来越内隐，也越来越难以观察和识别。这三个层次相互关联，需要进行系统化的匹配与协调。基本假设作为最深层的文化逻辑，决定了显性特征的文化表现以及信仰价值的形成和塑造；而显性特征、信仰价值的变化也可能在一定程度上动摇基本假设的根基，从而引起组织文化变革。

> **案例**

浙江泰隆商业银行：文化是最"廉价"的风控

浙江泰隆商业银行（以下简称"泰隆银行"）是一家专注小微、践行普惠、服务"草根业务"的小银行。从泰隆银行的经验看，对于小微贷款，70%—80%的风险是道德风险和操作风险。要做好小微金融，队伍和文化建设尤为重要。"金融看上去很复杂，其实很朴素，最终是回归人性的。做金融是这样，打造企业文化也是这样"，董事长王钧说："我们从'人性'入手，通过企业文化建设，营造主人翁意识，打造创业型企业。泰隆积极倡导职工持股，每一位员工都有机会成为'股东'，共享企业发展红利。"

泰隆银行党委获评全国先进基层党组织，党建是泰隆银行文化核心组成部分。在泰隆银行，党建与经营融为一体，已经形成了"三融三创"做法、"党建+金融"工作模式，并不断丰富完善，做到"党建强、发展强"，党建引领打造严爱一体的"家文化"。

一方面，泰隆银行高度重视行风行纪建设，制定"泰隆人公约""双十禁令""三九条例"等内部行为规范，作为泰隆人的"三大纪律、八项注意"，特别是把廉洁自律作为"底线、红线、高压线"，要求严格做到不拿客户"一针一线"。常态化开展"三誉三感"专题教育，通过身边的案例教育身边的人，强化员工信誉感、名誉感、荣誉感、认同感、责任感、使命感。打造"三个自己"，要求员工将泰隆银行当作自己的家，将泰隆银行的钱当作自己的钱，将泰隆银行的平台当作自己的事业，真正"内化于心、外化于行"。

另一方面，泰隆银行实施"子女上班、父母领薪"的"亲情A+B"制度：工作满一年的员工，每月个人和单位分别出100元、200元，给员工父母发300元"亲情工资"；工作满三年的员工，每月个人和单位分别出200元、300元，给员工父母发500元"亲情工资"。此外，泰隆银行自创立开始，就非常重视员工食堂、集体宿舍建设，在一个新城市开设分行，就会尽一切可能建设员工食堂，保障员工的饮食供应。创业初期，尽管不宽裕，泰隆银行也安排了集体宿舍。本着让员工健康成长的初心，王钧亲自去员工集体宿舍查房，要求晚上十点准时熄灯就寝。

泰隆银行不仅给予员工家一般的关怀，还为员工提供了广阔的职业舞台。银行不断优化和完善人才建设和发展体系，打造了"管理序列""专业序列"双通道，为员工提供合适的职业路径，让员工发挥个人潜力与专长。泰隆银行坚持90%以上的人才自主培养，2010年，银行整合全行培训资源，成立了泰隆培训学校，用内部选拔的讲师、自主研发的教材、针对性强的教法，通过讲案例、讲故事、讲原理，培养了一支"文化认同、技能过关、专业胜任"的小微专业队伍。新员工入职时,泰隆培训学校会为他们提供为期两个月的入职培训。到岗实践后,实行传统的传帮带"师徒制",进行一对一的指导帮扶。

资料来源:王钧,2019.专注小微 践行普惠——泰隆银行小微金融服务的探索与实践[J].中国银行业,68(8):50-52+6;本刊编辑部,2017.要有服务小微的情怀——专访浙江泰隆商业银行董事长王钧[J].中国银行业,45(9):75-77。

思考题:
① 从"有形的规范"和"无形的规范"两个方面谈谈泰隆银行的风险控制。
② 企业文化对于银行放贷风险防控的影响表现在哪些方面?
③ 董事长王钧在企业文化建设中起到什么作用?
④ 泰隆培训学校在企业文化建设中起到什么作用?

10.1.3 组织文化的表现形式

组织文化需要借助一定的形式来表现,需要人们基于可观察的物象来推断,需要通过一定的表现形态以及渠道与途径传递给员工和外界,以利于解释、识别和学习。组织文化主要有故事、仪式、物质象征、语言表述四种表现形式。

10.1.3.1 故事

故事是指在组织内曾经发生的、体现组织价值观、反映组织情境、经过演化和加工而流传下来的叙述性事件。这些故事有的是加入一些虚构细节的传奇故事,有的则是有事实根据、经过艺术加工的历史事件。故事的内容大多与组织创建者从乞丐到富翁的发迹史、组织制度形成、员工赏罚、裁员或员工重新安置、过往错误反省以及组织应急事件等有关。故事借古喻今,使公司价值观保持长久活力,为全体员工提供一种共享的理念,还可以为组织政策提供具体的解释。

> **案例**
>
> **任正非的小故事**
>
> 2016年4月,任正非独自在上海虹桥机场排队等出租车的照片在网络上广为流传。照片中,这位72岁的华为创始人一手拖着行李箱,一手打着电话,站在等出租车的队伍里。据了解,任正非没有专车,到各地都不让接送。他认为,华为的资源是为客户服务的,不是为他一个人服务的。2012年,任正非也被拍到深夜赶飞机,在机场独自拖着行李箱乘坐摆渡车。据说,当时任正非坚持与同事共同乘坐机场摆渡车而放弃安排好的小巴车。

任正非到现在还没有专门的司机和专车，他说，我要有专车司机，董事长就得有；董事长有，这帮公司高层管理人员就得有；高层管理人员有，那些大大小小的官也就不平衡了，华为就变成车队了。在华为，任正非没有专车，也没有专门的司机，其他高层管理人员也一样。

资料来源：任正非被"偷拍"，两张照片让人心疼又敬佩［EB/OL］.（2022-02-22）［2022-09-05］. https://www.163.com/dy/article/H0QULC5905444NG2.html。

思考题：
① 任正非的这个小故事为什么会流传至今？
② 这个故事传递了哪些价值观念和精神？
③ 领导者在企业文化发展中发挥着什么样的作用？

10.1.3.2 仪式

仪式是组织中日常的一系列文化活动的总称。这些文化活动体现了组织对员工的期望和要求，它们以生动的形式向员工灌输组织的价值观。仪式实际上是培养人们一定价值观念与行为方式的手段和载体，它使本来抽象的价值观念变成具体的、有形的东西，成为组织文化不可缺少的一部分。它能够促进员工向新的社会角色转化，使员工产生更强的社会认同感，有助于改善组织绩效，使员工之间产生共同的纽带和良好的情感，增强员工对组织的认同感。可以说，没有仪式，就没有组织文化。仪式的形式多种多样，包括各种表彰和奖励活动，也包括各种聚会和娱乐活动，还包括升旗和背诵誓词等。

视频讲解：许三多的入连仪式

> **案例**
>
> **开元旅业集团的技术比武**
>
> 2022 年 7 月，开元旅业集团技术比武在杭州开元名都大酒店举办。本次技术比武由开元旅业集团工会协办，二十多家酒店，近 200 位参赛选手齐聚一堂，共同奉献了一场酒店业的盛会。本次的技术比武以"初心如一·匠心筑梦"为主题，包含宴会筵席设计（冷菜、中式热菜、中式点心、西式甜品）、中餐宴会摆台、客房中式铺床、酒店专业知识竞赛等多个比赛项目，每一位选手都全力以赴，以求夺冠。技术比武结束后，还举行了盛大的表彰会。在鼓舞人心的音乐声中，集团领导为优胜者颁奖。
>
> 开元旅业集团技术比武是员工职业技术比赛的年度文化盛事，可以追溯到 1988 年萧山宾馆的厨艺比拼。多年来，随着开元旅业集团业务版图的快速扩张，一代又一代开元酒店人参与其中，活动影响力逐年提升，吸引了诸多同行借鉴学习。开元旅业集团董事长兼总裁陈

灿荣表示，三十多年来，许多优秀的管理人员从技术比武这个舞台中走出来，为开元旅业集团在理念树立、人才输送和品牌建立等方面做出了强有力的贡献。技术比武能够给员工带来工作提升、交流沟通、职业发展、激情乐趣、组织承诺、自我实现、物质利益7个方面的价值。从技术比武中获得的组织价值感知会对员工的满意度和参与意向产生显著正向影响。

注：相关视频可在视频号"开元1988"中观看。

资料来源：搜狐.2022开元旅业集团技术比武菜品欣赏［EB/OL］.（2022-07-18）［2022-09-05］.https://www.sohu.com/a/568883279_121124454。

思考题：

① 技术比武反映了开元旅业集团怎样的企业文化？
② 技术比武的仪式会对员工产生什么样的影响？
③ 讨论如何塑造你所在组织的群体仪式。

10.1.3.3 物质象征

物质象征是组织文化的物质形态和外在表现，也称有形信条。这些物质象征包括公司的外观（如公司的名称、象征物、内外空间设计、装修色调等）、劳动环境（如音乐、员工休息室、餐厅、教室、图书室、娱乐室等），还包括给高层管理人员提供的办公室环境、生活津贴，以及为员工提供的工作制服、通勤福利等。

案例

顺丰为什么愿意花1亿元为员工定制耐克工作服？

2018年，顺丰被曝出"奢侈"到为员工定制耐克工作服，引起了不小的关注度。这款顺丰工作服，是耐克的SHIELD系列，含有不少"黑科技"。工作服两肩都有反光贴条，以提高员工送货的安全性；还具备为恶劣天气打造的防风、防泼水、透气以及轻量化等系列功能。这款工作服的售价也不便宜，在耐克官网要卖2099元。

仅仅是华东部分地区，顺丰对耐克工作服的采购金额就超过了1亿元人民币。这款工作服一发下来，就在顺丰内部引发了轰动，被员工称为"黑色闪电战衣"。

为何要更换工作服呢？据了解，顺丰速运总裁王卫对之前的员工工服一直不是很满意，因为透气性不足，各方面都会有点影响，也不美观，会使客户感觉比较"邋遢"。

资料来源：文有为读管理.为什么顺丰宁愿花1亿，为员工定制"耐克工作服"？背后都是格局［EB/OL］.（2021-02-27）［2022-08-08］.https://baijiahao.baidu.com/s？id=1692815058295453328&wfr=spider&for=pc。

思考题：

① 请描述顺丰员工在你心目中的形象。这款工作服在不在你的描述中？
② 为什么顺丰要投资1亿元为员工定制"耐克工作服"？
③ "耐克工作服"传达出了顺丰怎样的企业文化？

10.1.3.4 语言表述

语言表述指在组织中特有的、常用的，体现组织行业特点、工作性质和专业方向的专用术语。例如，公司的惯用语、口号、隐喻或其他形式的语言，这些语言表述能够识别和解释组织文化，是组织文化的重要组成部分。组织成员学会这种语言表述，有利于他们理解和接受组织文化。

案例

对人的称呼

我入职的第一家企业是中美合资企业，同事们与美国人说话就直呼其名。不过，与中国人说话就必须称呼经理。这种转换挺有意思，大家笑笑就过去了。第二家企业，方正数码，是惠普和方正的合资企业。同事们对来自惠普的领导也是直呼其名，而受到校园文化影响，对于来自方正的领导，需要称呼他们为老师……后来，我到了台资企业，很明显地感受到，工程师的级别、领导的级别、主管的级别、总经理的级别、公司总部的级别有很强的分界线，相互之间的职级感很强。比如，在我们工厂，这边派去的工程师，工人可能会叫他"长官"……台资企业里面，职级的感觉特别强……这可能是一种文化吧！

资料来源：张志学，张建君，2010. 中国企业的多元解读［M］. 北京：北京大学出版社。

思考题：

① 概括这种"称呼差异"，用理论概念解释这个现象。
② 如何用称呼来改变组织文化？

10.2 组织文化的理论

10.2.1 麦肯锡7S模型

20世纪80年代，托马斯·J. 彼得斯（Thomas J. Peters）和小罗伯特·H. 沃特曼（Robert H. Waterman）两位麦肯锡公司的咨询顾问，访谈了美国多家行业领头公司后，写了《追求卓越》(*In Search of Excellence*)一书,总结了组织七要素(简称"麦肯锡 7S 模型"),概括组织文化特征,如图 10-2 所示。

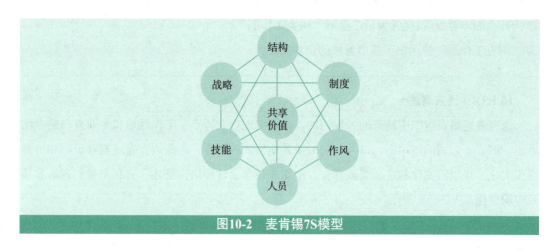

图10-2　麦肯锡7S模型

麦肯锡 7S 模型指出组织文化会深刻地渗入组织的方方面面,包括战略(Strategy)、结构(Structure)、制度(Systems)、作风(Style)、人员(Staff)、技能(Skills)六个方面,而企业文化的精髓——共享价值(Shared Values)是影响企业发展的核心。

(1)战略。指企业根据外部经营环境及内部资源情况,为求得企业生存和长期稳定发展,对企业发展目标、达到目标的途径和手段的总体计划,也是企业存在价值和业务的核心体现。战略指明了企业的发展方向,对企业的资源配置、业务模式、行业目标等做出界定,是共享价值的具体业务计划的体现。

(2)结构。指组织的构建方式、权责分配、人员配备的体系。组织结构是企业的组织意义和组织机制赖以生存的基础,是企业组织的构成形式,即企业的目标、人员、职位、相互关系、信息等组织要素的有效排列组合方式。将企业的目标任务分解到职位,再把职位分配到部门,由众多的部门组成垂直的权力系统和水平的分工协作系统即为组织结构。

(3)制度。指组织内部运转的流程、活动体系。企业的发展和战略实施需要完善的制度作为保证。实际上,各项制度又是企业的共享价值和战略思想的具体体现。在战略实施过程中,应制定与战略思想一致的制度体系,要防止制度与战略的不配套、不协调甚至背离。

(4)作风。指组织领导者在组织活动中表现出来的行为、风格、互动方式等。优秀企业都呈现出宽严并济的管理风格,一方面允许生产部门和产品开发部门极端自主,另一方面又"固执"地推行传统的核心价值观(Core Value)。这种管理风格是公司核心价值观念的体现,支撑其在公司管理活动中得到实施。

(5)人员。指组织内部的人员配备。战略实施的成败取决于有无适合的人员去实施。组织人力支持是战略实施的关键。企业在做好组织设计的同时,应注意配备符合战略思想需要的员工队伍,将他们培训好,给他们分配适当的工作,并加强宣传教育,使企业各层次人员都树立并形成与企业战略相适应的思想观念和工作作风。

（6）技能。指员工拥有的专长与能力。在执行公司战略时，要求员工掌握一定的技能，这有赖于严格、系统的培训。这些技能是提供相应产品服务、顾客支持的基础。

（7）共享价值。指引导企业员工共同前进的方向，以及制约和引导员工行为的准则。共享价值是对企业战略与核心价值的理解，战略是企业发展的指导思想，只有企业所有员工都领会了这种思想并以其指导实际行动，战略才能得到成功的实施。企业成员共同的价值观念具有导向、约束、凝聚、激励及辐射作用，可以激发全体员工的热情，统一企业成员的意志，使其齐心协力地为实现企业的战略目标而努力。

延伸阅读：双童吸管的制造文化

这七个要素是相互联结、相互影响的，共享价值是组织文化要素的核心，能够将其他要素黏合在一起。企业要充分重视共享价值的沟通落地，注重领导层和执行层的思想沟通，使领导层制定的战略能够顺利且迅速地付诸实施。

10.2.2 奎因的竞争价值模型

Quinn 和 Spreitzer（1991）提出的竞争价值模型（Competing Values Framework，CVF）是目前应用较为广泛的企业文化分类模型。该模型按照内部导向/外部导向和灵活自由/稳定控制两个维度，将组织文化划分成四种类型：村落（Clan）文化、剧组（Adhocracy）文化、层级（Hierarchy）文化和市场（Market）文化（如图10-3 所示）。

延伸阅读：组织文化评估量表

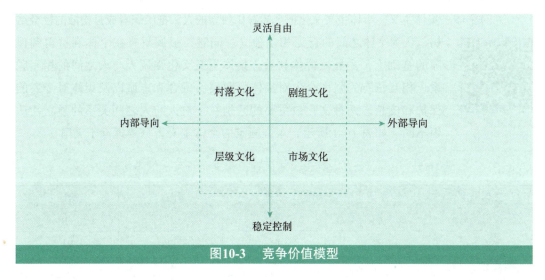

图10-3　竞争价值模型

（1）层级文化。这类文化强调组织通过遵守规则和按程序做事来实现内部的控制、协调和标准化，核心价值观包括安全、秩序和准则。企业领导在组织中发挥着协调、控制的作用，强调企业的顺畅运转。人们更关注企业的稳定，不确定性规避程度较高，倾向于按照企业的规章制度和规范行事。

（2）市场文化。这类文化强调企业的运作方式和市场一致，关注外部环境的变化，核心价值观包括生产率、竞争力、绩效和目标实现。在这种文化下，人们对外部环境充满警惕，认为市场环境竞争激烈，企业要想在市场中立足，必须要强化自己的竞争优势。市场文化的企业具有明确的发展目标和方向，倾向于采用主动进攻的战略。

（3）村落文化。这类文化强调组织内部和谐共处的氛围，讲究士气、参与和个性自由，核心价值观包括归属感、团结和信任。在这类文化中，企业就像一个村落或家族，企业领导被看作是村长甚至族长，大家具有共同的目标和价值观。企业存在的目的在于为员工提供良好的工作氛围，采取各种措施激励员工，支持员工参与管理决策。

（4）剧组文化。这类文化一般存在于软件开发、咨询、影视等行业中。这类文化强调灵活应对外部环境，核心价值观包括创新、发展和适应外部环境。在这种文化中，组织的领袖被看作是革新者和冒险家，组织期望成为产品和服务的先行者，创造和获得更多创意性产品。

10.2.3 霍夫斯泰德的跨文化理论

跨文化理论是组织文化研究的重要组成部分，源于对跨国企业的组织文化研究。霍夫斯泰德的理论模型是经典的跨文化理论之一。20世纪70年代，Hofstede等（2010）对40多个国家和地区的11.6万名IBM员工进行了文化价值观调查，发现员工的价值观差异体现在4个方面：个体—集体主义（Individualism-Collectivism）、权力距离（Power Distance）、不确定性规避（Uncertainty Avoidance）、阳刚—阴柔气质（Masculinity-Femininity）。后期他又补充了长期—短期导向（Long-term Short-term Orientation）维度。

延伸阅读：个体—集体主义

（1）个体—集体主义。个体主义文化把个体看作独立的人，把组织看成是松散的社会结构，认为个体之间的行为相互独立。同时，强调只有在个体利益得到保障的基础上，才能谈群体利益。集体主义文化强调人与人之间的相互联系、相互依存。强调个人对集体的归属、融合和忠诚以及集体对个人的保护和支持。两种文化最主要的区别在于对人与人之间关系的独立性认识不同。如表10-1所示，东方国家的个体主义得分要远低于美国。

表10-1 中国、日本、印度、美国在五个文化维度上的量化分数

文化维度	中国	日本	印度	美国
权力距离	63	54	77	40
个体主义	21	46	48	91
不确定性规避	49	92	40	46
阳刚气质	51	95	56	62
长期导向	118	80	61	29

资料来源：[荷兰]吉尔特·霍夫斯泰德，[荷兰]格特·扬·霍夫斯泰德，2010. 文化与组织：心理软件的力量[M]. 李原，孙健敏，译. 北京：中国人民大学出版社.

（2）权力距离。指人们对组织中权力分配不平等的接受程度。高权力距离意味着人们对权力分配不平等的容忍度更高，雇员对上级领导表现出很高的尊崇度，社会层级分明。高权力距离在组织结构上表现为企业等级划分清晰，指挥链关系明确。低权力距离则表明组织成员之间的地位相对平等，有相对宽松的等级制度、扁平化的组织结构。东方国家的权力距离要高于美国，如表 10-1 所示。

（3）不确定性规避。指人们容忍不明确或对不确定情况感到危机感的程度。高不确定性规避文化中的人们面对不确定性和模糊性更加焦虑，不敢冒险，希望通过法律法规、规则和控制等方法降低不确定性。低不确定性规避文化中的人们更容易接受不确定性和模糊性，能够包容不同的意见，更少制定规则，敢于冒险，愿意接受变革与创新。在这个维度的得分上，东方国家普遍高于美国。

（4）阳刚—阴柔气质。阳刚气质是指人们强调自信、权力、控制、竞争，重视物质财富、地位和成就，又称"男子气"；阴柔气质指的是人们重视人际关系、关心他人利益和注重生活质量，也译成"女子气"。从表 10-1 可以看出，日本人的阳刚气质得分最高。

（5）长期—短期导向。指人们对长期利益和短期利益权衡的价值观。长期导向文化中的人们总是为未来考虑，有长远打算，崇尚节俭、持久和勤奋，热衷储蓄，做任何事情都留有余地；短期导向文化中的人们更看重当下，注重眼前的利益。从表 10-1 可以看出，中国和日本的长期导向要远高于美国。孔子在《论语·子路》中曾说："无欲速，无见小利。欲速则不达，见小利则大事不成"，就体现了以长期导向为指导，强调不要急功近利，要放长线、钓大鱼。中国人在处理事务和与人交往中，总是习惯把各种可能的情况都考虑到，为自己留后路，不把话说死，注重维持长期的关系，为今后发展奠定基础。

霍夫斯泰德的跨文化理论受到了广泛关注，但需要注意到这个理论是归纳描述性的，没有给出因果性的机制解释。社会变革和经济全球化使得各个国家和地区的文化价值观都产生了变化，霍夫斯泰德理论中描述的文化分数会随着时代变迁而变化。

10.3 企业核心价值观建设

10.3.1 核心价值观

麦肯锡 7S 模型强调共享价值是组织文化要素的核心，能够将其他文化要素黏合在一起。共享价值观念也代表了隐藏在水面以下的价值观念。这些隐性的价值因素正是组织文化的核心内容，是一家企业对于其活动及有关事物的评价与看法，是企业在追求成功经营过程中所推崇的基本信念和奉行的行为准则，显示在水面以上的故事、礼仪，以及组织的战略、制度、作风等都是共享价值观念的外在表现。现有的多数文献将这种共享价值观称为企业的核心价值观。

企业价值观以潜意识的形式渗透到企业管理的各个领域、生产经营活动的全过程。无论是企业发展战略的制定，还是对企业各部门、各项工作的协调，都是以企业价值观为驱动力的。适合该企业的正确价值观一旦确立，并成为全体成员的共识，就会具有长期的稳定性，甚至会成为几代人共同遵从和奉行的信念，成为企业持久的精神支柱、生存与发展的精神指南。

10.3.2 核心价值观与组织实践的一致性

企业的核心价值观应该是确确实实地被员工和管理人员认同的，而不仅仅是一句简单的宣传口号。研究表明，"言行一致"或者口号与实际管理现象的一致，是保证企业核心价值观能够切实有效地有助于提升企业效率的前提。

企业需要做文化落地的工作，把企业的核心价值观融入企业的管理和员工的实际行为中。一些企业把过多的精力放在美化企业的外在形象上，把企业文化建设当作"形象工程""公关工作"，出现"说一套、做一套"的现象。现实中，一些企业往往把过多的注意力放在形式上，如试图用职工联欢、企业刊物等形式建立企业文化。企业文化与日常实际管理工作互不支持，甚至互相矛盾，形成管理与文化"两张皮"的现象。

长期看来，企业文化与管理的"两张皮"不但不能提高企业形象，反而在大众面前把企业管理层塑造成不可信的形象。企业文化是核心价值观在管理现实中的体现，并不是写在纸面上的口号，任何实际行为的表现都会让员工形成对行为规范的认识。文字、宣传口号无法约束员工的实际认识，就像我们在前面章节中所探讨的，"指令性规范"与"描述性规范"相矛盾的时候，对人们的实际行为选择影响更大的是"描述性规范"。也就是员工会效仿周围人的做法，而不是像规范中描述的那么做。当员工意识到管理层"言行不一致"时，企业绩效也会受到严重的负面影响。

> **案例**
>
> 阿里巴巴的"六脉神剑"考核
>
> "六脉神剑"曾是阿里巴巴价值观的正式表述，包括客户第一、团队合作、拥抱变化、诚信、激情、敬业。在日常工作中，员工的每一个行为都要符合"六脉神剑"所表述的基本价值观。在对员工的考核中，"六脉神剑"会被细化到具体行为：在员工自评和主管复评环节，员工和主管应当以具体的事例为基础，描述在过去的一个考核周期内该员工做了哪些事情来体现每一项价值观。在考核结束后，部门领导会找员工进行面对面的绩效谈话，明确员工需要努力的方向。

在阿里巴巴，文化价值观的考核与业务绩效的考核并行，二者同等重要。最终，每个员工的绩效考核结果由"业务绩效＋价值观"两部分组成。每个员工的业务绩效得分为 3—5 分，每 0.25 分为一档。价值观分为 A、B、C 三个等级，A 等级为"能够在价值观方面起到标杆作用"，B 为"基本符合公司价值观要求"，C 为"合格但需改进"。"业务绩效＋价值观"的考核结果会影响员工的薪酬调整、奖金发放、期权激励、晋升、转岗等。例如，对于有转岗意愿的员工，其绩效结果必须达到"3.5+B"及以上，如果业务绩效达到 3.5 分但价值观是 C 等级，也不能进行转岗。又如，"3.5+A"和"3.5+B"在薪酬调整方面的待遇也是有差异的。对于价值观等级为 C 的员工，上级主管会判断他在价值观方面有所存在的问题，并给出改进意见。如果主管认为员工在价值观方面已经触及公司底线，无法达到 C 等级的要求，那么即使他的业务绩效很优秀，也一样会被辞退。

资料来源：根据严进与曾雪怡同学的访谈资料整理。

思考题：

① 阿里巴巴的核心价值观是什么？
② 阿里巴巴通过绩效考核落实价值观会对哪些方面起到推动作用？
③ 观察企业价值观与现实行为相矛盾的现象，思考哪个会主导员工行为。

10.3.3 强文化

强文化（Strong Culture）指组织的核心价值观念很鲜明，受到组织成员强烈的认同，表现在可见的显性特征中，可以让组织内部、外部的人都看到的文化风格。

不同企业的文化强度是不一样的，很多知名企业有自身的典型工作风格，比如前文提到的华为、阿里巴巴、泰隆银行等，都有典型的强文化，每一个在组织内部、外部的人都会体验到很明显的文化特色。但是并不是每一个企业都有这样的文化特点，我们可以看到很多组建不久的中小企业，以及大量传统行业的企业，其工作风格并不突出，也容易受到组织管理层的调整而发生变化。这些特点不鲜明的组织文化，我们称之为弱文化（Weak Culture）。

延伸阅读：员工信任，价值几何？

任何一个组织，由于业务性质、工作规范和工作过程的影响，都会形成一种自身独有的组织文化，每个员工对组织内的工作模式、做事规则都会有自己的认识。人们在工作的过程中已经习惯这些规则，只有当这些规则被打破或发生变化的时候，人们才会真切地感受其存在。

一家具有强文化的企业，其企业文化是不容易发生改变的，在管理者希望进行变革时，如果新的文化元素与原有的文化存在不一致、发生冲突，这种"强文化"可能会成为阻碍新规范形成的因素。相比之下，在一个没有显著文化特色的组织中推行变革，受到的阻碍可能要小得多。

案例

华为的奋斗者协议

2010年8月下旬，一份邮件进入华为部分中高层干部的邮箱，"公司倡导以奋斗者为本的文化，为使每位员工都有机会申请成为奋斗者，请您与部门员工沟通奋斗者申请的背景与意义，以及具体申请方式。在他们自愿的情况下，可填写奋斗者申请，并提交反馈。"

在华为的部分员工看来，这封邮件所述的"自愿"，并没有想象中的那样简单，"我一个IT部朋友已经签了，我们研发部还没动"，华为国内研发部李大巍看着同事们签字时，心怀忐忑。李大巍向《瞭望东方周刊》透露，领导口头传述，无论签字与否都平等对待，只是后期分红、配股会倾向于奋斗者。

奋斗者协议的核心内容是："自愿放弃带薪年休假，自愿进行非指令性加班，自愿放弃产假（陪产假）和婚假，以此保证自身成绩考核达标和获得相关分红、配股的要求。"一般公司的员工别说签不签字的问题了，公司本身就不敢出台这样的协议。但是华为这个协议一出，大家就一窝蜂冲上去签字了。公司规定，14级以上的员工才有资格签署，每个想签奋斗者协议的员工要手写一份申请书，字迹要工整。

也有员工担心，签署"奋斗者协议"之后，员工待遇不会有大的改观；如果不签，就会被当成吃大锅饭的人，待遇下降。大多数员工交了申请书，仍忐忑不安，生怕被公司拒绝，不能成为"奋斗者"。有人还时不时地跑到人力资源部偷偷打听："公司批了吗？我现在是奋斗者了吗？"也有反例，华为西南公司的大部分员工都签署协议以后，黄莺仍然没有签署协议，并在自己的头像上加上了"我不是奋斗者"的图标。

同时，法律界和人力资源圈子爆炸了，认为这是变相触犯《中华人民共和国劳动法》。甚至有某位法律界的知名人士专程从北京飞往深圳，在公司大门口前摆摊，声明可以为员工免费维权。可是一连几周过去了，没有一个员工找他维权。

资料来源：百度百科. 奋斗者协议［EB/OL］.［2023-02-12］. https://baike.baidu.com/item/奋斗者协议/1144245？fr=aladdin；小路也遥遥."我的南非"之二：别拦我，让我签奋斗者协议［EB/OL］.（2017-09-25）［2023-02-12］. http://www.sohu.com/a/194310645_738318.

思考题:

① 如果你在华为,会不会感受到来自签协议的压力?
② 有没有企业没有明显的行为规范?请举例说明。
③ 描述强文化企业的典型特点。
④ 为什么没有员工让律师免费维权?

10.3.4 组织氛围

组织氛围是组织文化与精神的实际表现形式,它直接影响着组织内部成员的行为,规定着组织内部成员的行为方向,是组织内聚力的主要影响因素。形成组织氛围的维度很多,主要有组织内部成员的士气、组织对成员的激励方法、文化背景、领导风格、信息沟通方式等。

▶ 概念

> 组织氛围(Organizational Climate):由组织内部成员的各种心理感受和对组织环境的认知情绪的交互影响而形成的一种心理氛围,是部门中实际行为规范的体现。

目前有关组织氛围的研究,大多局限于组织成员对组织环境共享知觉的测量上,组织文化则把视角向内延伸到知觉之下的共享价值、信念系统、意义等深层心理因素;同时,组织文化的假设把组织视为一个开放系统,将视角从组织内部延伸到组织外部环境,不仅限于讨论组织内部现象。一个组织的氛围如何,既可以通过衡量组织内部成员的士气和态度而得出,也可以通过衡量组织内部的凝聚力而得出(见表10-2)。

表10-2 组织文化和组织氛围的区别与联系

类别	本质	对象	描述
组织文化	共同价值观	企业组织、公司行为、宏观政策、组织结构、正式途径	企业中的多数成员共同拥有的、能塑造企业行为方式的目标和关键点,即使企业成员变动也会长期存在
组织氛围	群体表现出的实际行为规范	部门群体、个人行为、具体行为、言行表现、交往处事	群体成员将行为规范传授给新群体成员,同时群体实行强制措施,从而形成共同的普遍行为模式

和谐的组织氛围是保证组织目标顺利实现的心理环境基础。不和谐的组织氛围会导致组织内部发生冲突,影响领导行为的有效性。建立良好和谐的组织氛围的关键在于塑造共同的价值观,培育适应时代精神的组织文化,强化行之有效的各种规范与准则,使全体组织成员对组织目标形成共识与高度认同。组织氛围是现代管理的软要素,它对组织发展及内部成员的影响是潜移默化的。通过建立和谐健康的组织氛围来规范组织内部成员的行为是企业的追求。

延伸阅读:海底捞的组织氛围

案例

阿里巴巴的组织氛围

2018年9月,我们来到了位于杭州市滨江区的阿里巴巴企业园区参观,并和一些员工进行了交流。走进办公区,我们看到的是互联网企业典型的开放式办公区域,在办公区四五位员工坐在一起,办公桌中间仅用很低的挡板隔开。在我们参观的时候,在工位上的员工并不多,员工们时不时来回走动,交流频繁,节奏很快。相比于员工工位,会议室显得更加热闹。有的会议室里大家围坐在一起激烈地讨论,而有的会议室里大家只是坐在一起各自忙碌,偶尔有人提出一个想法或问题后,其他人便开始畅所欲言,表达自己的观点。

我们能够时不时地听到员工之间的有趣称呼,这就是阿里巴巴著名的"花名"。不只是普通员工之间会相互称花名,下级在与上级的交流中也只会使用花名,而不会称对方为"总裁""总经理"等。在阿里巴巴,我们几乎看不到独立的办公室,所有的区域都是开放的,领导和员工都在一个空间里办公,只是部门领导的工作区域空间可能会稍微大一些。一位业务部门总裁谈道:"阿里巴巴总裁级别的员工可以拥有一间单独的办公室,但其实很多总裁不喜欢这种办公室,包括我自己。我喜欢和我的团队成员坐在一起,因为当大家在做创新工作的时候,沟通效率非常重要,员工们遇到问题时希望马上能够和领导讨论。"

资料来源:根据严进与曾雪怡同学的访谈资料整理。

思考题:

① 比较阿里巴巴与华为的组织文化异同。
② "开放空间""花名""总裁不喜欢单独办公室"的现象体现了阿里巴巴哪些文化实践?
③ 用阿里巴巴的实例说明共享价值观念与组织氛围的关系。

10.4 组织文化与组织社会化

10.4.1 组织社会化

新员工进入组织以后,由于对于组织文化不了解,会有一个学习适应过程,称之为组织社会化。沙因提出"组织社会化"的概念来解释员工学习适应组织文化、扮演组织角色的过程,即新员工从组织"外部人(Outsider)"发展成为组织"内部人(Insider)"的过程。

> **概念**
>
> 组织社会化(Organizational Socialization):个体为了适应组织价值观、组织目标和行为规范而调整观念和行为的学习适应过程。

组织会引导新员工学习适应内部规范,尽力把组织"外部人"塑造成为一名合乎规范的员工。那些无法适应的员工会被视为格格不入的"反叛者",他们最后往往会离开组织。组织社会化的对象不限于新员工,也包括老员工。员工职业生涯发展的各个阶段都会有社会化过程,这会起到维系组织文化的作用。组织社会化可以分成三个阶段:原有状态阶段(Prearrival Stage)、碰撞阶段(Encounter Stage)和质变阶段(Metamorphose Stage)。

(1)原有状态阶段。员工在进入新组织或新工作情境之前,通过原有职业经历获得并保持了一套价值观、态度和期望,对新组织的规范形成一定的态度和期望。

(2)碰撞阶段。在进入组织并了解组织真实情况之后,新员工看到了真实的组织情况与原本的预期之间的不一致,原有的价值观与组织核心价值观产生碰撞,进而可能产生紧张、焦虑、失望情绪。

(3)质变阶段。为应对碰撞阶段出现的问题,员工调整自己的状态,价值观发生转变,认同新的组织价值观;另外,也掌握了新工作所需要的技能,成功地扮演组织所要求的角色。

组织会采取特定的策略帮助新员工快速地学习并尽快融入组织,完成社会化的过程。在前文泰隆银行的案例中,新员工入职后,要先到泰隆培训学校进行两个月入职培训;到岗实践后,实行传帮带的"师徒制"。这些培训引导措施让新员工快速认识泰隆银行工作的真实情况,顺利度过碰撞阶段后进入质变阶段,无法适应的员工则会离开组织。

约翰·万·曼伦(John Van Maanen)和沙因将组织对新员工所采取的社会化策略分成六种,每种策略由相互对立的两个概念构成,分别是:集体的/个别的,正式的/非正式的,固定的/变动的,连续的/随机的,伴随的/分离的,剥夺的/赋予的。进一步整合归纳,这六种策略可以归纳为下面两类：

（1）组织越是依赖于集体的、正式的、固定的、连续的、伴随的、剥夺的社会化策略，就越强调员工被动遵从组织既定的标准化工作程序、角色和职责，弱化员工差异性，维持组织现状。这类策略被称为制度化策略（Institutional Tactics）。制度化策略能够有效减弱角色模糊、角色冲突和离职意图的强度，提高员工的工作满意度和组织承诺，但会降低员工个体创造性。这类策略在强调遵守制度和秩序的组织中更为常见，如警察部门、消防部门等。

（2）组织倾向于采用个别的、非正式的、变动的、随机的、分离的、赋予的社会化策略，就越强调个性，鼓励员工主动灵活地学习所需的知识和技能，适应工作环境和角色。这种策略被称为个体化策略（Individual Tactics），一般适用于更加强调创造力的行业组织中（如研发部门、互联网企业、广告部门等）。个体化策略有利于员工创造性塑造自身角色，但会导致工作角色模糊。

10.4.2　组织文化的形成

基于组织社会化的理论，可以进一步分析组织文化是如何形成的（见图10-4）。首先，每一家企业的文化都会被打上领导者经营哲学的烙印。领导者的经营哲学通过企业的人力资源政策与管理人员、员工之间双向的选择互动，形成有同质性观念的员工群体。管理人员的言行与员工的互动使得企业文化落地于组织氛围，形成组织文化的实践。

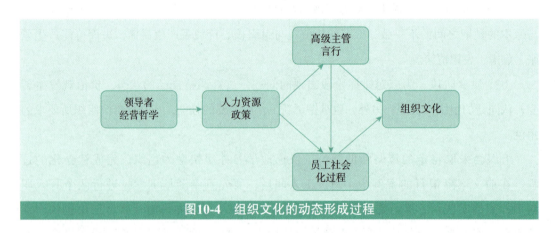

图10-4　组织文化的动态形成过程

组织文化源于组织领导者的经营理念，每个强文化组织的核心都是组织领导者经营理念的具体体现。经营者、领导者的经营哲学会影响管理政策，企业在甄选新员工时会选拔与之相匹配的人员，这就意味着进入这个组织的人应该与组织文化的标准基本匹配。同时，组织现任的高级管理人员的行为为员工行为设定了标准，也设立了榜样。什么样的行为是组织推崇的，什么样的行为是组织不希望看到的，这在组织管理工作中和具体的人力资源政策中都能得到体现。员工在工作中学到、看到这样的一些行为准则，也指导着他们平时的工作行为，这些都是形成组织文化的基础。

为了建设优良的组织文化，组织主要负责人取得全体员工的认同是一项首要任务。这就要求管理者以身作则，作风正派，办事公正，待人热情，真诚坦率，关心员工，善于沟通，具有民主精神，成为员工靠得住、信得过的"当家人"。员工对组织主要负责人的认同感一旦产生，就会心甘情愿地把他倡导的价值观念、行为规范当作自己的价值观念、行为规范，从而形成组织负责人所期望的组织文化。

人力资源管理是对人能力的培养和对人的管理，而人生存和发展最重要的环境之一是文化环境，因此文化因素在人力资源管理中占有举足轻重的地位。在沙因的模型中，人力资源管理政策是组织文化建设的核心。首先，企业在培训时将企业文化融入培训全过程，在提升员工能力的同时增强员工对企业文化的认同感，为在人力资源管理中灌输、渗透企业文化奠定基础。此外，根据公司和员工的具体特点，唤起员工们的进取精神和接受挑战的意识，倡导团队精神，强调团队制胜，员工的认同感也由此得到加强。

促进员工的心理认同是企业文化建设的核心工作。心理认同是指个体将自己和另一个对象视为等同，彼此间产生密不可分的整体性感觉。初步的认同处于认知层次，较深入的认同处于情绪层次，完全的认同处于行动层次。个体对他人、群体、组织的认同，使个体与这些对象融为一体、休戚与共。新员工进入企业会有一个适应与社会化的过程，不断与组织环境进行互动，学习调整自身的行为习惯，最终选择完全认同组织的核心价值观，或者因无法认同组织的核心价值观而选择离开。

阿里巴巴的"年陈文化"

与"阿里味儿"相匹配的是阿里巴巴的"年陈文化"——"一年香，三年醇，五年陈"，其寓意是阿里巴巴员工身上的"阿里味儿"会随着他在阿里巴巴工作时间的累积而不断沉淀。每年阿里巴巴都会为入职一年、三年、五年的员工举行受戒仪式。选择一年、三年、五年这三个时间点，这里面也是有讲究的。员工刚入职时对新的工作环境充满了新鲜感和热情，而且一开始阿里巴巴对新员工试错的包容性都比较大，因此最开始的半年试用期大多数人都能够坚持下来。但是半年之后，公司对正式员工的要求会更加严格，很多业务上的东西需要他来推动，并要求他不断地有产出。同时，员工一开始的新鲜感已经过去，随着从旁观者变成主角，员工受到的文化冲击会很大。这时员工需要不断地进行自我调适，如果调适失败就会选择离开。因此，并不是每个人都能够成功在阿里巴巴待满一年时间。至于很多人会待到两年半才离开，是因为阿里巴巴的长期股票期权激励的第一次兑现周期是正式入职后的两年，很多人即使无法适应，也会选择待满两年半，拿到这部分奖励后再离开。真正能够在阿里巴巴待满三年的人会更少，能够成功做到的员工，他的适应期基本结束，这时他已经能够在自己的岗位上有不错的产出了。而当员工在阿里巴巴待到五年时，他们身上已经真正地有了"阿里味儿"，即使这时候离开阿里巴巴，他们身上也一定会带着"阿里味儿"。

资料来源：根据主编与曾雪怡同学的访谈资料整理。

思考题：

① 查阅并比较马云和任正非的背景，讨论创始人背景如何影响企业文化。
② 如何用新员工社会化理论解读阿里巴巴的"年陈文化"？
③ "年陈文化"对于建设阿里巴巴的企业文化有什么帮助？

本章名词

组织文化（Organizational Culture） 　　冰山模型（Iceberg Model）
个体—集体主义（Individualism-Collectivism）　权力距离（Power Distance）
不确定性规避（Uncertainty Avoidance） 　　阳刚—阴柔气质（Masculinity-Femininity）
长期—短期导向（Long-term/Short-term Orientation）
竞争价值模型（Competing Values Framework）
核心价值观（Core Value） 　　强文化（Strong Culture）
组织氛围（Organizational Climate） 　　组织社会化（Organizational Socialization）
制度化策略（Institutional Tactics） 　　个体化策略（Individual Tactics）

本章小结

① 组织文化是组织在发展过程中形成的共同价值标准、行为规范与外在表现。沙因的组织文化"冰山模型"描述了组织文化的显性与隐形特征。

② 与组织有关的故事、仪式、物质象征、语言表述等多种信息都是组织文化的外在表现。

③ 组织文化有多种理论描述，本章列举了麦肯锡 7S 模型、奎因的竞争价值模型、霍夫斯泰德的跨文化理论。

④ 企业文化宣传口号与实际行为的一致性对企业绩效会产生重要影响。强文化表现为企业有明显、有约束力的行为规范。

⑤ 组织社会化是组织文化维系的重要机制。

视频案例

《美国工厂》纪录片

请查找并观看《美国工厂》纪录片，并查阅相关资料，结合本章内容讨论以下问题：

① 请查阅福耀集团的核心理念、价值观等文化体系，纪录片中哪些细节体现了福耀集团的企业文化？

② 这部纪录片折射出中美双方哪些文化差异？这些差异对福耀工厂的管理产生了哪些影响？

③ 福耀工厂是如何解决组织文化冲突并走出困境的？

④ 随着全球化浪潮的来临，跨国投资、并购等现象日益普遍，在此背景下，如何更好地应对企业内、企业之间的文化冲突？

调研与讨论

惠普的故事

在惠普，流传着这样一个小故事：

惠普由比尔·休利特（Bill Hewlett）和戴维·帕卡德（Dave Packard）于1939年在自家车库创立，从此成为硅谷最成功的公司之一。因此，"车库文化"在惠普代表着创新、创新、再创新。惠普最宝贵的基因，就是创办人传承下来的创新精神。

休利特总结过一条有趣的管理公式：

$$博士 + 汽车库 = 公司$$

惠普的价值观是尊重每一个员工，承认每一个人的成就，认为大家都是公司的"博士"。惠普的产品设计师们不管正在忙什么工作，都可以把东西随意留在办公桌上，谁都可以过来摆弄一下，并可以无所顾忌地对这些发明评头论足。

惠普存放机械零件的储藏室从不锁门，工程师们不仅可以在工作中随意取用零件，公司还鼓励他们把零件拿回家与家人分享，帕卡德和休利特说，不论他们用这些零件所做的事是否和工作有关，只要他们摆弄这些零件，就总能学到东西。一次周末，休利特到工厂想干点活，但他发现存放器材的房间已经上锁，于是立即砸开门。星期一早上，人们看到他留下的纸条："请勿再锁此门。谢谢，比尔。"

从此，惠普存放器材的储藏室不再锁门。

资料来源：豆丁网. 惠普之道［EB/OL］.（2010-04-22）［2022-08-08］.https://www.docin.com/p-50939778.html.

思考题：

① 这个小故事说明了惠普组织文化的哪些特征？
② 类似这样的小故事对组织文化建设起到什么作用？
③ 搜索其他企业类似的故事，讨论有哪些特点的故事才会广泛传播？
④ 选一个你熟悉的企业，设计一个用故事塑造企业文化的方案。

案例分析

字节跳动的企业文化

北京字节跳动科技有限公司①（以下简称"字节跳动"）成立于2012年3月。截至2020年，字节跳动的产品与服务已覆盖全球150多个国家和地区、75个语种，其产品在多个国家和地区的应用商店都位于下载榜前列，员工数超过11万人，营收破千亿元。

字节跳动成立之初重在内容的个性化推荐。一方面，今日头条作为一种新型的图文阅读方式，通过大数据+新闻内容的方式，将新浪等传统门户网站客户端文章内容，进行了个性化推荐。目前已经累计3亿用户量，也成为新闻App中"最懂"用户心思的产品。另一方面，抖音也是在夹缝中发展起来的。在当时各个门户网站长视频已经形成了稳定格局的环境下，字节跳动选择了数字技术的再次升级，使得抖音再次突出长视频重围，开始在短视频领域占据一席之地。

（1）算法推荐的"隐性陷阱"

字节跳动在享受技术创新带来的企业红利的同时，也陷入了技术带来的种种发展陷阱，给社会文化造成了一些不良影响，直接影响了字节跳动的社会形象。将算法推荐技术应用于信息传递，同样也带来了劣质信息的快速传播，致使今日头条受到了行政处罚。抖音的各种推荐短视频络绎不绝，虽然俘获了用户的喜好，但是容易造成青少年沉迷，以及用户和媒体的自主判断能力下降。

2016年，百度虚假医疗广告事件在社会上引发讨论，莆田系医院的虚假广告通过搜索竞价的方式进入宣传首页，间接造成社会人民群众的生命、财产损失。舆论诟病百度价值观是严重错误导向，使得百度陷入道德危机。通过此事，字节跳动很快意识到文化建设务实的重要性，以及企业文化与社会责任的密切关系。

（2）内部文化塑造，让技术有价值观

字节跳动成立初期并没有完全清晰的企业文化，仅仅有创始人张一鸣的一句话："空间有形，梦想无限"。2015年字节跳动又提出了打造"全球创造与交流平台"，愿景是站在更

---

① 现已更名为"北京抖音信息服务有限公司"。

高的视角上呵护创作和信息传递。但这时也没有形成清晰的价值观。在实际的运行中，这些文化要素与企业发展目标匹配度并不高，也不能将文化落到实处、对公司产生有效的改善。字节跳动企业文化建设非但没有实现与技术社会责任的深度融合，还陷入了文化建设"务虚"的怪圈，饱受技术创新带来社会问题的诟病。企业文化的价值宣传使字节跳动内部形成一个个孤岛，员工之间彼此独立，产品行动和社会责任也彼此独立。字节跳动企业文化与雇主品牌负责人徐敏曾说，"如何让企业文化建设落地是我最头痛的事"。

百度虚假广告事件后，字节跳动痛下决心，开始加强伦理价值观建设，最大限度规避技术带来的弊端。为解决机器不能判断内容质量的问题，字节跳动开始愈发注重内部文化的建设，通过文化驱动员工对内容的精准判断，通过文化驱动产品战略，使产品发展的同时兼具更多社会责任。要确保技术价值导向落在实处，需要明确研发人员的责任，保持内部价值观一致，确保数据创新技术对人类和社会的发展与繁荣有益。2018年，字节跳动重新正式提出了内部的核心价值观——"字节范儿"：追求极致、务实敢为、开放谦逊、坦诚清晰、始终创业、多元兼容。

2021年5月，张一鸣卸任字节跳动CEO，梁汝波接任，全面负责公司的整体发展。在十周年的庆典上，梁汝波激情饱满地发表了十周年演讲，并首次提出了公司使命——"激发创造，丰富生活"。他提出，"我们的产品和服务让用户和客户发挥创造力，创造出各种价值，让大家的生活体验更丰富、更有效率、更有趣。这些都是让我们坚定地往前走的动力。"不同于张一鸣的"佛系"，梁汝波在管理上有着自己的管理风格，更愿意做有"高度"的事情。

组织文化得到贯彻落实的一大重要原因是字节跳动扁平化的组织结构。字节跳动是一家极其年轻化的公司，据统计公司员工平均年龄是27岁。大多数员工都是九零后，面对年轻化的群体，字节跳动的组织结构十分扁平和精干，基本原则是"为了使命驱动，始终创业，保持组织灵活高效，激发创造力"。

员工绩效管理上，字节跳动采取OKR方法驱动员工自我展示、追求成长。字节跳动倡导OKR是组织公开一致的目标，更重视OKR提倡的透明、信任、自主、导向。

（3）外部行动，做有社会责任的产品

字节跳动外部产品战略也在进行相应的调整，不仅仅将数字技术应用于产品研发，更是探索出数字创新技术与社会责任相融合的新型发展模式。

为了践行企业使命和价值观，字节跳动制定了字节跳动行为准则和字节跳动合作伙伴行为准则，要求所有董事会成员、经理和员工（统称为Byte-dancers）遵守员工行为准则，所有签约的供应商、服务提供商、代理、供应方、顾问和其他第三方遵守合作伙伴行为准则。这些准则包括：① 廉洁诚信的商业行为；② 国际贸易合规和反洗钱；③ 信息安全和数据保护；④ 知识产权和创作者保护；⑤ 企业社会责任。

公司陆续推出了有社会责任的产品。首先，公司最早将数字创新技术与社会责任相融合的外部行动就是"头条寻人"项目，利用今日头条的个性化推荐应用于社会寻人。截至2019年底，"头条寻人"累计帮助12 000个家庭团圆，一天内最多找回32名走失者。

其次，字节跳动推动扶贫工程，利用自身平台的资源和技术优势，开展了"山货上头条、让农产品走出去"，以及"山里DOU是好风光、让游客走进来"两个特大项目，在公司内部设立专门的商业扶贫开发部门。在承担社会责任的同时，也叫响了公司的产品和科技。

最后，在新冠肺炎疫情期间，字节跳动率先成立了"中国红十字基金会字节跳动医务工作者人道救助基金"，呵护一线白衣天使，截至2020年2月，该基金已为1 111名抗疫一线医务人员提供人道救助。字节跳动还通过流量扶持、费用减免等方式，助力中小企业复工复产。春节期间，为了稳定千千万万个"大后方"的人心，让遵守不聚会、不串门倡议的人们拥有乐观、健康的心态，西瓜视频、抖音等与欢喜传媒紧急达成合作，电影《囧妈》免费首播。

资料来源：何兰萍，刘竹颖，2020. 以数字创新承担更大的社会责任字节跳动有"温度"的快速发展. 中国管理案例共享中心案例库；猎云网. 接棒一年，梁汝波首谈字节跳动公司使命［EB/OL］.（2022-03-25）［2022-08-08］.https://baijiahao.baidu.com/s？id=1728276831337101585&wfr=spider&for=pc.

思考题：

① 请查找字节跳动的资料，分析组织文化建设的主要阶段。
② 请用冰山模型解读字节跳动的企业文化。
③ 为什么字节跳动会强调产品、合作伙伴等要符合公司价值观要求？
④ 讨论组织文化的建设实施应该如何与产品特点相结合。

文献阅读

参考文献

教辅申请说明

北京大学出版社本着"教材优先、学术为本"的出版宗旨，竭诚为广大高等院校师生服务。为更有针对性地提供服务，请您按照以下步骤通过微信提交教辅申请，我们会在1～2个工作日内将配套教辅资料发送到您的邮箱。

◎ 扫描下方二维码，或直接微信搜索公众号"北京大学经管书苑"，进行关注；

◎ 点击菜单栏"在线申请"—"教辅申请"，出现如右下界面：

◎ 将表格上的信息填写准确、完整后，点击提交；

◎ 信息核对无误后，教辅资源会及时发送给您；如果填写有问题，工作人员会同您联系。

温馨提示：如果您不使用微信，则可以通过以下联系方式（任选其一），将您的姓名、院校、邮箱及教材使用信息反馈给我们，工作人员会同您进一步联系。

联系方式：

北京大学出版社经济与管理图书事业部

通信地址： 北京市海淀区成府路205号，100871

电子邮箱： em@pup.cn

电　　话： 010-62767312

微　　信： 北京大学经管书苑（pupembook）

网　　址： www.pup.cn